21世纪高等院校教材·工业工程系列

生产与运作管理

（第二版）

周根然 等 编著

科学出版社

北京

内 容 简 介

本书的特色在于整体性好,并注重理论性与实践性的结合,同时也注意与相关教材内容的相互关系,尤其注意到与《现代生产管理》一书内容的合理分工。

本书共16章,可分为四个板块:第一板块包括第1章和第2章,内容为生产与运作的基本概念和生产管理的基础知识,这部分内容作为后续内容的导入性知识;第二板块包括第3章和第4章,这部分内容主要介绍生产过程规划方面的知识;第三板块包括第5～9章,这部分内容主要介绍生产计划和控制方面的知识;第四板块包括第10～16章,这部分内容主要介绍与生产过程密切相关的知识。全书内容紧凑,实用性强。

本书适用于管理类专业的本科生教学,也可作为管理类专业研究生和MBA教学参考书,对于生产实践中的管理人员也具有较强的参考价值。

学习本书前须有一定的实践教学环节作铺垫,这对于某些实践性强的内容的理解和深化是非常必要的。

图书在版编目(CIP)数据

生产与运作管理/周根然等编著. —2 版. —北京:科学出版社,2010.2
(21 世纪高等院校教材·工业工程系列)

ISBN 978-7-03-026472-5

Ⅰ.①生… Ⅱ.①周… Ⅲ.①企业管理:生产管理-高等学校-教材
Ⅳ.①F273

中国版本图书馆 CIP 数据核字(2010)第 012612 号

责任编辑:林 建 李 欢 卢秀娟/责任校对:陈玉凤
责任印制:徐晓晨/封面设计:耕者设计工作室

科 学 出 版 社 出版
北京东黄城根北街 16 号
邮政编码:100717
http://www.sciencep.com

北京京华虎彩印刷有限公司 印刷
科学出版社发行 各地新华书店经销

*

2005 年 8 月第 一 版 开本:B5(720×1000)
2010 年 2 月第 二 版 印张:21 1/4
2017 年 1 月第八次印刷 字数:428 000
定价:45.00 元
(如有印装质量问题,我社负责调换)

丛书序

　　教材体现了相关课程的教学内容和基本要求,是教师组织教学的主要依据。一套好的教材,应当覆盖相应专业所要求的知识点而无重要遗漏;一本好的教材,内容上应能自成体系而又与丛书中其他教材无交叉重复。一本教材,若能深受学生喜爱并由此引发其对相关课程愿学、爱学,同时让教师用起来得心应手,当属教材中的上品。倘若是妙笔生花,能把枯燥、艰涩的科学知识组织得详略得当,自然天成,让教师、学生虽登山攀崖却如履平川,使科学知识的授受成为师生共同的乐趣,这样的教材当属极品,是读书人、教书人、写书人毕生追求的最高境界。

　　重视教材建设是南京航空航天大学经济与管理学院的传统。"十五"以来,我们组织教师编写、出版教材 40 余种。其中,9 种入选普通高等教育"十一五"国家级规划教材,《应用统计学》被评为国家精品教材,《灰色系统理论及其应用》等 5 种教材被评为江苏省精品教材。一批优秀教材的出版对学院课程建设形成强有力的支撑。"灰色系统理论"课程入选国家精品课程,"应用统计学"、"预测方法与技术"等 4 种课程入选江苏省精品课程和优秀研究生课程。教材和课程建设为人才培养质量的不断提高奠定了坚实的基础,一大批优秀学子脱颖而出。"十五"以来,南京航空航天大学经济与管理学院先后有 60 多位同学获得全国"挑战杯"创业计划大赛等奖励。其中,陈吕栋等 19 人获国家金奖。5000 多名毕业校友活跃在全国各地,受到用人单位的欢迎。不少人已开始崭露头角,成为高等院校、科研院所、企事业单位和政府部门的学术、技术和管理骨干。2007年,南京航空航天大学经济与管理学院组织申报的经济管理创新人才培养模式试验区,被评为教育部、财政部人才培养模式试验区。

　　2005 年,南京航空航天大学经济与管理学院在学校和科学出版社领导的大力支持下,结合工业工程专业(江苏省品牌专业)建设的需要和社会需求,组织出版了工业工程系列教材。这套教材问世以来,相继被许多兄弟高校选用。其中,多数教材在短短 3 年内数次重印,深受师生喜爱。教材出版后,学院、学校和江苏省根据工业工程专业人才培养模式创新、国家和江苏省精品课程、精品教材建设的需要,安排了一批教学改革研究课题。这次对丛书进行修订,吸收了各位作者近年来取得的教学改革成果,融入了新的教学实践经验,并充分考虑读者反馈的意见和建议。同时，根据国家人才培养质量工程的要求，增加了《系统建模与仿真》等新的选题。

在丛书修订过程中，我们仍然要求参加编写工作的老师坚持读者至上的原则。在理论阐述上力求简明扼要，深入浅出，通俗易懂，易于自学。对相关方法和应用技术的讨论，则力求清晰、详尽而不累赘。因此，丛书修订版是在第一版基础上的一次升华，更适合用做政府部门、企事业单位管理干部、工程技术人员和理工科学生系统学习现代工业工程方法与技术的自学参考书。

丛书的修订、再版得到了南京航空航天大学教材出版基金的资助。在此，特向支持丛书出版的领导和专家表示深深的谢意！

好的教材是在多年教学实践的锤炼中逐步形成的，需要根据教学改革、专业设置和学科发展的要求不断充实、修订、完善。殷切期望专家、老师和广大读者将使用这套教材时发现的问题以及改进意见和建议及时反馈给我们，以便修订时借鉴。

国家有突出贡献的中青年专家

南京航空航天大学特聘教授、博士生导师　刘思峰

南京航空航天大学经济与管理学院院长

2009 年 1 月 2 日

第二版前言

《生产与运作管理》自 2005 年出版以来，经本科生、研究生、工程硕士历经 4 年的教学使用，获得良好反响。南京航空航天大学 2009 级工业工程专业一位本科生在他的考卷上写道："这是我入大学以来最感兴趣的一门课！"

在本门课程的教学过程中，编者同时又参与了企业数项关于生产管理方面的研究课题，这对于反思教材内容与体系结构起到非常重要的促进作用。借再版之机，对教材内容与体系结构作了部分增删和修改。

增加的内容有：第 1 章中"制造类企业典型的生产流程"、"生产过程的成本构成"；第 4 章中"大规模定制"；第 10 章中"多品种小批量生产流程优化"。

第 1 章中关于企业运作方面的内容作了精简；第 10 章中关于生产流程优化的内容也作了一些精简。

原第 1 章中关于"服务业的运作管理"单独辟为第 16 章。

其他章节做了少量文字修改和校订工作。

这次再版时，仍保持了本教材与《现代生产管理》内容的区别和分工。

参与本教材再版工作的五位老师的分工如下：周根然负责编写第 1 章、第 2 章、第 5 章、第 7 章、第 8 章、第 10 章（部分）；10.5 节由方志耕编写；黄镇焕负责编写第 6 章、第 9 章、第 12 章；张凤林负责编写第 3 章、第 4 章、第 15 章；庄品负责编写第 11 章、第 13 章、第 14 章、第 16 章。全书由周根然负责统稿。

由于编者精力和水平有限，本教材还会存在不足之处，敬请读者不吝指正。

编　者
2009 年 8 月

第一版前言

近几年来，我们有多次机会以项目协作的形式参与企业生产管理中的实践活动，在企业提高生产率、经济效益、人均产值、设备的负荷率等方面获得了明显成效。在参加这些活动的过程中，取得了可贵的第一手资料，学到了一些书本上所没有的知识。为了解决生产管理中的实际问题，在一定程度上也被"逼出"了一些新想法，现在回想起来，某些新想法具有实践意义和推广的价值，于是萌发了编写教材的想法。

2004 年 5 月，南京航空航天大学经济与管理学院管理科学与工程系工业工程专业申报江苏省品牌专业获得成功，为了进一步加强工业工程专业建设，经全系老师和院、系两级领导的反复讨论，决定把编写和出版一套工业工程专业核心教材作为我校工业工程专业建设的重要任务之一。《生产与运作管理》为规划的核心教材之一，于是便有了出版这本教材的契机。

感谢科学出版社使我们的这一契机变为现实。

在筹划编写的过程中，经反复讨论，确定了《生产与运作管理》的编写思路和提纲，以生产过程为主线进行章节和内容的安排，同时注重了内容的深度和广度。具体思路为：从制造类企业典型的运作模式可清晰地了解生产过程与企业运作的关系，在生产管理中，以生产规划、生产计划、生产能力校核、外协管理、生产作业计划、生产控制、微观物流管理作为教材的主要内容，把生产过程优化、"5S"管理、劳动组织、工时定额、设备管理看成是密切相关的内容。充分考虑到本教材与《现代生产管理》内容的区别与分工，也考虑到某些相关内容与其他教材内容交叉而进行了必要的取舍。

参与本教材编写工作的三位老师的分工如下：周根然负责编写第 1 章、第 2 章、第 5 章、第 7 章、第 8 章、第 10 章、第 11 章、第 13 章、第 14 章；黄镇焕负责编写第 6 章、第 9 章、第 12 章；张凤林负责编写第 3 章、第 4 章、第 15 章。全书由周根然负责统稿。

限于编者的学术水平，且编写时间较紧，本教材一定存在缺点和错误，敬请读者不吝指正。

编　者
2005 年 5 月

目录

丛书序
第二版前言
第一版前言

第 1 章

生产与运作管理导论 ··· 1

1.1 生产与运作管理的基本概念 ································· 1

1.2 制造类企业典型的运作过程 ································· 9

1.3 制造类企业典型的生产流程 ································· 16

思考题 ··· 18

第 2 章

生产规划基础 ··· 19

2.1 生产管理概述 ··· 19

2.2 生产过程的空间组织 ··· 28

思考题 ··· 40

第 3 章

流水生产线规划 ··· 41

3.1 流水生产线的特征、形式和组织条件 ···················· 41

3.2 单一品种流水生产线的组织设计 ························· 45

3.3 多品种可变流水生产线的规划 ··························· 48

3.4 多品种混合流水生产线的规划 ··························· 50

3.5 自动生产线的规划 ·· 59

思考题 ·· 60

练习题 ·· 60

第4章

| **单件生产与成批生产规划** ···································· 62

4.1 单件、小批生产规划 ·· 62

4.2 多品种批量生产规划 ·· 70

4.3 大规模定制 ·· 75

思考题 ·· 78

练习题 ·· 78

第5章

| **生产技术准备工作** ··· 79

5.1 生产技术准备工作的任务和内容 ······························· 79

5.2 产品设计准备的程序和内容 ······································ 81

5.3 工艺准备 ··· 83

5.4 新产品试制与鉴定 ··· 87

5.5 生产技术准备计划 ··· 89

思考题 ·· 94

第6章

| **生产计划制订** ··· 95

6.1 生产能力 ··· 95

6.2 生产能力的影响因素 ·· 99

6.3 生产计划的编制 ··· 104

思考题 ·· 109

第7章

| **外协管理** ··· 110

7.1 外协管理的必要性 ··· 110

7.2　协作企业评价 ･･････････････････････････ 111

7.3　外协生产计划表 ････････････････････････ 117

7.4　外协控制 ･･････････････････････････････ 117

思考题 ････････････････････････････････････ 121

第8章

生产作业计划制订 ････････････････････････････ 122

8.1　生产作业计划工作的任务和内容 ･････････ 122

8.2　期量标准 ･･････････････････････････････ 124

8.3　厂级生产作业计划的编制 ･････････････････ 139

8.4　车间内部生产作业计划的编制 ･･･････････ 143

思考题 ････････････････････････････････････ 161

练习题 ････････････････････････････････････ 161

第9章

生产控制 ･･････････････････････････････････ 163

9.1　生产控制的作用和内容 ･･･････････････････ 163

9.2　生产控制的功能 ････････････････････････ 164

9.3　生产控制的方法 ････････････････････････ 169

思考题 ････････････････････････････････････ 174

第10章

生产过程优化 ･･････････････････････････････ 175

10.1　概述 ･････････････････････････････････ 175

10.2　生产过程分析 ･････････････････････････ 176

10.3　生产流程再造 ･････････････････････････ 178

10.4　生产流程优化 ･････････････････････････ 186

10.5　复杂生产过程优化理论和技术 ･･･････････ 205

思考题 ････････････････････････････････････ 219

第 11 章

"5S" 管理 …………………………………………………………………… 220

11.1 "5S" 管理概述 ……………………………………………………… 220

11.2 "5S" 管理的定义、目的、实施要领 …………………………… 222

11.3 "5S" 管理的效用 ………………………………………………… 226

11.4 "5S" 的实施步骤 ………………………………………………… 227

11.5 "5S" 管理贵在坚持 ……………………………………………… 229

思考题 …………………………………………………………………… 229

第 12 章

劳动定额 …………………………………………………………………… 231

12.1 劳动定额及其作用 ………………………………………………… 231

12.2 工序结构分析和工时消耗分类 ………………………………… 233

12.3 标准时间的计算 …………………………………………………… 235

12.4 劳动定额制定的一般方法 ……………………………………… 236

12.5 劳动定额的修改和贯彻 ………………………………………… 240

思考题 …………………………………………………………………… 241

第 13 章

劳动组织 …………………………………………………………………… 242

13.1 劳动组织的任务和内容 ………………………………………… 242

13.2 劳动分工与协作 …………………………………………………… 243

13.3 编制定员 …………………………………………………………… 246

13.4 多机床管理 ………………………………………………………… 248

13.5 工作地组织 ………………………………………………………… 251

思考题 …………………………………………………………………… 252

第 14 章

企业微观物流管理 ……………………………………………………… 253

14.1 企业微观物流概述 ………………………………………………… 253

14.2　物资消耗定额 ·· 257

14.3　物资储备定额 ·· 260

14.4　物资供应计划 ·· 263

14.5　物资的采购 ·· 266

14.6　库存控制、仓库管理 ·· 268

14.7　物流规划与管理 ·· 271

思考题 ·· 272

第 15 章

设备管理 ··· 273

15.1　概述 ··· 273

15.2　设备的选择和评价 ·· 282

15.3　设备的使用、维护及修理 ··· 285

15.4　设备的更新和改造 ·· 291

15.5　设备维修计划制订 ·· 298

思考题 ·· 304

第 16 章

服务业的运作管理 ·· 305

16.1　服务业与制造业的异同 ·· 305

16.2　服务业的特征与分类 ··· 307

16.3　服务业运作管理理论 ··· 309

16.4　服务系统的设计 ··· 312

16.5　服务流程的设计 ··· 315

服务运作案例 ·· 321

思考题 ·· 323

主要参考文献 ·· 324

第1章

生产与运作管理导论

本章主要介绍生产与运作管理的基本概念、制造类企业典型的运作过程和生产流程，以便读者理解相关的基本概念，并由此理解生产过程在企业运作过程中的地位，为生产管理内容和相关内容的学习奠定基础。

企业的生产与运作管理（production management and operation management）是企业整合各种资源并将其转化为产品和服务的过程，同时也是使这一过程得到持续优化及理性控制的过程。

■1.1 生产与运作管理的基本概念

本节介绍运作管理中与生产管理密切相关的概念与思路，直接属于生产管理部分的内容则在后面的章节中分别介绍。

1.1.1 生产与运作管理

1. 产品的概念

根据 ISO 9000 和 2000《质量管理体系基础和术语》的定义：产品是过程的结果；产品包括有形产品和无形产品。有下述四种通用的产品类别：

(1) 服务（如运输）；

(2) 软件（如计算机程序、字典）；

(3) 硬件（如发动机机械零件）；

(4) 流程性材料（如润滑油）。

许多产品由不同类别的产品构成，这种产品称为服务、软件、硬件或流程性材料等，产品名称取决于其主导成分。例如，外供产品"汽车"是由硬件（如轮胎）、流程性材料（如燃料、冷却液）、软件（如发动机控制软件、驾驶员手册）和服务（如销售人员所做的操作说明）所组成。

企业的生产与运作管理过程就是制造产品和（或）提供服务的过程。在所有的企业里都存在着制造产品和（或）提供服务的过程。

2. 制造管理、生产管理、生产与运作管理

制造管理、生产管理、生产与运作管理这三个名称的顺序反映了这一学科的演变过程。

制造管理的概念首创于18世纪的亚当·斯密，他认为分工能提高效率。随后，人们注重生产操作方面的研究，如对动作与时间的研究，对工序划分与任务安排的研究，从而产生许多至今十分有用的管理方法。

从1930年到1956年，生产管理这一术语逐渐为人们所理解和接受，在这一时期，泰勒的科学管理方法得到普遍应用，定量决策方法日渐成熟，在制造业中形成了以提高生产效率为重点的管理方法，涉及生产过程的优化、计划、组织实施与控制、分配的激励机制等。

进入20世纪60年代以后，数字计算机在企业管理中得到了越来越广泛的应用。在企业管理中应用较多的是生产管理领域，产生了MRP（物料需求计划）管理方法，以后又发展成MRPⅡ（制造资源计划）管理方法，ERP（企业资源计划）管理方法，SCM（供应链管理）管理方法等。这一时期也是消费个性化发展较为迅速的时期，企业为了适应市场和使顾客满意，生产系统在其柔性、自动化、高效、节能、环保等方面也得到了迅速的发展。硬件设施的现代化及与之相适应的管理思想和管理方法的应用标志着企业的生产管理逐步进入了现代化。目前称之为生产与动作管理。

研究表明：制造业中的运作管理和生产管理的基本原理和方法也同样适用于服务业，如关于市场与产品的决策、企业规划、资源的配置与有效利用、质量保证体系、成本控制、工作抽样、过程的优化与规范化、流程重组等。系统论的发展使人们能够从更抽象、更高的角度来认识和把握各种现象的共性。人们开始把有形产品的生产过程和无形产品的服务提供过程都看做是一种"投入-转换-产出"的过程，作为一种具有共性的问题来研究，生产管理的范围从制造业扩大到了服务业。目前，发达国家已称这门学科为"运作管理"。无论是有形产品的生产过程，还是无形产品的提供过程都被统称为运作过程。

企业的高层决策偏重于运作管理，而关于生产的计划、实施与控制等也可看做是属于生产管理范畴。随着市场经济的不断完善与发展，生产管理与运作管理已经密不可分。

1.1.2 运作管理决策

1. 生产与运作管理的目的

生产与运作管理的目的是建立一个高效率的生产制造系统，为企业制造有竞争力的产品。这就要求企业面向市场，提供令消费者满意的产品。这是运作管理的首要目的，而一个高效率的生产制造系统，是实现这一目的的基本保证。产品竞争力主要体现在产品的功能、质量、价格以及造型、色彩、使用性能、售后服务、品牌知名度等多个方面。现代研究表明，产品的性能、质量、成本（价格优势的实质是成本优势）等方面的竞争力首先取决于设计阶段，然后形成于制造阶段，这些阶段的管理工作都属于生产与运作管理的范围。

2. 生产与运作决策

生产与运作决策是企业决策的一部分，它必须服从企业的整体目标。企业战略受制于市场环境，它反映了企业的用户对产品或服务的需求，由此而确定了企业的主要使命，也表明了企业将怎样使用自己的全部资源与管理力量（产品、市场、人力资源、组织、管理、财务、运作）来获取竞争优势。在企业决策的引导下，运作决策专门考虑如何组织生产能力以支持企业决策的实现。生产与运作管理的决策可以分为三个层次。

第一层次为长期战略决策。它考虑企业经营方针上的问题。将决定向社会和顾客推出何种产品，如何组合各种不同的产出品种，为此需要投入什么，优化配置所需要投入的资源要素，如何设计生产组织方式，如何确立竞争优势等与企业的生存和发展密切相关的问题。

第二层次为中期战术决策。这是企业中层的决策。生产运作长期战略确定以后，为了实施战略，首先需要有一个得力的实施手段或工具，即生产运作系统。所以接下来的问题即是系统设计问题。它包括生产运作技术的选择、生产能力规划、生产系统布局、生产工艺设计和工作设计等问题。

第三层次为作业计划与控制的决策。它是关于企业最低作业层的决策，即生产运作系统的日常运行决策问题。包括不同层次的生产运作计划、作业调度、质量控制、现场管理、操作过程优化、后勤管理等。此类决策属短期决策。

从管理就是决策这个概念出发，生产运作决策的内容包含了生产运作管理的全部工作。主要的决策内容如下。

有关中长期决策的内容有：

（1）产品的选择与设计。产品的选择与设计与其随后规划的生产方式和生产能力密切相关，互相影响。

（2）设备与生产方式的选择。对于一种既定的需求（产品或服务需求）通常可以用不同的设备和生产方式来实现，企业主管必须作出最好的选择。

（3）职务与作业设计。职务与作业设计是整个系统设计的一个不可分割的部分，它包括系统的全部岗位职务和全部作业内容。

（4）厂址选择。如果那些与市场远近或与原料供应距离有关的成本要素的比重很大，或企业具有一定的环保重任，那么厂址选择是十分重要的，这将直接影响企业未来的经济效益。

（5）厂区与设备的平面布置。这项工作直接与生产费用有关，它要求总的物件运送费用能够降到最低程度，或满足某些更复杂的要求。

（6）编制定员。定编定员的前期工作是劳动定额，劳动定额是企业两大基础定额之一（另一项为材料定额）。基础工作是企业管理的重要工作，基础工作不扎实，会影响其他工作的效果。科学的定编定员工作可以避免人员冗余，提高人力资源的利用率。

（7）年度与进度计划。年度计划以利润最大化为目标，而进度计划以成本最小化为目标，在这方面有许多定量决策工作要做。

有关短期决策的内容有：

（1）生产作业计划。它是一项日常性工作，根据短期内的实际情况，科学地组织人员、财务和设备等，以获得最佳的资源利用率和最高的效率。

（2）进度控制。根据进度计划，需要对人员和设备的负荷情况作调整，以及处理可能出现的突发事件，如设备故障、人员缺勤、停工待料、订单变动等。

（3）质量控制。这是一项事关重大的工作，是全员、全过程、综合的管理。

（4）库存控制。库存迄今为止仍有其合理性，它对保证生产过程的连续性起到了重要的调节作用。不过，过量的库存产生许多负面影响，有关库存的决策要恰到好处。

（5）成本控制。成本与质量一样，都是形成于整个生产过程的一项日常的全员、全过程、综合的管理。

3. 生产系统

生产系统是企业系统的一个子系统。运作管理的核心是对生产系统的管理。生产系统的主要功能是转换功能，任何一个生产系统都执行着将系统的输入转换成预定的输出（某种产品或服务）的功能。产品或服务还需要转化为现金，这样才能购买更多生产资源作为输入，转换过程就是这样循环往复地进行着的。

不同的生产系统具有不同的输入内容，不同的转换过程，不同的输出对象，表 1-1 列出几个典型生产系统的输入、转换、输出之间的关系类型。

从表 1-1 中可以看出，系统资源具有不同形态，但不外乎是人员、设备、物料、资金等。而转换功能则是各种各样的，工厂具有物理的、化学的以及自然的转换过程，交通业具有实现地点的转移功能，零售业具有交换功能，仓储业具有存储功能，医院具有治疗功能，通信业具有信息传送功能等。

表 1-1　生产系统类型举例

系统类型	输入	系统资源	转换功能	输出
医院	病人	医生、护士、药品、医疗器械	健康治疗	治愈的病人
饭店	饥饿的顾客	食物、厨师、服务员、店堂	提供饭菜服务	满意的顾客
储运中心	入库的货物	仓库、保管员	货物储存与运输	运送的货物
汽车厂	钢板、发动机、零部件	工具、设备、工人	加工与装配汽车	成品车
大学	高中毕业生	教师、教学资料、教室	传授知识和技能	大学毕业生
百货商店	购买者	售货员、货柜、橱窗	引导顾客、推销商品	购物离去的顾客

系统不同，管理的方法不尽相同，但管理的原理应该是有共性的。作为一门学科不可能为每一系统提供一套管理方法，但可以在基本原理指导下创造出特定系统的管理方法。关于已有生产系统的管理可以分成三个子职能，它们是计划、组织和控制。每个职能都有自己的工作内容和工作方法，三者相对独立，但又紧密相关，共存于一个系统。图 1-1 为系统过程与三个职能之间的关系图。

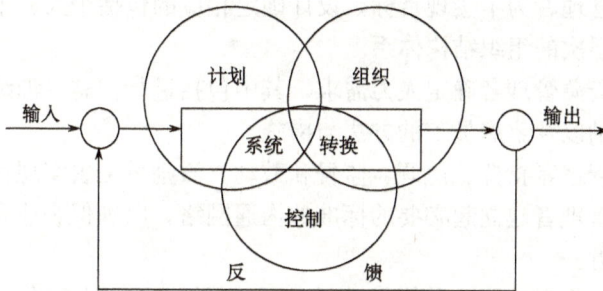

图 1-1　生产系统职能关系图

系统是一个整体，系统的整体观念是最重要的。虽然我们在论述时将计划、组织、控制分门别类地进行介绍。但是必须强调，在现实的管理活动中，这三方面的工作互相影响、互相制约。在加拿大曾经对一些工厂的主管人员、工厂经理、生产经理及其他类似的管理人员作过调查。调查结果表明，他们所遇到的绝大多数问题都与生产系统有关，也与计划、组织、控制活动有关。进一步的调查还发现他们所遇到的每个问题，很难用三个职能中的任何一个来简单地说明。企业中大量的工作集中在生产过程，而工作中大量的问题又均相互关联，没有一个是纯粹仅属于计划、组织、控制活动范围的问题。所以需要用系统的方法分析问题，解决问题。

4. 生产运作管理者的职责

生产系统的主体是人，系统运行的质量与人的素质、人的劳动热情、硬件设施、管理水平密切相关。现代管理理论认为，企业中最重要的资源是人才。管理的最重要的任务是调动和运用员工的劳动热情，激发他们的创造性。现代成功企业的实践证明，仅有高层管理者的热情还不够，需要调动每一个员工的工作热情。作为一个管理者，他可以掌握管理知识，可以拥有丰富的经验，但是，他不可能了解许多具体操作上的细节，不可能也不需要对所有的细节问题作出计划和实施控制。事实上他也不可能做好这些事情。而实际的操作者最了解自己的工作对象，他们知道怎样才能把事情做得更好。此外，生产过程是个动态的过程，情况在不断地变化，在目前的管理条件下，管理者不可能及时掌握随时变化着的全部信息，如果通过正常的信息渠道传递信息，必定延误时机。基于这些理由，也需要放权给操作者，让他们独立地处理这些问题。

所有的优秀管理者都必须执行管理过程中的一些基本职能。管理过程（management process）由以下五点构成。

（1）计划管理者将企业战略目标制订成企业可具体执行的计划，同时也制订了各个部门、车间、小组和个人的具体计划，形成了计划体系。并制定程序、政策和步骤，以确保企业实现自身的战略目标。

（2）组织管理者为了实现目标，设计确定相应的包括个人、小组、部门及企业高层等各个层次的组织结构体系。

（3）人力资源管理者确定人力需求，其中包括进行招聘、训练、上岗、薪酬结构设计、激励以及解雇员工的方法与措施。

（4）领导管理者指挥、协调、监督和鼓动、激励员工去实现目标。

（5）控制管理者建立起必要的标准的沟通网络，以确保企业有效实施计划从而向着目标逼近。

生产运作管理者应将这种管理过程运用到他们在生产与运作管理职能中所作出的各种决策中去。在具有一定规模的企业里，每一种管理活动都需要有计划、组织、人员、领导和控制及激励等环节，这些决策将影响资源的分配从而影响企业的效率和战略目标的最终实现。

1.1.3 生产与运作管理在企业管理中的地位企业

任何组织都要追求一定的目标，群体的协同努力比个人的单独工作更有利于目标的实现。企业从事产品生产或提供服务，它们可能是营利性的、也可能是非营利性的。它们的目标、产品和服务可能相似，也可能完全不同。然而，它们的职能及运作方式却大同小异。典型的企业组织有三个基本职能：财务、营销和生产与运作。这三个职能和其他辅助职能分别完成不同但又相互联系的活动，这些活动对组织的经营来说都是必不可少的，这些职能须相互配合才能实现组织的目标，并且每个职能都起着重要作用，通常一个组织的成功不仅依赖于各个职能作用发挥得如何，而且还依赖于这些职能相互的协调程度如何。

1. 生产与运作职能

生产与运作职能由与生产产品或提供服务直接相关的所有活动组成。生产与运作职能不仅存在于有形产品导向的制造和装配运作方面，而且也存在于服务导向的领域，诸如医疗、运输、食品经营和零售业。对大多数企业来说，生产与运作职能是其核心：一个企业的产品或服务的提供正是通过运作职能完成的。由投入并通过一个或多个转换过程就可以获得产品或服务。为确保获得满意的产出，需在转换过程的各个阶段进行检测反馈，并与预先制定的标准进行比较，以决定是否需要采取纠正措施。

运作职能的实质是在转换过程中实现价值增值。增值是用来反映投入成本与产出价值或价格之间差异的一个概念。对非营利性组织而言，产出（例如，政府建设的高速公路、公安与消防服务）的价值即是它们对社会的价值，其增值部分大，说明其运作效率高。而对营利性组织而言，产出的价值是由顾客愿意为该组织的产品或服务所支付的价格来衡量的。企业用增值带来的收入进行研究与开发，投资于新的设施和设备，从而在下一轮生产与运作过程中获取更丰厚的利润。增值越大，则可用于这些方面开支的资金就越多。企业提高其生产率的一个有效办法就是对员工所做的工作进行严格检查，看是否带来了价值增值。企业将未增值且无必要的工作视为浪费的行为，消除或改进这些工作可减少投入或降低加工成本，从而提高增值部分的量。例如，某企业可能发现它正在生产的一件产品距离向客户交付的日期还有一段时间，因此需将此产品在仓库内一直存放到交货日。实际上，存放该产品并不增加其价值，却带来额外费用。减少贮存时间则会降低转换成本，从而使增值部分加大。

2. 财务职能

财务职能包括为确保以有利的价格获取资源并将这些资源在组织内分配而进行的活动。财务人员与运作管理人员要密切合作，在如下活动中及时交流信息与专门知识：

（1）预算。要定期编制预算，对财务需求做出安排。有时要对预算进行调整，而且必须对预算的执行情况进行评估。

（2）投资方案经济分析。对投资于工厂和设备的备选方案的评估要由运作和财务人员共同参与。

（3）资金供应。给生产与运作部门及时提供必要的资金是重要的，而在资金紧张的时候，这项工作甚至会关系到组织的生存。细致的财务计划有助于避免现金流量出现问题。大多数盈利企业主要通过产品和服务的销售来获得资金。

3. 营销职能

营销是指销售或推销一个企业的产品或服务。营销部门要进行广告宣传和定价决策以及实施随后的营销过程。该部门还要对顾客需求做出估计，另一方面也可以掌握顾客的消费偏好，并将这一信息传递给生产与运作部门和设计部门。运作部门需要有关中短期顾客需求的信息，以便据此做出计划。比如，安排原料采购或是安排工作进度。设计部门需要这方面的信息，从而有利于对目前产品与服务做出改进和设计出新的产品。营销、设计和生产三部门必须密切配合才能顺利完成对设计的改进并生产出新产品。企业通过营销还可了解竞争对手在做什么，从而对制定本企业的战略决策提供依据；运作部门可提供生产能力方面的信息，并就设计产品的生产可行性做出判断。当需要购买新设备或新技术用于创造新产品或服务时，运作部门可提前发出通知。这时财务部门应提供短期内可筹集到多少资金这一信息，并了解在中长期引入新产品或服务所需资金的规模。营销部门可从运作部门那里得到制造或服务提前期这一重要信息，从而给顾客提供可靠的供货时间。因此，营销、生产与运作和财务三部门必须在产品及工艺设计、市场需求与市场前景预测、确定可行的工作进度以及质量和数量决策方面协调一致，加强相互间沟通与协作，形成富有生命力的运行机制。

4. 其他职能

与生产与运作、财务和营销这三个基本职能相配合的还有许多辅助职能，比如会计和采购就属于辅助职能范围。依据组织的不同性质，辅助职能还可能包括人力资源管理、产品设计与开发、工业工程及设备管理等。

(1) 会计部门负责编制财务报表。包括损益表和资产负债表。它们也向管理部门提供有关劳动力、原料消耗及一般管理费用的信息，还可能报告诸如废品、停工期及库存情况。它们必须对应收款项、应付款项和保险费进行记录，并为企业编制税收报表。

(2) 采购部门负责采购原料、供应物品及设备。采购部门必须与运作部门密切联系以确保按时按量采购。采购部门通常要对供应商就交货期、质量与可靠性、价格、服务及对需求变化的调整能力等方面进行评价。它们还要对购回的货物负责验收。

(3) 人事部门的职责有：招聘及培训人员、协调劳资关系、磋商合同、管理工资和薪金、搞好人力资源规划以及确保员工的健康与安全。

(4) 协调公共关系。有助于企业树立和保持良好的公共形象。这包括以新闻发布会的形式介绍新产品或服务，也包括向社会公益事业提供适当的赞助、捐赠等。良好的公共关系能给组织带来很多潜在好处。一个明显的好处是在市场的开拓方面，其他潜在的好处还有：人们将向往在该组织内工作，成为其中的一员，社会也会认同该组织不断地扩大自己的规模，组织中的成员也会渐渐接受这种组织文化的熏陶，从而使这种文化能够延续和发展。

（5）工业工程。企业管理中应规范的两大基础标准（工时定额标准和材料定额标准）制定；通常还要进行工作进度安排、执行标准、生产流程再造与优化、工作方法优化、质量控制和企业微观物流管理等。中型和大型制造企业尤其要具备这一职能。

（6）运输。包括原材料入厂、生产现场在制品输送、产品入库、将产品运输至零售处或最终到顾客手中。

（7）设备管理。包括对设备、建筑物及场地、动力装置和冷暖装置等进行全面的维护保养、修理、更新及清除垃圾、保障安全和注意环保等。

生产与运作管理不但对一个组织来说十分重要，而且对整个社会也是十分重要的，因为产品和服务的消费是社会的组成部分。生产与运作管理直接关系到这些产品及服务的生产与创新，向社会和顾客提供所需的产品或服务是企业得以生存的立足点。因此，生产与运作是一个组织的核心职能，没有这个核心，就不存在对其他任何职能的需要，该企业也就失去了存在的意义。

5. 企业系统的整体性

企业系统的整体性是指企业的经营活动是为了实现它的战略目标而必须具备的有机整体特征。早期的企业因为规模小，管理职能集中于少数几个人，甚至集中于一个人，这时企业的整体性很容易得到保证。随着企业规模的扩大，管理工作量日益增加，管理事务变得日益复杂，这时产生了分工，出现了专门的职能管理部门。如果各部门片面强调自己部门的工作，甚至偏重本部门的利益，系统效率就会降低，企业的整体性就会受到削弱，经营状况就会恶化。对于分工产生的这种负面作用，已经越来越引起人们的注意，在强调高层领导的协调作用时，也要强调各部门间自觉主动的协调。在考虑企业的经营问题时，不应该片面地强调某一方面的管理职能是如何的重要。各种职能管理之间的发展可能是不平衡的，有些职能的管理水平由于种种原因而下降，以致影响全局，这时提出以某种职能管理为重点的观点也是有道理的，要将其放到企业具体的环境当中去理解。

1.2 制造类企业典型的运作过程

1.2.1 制造类企业典型的运作模式概述

无论是制造类企业还是服务类企业，其运作过程均有其共性部分。例如，企业运作均起源于市场决策，然后根据市场决策策划生产过程，而后获取利润，并由利润的合理分配及相关的决策进入下一轮的循环过程。

制造类企业典型的运作模式如图 1-2 所示。

市场调研
直　觉　⎫
订　单　⎬ ⟹ 市场决策 ⟹ 产品设计 ⟹ 工艺规程设计 ⟹

生产能力校核 ⟹ ⎧ 生产计划 ⟹ ⎧ 生产准备 ⟹ 现场管理 ⟹ 装配 ⟹
⎩ 生产技术准备
外协计划与外购计划 ————————————————

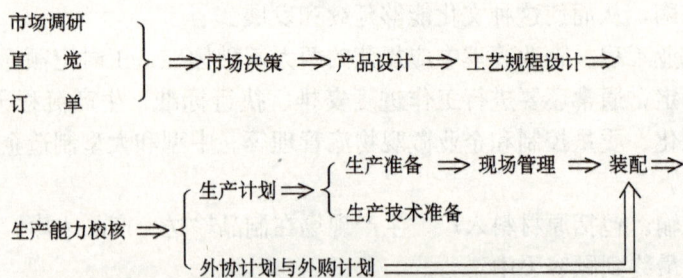

营销管理 ⟹ 售后服务 ⟹ 信息反馈 ⟹ 利润(生产与运作管理过程)

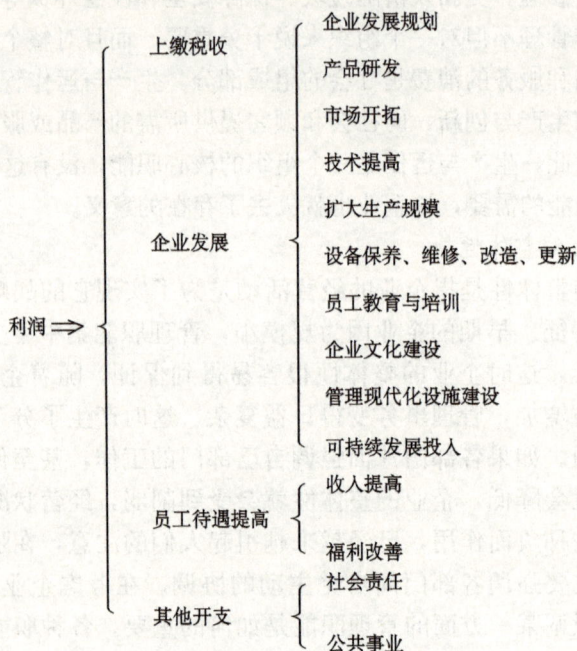

利润 ⟹
- 上缴税收
- 企业发展
  - 企业发展规划
  - 产品研发
  - 市场开拓
  - 技术提高
  - 扩大生产规模
  - 设备保养、维修、改造、更新
  - 员工教育与培训
  - 企业文化建设
  - 管理现代化设施建设
  - 可持续发展投入
- 员工待遇提高
  - 收入提高
  - 福利改善
- 其他开支
  - 社会责任
  - 公共事业

图 1-2　制造类企业典型的运作模式

1.2.2　市场决策

上述制造类企业典型的运作模式中，与生产管理直接相关的内容为本教材的主要内容。

1. 市场决策过程概述

随着市场经济的不断完善与发展，企业的生产过程与运作过程的关系越来越密切，在市场日趋饱和以及新产品也极易达到饱和状态的今天，生产规模和过程已受制于市场需求，所以生产管理必须源于市场决策。

市场决策包括显在市场决策和潜在市场决策。

显在市场体现为客户的订单，其决策主要体现为生产该类、该批产品技术上的可行性和经济上的可行性两个方面。当然,技术与经济两方面均可行方能成为可选择方案。显在市场的决策主要体现为生产数量的决策。

企业的运营前景在一定程度上取决于企业对潜在市场的把握。所以,潜在市场的决策至关重要,它一方面体现了企业经营决策的水平,另一方面它对企业的战略有着重大的影响,在一定程度上将决定企业的前途和命运。

潜在市场决策是一个过程,它包括市场调研、预测和决策。

2. 市场调研

市场调研的内容包括外部一般环境调研、行业环境调研、竞争对手调研、行业内战略群调研和顾客调研等。

1) 外部一般环境调研

外部一般环境调研包括政治、社会文化、经济、技术、自然资源调研。

政治环境调研是为了发现机遇、规避风险。

社会文化环境研究可发现各国、各地区、各民族、各不同宗教信仰的消费者对产品的功能和非功能性属性的喜好或厌恶,从而可避免一些不必要的波折或麻烦。

经济环境研究是为了掌控市场总容量,结合企业自身的市场占有率和市场开拓能力,则能较准确地预计市场前景,从而及时准确地规划本企业的生产规模,这也是抓住发展机遇、规避风险所必须进行的工作之一。

技术环境研究有利于比较自身产品的价值和发现可靠市场,熟知产品进军市场的"门槛",同时企业也能发现自身技术的优势与不足,从而确定自身技术的创新方向和目标。

自然环境调研有利于确定某些产品的市场地位,因为某些产品对自然环境具有独特的依赖性,某些产品因具有独特的自然资源而具有独特的优势。熟知自然环境、自然资源对区域经济规划和产业结构的调整具有很强的指导意义。

2) 行业环境

(1) 行业竞争结构分析。常用的行业竞争结构分析的 Porter 模型如图 1-3 所示。

(2) 行业内现有竞争对手研究,包括竞争对手的基本情况研究、主要竞争对手研究、主要竞争对手的发展动向研究。

(3) 潜在竞争对手(入侵者)研究。潜在入侵者的威胁大小取决于行业进入障碍、行业价格水平、行业对入侵者的报复能力以及入侵者对报复的估计。

(4) 替代品生产商。替代品亦可满足最佳功能产品的某些功能,因此会对本企业的自认为是最佳功能产品构成一定的威胁。

(5) 买方的讨价还价能力的影响因素主要包括:买方是否大批量或集中购买、买方这一业务在其购买额中的份额大小、产品或服务是否具有价格合理的替代品、买方面临的购买转移成本大小、这一业务对于买方的重要程度、买方后向

潜在
入侵者

新进入者的威胁

供应商讨价
还价能力　　　行 业 竞 争 对 手　　　买方讨价
还价能力

供应商　　　　　　　　　　　　　　　　　　买方或顾客

现有企业间的竞争

替代品或替代服务的威胁

替代品
生产商

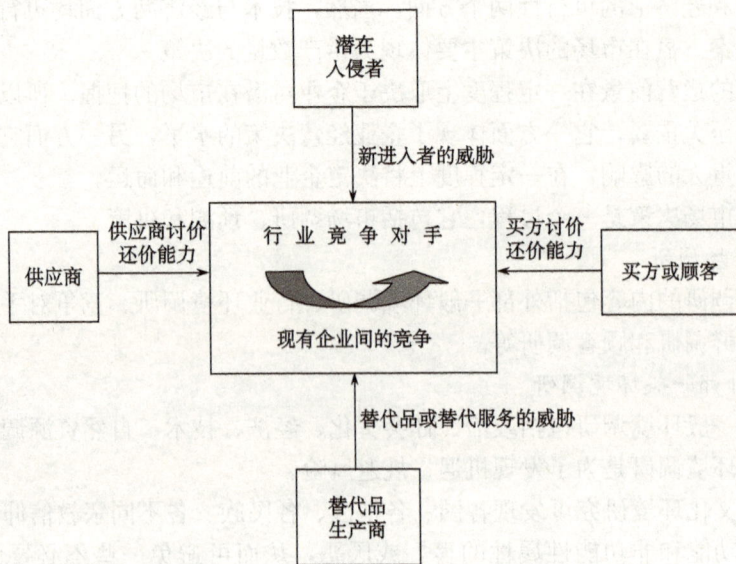

图 1-3　竞争结构分析的 Porter 模型

一体化能力、买方行业获利状况、买方对产品是否掌握了充分的信息等。

（6）供应商讨价还价能力研究。供应商讨价还价能力影响因素主要包括：供应商行业集中化程度、生产要素替代品行业的发展状况、本企业是否是某供应商的主要客户、拟购买生产要素是否是本企业的主要投入资源、要素是否存在差异化或转移成本是否低、供应商前向一体化能力等。

3）行业内战略群分析

所谓行业内战略群（strategic groups within industry）是指某一行业内某些战略特征方面相同或相似的公司集合，又称战略集团，属于亚行业范畴。

在战略群中，应将本企业（或所属战略集团）与相关企业（或相关战略集团）进行比较分析。战略群的分析方法主要应用行业内战略群分布图，其关键是选择恰当的战略变量（战略特征，包括专业化程度、品牌、促销方式、分销渠道选择、产品质量、技术领先程度等）作为两个坐标轴。图 1-4 以品牌知名度为横坐标、以产品宽度为纵坐标，并以国内家电行业某些战略群为例，说明战略群的分析方法。由图可知各个战略群所处的战略地位，明确了各战略群的优势与不足，为企业作出下一步战略规划奠定良好的基础。

企业的战略选择应在分析本企业的专业化程度、品牌、促销方式、分销渠道选择、产品质量、技术领先程度、纵向一体化、成本结构、销售服务、价格政策、财务杠杆、与母公司关系、与母国及东道国政府的关系等方面得以确定。

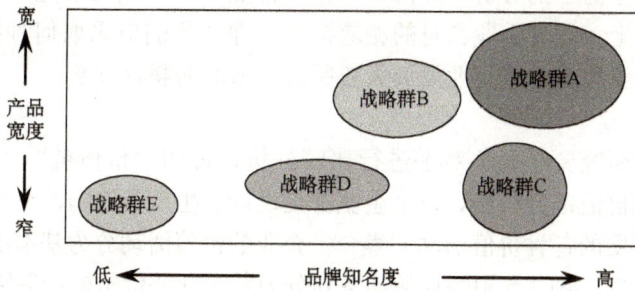

图 1-4　战略群分布图

4）竞争对手分析

竞争对手分析是战略环境分析的一项重要内容，包括行业内现有竞争对手分析和潜在竞争对手分析。其目的是了解竞争中可能成功的战略的类型和性质，竞争对手对不同战略可能作出的反应，竞争对手对行业变迁以及更广泛的环境变化可能作出的反应。图 1-5 为竞争对手分析研究图。

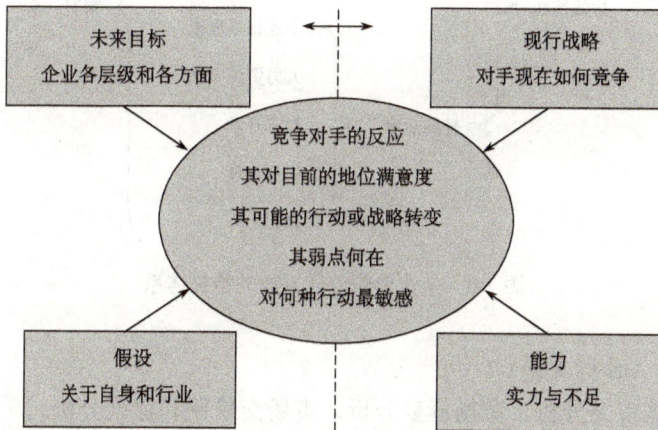

图 1-5　竞争对手的分析研究

（1）未来目标：研究主要竞争对手的远景和使命陈述，及不同层级的目标陈述等。

（2）假设：研究竞争对手在本行业中经营的历史、在其他行业中经营的历史、对本行业经营传统的认识、管理层结构和个人历史背景，以及企业的顾问单位或个人的背景等。

（3）现行战略：研究竞争对手现行的基本战略姿态、各种职能战略和发展战略。

（4）能力：研究竞争对手的实力与不足之处（考察竞争对手的价值活动）。

通过对竞争对手的分析，弄清楚"在本行业中，我们与谁竞争？"这个大问题，在此基础上，制定企业自身的相应措施。即"我们应采取何种行动？"这种行动大体包括竞争措施或行业发展大势所需要采取的联合方案。

5）企业自身

企业自身研究要与竞争对手进行比较分析，常用"价值链"（value chain）分析法。根据价值链分析法，每个企业都是设计、生产、营销、交货等过程和对产品起辅助作用的各种价值活动的集合。企业的价值活动分为基本活动和辅助活动两类（图1-6）。图1-6中每项活动又划分为若干项评价指标，最终以所得总分而对企业自身作出较为客观的评价。

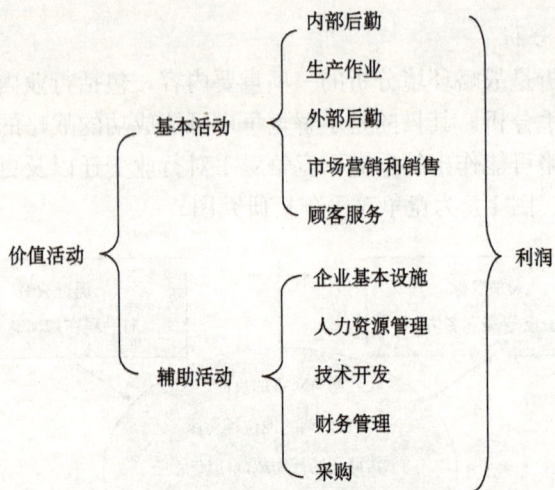

图1-6　企业价值链分析法的指标体系

6）顾客（目标市场）

（1）总体市场分析。市场容量分析、市场交易便利程度分析。

（2）市场细分。确定细分变量并细分市场、细分结构描述。

（3）目标市场确定。评价各细分市场、选择目标市场。

（4）产品定位。为各细分市场确定可能的定位概念、产品定位选择。

3. 直觉决策

爱因斯坦说过："我相信直觉和灵感！"直觉具有一定的可靠性。研究表明，近代有一些企业家凭直觉进行决策取得了巨大的成功。在下述情况下，凭直觉决策受到了重视。

（1）在经济高速发展的时期；

（2）在行业高速发展的时期；

（3）判断具有良好发展前景的产品的市场与生产决策；

（4）必须迅速占领市场的产品的生产决策；

（5）调研时容易泄露商业机密或技术机密的产品；

（6）对常规顾客的判断。

4．订单

订单即显在市场。

（1）具有相对可靠性；

（2）商品经济社会规范的市场交换形式；

（3）制度的保障性；

（4）企业争取顾客主要是争取中间商的订单以及争取具体顾客实施购买行为。

5．决策的内容

1）编制设计任务书

编制设计任务的目的，主要是要正确地解决产品的选型问题，科学地回答：本企业应发展什么样的产品？为什么要发展这种产品？为此，设计任务书中必须确定新产品的功能、适用范围、使用条件、使用要求、基本的质量标准、主要技术参数、设计原则、基本结构和特征以及与国内外同类产品的比较分析，并且要对发展这种新产品进行概略的技术经济论证。

设计任务书体现为企业高层领导集团对产品开发的重视程度和应负的重要职责。

2）生产数量决策

根据订单和对潜在市场的把握，企业必须对本厂即将生产的各品种的生产数量作出决策，使之与市场需求相吻合。

3）怎样组织生产

生产方式有独立自主的生产方式，联合经营的生产方式，自产与外协委托生产相结合的生产方式，资格认定、出售专利、完全外委的加工方式，虚拟企业的生产方式等。企业应根据各个产品不同的产量、特点、发展前景、追加投资的可能性等，确定企业的生产方式。某种产品可能选择前述生产方式中的一种方式，也可能是在不同的空间和时段分别采用不同的生产方式。生产方式选择的合理性必须综合目前和长远利益进行评价和判断。这里尤其要注意的是：仅有目前利益而对长远利益、对社会、对环境有所损害的方案显然是不可取的。

4）显在市场的交货规范

显在市场的交货规范包括交货的时间、地点、数量、质量验收规范、运输方式、双方各自应负担的费用、制造厂商对售后服务的承诺等。

5）潜在市场的开拓规划

中国企业在开拓世界市场和国内市场的过程中应具有良好的规划。只要准备开拓世界市场和国内市场的企业都会面临下列问题：提供何种功能、质量与可靠性、价格、外观、使用性能的产品？这些产品以何种品牌、知名度走向世界？在世界知名企业及其品牌林立的世界市场，我们应该采取何种差异化策略来扬长避短？我们应该首先走向哪些国家和地区？我们应该怎样走向那些国家和地区？在风云变幻的世界市场上，一个企业应该怎样运行方能长盛不衰？

上述问题均值得研究，并应做好规划工作，好的规划既能使得企业走向世界，也能防止像日本的八佰伴那样走向世界后随即走向破产。

6）与生产有关的其他活动规划

有关企业发展、员工待遇提高、企业应尽的社会责任和义务、企业的道德规范等，亦应有良好的规划。

1.2.3　产品设计

将已批准的产品设计任务书具体化，并对新产品进行制造过程中详细的技术经济分析，回答在技术上如何实现产品设计任务书所规定的目标；能取得哪些具体的技术经济效果。

为此，在技术设计阶段，需要通过科学试验、计算和分析确定重要零部件、组件的结构、尺寸和技术条件及技术经济指标；进行产品的外观设计；设计出产品总图、部件图、组件图、零件图、传动系统图和控制系统图、电气原理图及其设计图；撰写产品的使用说明书等。对于某些复杂产品的重要部件或工艺。还需要进行模拟试验或中间试验，以取得必要的技术经济数据。

所设计的产品必须符合设计任务书所规定的各项要求，为产品成功走向市场打下坚实的基础。

1.2.4　工艺规程设计

工艺规程设计的任务是根据产品技术设计的要求，绘制出试制和生产用的全套工艺图纸和技术文件，解决怎样可靠而又经济地实现新产品的功能问题。工艺规程设计阶段要提供可用于生产的产品装配图及装配工艺规程；各部件装配图及装配工艺规程；各组件、合件装配图及装配工艺规程；各零件制造的工艺规程；零件明细表、产品说明书等。

工艺规程、工艺卡等是组织产品生产的技术性文件，是组织生产的法律性文件。

■ 1.3　制造类企业典型的生产流程

1.3.1　制造类企业典型的生产流程

工艺规程设计任务完成后，便进入生产管理范畴。典型的生产流程如图 1-7

所示。

　　企业根据战略目标和订单以及对潜在市场的把握，制定某时段（例如一年）的生产目标，并进一步制订某时段的主生产计划，然后依据主生产计划和工艺规程而制订生产作业计划和外协、外购计划（标准零、组、部件等）。

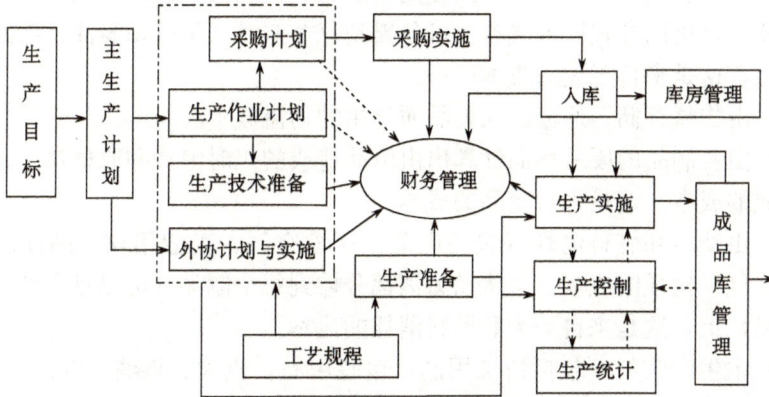

图 1-7　典型的生产流程

　　采购部门根据生产作业计划和财务状况和库存状况制定采购计划，并实施采购原材料、元器件、燃料、油料、生产辅料、劳保用品等。

　　生产管理部门进行生产准备，将生产所需的工装、原材料、元器件等按预定的生产进度，以合适的量及时配送到生产现场。

　　生产技术准备工作是针对老产品制造过程中拟采用的新工艺或拟生产的新产品而进行的，该项工作应在生产进程中需要时提前准备结束，使后续生产能连续顺利进行。

　　上述工作完成后，即进入生产实施阶段。其间的管理可参阅后面有关章节。

　　生产统计是对生产过程已完成工作量的统计、机床和人员的负荷率统计、合格率与废品统计、加班加点统计、原材料、元器件消耗规律统计、动力消耗统计、辅料耗费统计等。这些统计数据在后续的管理中具有很高的参考价值：一方面，这些数据可为后续管理直接借鉴；另一方面对数据进行分析，对不合理处提出改进意见。

　　在生产实施过程中，需对生产进程进行控制，其依据是生产作业计划。此外，客户有时也可能对交货期提出变更要求，此时需重新变更主生产计划和生产作业计划，并借以控制生产进程，以满足客户对交货期的要求。

1.3.2　生产过程的成本构成

　　生产过程的成本构成如下：

（1）由原材料、元器件的消耗及其利用率构成的成本可分摊到每个制品（可以是零件、部件或整体产品）上，这是来自原材料、元器件的成本。

（2）由各制品完成的工时数（设为合理的工时定额）而构成制品的劳动成本，这是支付员工工资和员工应享受的劳保福利所必需的成本。

（3）由工装构成的成本。一次性使用的工装，以其全额计入成本；可多次使用的工装，以折旧方式计入成本。可分摊到每个制品（可以是零件、部件或整体产品）上，这是来自工装的成本。

（4）由物流存储、运输、在制品而产生的物流成本。

（5）由各制品的废品率而计算出由废品造成的工时浪费和原材料、元器件的浪费构成的成本。这是来自废品的成本。

（6）由动力和燃料消耗（包括电能、压缩空气、工业用煤、燃油、人工煤气、天然气）构成的成本，可将动力消耗分摊到每个制品（可以是零件、部件或整体产品）上，这是来自动力和燃料消耗的成本。

（7）由生产辅料（包括清洗用品，包装用品，机油、煤油、汽油、乳化油，卫生用品，劳保用品，清洁用品等）消耗所构成的成本，可将生产辅料消耗分摊到每个制品（可以是零件、部件或整体产品）上，这是来自生产辅料消耗的成本。

（8）由固定资产构成的成本。固定资产包括厂房、设备、设施等，固定资产以折旧的方式计入成本。

（9）由停工待料、窝工构成的成本。

在生产过程中产生的成本外，还有营销成本、管理成本和内部福利成本以及环保成本、公益事业成本等，在统计产品的成本时，也应用合理的方式予以计入。此外，有某些不可抗拒的原因造成的损失，有时也需适当加以考虑。

➤ 思考题

1. 外部一般环境中的政治、经济、社会、技术、自然资源对企业的运作和生产过程分别有什么影响？
2. 外部特殊环境对企业的运作和生产过程有什么影响？
3. 企业的内部条件对企业的运作和生产过程有什么影响？
4. 解读制造类企业典型的生产流程。
5. 解读制造类企业的生产成本构成。

第 *2* 章

生产规划基础

生产管理是对企业生产活动的计划、组织和控制。企业的生产系统包括输入、转换（制造）、输出和反馈四个环节，其运行程序如图 2-1 所示。

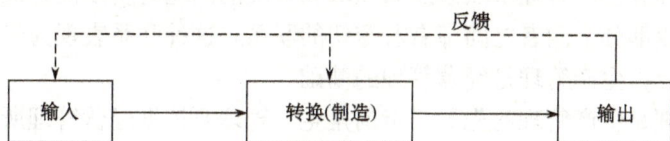

图 2-1 抽象的生产系统

生产系统的输入是指将生产诸要素及信息投入生产的过程，这是生产系统运行的第一个环节。生产系统的转换就是生产制造过程，这是生产系统运行的重要环节。生产系统的输出是转换的必然结果，它包括产品和信息两个方面的内容。生产系统的反馈是将输出的信息回馈到输入端或生产制造过程，其目的是与输入的信息进行比较，发现差异，查明原因，采取措施，加以纠正，保证预定目标的实现。由此可见，反馈执行的是控制职能。这一环节在生产系统中起着非常重要的作用。

2.1 生产管理概述

2.1.1 广义的生产管理与狭义的生产管理

生产管理有广义和狭义之分。

广义的生产管理是指针对企业生产活动的全过程进行综合性的、系统的管理，也就是以企业整个生产系统作为对象的管理。广义的生产管理内容甚为广泛，包括生产过程规划、生产过程组织、劳动组织与劳动定额管理、生产技术准备工作、生产计划和生产作业计划的编制、生产控制、外协管理、质量管理、物资管理、设备与工具管理、能源管理、安全生产、绿色生产、环境保护等。

狭义的生产管理是指以产品的生产过程为对象的管理。即对企业的生产技术准备、原材料投入、加工工艺及过程直至产品完工的具体活动过程的管理。由于产品的生产过程是生产系统的一部分，所以，狭义生产管理的内容，也只能是广义生产管理内容的一部分。

狭义生产管理的内容主要包括生产过程组织、生产技术准备工作、生产计划编制、生产作业计划的编制和生产控制等。

本书是从广义的角度来研究生产管理的。

生产管理在企业管理中的地位是非常重要的。我们知道，企业管理工作的内容甚多。按各项管理工作在企业生产经营活动中的性质，基本上可分为经营管理和生产管理两大部分。经营管理是对企业经营活动的管理，主要是解决企业的生产技术经济活动如何实现同企业外部环境取得动态平衡的问题。而生产管理如上所述，是对企业生产系统的管理，主要是解决企业内部人、财、物、信息及时空等各种资源的最佳结合问题。

经营管理和生产管理虽然涉及的领域和解决的问题有所不同，但作为整个企业管理的组成部分，两者之间却有着密切的联系，这种联系表现为经营管理是生产管理的先导，生产管理是经营管理的基础。

经营管理是生产管理的先导，指的是生产管理要依据经营管理所确定的经营意图，即经营方针、经营目标、经营决策和经营计划的要求来进行，这是由生产经营型企业的特点所决定的。生产经营型企业作为自主经营、自负盈亏的经济实体，它所追求的目标是经济效益。为此，就必须使企业的产品适销对路，满足用户在品种、质量、价格、销售渠道等方面的要求，而这些都属于经营管理的范畴。只有经营搞好了，企业才能立于不败之地，并不断成长。因此，生产经营型企业对一切生产活动的管理都必须服从经营管理的要求。只有这样，才能保证企业目标的实现。

生产经营型企业中，经营管理无疑是十分重要的，但生产管理也同样重要，因为企业的生产活动是企业一切活动的基础。如果生产活动管理不好，企业就很难按品种、质量、数量、期限、价格向社会提供产品并满足社会的要求。在这种情况下，企业当然无法实现其经营目标。因此，应注重生产管理，使经济效益的提高建立在可靠的基础之上。

总的来说，生产管理的任务是为了提高企业的经济效益。具体要求如下：

（1）按规定的产品品种要求的质量完成生产任务；

（2）按规定的计划成本要求完成生产任务；

（3）按规定的交货期限完成生产任务。

产品的质量（quality）、成本（cost）和交货期（delivery）简称 QCD，是衡量企业生产管理成败的三要素，确保 QCD 三方面的要求，是生产管理的主要任务。

质量（含品种）、成本、交货期（含数量）这三项任务是相互联系、相互制约的。提高质量，可能引起成本增加；增加数量，可能降低成本；为了保证交货期而过分赶工，可能引起成本的增加和质量的降等。为了取得良好的经济效益，需要在生产管理中加以合理的组织、协调和控制。

2.1.2 生产过程及其组成

工业企业为了生产工业产品必须组织生产过程。生产过程组织是否先进合理，不仅关系到企业生产任务的完成，而且对企业经济效益能否提高，也有直接的影响。生产过程组织对企业而言是一项具有长远意义的事情，因此，需要慎重从事。

任何工业产品的生产，都需要经过一定的生产过程。所谓生产过程是指从原材料、元器件的投入开始，经过一系列的加工，直至成品生产出来的全部过程。在生产过程中，主要是劳动者运用劳动工具，直接或间接地作用于劳动对象，使之按人们的预定目标变成工业产品。在某些生产技术条件下，实现产品的生产还要借助于自然力的作用。这时，生产过程就是一系列相互联系的劳动过程和自然过程相结合的全部过程。

工业企业的生产过程一般是由许多部分组成的，根据各部分在生产过程中的作用不同，可划分为以下三个部分。

1. 基本生产过程

基本生产过程是指对构成产品实体的劳动对象直接进行工艺加工的过程。如机械企业中的铸造、锻造、机械加工和装配等过程；纺织企业中的纺纱、织布和印染等过程。基本生产过程是企业的主要生产活动。

2. 辅助生产过程

辅助生产过程是指为保证基本生产过程的正常进行而从事的各种辅助性生产活动的过程。如为基本生产提供动力、工装和维修工作等。

3. 生产服务过程

生产服务过程是指为保证生产活动顺利进行而提供的各种服务性工作。如供应工作、运输工作、技术检验工作、清洗、油封、包装等。

上述三部分彼此结合在一起，构成企业的整个生产过程。其中，基本生产过程是主导部分，其余各部分都是围绕着基本生产过程进行的。

基本生产过程和辅助生产过程都是由若干既相互独立，又彼此联系的工艺阶段所组成。所谓工艺阶段，是指按照使用的生产手段的不同和加工性质的差别而划分的局部生产过程。如机械制造类企业的基本生产过程可以分为毛坯制造、金属切削加工和装配三个工艺阶段；纺织企业的基本生产过程可以分为纺纱、织布和印染三个工艺阶段等。每个工艺阶段又由若干工序所组成。所谓工序是指一个人或一组人在一台机床上或在同一工作地上对同一劳动对象进行连续加工的生产环节。它是组成生产过程的基本单元，是企业生产技术工作、生产管理和组织工作的基础。按照工序的性质，可以把工序分为基本工序和辅助工序两类。凡直接使劳动对象发生形状或性能变化的工序称作基本工序，也可称作工艺工序，如锻造、铸造、焊接、热处理、车、铣、刨、磨等基本工序；凡为基本工序的生产活动创造条件的工序都称作辅助工序，如产品检验、清洗、包装工序等。

2.1.3　合理组织生产过程的基本要求

合理组织生产过程，使生产过程始终处于最佳状态，是保证企业获得良好经济效益的重要前提之一。合理组织生产过程是指把生产过程从空间上和时间上很好地结合起来，使产品以最短的路线、最快的速度通过生产过程的各个阶段，并且使企业的人力、物力和财力得到充分的利用，达到高效、低耗、质优、安全与环保的目的。合理组织生产过程需要做到以下几点。

1. 生产过程的连续性

生产过程的连续性是指产品和零部件在生产过程各个环节上的运作自始至终处于连续状态，不发生或少发生不必要的中断、停顿和等待等现象。这就要求加工对象或处于加工之中、或处于检验和运输之中，而尽可能避免处于存储或等待之中。

要保持生产过程的连续性，必须做到以下几点。

（1）必须使制品的工艺流程是合理的；

（2）企业各车间之间、仓库和车间之间以及各工序之间或工序与工作地之间的布置要符合生产过程的顺序要求，使劳动对象在生产过程中的运输路线最短；

（3）生产过程是经过优化的：大批、大量生产时，各工序（含工位）或各工作地所需的劳动时间应趋于相等；成批、小批、单件生产时以优化的计划确保生产过程各环节具有良好的衔接；

（4）尽可能采用先进的工艺技术与装备，提高专业化、自动化程度；

（5）要求做好生产前的一系列准备工作。

保持生产过程的连续性，可以充分地利用机器设备和劳动力，可以缩短生产周期，加速资金周转，减少生产过程中的浪费和损失。

2. 生产过程的平行性

生产过程的平行性是指生产过程的各个阶段、各个工序尽可能实行平行作业。要做到这一点，必须做好零部件间的逻辑关系分析，将可平行加工的零部件尽可能安排成平行加工，同时必须具备足够的生产面积和相应的生产设施，以确保具有平行生产的能力。

保持生产过程的平行性，可较大程度地缩短产品的生产周期，加速资金的周转，从而提高企业的经济效益。

3. 生产过程的比例性

生产过程的比例性是指生产过程的各个阶段、各道工序之间，在生产能力上要保持必要的比例关系。它要求各生产环节之间，在劳动力、生产效率、设备等方面，相互协调发展，避免脱节现象。保证生产过程的比例性，既可有效地提高劳动生产率和设备利用率，又可进一步保证生产过程的连续性。

为了保持生产过程的比例性，在设计和建设企业时，就应根据产品性能、结构以及生产规模、协作关系等统筹规划；同时，还应在日常生产组织和管理工作中，搞好综合平衡和计划控制。

生产过程的比例性也指投入与产出的比例关系以及生产过程各环节资源分配的比例关系。

4. 生产过程的节奏性

生产过程的节奏性是指产品在生产过程的各个阶段，从原材料、元器件的投入到产品完工入库，都能保持有节奏地、均衡地进行。要求在相同的时间间隔内各工序或工位生产出相同数量的制品，尽可能避免产生瓶颈工序的现象。

生产过程的节奏性应当体现在投入、生产和产出三个方面。其中产出的节奏性是投入和生产节奏性的最终结果。只有投入和生产都保证了节奏性的要求，实现产出节奏性才有可能。同时，生产的节奏性又要求投入的节奏性。因此，实现生产过程的节奏性必须把三个方面统一安排。此外，对任何一个车间、工段和工作地也都存在着生产节奏性的要求。因此，保持各个生产环节的投入、生产和产出的节奏性，对实现整个企业的生产过程的节奏性是十分重要的。

实现生产过程的节奏性，有利于生产计划的制订与生产状况的理性控制；有利于劳动资源的合理利用，减少工时的浪费和损失；有利于设备的正常运转和维护保养，避免因超负荷使用而产生难以修复的损坏；有利于产量、质量的提高和防止废品大量的产生；有利于减少在制品的大量积压；有利于安全生产，避免人身事故的发生。

5. 生产过程的适应性

生产过程的适应性是指生产过程的组织形式要灵活，能及时满足变化了的市场需求。随着科学技术的进步和人民生活水平的普遍提高以及相应的用户对产品的需求越来越多样化，这就推动了市场的发展。这一现状给企业的生产过程组织带来了新的挑战，即企业应如何采用多品种、小批量的生产方式，能够朝着灵活机动、应急应变性强的方向发展。

为了提高生产过程组织的适应性，企业可采用柔性生产等先进的生产设施与生产组织方法，现代生产系统追求具有较大程度的柔性，以满足日趋明显的、强烈的个性化消费需求。

6. 生产过程的安全性

生产过程的安全性是指使生产系统中的人员避免受到危险的伤害。

安全生产管理的目标是，减少和控制危害，减少和控制事故，尽量避免生产过程中由事故造成的人身伤害、财产损失、环境污染及其他损失。

1）设备、设施或技术工艺含有内在的能够从根本上防止发生事故的功能：

安全功能应该是设备、设施和技术工艺本身固有的，即在它们的规划设计阶段就被纳入其中，而不是事后补偿的。包括两种安全功能：

（1）失误-安全功能。操作者即使操作失误，也不会发生事故或伤害。

（2）故障-安全功能。设备、设施或技术工艺发生故障或损坏时，还能暂时维持正常工作或自动转变为安全状态。

2）安全生产管理

针对人们生产过程的安全问题，运用有效的资源，发挥人们的智慧，通过人们的努力，进行有关决策、计划、组织和控制等活动，实现生产过程中人与机器设备、物料、环境的和谐，达到安全生产的目标。

7. 生产过程的环保性

生产过程的环保性主要是指对生产过程中"三废"（废气、废液、固体废料）的处理和对粉尘、噪声、辐射的控制。在生产过程中，有一部分资源和能源没有得到充分利用而以各种形式又排入环境造成污染。所以要解决工业污染，主要应该从生产过程中产生的污染源入手，这样可以从根本上来解决对环境的污染问题。

生产过程中的环境管理要从多方面来进行，主要有操作制度、设备管理、物资管理、工艺改革和技术装备等。

加强生产过程中的环保管理对防止污染是非常重要的，因为这是企业可持续发展的必要保证。

8. 生产过程的节能性

生产过程的节能性包括设备购置费用、使用中的维持费用（一方面要求经常保持设备良好的技术状态，另一方面又要求节约设备维修与管理的经费支出）、产出的经济性（在满足产出要求的前提下，资源投入尽可能少）等方面。

生产过程的节能性需进行综合管理方能达到。

1）技术管理与经济管理相结合

技术管理是基础，经济管理主要是优化。二者必须紧密结合，以求生产过程费用最低，综合效能最高。

2）设备管理与生产管理相结合

现代化的化工企业中，设备是生产的物质技术基础，是完成生产任务的手段。设备管理水平和设备状况的好坏与生产任务的顺利完成密切相关。设备管理就是使设备经常处于最佳状态，使之在任何时候都能满足生产的需求。

生产管理是根据生产实际情况调度和使用设备，以发挥出设备系统的最佳效率，从而以尽可能少的投入来确保企业生产任务的完成。

3) 设计、制造与使用相结合

设备的设计、制造过程由设计、制造部门管理；设备的使用过程由使用单位管理。两者应该密切结合，互通信息。

设计、制造部门须确保设备的可靠性、耐久性、维修性、环保性、安全性及节能性等；使用部门要熟知设备的功能和使用方法，熟悉使用单位的工艺要求和使用条件，要考虑到设备运行阶段的管理和维修费用，在使用中的设备应按要求进行维护、保养、修理，发现问题应及时向设计、制造部门进行信息反馈，以便改进设备的设计。

4) 设备维修与技术改造相结合

只有把设备的更新与改造工作做好，才能克服现有企业耗费高、能耗大、质量差等弊端。另外设备的更新与改造也是科学技术迅速发展的客观要求。

在设备维修中，应通过技术经济分析，正确处理设备维修与改造的关系，把维修与改造结合起来。一方面利用检修的机会采用新技术、新材料、新工艺来代替技术落后、能耗大、效率低的设备和零部件；另一方面对陈旧落后，进一步维修价值不大的设备，按规定进行报废，更换先进的设备。

5) 设备管理与技术开发及智力开发相结合

随着现代科学技术的进步，生产装备现代化水平不断提高，设备向着大型化、高速化、机电一体化及结构复杂化等方向发展。为了管理好现代化的设备，要求设备管理人员和维修人员必须掌握专门的科学技术知识和现代管理理论与方法。现代设备管理本质上是现代化设备与现代化管理理论与方法的结合。

设备是科学技术发展的结晶。

6) 不断提高员工的素质

在生产管理工作中，要不断提高员工的素质。设备再先进也是人制造的，由人使用、维修和管理。通过提高员工的素质来充分发挥全体职工的积极性，从而使生产的节能性与经济性达到预期的管理目标。

上述组织生产过程的八项要求是衡量生产过程是否科学和合理的标准，也是取得良好经济效益的重要条件，更是可持续发展的重要保证。生产过程的八项要求是符合科学发展观的。

2.1.4 生产类型

企业在组织生产过程时，必须根据自身的特点来进行，才能做到合理性和有效性。工艺性质不同的企业，如采掘、化工、冶炼、加工装配类企业，其生产过程以及生产过程组织的形式和方法是各不相同的。即使是工艺性质相同的企业，也有其生产技术上的不同特点。对于加工装配类的企业来说，不同企业在生产技术的诸多特点中，一个重要的特点就是生产类型。不同生产类型的企业，其生产过程的组织形式和方法也是不一样的。

生产类型是用来表明工作地专业化程度的标志。工作地专业化程度是按照工作地担负工序数目的多少来判断的。工作地担负的工序数目越少，工作地专业化程度就越高；相反，工作地担负的工序数目越多，则工作地专业化程度就越低。据此，工作地的生产类型一般可划分为三类：大量生产、成批生产和单件生产。

大量生产是经常固定地完成一两道工序，因而专业化程度很高。

成批生产是成批轮换地完成若干道不同的工序。所以，其专业化程度较大量生产低。成批生产按照完成工序数目的多少，可以分为大批生产、中批生产和小批生产。成批生产还可以分为定期成批轮番生产和不定期成批轮番生产两种。定期成批轮番生产，就是按固定的时间重复进行生产；不定期成批轮番生产，就是每种产品只有固定的批量，没有固定的重复生产时间。在大批生产中，定期轮番的较多；在小批生产中，不定期轮番的居多。

单件生产是经常变换地完成很不固定的工序，因而工作地专业化程度很低。

根据通常的生产组织方式，生产类型又可划分为三类：大批量生产、成批生产（中批）和单件小批生产。

按工作地所担负的工序数目来确定工作地的生产类型。具体的划分参数如表2-1所示。

表 2-1　生产类型的分类参数

工作地生产类型	工作地担负的工序数目	工作地生产类型	工作地担负的工序数目
大量生产	1～2	小批生产	20～40
大批生产	2～10	单件生产	40 以上
中批生产	10～20		

工作地的生产类型除用工序数目作为标志划分外，还可根据工序大量系数来划分。工序大量系数表示每个零件的每道工序所需的单件加工时间与该零件平均生产节拍之比。即

$$K = \frac{t}{R}$$

式中，K 为工序大量系数；t 为工序单件加工时间（分/件）；R 为零件平均生产节拍（分/件）。

零件平均生产节拍可用下式计算

$$R = \frac{F}{N}$$

式中，F 为年度有效工作时间（分）；N 为年度零件生产数量（件）。R 代入 K 式中得

$$K = \frac{tN}{F}$$

从上式可知：工序大量系数 K 是为保证产品或零件在计划期内能生产出规定的数量 N，该工序需要总的加工时间 tN 占设备有效台时 F 的比值，即各工序所需设备的数量。实际上，工序大量系数和工作地承担的工序数目（M）之间是倒数关系。即

$$M = \frac{I}{K}$$

或

$$M = \frac{R}{t}$$

因此，以上两种方法实质上是等价的。用工序大量系数确定生产类型的参考数据如表 2-2 所示。

表 2-2　工序大量系数确定生产类型

工作地生产类型	大量系数	工作地生产类型	大量系数
大量生产	大于 0.5	小批生产	0.05～0.025
大批生产	0.5～0.1	单件生产	小于 0.025
中批生产	0.1～0.05		

在一个工段、一个车间、一个企业中，工作地的生产类型不可能完全相同。判断它们的生产类型主要看这些单位中哪些生产类型的工作地占多数。

生产类型的划分是相对的，它们对企业管理各个方面均产生影响，如生产过程组织方式、经济效果及管理工作等的差别也是相对的。由于大量生产和大批生产之间、小批生产和单件生产之间生产组织方式具有相似性，因此，在实际工作中，就经常运用"大量大批生产"和"单件小批生产"的概念。

不同的生产类型，工作地专业化程度也不一样，所以，对企业的管理工作、生产过程组织工作以及生产活动的经济效益都有很大的影响。一般说来，在大量大批生产条件下，由于工作地专业化程度高，产品品种少，生产过程比较稳定，因而在工艺技术方面，可以采用专用设备和专用工具，并可使技术管理工作做得细致、精确；在生产过程组织方面，便于采用流水生产的形式组织生产；在计划方面，可以作较精确的安排；在劳动组织方面，可以进行细致的分工，有利于提高工人的技术熟练程度等。所有这些，都有利于企业的生产活动取得良好的经济效益。在单件小批生产条件下，由于工作地专业化程度较低，因此情况与上述相反。

企业在组织生产的时候，应仔细地分析研究影响生产类型的因素，努力提高工作地专业化程度。影响工作地专业化程度的主要因素有：产品的品种数和每种产品的产量；产品的结构与工艺复杂程度；企业的设备数量等。这些因素是交错在一起发生作用的。上述这些因素对企业来说都是客观因素。企业不能为了追求生产的专业化而忽视社会的需要，每个企业应在满足社会需要的前提下，加强技

术工作和管理工作，来提高工作地的专业化程度，改善生产类型。其主要措施有：

（1）积极扩大同其他企业的生产协作以减少本企业制造零部件的种类，增加每种零部件的批量。

（2）在产品结构设计方面，应根据产品的特点和市场需求情况，在分析产品结构和性能的基础上，积极开展产品和相应零部件的标准化、系列化和通用化工作。标准化是根据国家标准、部标准或企业标准对产品或零部件的常用型号进行标准化，并进一步细化为材料、工艺、工装、技术文件等的标准化，并加以实施；产品系列化是在已经得到确定的基本型号的基础上，将同类其他产品，按主参数（主要尺寸、功率或容量等）以一定规则（常选用优先数）拓展成系列，根据需要淘汰虽已存在、但已明显不合适的型号，同时补充缺少的型号；通用化是扩大专用零部件的使用范围的一项技术措施。通过零部件的标准化和通用化，可以减少产品中专用件的比重，增加同一产品或不同产品的相同零部件的种类及其数量。这"三化"既相互依存、相互制约，又能起到相互促进的作用。

（3）在工艺设计方面，开展工艺过程典型化工作，使结构相似的零件具有相同或大致相同的工艺加工过程，为减少工序数目，提高工作地专业化水平，增加工序加工批量，为采用成组技术和先进生产组织形式创造条件。

（4）在生产的组织方面，坚持以工时定额为基础、以产能为依据、以可操作性强的生产计划为指导，合理规划生产过程和组织实施生产过程；尽可能优化生产过程，使投入资源少、生产周期短、生产成本低、合格率高；应加强订货管理，通过与用户协商，尽可能订购本企业正在生产或已生产过的变型产品。同时，在保证交货期的前提下，做到产品品种和数量之间的合理搭配，以增加同一时期的产量，减少同一品种生产的批次。

（5）根据成组技术原理，加强日常的生产调度工作，合理分配任务，改善劳动组织，实行定人、定机床、定工序等措施。

■ 2.2　生产过程的空间组织

企业进行生产活动，实现产品的生产过程，不仅要有一定的场地、厂房设备等，而且还要把这些物质生产条件按照一定的原则加以组合，划分成若干占有一定空间位置的车间、工段和小组等。工业产品就是按照预定的工艺路线，通过一定的生产单位加工，最后变成企业的成品。

为了高效率和高效益地实现生产过程，企业各生产单位和设施，应当在空间布局上形成一个有机整体；在各生产单位内部，机器设备、运输装置等应具有合理的平面布置与立面布置，这就是生产过程的空间组织问题。

2.2.1 工厂总平面布置

工厂总平面布置，就是根据已选定的厂址和厂区，把工厂的各个组成部分作适当的安排，组成一个符合生产和工作需要的有机整体，以达到方便生产、保证安全、提高经济效益的目的。工厂总平面布置合理与否，不仅关系到企业的当前生产，而且会影响到企业的长期经济效益，因此，必须谨慎从事。

1. 工厂总平面布置的原则

（1）工厂的厂房、设施和其他建筑物的布置，应满足生产过程的需求，使物件运输路线尽可能短。减少交叉和往返运输，从而缩短生产周期，节约生产费用。

（2）有密切联系的车间应靠近布置。辅助生产车间、生产服务部门应布置在其主要服务车间附近，以保证最短的运输距离和联系工作方便。

（3）合理划分厂区。按照生产性质、防火和卫生条件以及动力需要和物料周转量，分别把同类性质的车间和建筑物布置在一个区域内。

（4）布置应尽可能紧凑，以减少占地面积，节约投资和生产费用。

（5）充分利用城市现有的运输条件，包括铁路、公路、水路等条件。生产过程的流向和运输系统的配置应满足货物运输路线的要求，保证物料输入和产品输出的方便。

（6）考虑企业未来的发展。工厂总平面布置中应有预留地，并尽可能缩小第一期建厂用地范围和缩短生产路线长度，以减少场地开拓费用和生产费用。

（7）工厂总平面布置应当和周围环境协调，考虑企业环境的美化、绿化，使工厂布置得整齐、美观，为职工创造良好、舒适的工作环境。

（8）工厂的选址与布局应有利于环境保护。进行工厂总平面布置时，一般先拟订几个不同的方案，然后进行方案比较，详细分析各方案的优缺点，最后采用评分的方法或其他方法，根据总体最优的原则，选择一个比较合理的方案。

2. 工厂总平面布置的方法

工厂总平面布置的方法很多，下面介绍几种常用的方法。

1）物料流向图法

物料流向图法，就是按照原材料、在制品以及其他物资在生产过程中的总流向来布置工厂的各个车间、仓库和其他设施，并且绘制物料流向图，如图2-2所示。

2）物料运输量比较法

物料运输量比较法，是分析比较工厂总平面布置各种方案的物料运输劳动量大小来确定工厂总平面布置的方法。为了使物料运输劳动量减少，相互运输量大的车间应靠近布置。反之，相互运输量小的车间可以布置得远一些。根据物料运输量大小进行工厂总平面布置有利于降低运输费用和提高效率。

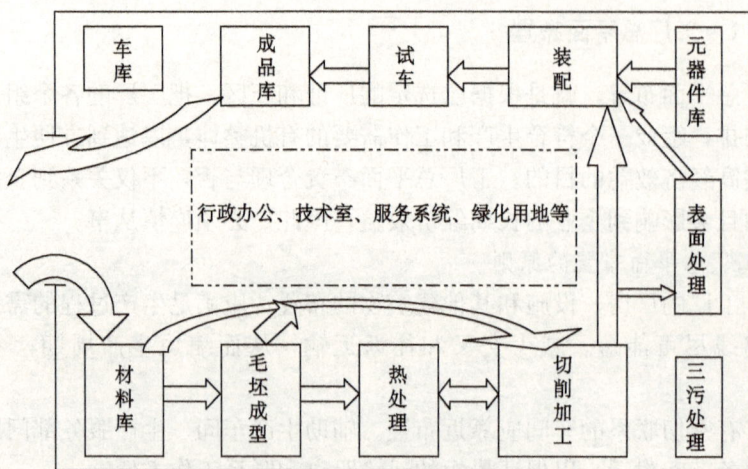

图 2-2 物料流向图法示意图

物料运输量比较法可用物料重量乘以运输距离加以量化。并可对大型零件及装卸、运输须加特殊保护的制品加权进行计算。

3）相对关系布置法

相对关系布置法是根据工厂各组成部分之间关系的密切程度来进行布置的，从而得出较优的总平面布置的方法。工厂各组成部分之间关系的密切程度一般可分为六个等级：

（1）绝对必要 A（absolutely necessary）；

（2）特别重要 E（especially important）；

（3）重要 I（important）；

（4）一般程度 O（ordinary）；

（5）不重要 U（unimportant）；

（6）不宜接近 X。

形成各组成部分关系密切程度的原因，可以是单一的，也可能是综合的。一般可根据表 2-3 中所列的原因确定各组成部分的关系密切程度的等级。

表 2-3 各组成部分关系密切程度的原因

序号	关系密切程度的原因	序号	关系密切程度的原因
1	使用共同的记录	6	做类似的工作
2	共用人员	7	工作流程的连续性
3	共用地方	8	使用共同的设备
4	人员接触程度	9	使用共同的工具
5	文件接触程度	10	可能的不良秩序

应用相对关系布置法时，首先根据工厂各组成部分的相互关系作成相互关系表，然后依据此表定出各组成部分的位置。

例如，某企业由八个单位组成。它们是：收料处、材料库、工具库、修理车间、生产车间、浴室、食堂和办公室。用相对关系布置法绘制工厂总平面布置图。

首先，根据各单位的相互关系作成相互关系表。如表 2-4 所示。

表 2-4　各单位的相互关系表

单位	相互关系程度						
	A	E	I	O	U	X
1. 收 料 处	2	—	5	3、4、8	6、7、9	—
2. 材 料 库	1、5	—		3、4、8	6、7、9	—
3. 工 具 库	4、5	—		1、2	6、7、9	—
4. 修 理 车 间	3、5	—		1、2、8	6、7、8	—
5. 生 产 车 间	2、3、4	6、7、8	1	9	—	—
6. 浴　　　室	—	5	7	—	1、2、3、4	8
7. 食　　　堂	—	5	6	8	1、2、3、4	—
8. 办 公 室		5		1、2、4、7	3	6

然后，依据表 2-4 定出安排的位置，并可用模板试排各单位的合理布置。

3. 生产单位专业化形式

生产单位专业化的形式，决定着企业内部的生产分工和协作关系，决定着生产过程的流向以及原材料、在制品在厂内的运输路线等，它不仅对工厂总平面布置有着直接的影响，而且对企业管理工作和经济效益也有影响。

生产单位专业化形式一般有三种。

1）工艺专业化形式

这是按照生产工艺性质的不同来组织生产单位的。在工艺专业化的生产单位里，集中着同种类型的工艺设备和同工种的工人，进行着相同工艺的加工。工艺专业化形式的优点是：

(1) 对产品品种的更换有较强的适应性。

(2) 由于同类设备集中在一起，便于充分利用生产设备；更便于进行工艺管理；有利于工人技术水平的提高。

由于工艺专业化形式的生产单位只能完成某种工艺加工，因而会产生下列不足情况：

(1) 制品在车间之间辗转频繁、流程交叉重复，加工路线长，运输费用和时间增加。

（2）制品停放时间多，生产周期延长，流动资金占用量增大。

（3）车间之间生产联系复杂化，从而使计划管理、在制品管理、质量管理工作复杂化。

工艺专业化形式主要适应范围是单件和小批生产，另外，有些工艺方法只适于按工艺专业化形式组织生产，例如铸造、锻造、焊接、热处理等工艺方法以及高噪声、高粉尘、高温、高污染等和某些具有特殊微环境要求的工艺方法，也只适于按工艺专业化形式组织生产。

2）对象专业化形式

这是按照产品（零部件）的不同来划分生产单位的一种组织形式。在这种生产单位里，集中着为制造某种产品（零部件）所需要的各种机器设备和不同工种的工人，对加工对象进行不同的工艺加工。在对象专业化形式的条件下，制品运动的典型形式是以流水线体为主体运输工具的制品流动方式。

对象专业化形式的优点是：

（1）由于在一个车间里可以完成或基本完成零件的全部加工工序。因此大大缩短了运输路线，节约了运输工具和辅助工人，降低了运输费用和减少了运输时间。

（2）由于在一个车间内把零件加工出来，可以减少在制品运送和停放时间，因而减少了在制品数量和流动资金占用量，缩短了生产周期。同时，可以减少零件在运输过程中的磕碰，有利于保证零件的质量。

（3）可以减少车间之间的联系，从而有利于计划管理、质量管理和在制品管理。

对象专业化形式也存在一定的缺点：当市场需求变化快，企业产品方向不稳定，品种多而产量小时，往往会导致设备、生产面积和劳动力不能充分利用，使生产经济效益降低。

对象专业化形式主要适应范围是大批量或较大批量生产，另外，对于某些有特殊要求的制品，虽然可能批量不大，但为了满足这些制品的特殊要求，有时也采用对象专业化形式组织生产。

3）综合形式

综合形式就是把以上两种专业化形式结合起来的一种形式，即在企业内，有的车间按对象专业化形式组织，有的车间按工艺专业化形式组织，如图2-3所示。

企业内生产单位专业化形式的选择，必须从具体的生产技术条件出发。一般而言，企业的专业方向比较稳定，具有一定的生产量，产品结构比较稳定，产品零件的标准化、通用化程度较高、设备类型比较齐全，可以采用对象专业化形式。如果企业生产的产品品种多，数量少，设备的数量和种类不多，则以采用工艺专业化为宜。在实际工作中，可拟订不同方案，进行技术经济分析，确定一个合理方案。

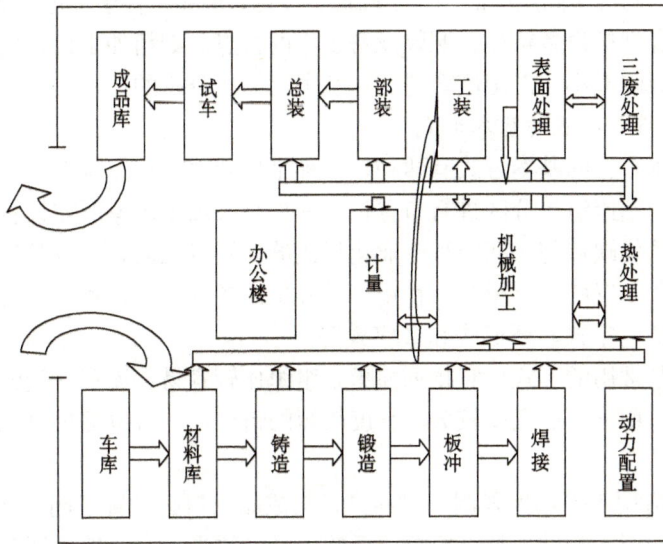

图 2-3　综合形式

2.2.2　车间的平面布置

产品的生产是在车间内进行的,所以在工厂总平面布置的基础上,正确进行车间的平面布置,即正确规定各基本工段、辅助工段和生产服务部门的相互位置,以及工作地、设备之间的相互位置,也是生产过程空间组织的重要内容。

1. 车间的总体布置

进行车间平面布置时,首先要安排车间的总体布置,即确定车间各组成部分的相互位置。应当使各基本生产工段的相互配置符合工艺流程的顺序;辅助工段、生产服务部门的布置应有利于为生产工段提供服务。

2. 车间的设备布置

车间总体布置后,应进行车间的设备布置,并通过设备布置来校验和调整车间的总体布置。

1) 车间设备布置的原则

车间设备布置的原则主要有:

(1) 按照生产过程的流向和工艺顺序布置设备,尽量使加工对象呈直线运动状态,路线最短,将倒流减少到最低限度。

(2) 注意运输方便,充分发挥运输工具的作用。如加工大型零件和长棒料的设备应布置在车间入口处,大型加工设备应布置在有起重机的车间里等。

(3) 合理布置工作地,保证生产安全,并尽可能为工人创造良好的工作条件。

(4) 考虑多机床看管工人作业的方便。

（5）合理利用车间生产面积，正确规定设备、墙壁、柱子、过道之间的距离。

（6）注意维护设备精度，照顾设备工作的特点。如精加工设备应布置在光线最好、振动影响最小、温湿度合适、空气中污染成分少的地方。

2）车间设备布置的基本形式

车间设备布置的基本形式有两种，一种是把同类机器布置在一起，如按车床组、铣床组、钻床组等分区进行布置；另一种是按加工对象所需设备布置。这两种设备布置的优缺点与车间两种专业化形式的优缺点相同，不再赘述。

车间设备布置的方法很多，在单一品种生产条件下，设备的布置可采取直线式、蛇形式、U 字式、环形式和 Z 字式等。

直线式是常用的形式，它排列简单，组织比较容易，流程比较畅通。

蛇形式适用于厂房宽度较大、长度较短的情况，它可以缩短纵深流程，经济利用空间。

U 字式适用于受场地限制，材料进口与成品出口必须置于同一侧。

环形式适用于辅助工具、容器、运输工具必须周而复始地送回起点。

Z 字式适用于空间狭窄、零件体积较小的情况。

在多品种生产条件下，设备的平面布置应重视运输路线和运量的问题。这对减少运输费用、缩短生产周期、降低资金占用、有利于进行管理等都是非常重要的。

3）从至表

为使运输路线最短和运量最少，这就需要合理地进行设备布置。在绝大多数或全部加工对象的工艺路线相同时，问题很容易处理，即按照工艺过程的总流向和加工顺序布置设备。在加工对象的工艺流向不同时，为了使总运输路线最短或总运量最少。必须做到无倒流或少倒流。为此，就需要利用一定的科学方法。下面介绍一种从至表试验法。

从至表试验法是一种进行设备布置的方法，其步骤如下：

首先，绘制零件综合工艺流程图。设有 17 种零件，使用 8 台设备共 10 个工作地，相邻工作地的距离大致相等，算作一个单位距离，按照每一种零件的工序组成和顺序，可画出综合工艺流程图。如图 2-4。

其次，根据图 2-4 编制零件从至表。如表 2-5 所示。

表 2-5 的对角线是流向分界线。对角线的右上方半角为顺流，左下方半角为倒流。方格中的数字为从某机床至另一机床的零件移动次数。表是按原来机床次序排列，故称初始从至表。

最佳的机床排列应该是交接次数最多的两台机床或工作单元安排在最短的距离上。从表 2-5 看，次数最多的是毛坯库→车床 8 次，压床→检验台 7 次，都不在最佳位置上，故应重新安排，使次数多的上下道工序尽量靠近对角线，从而得出一个较优的机床安排方案。

再次，分析和改进初始从至表，通过数次试验，可求得接近于最优的机床布置方案。

在从至表中，越靠近对角线的方格，表示两台机床的距离越近。例如，铣床→车床1次、车床→钻床5次，是相邻的两个工作地；而毛坯库→车床8次，相距两个工作地。上下道工序交接的两台机床间的距离若以工作地间的距离为标准，则上表中所在格距离对角线的格数就是几个工作地的距离单位。表2-7为改进后的从至表与初始从至表在搬运距离方面的比较表。

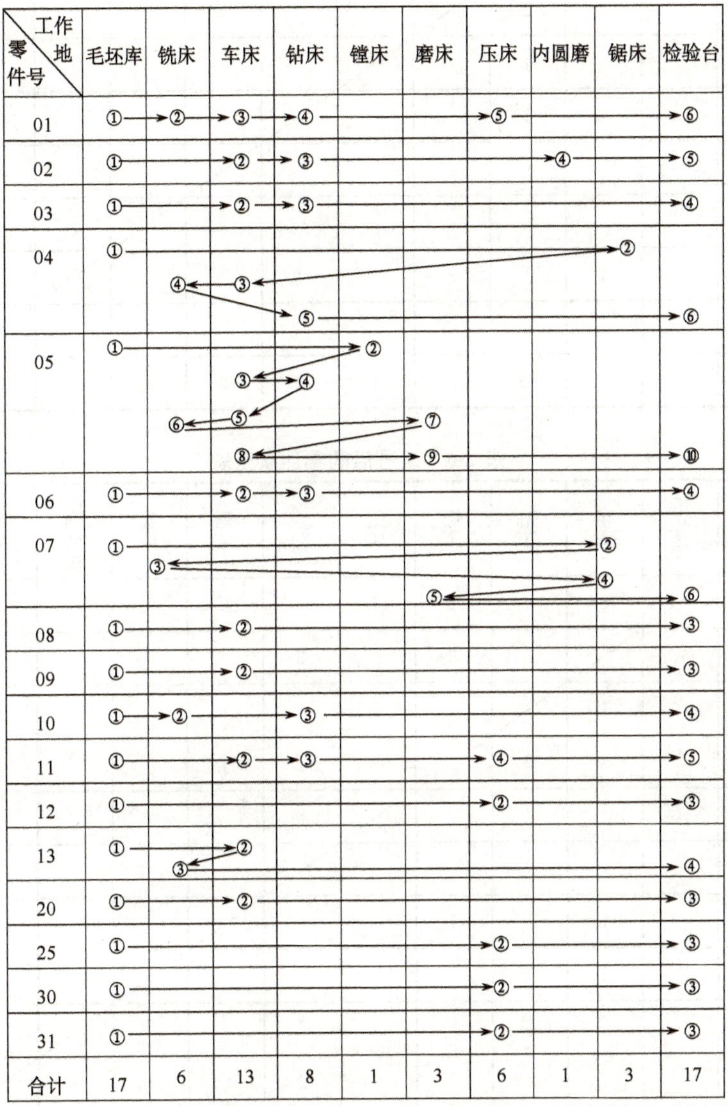

零件号 \ 工作地	毛坯库	铣床	车床	钻床	镗床	磨床	压床	内圆磨	锯床	检验台
01	①	②	③	④			⑤			⑥
02	①		②	③				④		⑤
03	①		②	③						④
04	①	④	③	⑤					②	⑥
05	①	⑥	③⑤⑧	④	②	⑦⑨				⑩
06	①		②	③						④
07	①	③					⑤	②④		⑥
08	①		②							③
09	①		②							③
10	①	②		③						④
11	①		②	③		④				⑤
12	①						②			③
13	①	③	②							④
20	①		②							③
25	①						②			③
30	①						②			③
31	①						②			③
合计	17	6	13	8	1	3	6	1	3	17

注：图中圆圈内的数字为零件加工的序号，箭线为零件在工序间的移动方向

图 2-4　零件的综合工艺路线图

表 2-5 初始的零件从至表

从＼至	毛坯库	铣床	车床	钻床	镗床	磨床	压床	内圆磨床	锯床	检验台	合计
毛坯库		2	8		1		4		2		17
铣床			1	2		1			1	1	6
车床	3			6		1				3	13
钻床			1				2	1		4	8
镗床			1								1
磨床			1							2	3
压床										6	6
内圆磨床										1	1
锯床		1	1			1					3
检验台											
合计		6	13	8	1	3	6	1	3	17	58

表 2-6 改进后的零件从至表

从＼至	毛坯库	车床	钻床	铣床	压床	检验台	锯床	镗床	内圆磨床	磨床	合计
毛坯库		8		2	4		2	1			17
车床			6	3		3				1	13
钻床		1		2		4		1			8
铣床		1	2			1	1			1	6
压床						6					6
检验台											0
锯床		1		1						1	3
镗床		1									1
内圆磨床						1					1
磨床		1				2					3
合计		13	8	6	6	17	3	1	1	3	58

由表2-7可知：改进后的零件从至表，零件移动的总距离减少203－161＝42个单位距离，也就是说经调整重新布置这些工作地，这17种零件总的运输路线可比原顺序加工缩短42个单位距离，同时物料的总运量也相应地减少了，提高了经济效益。

表 2-7　改进前后的从至表在搬运距离方面的比较表

次别	前　　进		后　　退	
	格数×对角线方向各次数之和		格数×对角线方向上各次数之和	
初始从至表	1×（2+1+6）	＝9	1×（3+1）	＝4
	2×（8+2+1）	＝22	2×1	＝2
	3×（1+2+6）	＝27	3×（1+1）	＝6
	4×（1+1+1+2）	＝20	4×0	＝0
	5×0	＝0	5×0	＝0
	6×（4+4）	＝48	6×1	＝6
	7×（1+3）	＝28	7×1	＝7
	8×（2+1）	＝24	8×0	＝0
	小计　　178		小计　　25	
	总移动距离：178＋25 ＝ 203（单位距离）			
改进后从至表	1×（8+6+6）	＝20	1×（1+2）	＝3
	2×（3+2+1）	＝12	2×1	＝2
	3×（2+4+1+1）	＝24	3×（1+1）	＝6
	4×（4+3）	＝28	4×2	＝8
	5×0	＝0	5×1	＝5
	6×（2+1+1）	＝24	6×1	＝6
	7×1	＝7	7×0	＝0
	8×1	＝8	8×1	＝8
	小计　　123		小计　　38	
	总移动距离：123＋38＝161（单位距离）			

4）车间组成部分

不同的生产类型，车间的组成部分是不一样的。一般来说，大型的生产车间由以下几个部分组成：

（1）基本生产部分。如机械加工车间的各种机床设备，装配车间的装配生产线等。

车间的各个组成部分中，基本生产部分是最重要的内容，所以车间布置的重点要放在基本生产部分的布置上。这部分的布置同样存在着三种形式，即工艺专业化形式、对象专业化形式和综合形式，它们的基本思想与生产单位的布置原则中所叙述的情况是一致的。车间的布置主要是设备的布置，除了要参考三种形式外，还要注意以下几个问题：

要使产品的加工路线最短，工人在设备间移动的距离最短；要便于运输，运输路线尽可能短；加工大型产品要注意布置桥式吊车；要充分利用车间的面积，设备的布置可以根据车间面积和形状排成合理的队形，既要保证工人有足够的操作空间范围，又要充分利用好车间的有限面积，为布置新工作地留有余地。

(2) 辅助生产部分。如车间的机修组、电工组、检验室等。

(3) 仓库部分。如中间零件库、半成品库、工具室等。

(4) 车间管理部分。如管理办公室、技术室、资料室等。

(5) 其他必需部分。如会议室、休息室、更衣室、盥洗室、茶水供应处、空调安装处、各类通道等。

(6) 特殊部分。如去静电空间、消毒设施、安全与环保等。

5) 设备布置的工具与方法

车间内设备布置的工具很多，主要有以下几种。

(1) 设备布置草图。它是一种研究工艺过程和物料流向的预备性布置。设备布置草图在计算机上绘制，它可以是平面的，也可以是立体的。在图上用一定的代号将要布置的设备表示出来。应用这种工具，有助于对车间进行更详细、更具体的布置作出决定。它主要应用于预备布置上。

(2) 模板布置。这是一种较常用的设备布置工具。它是采用塑料或厚纸板制成各种设备的外形，并按一定比例做出模板，然后将各种模板在平面图上布置，并将生产过程中需用的所有设施也用同样的方法布置到平面图上，来寻求较优的布置方案。这种工具成本低，直观明了，易于采用，又可以灵活移动，还可反复使用。

(3) 模型布置。这是一种最理想的设备布置工具。它是用塑料或木料等做成设备、设施的模型，按一定的比例缩小后布置在平面图上。这种布置工具既有模板布置的各种优点，又能显示出立体形状。尤其是泡沫塑料的应用，给这种方法提供了很好的制作模型的材料，成本仍然低廉，可反复用，它将被更多地采用。

3. 办公室布置

在工厂中除了必要的生产单位之外，还有许多科室，它是管理人员、行政人员、科技人员和其他工作人员进行工作的主要场所，所以办公室的布置也要给以充分的重视。

办公室布置就是确定工作人员的座位位置以及办公用具的合理摆放。在具体布置时要注意下列问题：

(1) 在布置前要进行一定的调查，了解办公室的性质、与其他单位的关系、人员的定编、配置何种办公用品、室内人员的工作关系等情况。

(2) 办公室要有良好的采光、照明等条件。实践证明：良好的光线，能够提高工作效率，有利于人们的身体健康，要尽量排除粉尘、噪声及其他污染源的污染，因为它会分散人们的精力，甚至影响健康，从而影响办公效率。

（3）要充分利用办公室的面积，尽可能采取对称形式布置各工作人员的位置，同一业务小组的办公位置要尽量布置在一起，顺序关系较重要的部门要注意工作流程的问题。

（4）要使办公室布置得美观、整洁，注意文明办公，可适当美化环境，清洁空气，但不可追求豪华。

在具体进行办公室的布置时，最好也能按比例绘制出平面图，经过大家的讨论、比较、修改之后，再正式进行。试用一段时间之后，可以根据具体情况进行必要的调整。

2.2.3 工厂及车间的立面布置

工厂和车间内除了要合理地进行平面布置外，还要以战略眼光进行立面布置，在进行地下设施的规划时尤其重要。而且，应当尽可能地将可安置于地下的设施与构件规划置于地下，在进行车间立面规划时，应充分利用厂房的空间，即合理地进行设备、装置及相关设施的立体布置。工厂和车间的空间可划分为如下层次：

（1）地下层，通常开设具有战略性的暗沟、排水沟；可饮用自来水管道、非饮用自来水管道、废水管道；油管、煤气或天然气管道；电缆、光缆、电话线电缆、有线电视电缆；通风、压缩空气、供暖等装置。车间内还应注重加强动力线、压缩空气管道的规划。

（2）地面层，工厂的地面层除了规划好厂房外，同时应规划好道路、停车场、景观、绿化、预留发展空地、必要的宣传栏等。道路和停车场规划要有战略眼光，景观要留有变化空间和余地，绿化要体现以人为本。

车间内的地面层主要是生产操作层，一般是安装设备与相关装置、输送和堆放物料、人员的操作空间和通行场所等；另外，须规划工具室、原材料、元器件仓库、盥洗室以及可能需要的隔离装置等。

（3）产品流动层，即为产品的移动、暂存所必需的空间层以及待处理物所需占有的空间层。

（4）顶隔空间层，即天花板之下。可利用其装设传送链，通风管道、制冷系统管道等；另外，天花板之下是车间内有限的宣传标语构架理想的安装处。

（5）构架层，即天花板之上与房顶之下的空间。可放置通风、通电、空调等设备或装置。也是压缩空气管道铺设、照明系统布置、通风系统安装的理想空间。配合以墙沟埋设电线、管道等，对空间布置起到了锦上添花的作用。

（6）顶层，即屋顶部分。可放置水塔、水柜、通风设备、太阳能加热装置等设施，也可设成凉台。相对较高的建筑物屋顶上一定要安装避雷针。

规划好工厂的平面层和立面空间、合理地布置车间的平面层和立面空间，对于企业而言是具有长远意义的战略举措，既规避了不必要的资源浪费，又可提高企业的经济效益，也有利于文明生产，值得重视。

➢ 思考题

1. 生产过程由哪些部分组成?
2. 合理组织生产过程的基本要求有哪些?
3. 工厂总平面布置的方法有哪些?
4. 车间专业化形式有哪些?
5. 单件、小批生产时,车间平面布置的主要依据是什么?
6. 工厂、车间立面布置的主要思路是怎样的?
7. 在当前的生产任务和发展前景下怎样确定所需要的土地面积?
8. 有员工在现场工作的作业场所对环境有什么要求?

第 3 章

流水生产线规划

3.1 流水生产线的特征、形式和组织条件

3.1.1 流水生产线的特征

流水生产线是一种先进的生产组织形式。它是按照产品（零部件）生产的工艺顺序排列工作地，使产品（零部件）按照一定的速度，连续地和有节奏地经过各个工作地依次加工，直到制成产品。这种生产组织形式一般具有以下特征：

（1）工作地专业化程度高。在流水生产线上固定地生产一种或少数几种制品，每个工作地固定完成一道或几道工序。

（2）工艺过程是封闭的。工作地按工艺顺序排列，劳动对象在工序间做单向移动。

（3）每道工序的工作地数量同各道工序的加工时间比例相一致。

（4）每道工序都按统一的节拍进行生产。所谓节拍是指相邻两件制品产出的间隔时间。

流水生产线的上述特征，决定了它有以下优点：

（1）整个生产过程平行连续，协调均衡；

（2）有利于机器设备和人力的充分利用；

（3）最大限度地缩短生产周期；

（4）缩短运输路线，工序间的在制品数量很少；

（5）由于工作地专业化程度高，能采用专用设备、工具，有利于提高劳动生产率。

总之，流水生产线能满足合理组织生产过程的要求，使企业许多技术经济指标得到改善。

3.1.2 流水生产线的形式

流水生产线的具体形式多种多样，可按不同标志予以分类。

（1）按生产对象是否移动，可分为固定流水生产线和移动流水生产线。前者是指生产对象固定，工人携带工具顺序地对生产对象进行加工；后者是指工人和设备的位置固定，生产对象顺序经过各道工序的工作地进行加工。

（2）按在一条流水生产线上生产品种数量的多少，可分为单一品种流水生产线和多品种流水生产线。前者只固定地生产一种制品；后者生产两种或两种以上的制品。在多品种流水生产线条件下，由于加工的制品有多种，因此，就存在一个制品的轮换方式问题。从制品的轮换方式看，多品种流水生产线可分为可变流水生产线和混合流水生产线。可变流水生产线是分批轮换地制造固定在流水生产线上的几个品种，如图3-1（a）所示；混合流水生产线是将生产作业方法大致相同的特定几个品种在流水生产线上混合连续地生产，如图3-1（b）所示。

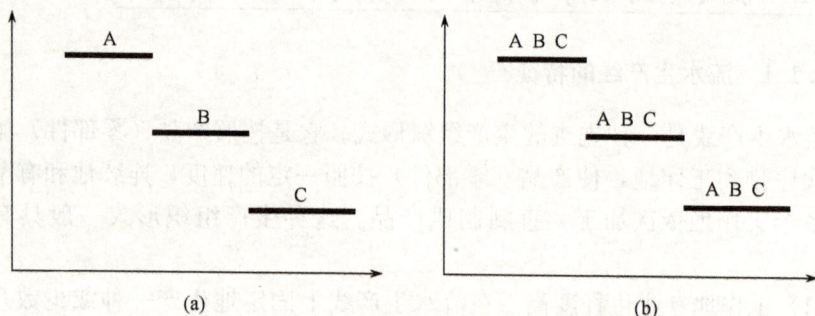

图 3-1　可变流水生产线和混合流水生产线

（3）按生产连续程度，可分为连续流水生产线和间断流水生产线。前者是制品在一道工序上加工完毕后，立即转到下一道工序继续加工，中间没有停放等待时间；后者是制品在完成一道或几道工序后，在下道工序开始前，存在停放等待时间，使生产过程有一定程度的中断。产生间断的原因，主要是由于流水生产线上各道工序的加工时间不相等或不成倍比关系。

（4）按实现节奏的方式，可分为强制节拍流水生产线和自由节拍流水生产线。前者是准确地按节拍生产制品的流水生产线，它靠机械化运输装置来保证固定的节拍。在自由节拍流水生产线上，不要求严格按照节拍生产制品，节拍主要靠工人的熟练程度及责任心来作保证的，因而生产过程可能产生波动。

(5) 按机械化程度，可分为手工、机械化和自动化三种流水生产线。手工流水生产线一般用于装配；机械化流水生产线的工件传输采用机械自动方式，工序（含工位）也配备适量机械装置，其效率高，应用最广；自动流水生产线是流水生产线的高级形式，其加工或装配主要采用自动形式进行。

(6) 按运输设备种类，可分为无专用运输设备的流水生产线、具有非机动专用运输设备的流水生产线和机械化运输设备的流水生产线。在无专用运输设备的流水生产线上，制品或由工人自己用手传送给下一个工作地，或采用普通运输工具运送；在非机动专用运输设备的流水生产线上，制品主要靠本身的重力来运输，一般采用的运输设备有斜面滑道、滚道等；在机械化运输设备的流水生产线上，通常采用传送带、循环悬吊运送器等。

传送带按照工作方式，可分为分配式和工作式两种。采用分配式传送带时，各工作地是排列在传送带的一边或两边，传送带传送制品经过各工作地时，工人就从传送带上取下制品，在工作地上加工。加工完毕后，再送回到传送带上（图3-2）。

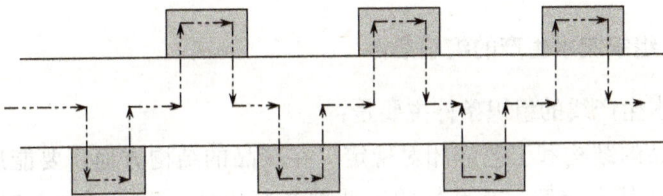

图 3-2　分配式传送带

采用工作式传送带时，不必从传送带上取下制品，工人在传送带两旁或一旁，对传送带上的制品进行加工（图 3-3）。

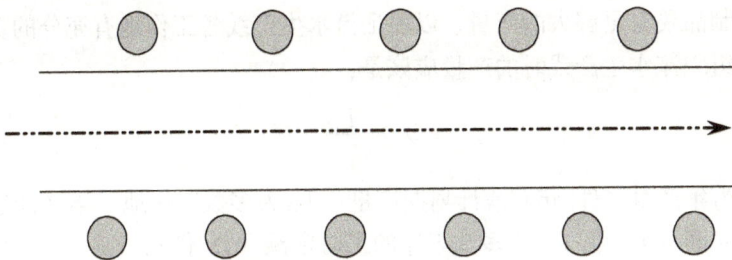

图 3-3　工作式传送带

以上流水生产线的分类可归纳为图 3-4。

分类标志	流水生产线		
对象移动方式	固定流水线		移动流水线
品种数目	单一品种流水线		多品种流水线
轮换方式	可变流水线		混合流水线
连续程度	连续流水线		间断流水线
节奏性	强制节拍流水线		自由节拍流水线
机械化程度	自动线	机械化流水线	手工流水线
运输设备	无专用设备	无动力专用设备	机械化运输设备
工作方式	分配式		工作式

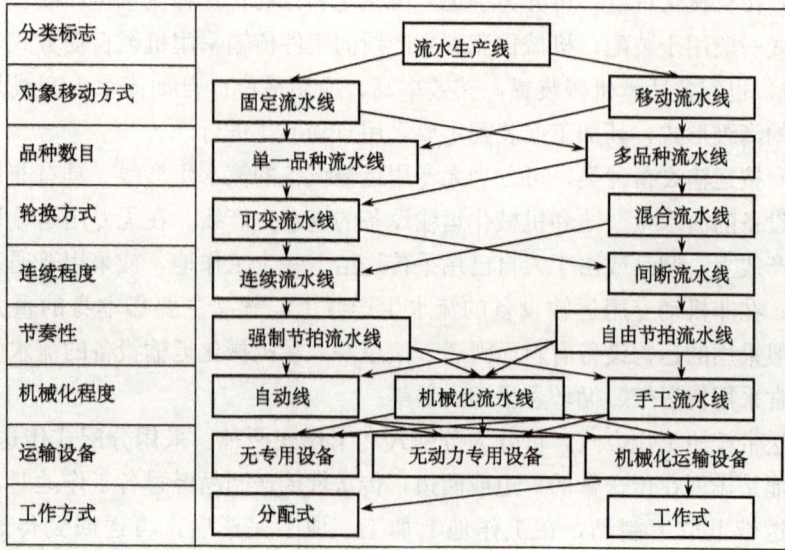

图 3-4　流水线的分类

3.1.3　组织流水生产的组织条件

组织流水生产线的组织条件主要是：

(1) 产品的结构和工艺应相对稳定。在产品的结构方面，要能反映现代科学技术成就并基本定型，有良好的工艺性和互换性，以保证加工时间的稳定。在工艺方面，要求工艺规程能稳定地保证产品质量，可采用先进的经济合理的工艺方法、设备和工具。产品的结构和工艺的先进性是稳定性的前提。产品的结构和工艺落后，将很快被淘汰，所组成的流水生产线也会随之淘汰，造成浪费。

(2) 制品要有足够大的产量，以保证流水生产线各工作地有充分的负荷。一般地说，组织流水生产线时的产量应该是：

$$Q \geqslant \frac{T_{效}}{t}$$

式中，Q 为年产量（件/年）或计划期产量；$T_{效}$ 为多数工作地一年（计划期）内有效工作时间（分/年）；t 为多数工序的工时定额（分/件）。

(3) 制品加工的各工序能细分和合并，各工序的时间定额应与流水生产线节拍相等或成倍数关系，即同期化。工序同期化是保证连续生产、充分利用设备和人力的必要条件。

3.2 单一品种流水生产线的组织设计

建立流水生产线之前，必须作好流水生产线的设计。设计正确与否，对流水生产线投产以后能否顺利运行和取得良好的经济效益关系极大。流水生产线的设计，包括技术设计和组织设计两个方面。在这里，我们主要研究流水生产线的组织设计。组织设计的内容一般有：流水线节拍的确定，设备需要量和负荷系数的计算；工序同期化工作；工人配备；制品传送方式的设计；流水生产线的平面布置；流水生产线的工作制度和标准计划图表的制定等。

3.2.1 确定流水生产线的节拍

流水生产线的节拍是指流水生产线上连续出产两个相同制品的间隔时间。它是流水生产线最重要的工作参数，是设计流水生产线的基础。

流水生产线节拍的计算公式为

$$R = \frac{T_{效}}{Q}$$

式中，R 为流水生产线节拍；$T_{效}$ 为计划期内有效工作时间；Q 为计划期制品产量。

有效工作时间是计划生产的时间，它可以根据制度工作时间和时间有效利用系数求得。计划期制品产量包括计划产量和预计的废品量。

例 某轿车厂 2009 年计划生产轿车 40 万辆，单班制生产，每班有效工作时间为 7.2 小时。问：该厂轿车生产的节拍是多少？

解： $R = T_{效} / Q = 250 \times 7.2 \times 60 \times 60 / 400000 = 16.2$ 秒/辆

如果该厂是两班制生产，由公式同样计算得到节拍是 32.4 秒/辆，若为三班制生产，则节拍是 44.55 秒/辆（每班吃饭时间 40 分钟，时间的有效利用率为 0.9）。

3.2.2 进行工序同期化

工序同期化是使流水生产线各工序的单件时间等于节拍或节拍的整倍数。这是保证各工序按节拍进行工作的重要因素。

在手工作业中，实现工序同期化是比较容易的。一般采用的方法是，把工序分成更小的组成部分（作业单元），然后，按照同期化的要求把各个相邻的组成部分重新组成工序。这些工序的时间就可接近于节拍或节拍的倍数。也可以合理调配劳动力，如组织相邻工序的工人协作，把熟练工人调到高负荷工序上去工作等。

在以机器为主的作业中，实现工序同期化的方法主要有：采用更完善的设备和工具、在原设备上采用先进的工艺方法、提高工人熟练程度以提高效率，也可以采用改进劳动组织的方法等。

3.2.3 计算设备（工作地）数量和设备负荷系数

为了保证制品在流水生产线上连续移动，每道工序的设备（工作地）数量应等于工序时间与流水生产线节拍之比。

$$S_i = \frac{t_i}{R}$$

式中，S_i 为第 i 道工序所需设备数；t_i 为第 i 道工序的单件时间定额。

计算出的设备需要量若不是整数，则采用的设备数 S_{ei}，应取接近于（大于）计算数 S_i 的整数。

设备负荷系数是表明设备利用程度的指标，其计算公式如下：

$$K_i = \frac{S_i}{S_{ei}}$$

式中，K_i 为第 i 道工序的设备负荷系数。

工序数为 m 的流水生产线的总设备负荷系数 K_a 可由下式求得

$$K_a = \frac{\sum\limits_{i=1}^{m} S_i}{\sum\limits_{i=1}^{m} S_{ei}}$$

设备负荷系数决定了流水生产线的连续程度。当 K_a 值在 0.75 以下时，宜组织间断流水生产线；当 K_a 值在 0.75 以上时，宜组织连续流水生产线。

3.2.4 计算工人人数

在以手工劳动为主的流水生产线上，工人人数可按下式计算，有

$$P_i = S_{ei} \times g \times W_i$$

式中，P_i 为第 i 道工序的工人人数；g 为每日工作班次；W_i 为第 i 道工序同时工作人数。

整条流水生产线的工人人数是所有工序工人人数之和。

在以设备加工为主的流水生产线上，工人人数可按下式计算，有

$$p = (1+b) \sum_{i=1}^{m} \frac{S_{ei} \times g}{f_i}$$

式中，p 为流水线工人总数；b 为考虑缺勤等因素的后备工人比例；f_i 为第 i 道工序每个工人的设备看管定额。

3.2.5 确定流水生产线节拍的性质和运输工具的选择

流水生产线的节拍，主要根据工序同期化程度和加工对象的重量、体积、精度、工艺性等特征而确定。当工序同期化程度很高、工艺性良好、制品的重量、

精度和其他技术条件要求容许严格地按节拍出产制品时，应采用强制节拍，反之采用自由节拍。

在强制节拍流水生产线上，为了保证严格的出产速度，一般采用机械化的传送带作为运输工具。在自由节拍流水生产线上，由于工序同期化水平和连续性较低，一般采用连续式运输带、滚道或其他运输工具。

在采用机械化传送带时，需要计算传送带的速度和长度。

在工作式传送带连续运动时，传送带速度 V，可按下式计算，有

$$V = \frac{L_0}{R}$$

式中，L_0 为传送带分区单位长度，即每经一个节拍传送带应移动的距离。

工作式传送带的速度不能太快，以便工人安全顺利地完成工序作业。在工作式传送带间歇运动时，每隔一个节拍移动一次。

工作式传送带工作部分的总长度可按下式计算，有

$$L = \sum_{i=1}^{m} L_i + L_g$$

式中，L 为传送带长度；L_i 为第 i 道工序工作地长度；L_g 为后备长度。

在分配式传送带流水生产线上，传送带起运输和分配制品的作用。

分配式传送带的速度应该和流水生产线的节拍相配合，其长度计算方法与工作式传送带相同。为使分配式传送带起到分配制品的作用，必须在传送带上做号码标记。按号码标记将制品分配给工人加工。如表 3-1 所示。

表 3-1　按号码标记将制品分配给工人加工

工序	工作地号	工人	号码数	分配给工作地（工人）的号码
1	01	A	12	1、3、5、7、9、11、13、15、17、19、21、23
	02	B	12	2、4、6、8、10、12、14、16、18、20、22、24
2	03	C	8	1、4、7、10、13、16、19、22
	04	D	8	2、5、8、11、14、17、20、23
	05	E	8	3、6、9、12、15、18、21、24
3	06	F	24	1、2、3、4、5、6、7、8、9、10、11、12、13、14、15、16、17、18、19、20、21、22、23、24
4	07	G	8	1、4、7、10、13、16、19、22
	08	H	8	2、5、8、11、14、17、20、23
	09	I	8	3、6、9、12、15、18、21、24

3.2.6　单一品种流水生产线的平面布置

单一品种流水线应根据经工序平衡后的工序（含工位）顺序安排其在流水线上的分布，在设计具体工位时，涉及工位间距（Li）确定、预留空工位、流水线

实体占地面积确定、流水线所需操作平面面积以及人员和产品流动通道等内容的确定（图 3-5）。

工位间距（Li）确定：小制品生产的流水线工位间距按 1.2～2m 计；中等体积制品生产的流水线工位间距按 2～4m 计；大制品生产的流水线工位间距应根据具体制品的外形尺寸而定，如轿车装配线的工位间距可达 4～6m。

流水线实体占地面积根据流水线体的具体宽度尺寸（常用流水线体的宽度已标准化）和具体工位数以及适当的放长量而得到确定。

流水线所需操作平面面积可参见图 3-5，以流水线的半侧实体与操作空间组成的宽度尺寸 B 与经计算的流水线体长度的乘积求出（L×B）。

含流水线所需操作平面面积以及人员和产品流动通道等在内的占地面积可取 3～5 倍的流水线所需操作平面面积。

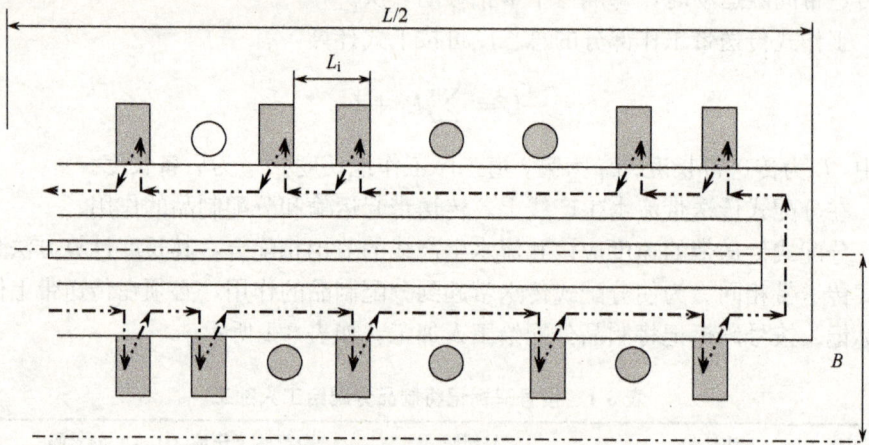

图 3-5　单一品种流水生产线的平面布置

流水生产线的平面布置应当有利于工人操作，并使制品运输路线最短，生产面积得到充分利用。同时，要考虑流水生产线之间的相互衔接，尽可能做到零件加工完毕处恰好是部件装配开始处，部件装配完毕处正是总装开始处。从而使所有流水生产线的布置符合产品生产过程的流程。

3.3　多品种可变流水生产线的规划

3.3.1　流水生产线节拍的计算

可变流水生产线的节拍应分别按每个品种计算。其具体计算方法有如下几种。

1. 代表零件法

代表零件法是将各种零件的产量按加工劳动量折合为某一种代表零件的产量，然后计算节拍。

设某可变流水生产线上加工 A、B、C 三种零件，其计划产量分别为 N_A、N_B、N_C，零件工时定额分别为 T_A、T_B、T_C。首先选定代表零件，假定为 A，再将零件 B 和 C 的产量换算为 A 的产量，则总产量为

$$N = N_A + N_B \mu_B + N_C \mu_C$$

μ_B、μ_C 分别为零件 B 和 C 的单件时间定额与零件 A 的单件时间定额的比值，即

$$\mu_B = \frac{T_B}{T_A} \qquad \mu_C = \frac{T_C}{T_A}$$

则各零件的节拍可按下式进行计算

$$R_A = \frac{T_效}{N_A + N_B \mu_B + N_C \mu_C}$$

$$R_B = R_A \mu_B$$

$$R_C = R_A \mu_C$$

2. 加工劳动量比重法

加工劳动量比重法是按各种零件在流水生产线加工总劳动量中所占的比重分配有效工作时间，然后计算各种零件节拍的方法。

设 A、B、C 三种零件的加工劳动量在总劳动量中所占的比重为 α，则

$$\alpha_A = \frac{N_A T_A}{N_A T_A + N_B T_B + N_C T_C}$$

$$\alpha_B = \frac{N_B T_B}{N_A T_A + N_B T_B + N_C T_C}$$

$$\alpha_C = \frac{N_C T_C}{N_A T_A + N_B T_B + N_C T_C}$$

则三种零件的节拍计算公式为

$$R_A = \frac{\alpha_A T_效}{N_A} \qquad R_B = \frac{\alpha_B T_效}{N_B} \qquad R_C = \frac{\alpha_C T_效}{N_C}$$

3.3.2 确定各工序的设备数量及计算设备负荷系数

工序设备数量可按下式计算

$$S_i = \frac{t_i}{R}$$

上例中

$$S_{Ai} = \frac{t_{Ai}}{R_A} \qquad S_{Bi} = \frac{t_{Bi}}{R_B} \qquad S_{Ci} = \frac{t_{Ci}}{R_C}$$

为了使可变流水生产线上的设备及人员充分负荷，且便于对流水生产线的组织管理。一般要求使

$$S_{Ai} = S_{Bi} = S_{Ci} \qquad i = 1,2,\cdots,m$$

在计算和确定设备数量的过程中，同样要进行工序同期化，尽可能提高设备的负荷系数。各工序的设备负荷系数可按下式计算

$$K_i = \frac{N_A t_{Ai} + N_B t_{Bi} + N_C t_{Ci}}{S_{ei} T_\text{效}} = \frac{\sum\limits_{j=1}^{g} N_j t_{ji}}{S_{ei} T_\text{效}}$$

式中，K_i 为第 i 道工序的设备负荷系数；t_{ji} 为第 j 种零件第 i 道工序的零件工作定额；N_j 为第 j 种零件的计划产量；g 为零件种数；S_{ei} 为第 i 道工序的设备总数。

流水生产线总的设备负荷系数 K 可按下式计算

$$K = \frac{\sum\limits_{j=1}^{g} N_j T_j}{S_e T_\text{效}}$$

式中，K 为设备负荷系数；T_j 为第 j 种零件在流水线上的加工劳动量；g 为零件种数；S_e 为流水线上的设备总数。

为使可变流水线上每批零件在各工序的加工时间成比例，从而保证流水生产的连续性，应当尽可能地使各种零件在各工序的设备负荷系数相等或相近。

当工序的设备数量确定后，就可以配备工人，确定流水生产节拍的性质，选择运输工具，进行流水生产的平面布置等工作。

■ 3.4 多品种混合流水生产线的规划

3.4.1 混合流水线的基本数据计算

1. 确定混合流水生产线的节拍

混合流水生产线的节拍可按下式计算

$$R = \frac{T}{\sum\limits_{i=1}^{m} N_i}$$

式中，$\sum\limits_{i=1}^{m} N_i$ 为计划期 m 种品种的产量。

2. 计算混合流水生产线上的最小作业工序数

混合流水生产线上的最小作业工序数可按下式计算

$$N_{min} = \left[\frac{L}{T_{效}}\right]$$

式中，L 为流水生产线上生产一定数量的 m 种产品总劳动量。

$$L = \sum_{i=1}^{m} N_i T_i$$

式中，N_i 为第 i 品种的本期计划产量；T_i 为第 i 品种的加工工时。

3. 计算混合流水生产线的效率

混合流水生产线的效率 η 可按下式计算

$$\eta = \frac{\displaystyle\sum_{i=1}^{m} N_i T_i}{NR\displaystyle\sum_{i=1}^{m} N_i}$$

式中，N 为实际采用的作业工序数。

3.4.2 确定投产顺序

1. 各种产品的产量相同时确定投产的顺序

在混合流水生产线上，为了合理地出产不同种类的产品，就必须科学地安排投产顺序。编排投产顺序的方法视各种产品的产量相同与否而有所不同。

当各种产品的产量相同时，确定投产顺序的方法较简单。例如，生产两种产品 A 和 B，产量各为 10 件，则投产顺序的安排可以有三种情况。

第一种情况，先生产 A 产品 10 件，后生产 B 产品 10 件。如下所示：

AAAAAAAAAA BBBBBBBBBB

第二种情况，A、B 两种产品有规律地穿插投产。先生产 A 产品 5 件，后生产 B 产品 5 件，如此重复进行。如下所示：

AAAAA BBBBB AAAAA BBBBB

第三种情况，A、B 两种产品相间投产：

A B A B A B A B…A B A B

2. 逻辑运算法

用于各种产品的产量不同时确定投产的顺序，一般采用逻辑运算法和生产比倒数法。

逻辑运算法如下：

设混合流水生产线上生产 40 台 A 产品，10 台 B 产品，30 台 C 产品。用逻辑运算法确定投产顺序的步骤如下：

1) 进行基本逻辑分析

根据 A、B、C 的产量，A、B、C 的生产比例为

$$X_A : X_B : X_C = 4 : 1 : 3$$

则一个循环流程的总产量是：$4+1+3=8$，说明一个循环产量为 8 台，其中包括 4 台 A 产品，1 台 B 产品，3 台 C 产品。

2) 编制逻辑顺序安排

逻辑顺序安排如表 3-2 所示。

表 3-2　逻辑运算法确定投产顺序的步骤

顺序	A 产品	B 产品	C 产品	选定者
1	4 0 0 4*	1 0 0 1	3 0 0 3	A_1
2	8 1 8 0	2 0 0 2	6 0 0 6*	C_2
3	12 1 8 4*	3 0 0 3	9 1 8 1	A_3
4	16 2 16 0	4 0 0 4*	12 1 8 4	B_4
5	20 2 16 4	5 1 8 −3	15 1 8 7*	C_5
6	24 2 16 8*	6 1 8 −2	18 2 16 2	A_6
7	28 3 24 4	7 1 8 −1	21 2 16 5*	C_7
8	32 3 24 8*	8 1 8 0	24 2 16 8*	A_8

* 表示选中该产品为投产对象。

表 3-2 中第二栏，第三栏和第四栏每行各有四个数字。

第一个数为原比值乘以选取次数；

第二个数为该产品以被选取的次数；

第三个数为循环流程总产量乘以被选取的次数；

第四个数为第一个数与第三个数之差，根据第四个数的大小来决定投产对象。

本例表中数学计算如下：

第一个投产对象应选择比值大的产品 A，并写在选定者栏内。在选择第二个投产对象时，将各比值均乘以 2，则生产比为

$$N_{A1} : N_{B1} : N_{C1} = (4 \times 2) : (1 \times 2) : (3 \times 2) = 8 : 2 : 6$$

因为第一个投产对象已选取 A，所以在第二次选取中，产品 A 被选取的可能性要减少，减少的方法是从新比值中减去其选取的次数乘以总产量，从而确定新的比值，则

$$N_{A2} : N_{B2} : N_{C2} = (8-1\times8) : 2 : 6 = 0 : 2 : 6$$

这时，C 的比值大，因此第二个投产对象选取 C，用 C_2 表示。

在选取第三个投产对象时，将各原比值乘以 3，即

$$N_{A3} : N_{B3} : N_{C3} = (4\times3) : (1\times3) : (3\times3) = 12 : 3 : 9$$

因第二个投产对象已选取 C，所以应将 A 与 C 的比值更新为

$$N_{A4} : N_{B4} : N_{C4} = (12-1\times8) : 3 : (9-1\times8) = 4 : 3 : 1$$

此时，应选取比值大的产品 A，用 A_3 表示。依次类推，进行第四、第五等投产对象的选取。

3）确定逻辑顺序投产

A—C—A—B—C—A—A—C—A—B—C—A…

该例共需生产 80 台产品，需经过十个循环流程。

3. 生产比倒数法

仍用上例数据，即混合流水生产线上生产 40 台 A 产品，10 台 B 产品，30 台 C 产品，用生产比倒数法确定产品投产顺序的步骤如下：

(1) 根据 A、B、C 的产量，A、B、C 的生产比例为

$$X_A : X_B : X_C = 4 : 1 : 3$$

则循环流程的总产量为

$$4+1+3=8$$

(2) 计算生产比倒数，设各种产品生产比倒数为 m_i

$$m_A = \frac{1}{X_A} \qquad m_B = \frac{1}{X_B} \qquad m_C = \frac{1}{X_C}$$

(3) 品种的选定。按下述规则，选出循环流程的第一号投产的品种。

规则一 从全部品种中选出生产比倒数中最小值的品种。

规则二 在具有最小值的品种有多个的情况下，选出最小值出现较晚的一个品种。

(4) 更新 m_i 的值。方法是在选出的品种 i 上，再加上被选中产品的生产比倒数 m_i。而在其他品种栏内，将上行栏内所记的照抄过来。

(5) 再选定品种。按下述规则选出第二号品种。

规则一 选第二行各品种值最小者。

规则二 在最小值有多个的情况下，选出最小值出现较晚的一个，即第二次出现最小值的那个品种。

(6) 其余类推，直至选出全部循环流程产量。

根据生产比倒数法编排投产顺序的计算过程如表 3-3 所示。

表 3-3 生产比倒数法编排投产顺序的计算过程

| | 品　种 | | | 投产顺序 |
	A	B	C	
1	1/4*	1	1/3	A
2	1/4+1/4=1/2	1	1/3*	C
3	1/2*	1	1/3+1/3=2/3	A
4	1/4+1/2=3/4	1	2/3*	C
5	3/4*	1	1/3+2/3=1	A
6	1/4+3/4=1	1	1*	C
7	1*	1	1/3+1=4/3	A
8	1/4+1=5/4	1*	4/3	B

* 表示选中该产品作为投产对象

3.4.3　流水生产线的平衡

为了保证流水生产线的连续性，充分利用设备和劳动力，就必须实现工序同期化。流水生产线的平衡问题实质上就是研究工序同期化的问题。本章将详细研究这个问题。

为了完成所需生产的制品，需要有规定的作业，而这种作业通常是由许多基础性的作业元素组成的。完成作业元素所需的标准时间可作为流水线平衡的最基本的作业时间。假设完成一个单位产品需要有 m 个作业元素，用 $l_k (k \approx 1, 2, 3, \cdots, m)$ 表示这个作业元素时间，则制品的加工时间（T）表示为

$$T = \sum_{k=1}^{m} l_k$$

然而，从工艺程序看，在完成一个制品的过程中，在这些作业元素之间，存在着先后关系。这种作业元素之间的先后关系可用图 3-6 表示，此图可称为先后顺序图。

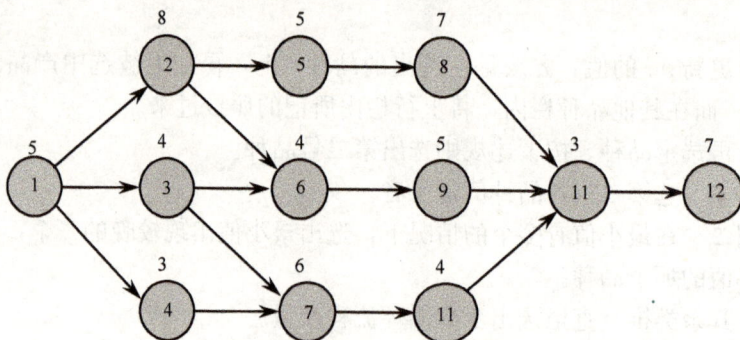

图 3-6　作业元素之间的先后关系

在图中，⬤中的数字表示作业元素编号；⬤上的数字表示作业元素时间，作业元素之间的箭线表示作业元素之间有箭头所示方向的先后关系。

生产线平衡是在满足作业元素之间先后顺序关系的基础上，既要接近最小工序数，又要满足各个工序的作业时间相等的要求，把作业元素分配到工序上。用 t_i 表示各工序分配到的作业时间，则必须满足下式：

$$\max(t_i) \leqslant R \qquad (i = 1, 2, \cdots, N)$$

其中 N 既要满足作业元素的先后关系，又要符合下列要求：

$$N \geqslant N_{\min}$$

生产线平衡的方法很多。下面介绍启发式和位置加权法两种方法。

1. 启发式方法（heuristic method）

启发式方法是根据作业元素组成及先后顺序图，以节拍为基准，列表计算探索求解的方法。

例如：某产品的装配由 21 个作业元素组成，作业元素的先后顺序和工时（分钟）如图 3-7 所示。

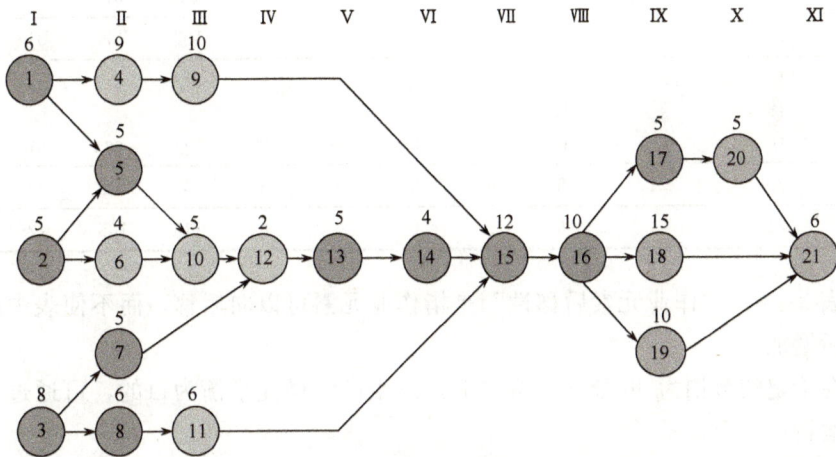

图 3-7　作业元素的先后顺序和工时

图 3-7 上方有 I，II，III，…，XI 表示列。各列之间的箭头说明作业元素的先后顺序。对应每一列有一些作业元素，它们之间不能有箭头，说明作业元素之间无先后顺序关系。例如，作业元素 0、1、2 排在第一列，它们之间无先后顺序关系；作业元素 3、4、5、6、7 由于和 0、1、2 有先后顺序关系，故只能排在第二列，其余类推。根据图 3-7，可制表 3-4。在表上做一些分析，按给定的节拍确定最小的工作地数（设节拍为 36 分钟）。

表 3-4 作业元素组成工作地的分析表

序列	作业元素	作业元素后移性	工时	列时间累计 e_1	e_2	e_3	e_4	作业元素时间累计 f_1	f_2	f_3	f_4
	1		6								
	2		5								
I	3		8	19				19			
II	4	III~V	9								
	5		5								
	6		4								
	7	III	5								
	8	III~V	6	29	13			48	13		
III	9	IV~VI	10								
	10		5								
	11	IV~VI	6	21	21			69	34		
IV	12		2	2	2			71	36		
V	13		5	5	5	5		76	41	5	
VI	14		4	4	4	4		80	45	9	
VII	15		12	12	12	12		92	57	21	
VIII	16		10	10	10	10		102	67	31	
IX	17		5								
	18	X	15								
	19	X	10	30	30	30	25	132	97	61	25
X	20		5	5	5	5	5	137	102	66	30
XI	21		6	6	6	6	6	143	108	72	36

表 3-4 中,"作业元素后移性"是指作业元素可以向后移,而不使表中的序列有所增加。

在给定的节拍为 36 分钟的条件下,以生产线最佳平衡为目的,可通过下列步骤运行:

(1) 查 f_1 栏中有无与 36 相等的定额? 没有。

(2) f_1 栏中小于 36 的最大定额是第 1 列中的 19,36-19=17。

(3) 第 II 列中是否有一个或几个作业元素的定额是 17 的? 完全相等的没有,只有作业元素 5、7、8 的定额 16 最接近。因此,序列 I 中的全部作业元素和序列 II 中的作业元素 5、7、8 可构成一个工作地,其工时定额为 35。

(4) 将列时间累计 e_1 调整为 e_2,将作业元素时间累计 f_1 调整为 f_2。

(5) 查 f_2 栏中有无与 36 相等的定额? 有。即序列 II 中的作业元素 4、6 和序列 III、IV 中全部作业元素定额之和,则编号为 4、6、9、10、11、12 的作业元素构成第二个工作地,其工时定额为 36。

（6）将列时间累计 e_2 调整为 e_3，将作业元素时间累计 f_2 调整为 f_3。

（7）查 f_3 栏中有无与 36 相等的定额？没有。该栏中小于 36 的最大定额是序列 Ⅴ、Ⅵ、Ⅶ、Ⅷ 的工时定额之和，为 31，$36-31=5$。

（8）列 Ⅸ 中是否有一个或几个作业元素的定额为 5 的？有。即编号为 17 的作业元素。因此，编号为 13，14，15，16，17 的作业元素可构成第三个工作地，其工时定额为 36。

（9）将列时间累计 e_3 调整为 e_4，将作业元素时间累计 f_3 调整为 f_4。

（10）f_4 栏中的 36 是由序列 Ⅸ 的编号为 17，18 的作业元素和序列 Ⅹ、Ⅺ 的所有作业元素时间构成。因此，这些作业元素可以组成第四个工作地，其工时定额为 36。

根据上述步骤，表 3-5 中 21 个作业元素可划分为四个工作地，划分内容见表 3-5。

表 3-5　21 个作业元素划分的四个工作地

工作地	作业元素编号
1	1，2，3，5，7，8
2	4，6，9，10，11，12
3	13，14，15，16，17
4	18，19，20，21

2. 位置加权法（ranked positional weights method）

位置加权法是根据制品作业元素的组成及顺序，求出每个作业元素的位置加权数。然后根据位置加权数的大小进行作业元素组合。权数大者先组合，权数小者后组合，组合工序时以节拍为基础。

例　某产品的装配共有 11 个作业元素，其先后顺序和工时定额如图 3-8 所示。

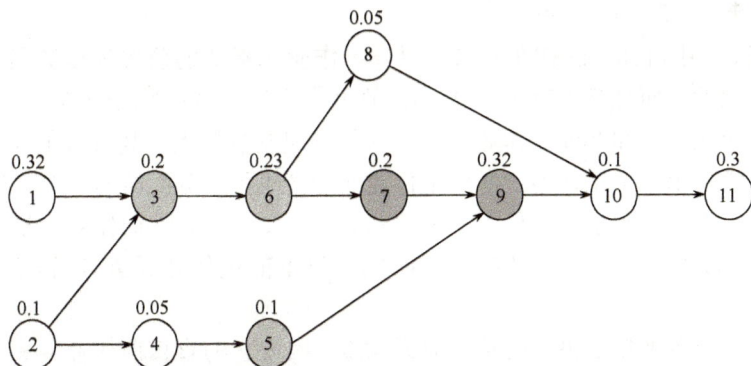

图 3-8　某产品装配的 11 个作业元素先后顺序和工时定额

图 3-8 中，箭头所指作业元素表示后作业元素，箭尾作业元素表示前作业元素。根据先后顺序图，可以作出作业元素先后关系表，如表 3-6 所示。

表 3-6 作业元素先后关系表

| 作业元素 | 工时 | 作业元素 | | | | | | | | | | | 位置加权数 P |
		1	2	3	4	5	6	7	8	9	10	11	
1	0.32		1			+	+	+	+	+	+		$P_1 = 1.72$
2	0.1			1	+	+	+	+	+	+	+		$P_2 = 1.65$
3	0.2	−	−			1	+	+	+	+	+		$P_3 = 1.40$
4	0.05			−		1			+	+	+		$P_4 = 0.87$
5	0.1				−				1	+	+		$P_5 = 0.82$
6	0.23			−			1	1		+	+		$P_6 = 1.20$
7	0.2									+	+		$P_7 = 0.92$
8	0.05						−			1	+		$P_8 = 0.45$
9	0.32					−				1	+		$P_9 = 0.72$
10	0.1								−	−		1	$P_{10} = 0.40$
11	0.3										−		$P_{11} = 0.30$

表中，"1"表示直接后作业元素、"+"表示间接后作业元素、"−"表示直接前作业元素。作业元素的工时加上它的直接、间接后作业元素的工时，称为位置加权数。以"P_1，P_2，P_3，…，P_{10}"分别代表作业元素 1，2，…，10 的位置加权数。

例如：$P_1 = 0.32 + 0.2 + 0.23 + 0.2 + 0.05 + 0.32 + 0.1 + 0.3 = 1.72$

其他位置加权数按同理计算。位置加权数是对作业元素的重要性及所在位置的一种度量。权数大，表示该作业元素比较重要，分配工作地时应先考虑它。

设节拍为 0.55。求最少工作地。作业元素 1 的位置加权数最大，把它分配给第一个工作地。作业元素 1 没有前作业元素，工时为 0.32，所以第一个工作地时间还有剩余，0.55−0.32 = 0.23。

从表 3-6 中可知，除作业元素 1 以外，作业元素 2 的位置加权数最大，2 没有前作业元素，而且其工时小于 0.23，故可将 2 分给第一个工作地。

除作业元素 1 和 2 外，作业元素 3 的位置加权数最大，其直接前作业元素 1 和 2 已分给了第一个工作地，所以把作业元素 3 也可以分配给第一个工作地，但由于第一个工作地剩余时间仅有 0.55−0.32−0.1 = 0.13，而作业元素 3 的工时为 0.2，超过了第一个工作地的剩余时间，故不能把作业元素 3 分给第一个工作地。

次一个位置加权数最大的是作业元素 6。因为它的直接前作业元素是 3，而 3 还未分，所以作业元素 6 也不能分给第一个工作地。同理，作业元素 7 也不能分给第一个工作地。再次一个大加权数是作业元素 4。而且 4 的工时为 0.05，其值<0.13，所以可把作业元素4分给第一个工作地。

至此，工作地1剩余时间仅有0.08，只有作业元素8有可能分给工作地1。但作业元素8的直接前作业元素6尚未分配，所以不能把它分给工作地1。这样，就可知第一个工作地是由作业元素1、2、4所组成，其工时为0.47。

按照同样的方法可计算出其他三个工作地的作业元素组成，如表3-7所示。

表 3-7　位置加权法的作业元素组合

工作地	作业元素	位置加权数	直接前作业元素	工时定额	工时定额累计
I	1	1.72		0.32	0.32
	2	1.65		0.10	0.42
	4	0.87	1	0.05	0.47
II	3	1.40	1、2	0.20	0.20
	6	1.20	3	0.23	0.43
	5	0.82	4	0.10	0.53
III	7	0.92	6	0.20	0.20
	9	0.72	5、7	0.32	0.52
IV	8	0.45	6	0.05	0.05
	10	0.40	8、9	0.10	0.15
	11	0.30	10	0.30	0.45

在组织混合流水生产线时，为了使类似的品种在同一条流水生产线上生产，因此，必须将不同品种的先后顺序图汇总，制成一个综合的先后顺序图，才能按上法进行生产线的平衡。由于在混合流水生产线上加工的不同品种产品的先后顺序图中包括相当多的各品种共同的作业元素，因此，绘制综合先后顺序图是可能的。

■3.5　自动生产线的规划

自动线是流水生产线的高级形式。它是按工艺顺序排列若干自动设备，并且用一套自动装夹、传送装置和自动控制装置联系起来的自动作业线。自动线的特点主要是：

第一，自动线的生产过程具有高度的连续性和节奏性。

第二，自动线的生产过程是完全自动进行的。所有基本工序以及上料、检验、卸下、运输、控制等工作是完全自动化的。工人的工作由直接操作的职能转变为监视和调整的职能。

第三，自动生产线具有很高的生产率。

自动线的上述特点决定了自动线比一般流水生产线具有更高的技术经济效果。生产过程高度的连续性和节奏性，消灭了停歇，缩短了生产周期，减少了在制品，加快了资金周转，节省了生产面积。生产过程的自动进行，减少了工人的数量，消除了笨重的体力劳动和单调重复的操作，大大提高了劳动生产率。

自动生产线的生产过程依赖于高技术以及相应的高投入，实现生产过程的自动化。同时，生产过程的生产进度信息、质量信息、生产现场信息等的采集、传输、加工处理、反馈控制等也高度自动化，由机械、液压、电气装置或电子计算机控制，使生产过程更加高效、稳定，有利于产品质量的提高。高度自动化也带来了高效益的回报。

自动线的应用是有条件的，除了组织一般流水生产线的条件外，还有其特殊要求。例如，在加工对象方面，要求具有很高的标准化、通用化水平，零件的结构便于自动装夹、定位、运输和加工；在工艺方面，必须采用先进的工艺方法和设备，采用的工艺规程应尽量减少装夹次数；在劳动组织方面，要求工人具有相当的技术水平，以及诊断、排除设备故障及调整机器、工装的技能；在生产管理、原材料供应、工装更换、设备维修、环境卫生等方面提出了更严格的要求。

➤ 思考题

1. 流水生产线是如何划分的？流水生产线的特征有哪些？
2. 可变流水生产线和混合流水生产线的区别是什么？
3. 单一品种流水生产线、可变流水生产线、混合流水生产线是如何进行组织设计的？
4. 简述单一品种流水线规划的基本思路。
5. 简述多品种流水线规划的基本思路。
6. 简述多品种混合流水线规划的基本思路。
7. 代表产品法和假定产品法各有什么特点？
8. 如何合理利用生产比倒数法的投产顺序？
9. 流水线平衡的方法有哪些？其核心思想是什么？
10. 自动生产线与一般流水线相比有何特长？

➤ 练习题

1. 某轿车制造厂拟于明年生产轿车 60 万辆，设分别为单班制和两班制生产，每班工作 8 小时，设时间的利用效率为 0.9，则其生产节拍分别是多少？

2. 某可变流水线生产 A、B、C 三种制品，其计划期产量分别为 $N_A = 5000$ 件、$N_B = 2000$ 件、$N_C = 3000$ 件，其工时定额分别为 $T_A = 50$ 台时、$T_B = 60$ 台时、$T_C = 40$ 台时。试求出 A、B、C 三种制品各自的节拍。三种制品的节拍可以相同吗？

3. 某流水生产线采用一班 8 小时工作制，班内有两次停歇时间，每次 15 分钟，每班生产零件 100 件，试计算流水线的节拍。A 工序的单件时间定额为 8 分钟，确定 A 工序所需设备数量和 A 工序的设备负荷系数。

4. 某企业采用流水生产线生产，计划日产量 600 件，每天三班生产，每班工作 8 小时，每班休息 30 分钟，计划废品率为 3%，试计算流水生产线的节拍。

5. 某企业组织一可变流水生产线生产 A、B、C 三种零件，三种零件的年产量及单件加工工时如下表：

零件	年产量/件	单件总工时/时	各工序工时定额/时				
			1	2	3	4	5
A	52 500	16.33	4.20	2.05	4.10	3.96	2.02
B	16 500	23.85	6.00	3.02	6.05	5.90	2.85
C	26 000	17.91	4.63	2.15	4.48	4.64	2.01

设定流水线每年工作 251 天，每天工作 2 班，每班工作 8 小时，工作时间有效系数为 0.95。试计算：

(1) 流水线全年有效工作时间；

(2) 用加工劳动量比重法计算 A、B、C 三种零件的生产节拍；

(3) 计算每道工序需要的设备数量；

(4) 计算每道工序的设备负荷系数；

(5) 计算整个流水线的设备负荷系数。

6. 混合流水生产线上生产 A、B、C 三种产品，每个工作日出产都是 A 产品 40 件、B 产品 30 件、C 产品 20 件；每日各工序的工作劳动量都小于或等于 480 分钟，试用生产比倒数法和逻辑顺序法编排产品的投产顺序。

第4章

单件生产与成批生产规划

■ 4.1 单件、小批生产规划

4.1.1 单件、小批订货生产类型的特征

订货生产与备货生产是两种不同的生产类型。前者是根据用户的订单去组织生产。后者是在预测市场需求的基础上，按企业自己制订的生产计划去组织生产，生产的是通用产品。在实际生产中即使同属订货生产也有不同的情况。例如，在汽车行业中与主机厂协作加工某些零部件的零配件制造厂，它们也是按主机厂的订单组织生产，但是这些厂的生产特点是大批量重复性生产，与单件小批的订货生产是不同的。本节讨论的订货生产是指单件小批生产的订货生产。企业生产的是专用产品，其主要特点为生产基本是不重复的、一次性的。这类企业的典型代表是造船厂、重型机器制造厂、大型水轮机制造厂等。

现将单件、小批订货生产类型的主要特征及其对生产组织和计划管理的影响分述如下。

1. 订单的随机性

企业在计划期内可以接到多少份订单，订单会提出哪些需求，事前均无法确切知道。由于订单的内容和订单到达的时间具有随机性，企业无法在计划期开始之前，对计划年度内的任务全面规划，合理安排，通过计划进行优化。企业只能每接到一张订单作一次安排。在安排时既要考虑与前面已接的任务很好协调，又要为未来的订单留出空间。这给企业的计划工作带来一定的困难，并赋予它不少独有的特色。

2. 产品的专用性

单件小批订货生产类型生产的是专用产品。产品的性能要求和结构特点是由用户根据其特殊需要提出的。企业所接到的每一项任务都是过去没有做过的，都是一项新产品，需要按用户提出的要求单独进行设计。企业从接到订单、签订合同到向用户交货，要完成产品设计、制造的全过程。因此它的交货期与备货生产相比要长得多。备货生产类型生产的是定型的通用产品，不需要单独进行产品设计。

根据科学技术发展速度加快和市场需求变化迅速的特点，用户对交货期的要求越来越短，缩短合同交货期已成为企业间竞争的热点。而在生产专用产品的合同交货期中，产品设计和工艺准备工作的时间往往要占到一半左右。所以改进产品设计和工艺准备的组织管理工作，以缩短合同交货期，是组织单件小批订货生产的重要课题。

3. 生产的一次性

满足用户特殊需求的专用产品，其需求一般是不重复的。所以这些专用产品的生产是一次性的。单件小批一次性生产和成批大量的重复性生产，在生产技术准备工作和计划管理方面有很大的不同。

首先，在产品设计方面对于一次性生产的产品是不进行样品试制的。设计方案没有经过试制考验，有些问题会在生产时暴露出来，需要在生产过程中予以解决。在工艺准备工作方面，只制定工艺路线，不编制详细的工艺规程，许多生产工艺问题有待基层生产单位和生产工人去解决。基于以上情况，对于单件小批订货生产类型不宜采用集中式的工艺技术管理体制，需要在基层（如车间、工段）安排必要的技术力量，以便使基层在生产工艺上有一定的灵活处置的权力和技术力量。同时还要求生产工人具有较高的技术水平，掌握较宽广的操作技能，能适应生产对象经常变化的生产环境。

其次，由于生产是不重复的，所以生产的对象不断变换，品种十分繁多。为了使企业能适应频繁变换的多品种生产，通常都采用万能设备和工艺专业化的组织形式。但是传统的通用设备机械化、自动化程度低，手工操作的比重大，劳动生产率很低。另外，工艺专业化的组织形式和设备的机群式布置，使生产过程的连续性差，生产周期长，而且管理上复杂。所以为了提高生产率和缩短生产周期，需要采用先进的工艺和设备，需要采用先进的生产组织形式，如柔性生产系统等。

最后，在生产作业计划工作方面，它的特点是：生产的品种多，变动性大，所以不仅计划编制的工作量大，而且相当复杂。对于一次性生产的产品，其工时定额的制定主要是采用经验统计定额，由于定额的准确性低，所以编制计划的精确性也较低。由于生产的品种繁多，生产中的变动因素多，而计划本身的精确性又较差，所以计划的实现率相对较低，一般需要靠调度人员根据实际情况随时调整资源的配置，以控制生产的运行。一般传统的计划工作方法在这里难以满足要求，因此需要针对单件小批订货生产的特点，建立一套独特的生产计划体系和计划编制方法。

4.1.2 单件、小批订货生产的生产组织形式

根据单件、小批订货生产类型的特点，由于其生产的产品品种不断变化，一般不重复，所以生产单位无法按对象专业化原则去组织。按传统方式，一般都采取工艺专业化的生产组织形式，即按不同的生产工艺建立车、铣、钻、磨等工段或班组，通常采用通用设备和通用工艺装备，设备按机群式布置。这种组织形式对产品变化的适应能力强，因此在产品对象频繁更换时它能保持稳定，而且可以达到较高的设备负荷率。但是工艺专业化的组织形式有其固有的缺点。如：生产率低下，生产过程的连续性差，造成产品的运输路线长，管理工作复杂，产品生产周期长，在制品多等一系列问题，使生产的经济性很差。

为了提高单件、小批订货生产类型的经济效益，在生产组织方面需要打破传统方式，采取更为有效的组织形式。下面从产品分析入手来研究适合单件、小批订货生产类型的生产组织形式。属于单件、小批订货生产类型最典型的行业是重型机器制造业、船舶制造业、大型电站设备制造业等。这些制造行业的产品都是结构复杂的大型产品，需求量一般是一台、两台，是根据用户的特殊要求单独进行设计和制造的。构成这类产品的零件种类很多，往往成千上万。它们的形状、体积、材质、工艺复杂程度差异很大。但从生产组织的角度，可以把这类产品的零件分为四类，以便按它们各自的特点，建立与之相适应的生产单位。

适用于单件、小批订货生产类型的四种生产组织形式如下。

1. 大件生产单元

大件生产单元适合于加工产品中的大型零部件。这类零部件重量大，体积大，数量少，大多是产品中的基础件，如机身、机座、立柱等。这类零部件都是专用件，形状各异，很难考虑成组生产。虽然零件数量很少，每台产品中只有一两件，由于零件大，需用大型设备加工，其加工劳动量很大。根据以上情况，可以把企业中的大型设备，如：大车床、落地镗床、龙门铣床、大立车、摇臂钻等集中起来，配以大吨位的起重运输设备，组建大件生产单元，专门加工各项产品中的基础件、大件。大型零部件的工艺复杂，工艺过程的相似性差，难以建立成组生产单元，但是企业的大型设备数量有限，将有关设备集中布置在一起，可以在大件单元内实现大型零部件的封闭生产，从而可减少大件的运输工作量，并大大简化生产管理工作。

2. 柔性制造系统或柔性生产单元

在一项产品中有一些零部件是机器主要功能的承担者。它们对产品的性能、质量有决定性的影响。这些零部件一般结构特殊，工艺复杂，工序多，精度高，加工的技术难度大，成为生产中的主要件、关键件（以下简称主关件）。在通用设备上加工这些主关件，为了保证加工质量，往往需要复杂的工艺装备，而且生产率很低。由于工序多而分散，使制造周期长，并使管理工作复杂。如果采用加工中心、数控机床等先进生产手段取代通用设备和万能工装，就可大为改善主关件的生产工艺水平，既可免去许多复杂的工艺装备，节省工艺装备设计、制造的时间和费用，又能保证稳定的产品质量和取得较高的生产率。

在加工中心和数控机床上加工，由于实现了工序集中，还能缩短制造周期和简化生产管理工作，所以如果企业资金允许，建立柔性制造系统（或柔性生产单元）是解决产品中的主关件的有效办法。因为在实际生产中制约企业生产水平的往往就是这些主关件。把主关件的生产问题解决好了，企业的生产发展就有了坚实的基础。我国某纺织机械厂由于墙板生产工艺落后，经常不能按时加工出来，直接影响产品装配，成为阻碍该厂生产发展的关键因素。后来该厂采用两台镗铣加工中心，建立了墙板柔性生产单元以后，墙板的生产问题顺利解决了。装配车间的忙闲不均、突击生产现象也马上得到解决，全厂的生产上了一个台阶。虽然在建立墙板柔性生产单元上增加了很多投资，但是从全厂范围看，则取得了良好的经济效益。

3. 成组生产单元

除了上述两类零件之外，产品中大多数零件是一般件，属中小型零件，它们常占产品零件总数的80％以上。这些零件虽然种类繁多，形状各异，但对于机械产品而言，则不外乎是轴类、盘类、套类、齿轮类、杠杆类等，都属相似零件。所以建立成组生产单元，组织成组生产是有可能的。因为虽然是专用产品，每一项产品都是单独设计的，但是只要是同类产品，设计上总有继承性。所以同一类产品（如轧钢机或高炉设备或重型机床等）的零件构成大体相近，即各类相似零件在产品零件总数中所占的比例大体是接近的。这就是能够建立成组生产单元的重要依据。

由于是专用产品，如果产品的"三化"程度低，则通用件的数量少，所以分类后每一零件族中相似零件的数量比成批生产类型的产品要少。因此在组织成组单元时，单元的规模宜适当大一些，要使一个单元能加工若干个零件族，最好要包含一些在生产能力需求上互补的零件族。否则单元规模很小，不易保证单元内各类设备有合理的负荷率。今后随着技术的进步和经济的发展，数控机床的应用范围将逐步扩大。如果成组生产单元内的设备到了以数控机床为主时，此时单元的柔性更强了，成组生产单元的组织形式就更能适应单件、小批订货生产类型的要求。

4. 标准件生产单元

产品中的标准件大部分都可以通过外购得到，但也有一部分属于本厂的标准件（厂标件），则需自制。当这部分厂标件的生产达到一定的规模时，可以考虑建立专门的标准件生产单元。

标准件对于各产品都通用，它不同于按订单组织生产的专用零件。它的需求量如果较大，不属于单件小批，则每一类标准件都需配备自己的专用设备或专门生产线，它可以采用 JIT 的管理模式，需要单独进行管理。因此有必要建立标准件生产单元，专门组织标准件的生产。如果厂标件的生产规模很小，则应组织外包生产，不一定要建立标准件生产单元。

4.1.3　单件、小批生产的平面规划

1. 单件、小批生产平面规划的基本原则

（1）单件、小批生产的平面规划必须满足生产的需求，并且应留有一定的发展空间；

（2）单件、小批生产的平面规划主要遵循物料运输量比较法布置原则，适当参考物料流向图法；

（3）适当多留一些放置在制品的空间；

（4）预留运输工具通道；

（5）其余要求可参阅流水线的平面布置原则。

2. 单件、小批生产规划的步骤

（1）在已完成工艺规程和工时定额制定的基础上，根据各工种应完成的总工时定额和该工种设备所开班次，计算出该工种所需设备数量；

（2）根据物料运输量比较法并参考物料流向图法等布置原则，在各车间的所需面积确定后，布置各车间的排列顺序与位置；

（3）根据制品的加工特点，以相应的容积率征用土地；

（4）厂址选择、与外部环境的协调、内部协调、工厂的立面布置等与流水线规划相同。

4.1.4　单件、小批生产的时间组织

所谓生产工序在时间上的组织方式，就是筹划零件在各道工序间的移动方式。合理地组织生产过程，不仅要对企业内部各生产单位和部门在空间上进行科学的组织，而且要对劳动对象在车间之间、工段（小组）之间、工作地之间的运动在时间上相互配合和衔接，最大限度地提高生产过程的连续性和节奏性，以便提高劳动生产率和设备利用率，缩短生产周期，增加产量，加速资金周转，降低成本，更好地实现企业的经营目标。

工序在时间上的组织方式，不同行业、不同企业的表现形式是不同的。在采

掘、造船等企业中，劳动对象大都是固定不动的，这里的工序在时间上的结合方式，主要表现在工人顺序移动。而在冶金、化工等企业里，通常都是把整批的原材料投入加工后，整批地按加工顺序进行工序间的移动，同一批产品不可能同时在两道工序上加工。现代建筑业采用预制构件，改变过去在地基上一块砖一块砖往上砌的传统工艺，提高了生产过程的平行性，使一幢大楼可以在很短时间内就建起来。现代造船业把船体分成若干段，分别在船体车间内平行地制造，最后把几段制成的船体吊到船台上拼装对焊，这样可以大大缩短每条船的船台生产周期，从而提高了造船厂的生产能力。上述例子说明，把连续生产过程改变为离散性生产过程，以便组织平行交叉作业，提高生产过程的平行性，可以缩短产品生产周期，带来显著的经济效益和社会效益。生产过程的平行性是指加工对象在生产过程中实现平行交叉作业。提高生产过程的平行性可以缩短整个产品或整批产品的生产周期。

在加工装配性企业里，由于零件多种多样，工艺方法、工艺路线和技术装备千差万别，因而零件在各道工序间的移动方式是比较复杂的。在这类企业中，当一批工件投产时，工件在工序间采用不同的移动方式，生产的平行程度越高，成批等待时间就越少，生产周期也越短。一批工件在工序间移动有三种典型的移动方式，即顺序移动、平行移动和平行顺序移动。

例 某零件的加工批量为 4 件，需要经过 4 道工序的加工，各工序的加工时间为：$t_1=10$ 分钟，$t_2=5$ 分钟，$t_3=15$ 分钟，$t_4=10$ 分钟。此处为了突出三种移动方式的差异，在计算加工周期时均未计入工序间的运输、检验等时间。

现以该例数据说明三种移动方式。

1. 顺序移动方式

顺序移动方式指一批工件在投入每一道工序加工时，都要等全部工件在上道工序加工完毕后，才整批地转移到下道工序继续加工的移动方式。

顺序移动方式是整批工件按工艺过程的顺序，一道道工序顺次进行加工，由于工件在工序间是整批转移，所以每一工件各道工序的加工是不连续的。工件在每道工序上会出现成批等待现象（图 4-1）。

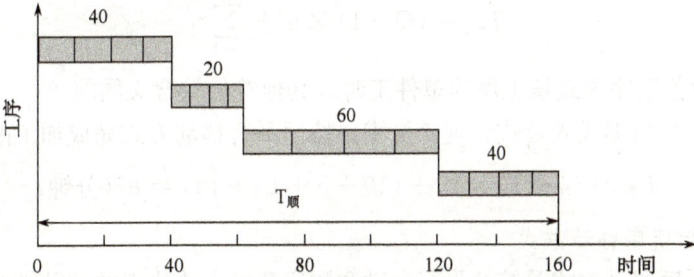

图 4-1 顺序移动方式示意图

则采用顺序移动方式一批工件的加工周期为

$$T_{顺} = Q \times \sum_{i=1}^{m} t_i$$

式中，Q 为工件的加工批量；t_i 为第 i 工序的单件工时，$i=1$，2，…，m；m 为加工的工序数。

将例中的数据带入公式，则该批零件按照顺序移动方式完成加工的周期为

$$T_{顺} = Q \times \sum_{i=1}^{m} t_i = 4 \times (10 + 5 + 15 + 10) = 160(分钟)$$

2. 平行移动方式

一批工件投入生产后，工件在各工序间单件转移，接到工件后立即进行加工。整批工件在各工序上进行平行作业。

工件在工序间单件转移，同一工件的各工序连续进行加工，不发生成批等待现象。它的加工周期在这三种移动方式中最短。但是当各工序的生产率不等时，设备在加工一批工件时中间可能有短暂的停歇，降低了设备的利用率（图 4-2）。

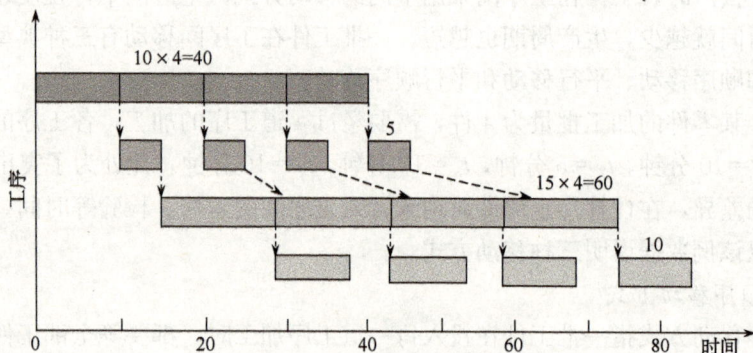

图 4-2 平行结合方式示意图

采用平行移动方式一批工件的加工周期为

$$T_{平} = (Q-1) \times t_L + \sum_{i=1}^{m} t_i$$

式中，t_L 为各工序中最长工序的单件工时。其他符号的含义同前。

将例中的数据代入公式，则该批零件按照平行移动方式完成加工的周期为

$$T_{平} = (4-1) \times 15 + (10 + 5 + 15 + 10) = 85(分钟)$$

3. 平行顺序移动方式

平行顺序移动方式是综合平行移动和顺序移动方式优点的一种结合方式。它要求一批工件在每一道工序的设备上加工时要连续进行，既不采取工件在工序间

整批转移，使一批工件在各道工序上尽可能平行地加工，又使各工序的设备在加工过程中不发生停歇（图 4-3）。

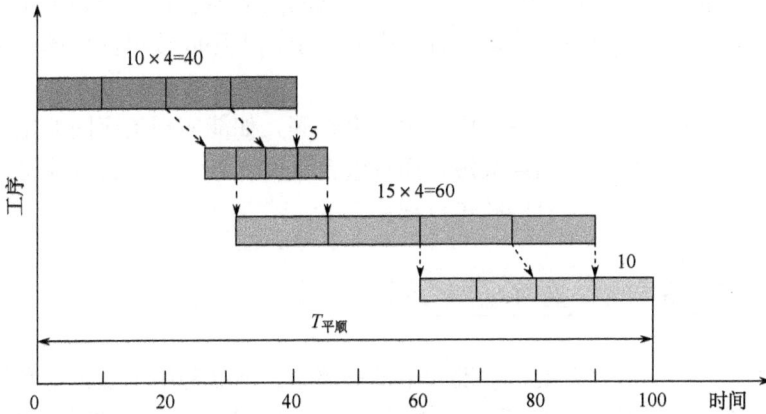

图 4-3 平顺结合方式示意图

平行顺序移动方式的具体做法是：

（1）当 $t_i < t_{i+1}$ 时，令该批零件的第一个工件在第 i 工序加工完成之后，立即向下一个工序（第 $i+1$ 工序）传送，以便使工序及早开工，提高前后工序的平行性。

（2）当 $t_i \geqslant t_{i+1}$ 时，为了保证第 $i+1$ 工序生产的连续性，以该批工件的最后一件由第 i 工序转到第 $i+1$ 工序加工的时间为基准，向前推 $(Q-1) \times t_{i+1}$ 时间作为该批工件在第 $i+1$ 工序的开工时间。

（3）则采用平行顺序移动方式一批工件的加工周期为

$$T_{\text{平顺}} = Q \times \sum_{i=1}^{m} t_i - (Q-1) \times \sum_{i=1}^{m-1} t_{js}$$

式中，t_{js} 为前后相邻两工序中取单件工时较小者。若前后相邻两工序单件工时相等（$t_i = t_{i+1}$），则取 $t_{js} = t_i$。其他符号的含义同前。

将例中的数据代入公式，则该批零件按照平行顺序移动方式完成加工的周期为

$$T_{\text{平顺}} = 4 \times (10+5+15+10) - (4-1) \times (5+5+10) = 100(\text{分钟})$$

由上可知，顺序移动方式的成批等待时间最多，生产周期也最长。平行移动方式的生产周期最短，平行顺序移动方式的生产周期居两者之间。当批量增大时，生产周期之间的差异增大也相应提高。

在实际生产中这三种移动方式都在应用，它们有各自的适用条件，选用时一般要考虑以下因素：

（1）工件的大小。大工件在工序间不可能成批运送，如机床的机身、机座、

立柱等总是单件运送的。而细小的工件不值得单件运送，一般放在容器中按容器容量的大小成批传送。

（2）相邻工序工作地之间的空间距离及其间的运输装置。相邻工作地在空间位置上紧密衔接或有机械化传送装置，则有利于在工序间按单件传送，实现平行移动。

（3）尽可能使生产过程各工序的生产率相等，如能实现工序同期化。此时的平行移动方式，不仅生产周期最短，而且整批工件在各工序上连续加工，设备在一批工件的加工过程中没有停歇等待现象。

■ 4.2 多品种批量生产规划

成批生产类型包含大批、中批和小批三部分。多品种中小批量生产是成批生产类型中最典型和最主要的部分。本节着重讨论多品种中小批量生产的组织问题。

4.2.1 多品种批量生产的特征

自 20 世纪六七十年代以来科学技术的发展突飞猛进，产品更新换代的速度也大大加快。随着经济的发展，社会消费水平不断提高，消费观念发生了很大的变化，追求多样化、个性化成为社会的风尚。这些都使产品的生命周期日趋缩短。以机电产品为例，产品生命周期超过 10 年者在 20 世纪 60 年代约占 32%，到 80 年代降为 15%，市场寿命在 5 年以下者由 38% 增长到 65%～70%，到 90 年代产品寿命又进一步缩短。企业不能再长期生产一二种固定的产品，必须跟随技术进步的步伐，及时进行产品的更新换代，并不断开发新产品以适应市场的多样化需求。大多数企业都转为多品种生产，连典型的大量生产汽车的制造企业——日本丰田汽车公司也不例外。多品种中小批量生产在社会生产总量中所占比重日益增大，并已成为当今社会生产的主流方式。

多品种批量生产的主要特点是生产的产品种类多、变换快，生产现场同时加工的零件种类繁多，生产线和生产设备因换产需要不断进行调整，生产过程的稳定性差。传统的中小批量生产由于品种多、批量小，一般采用万能设备、万能工艺装备和通用量具、刃具等，与大量生产采用专用高效设备、专用工艺装备和专用量具、刃具相比，生产率要低得多。在品种繁多、生产对象经常变换的情况下，一般只能按工艺专业化原则组建生产单位，设备按机群式布置。这与大量生产的流水线、自动线相比，制品的物流路线复杂，工序间工件周转等待的时间更长，因此生产周期大为延长、生产中的在制品大大增加，从而使产品成本也大幅提高。据美国的资料统计，批量小于 50 件的机械产品，其成本比大批量生产的同种产品要高出 10～30 倍。随着多品种小批量生产在社会生产量中的比重日益提高，适应多样化需求的多品种生产，与落后的传统生产方式之间的矛盾日益突出。因此在多品种中小批量生产中如何改变落后的传统生产方式，就成为摆在现代生产管理面前的一项迫切任务。

4.2.2　多品种批量生产的生产组织形式

成组生产单元是一种应用成组技术原理组建的生产单位。在讨论成组生产单元之前，先介绍一下什么是成组技术（group technology）。

1. 成组技术基本概念

简单地说，成组技术的基本原理就是识别和利用事物的相似性。不同的事物之间，客观上在某些方面存在着相似性，根据一定的目的，按照它们的相似特征，对它们进行归类分组，就可以使原来多样化无序的事物有序化。特别是掌握了某一类事物存在的共性特征及其活动的规律性后，以后再遇到该类事物时，就很容易识别并知道如何去正确处理它。

把相似性应用到生产上，是根据工件形状和加工工艺的相似性，把不同产品中的同类零件集中起来，形成一定的批量。在自动、半自动机床上加工，设备只需作简单的调整，就可以加工这一批的所有零件，人们称之为"成组加工"。这使原来属于单件小批生产的工件用上了先进的高效设备，生产率得到很大提高。

随着工件分类方法和分类手段的发展，出现了应用"工件分类编码系统"和"工艺流程分析法"等分类方法和手段，能够把工艺过程相似的零件方便地进行分类编组，并在此基础上研究制定适用于一个零件族的典型工艺，就是所谓的"成组工艺"。利用这种成组工艺就不需要为每一种零件单独编制工艺，避免了大量不必要的重复性工作。成组工艺首先在机械加工领域得到应用，后来进一步在铸造、焊接、锻造、冲压、装配以及数控加工程序的编制等方面都得到很好的应用，在成组设计等方面也获得了成功的应用。成组工艺的推广应用，大大简化了多品种中小批量生产的工艺准备工作，还有助于提高工艺编制工作的水平。

随着科技理论和计算机技术的发展，在现代化工具和方法的支持下，成组技术的应用获得了巨大的发展。成组技术是成组原理与现代科学方法和计算机技术相结合的一种现代管理技术。它已成为改造多品种中小批量落后的传统生产方式和提高其经济效益的有力武器。

成组技术为什么能应用于多品种中小批量生产，并能有效地提高其经济效益呢？因为机械产品虽然形形色色、千差万别，但是就其功能结构来看，不外乎有工作机构、传动机构、床身机架等基础部件，还有一些通用性零部件如连接件、支撑件、紧固件等。功能相似的机构，其组成的零件也相似，如齿轮传动机构，其组成零件就离不开齿轮、轴、齿轮箱、轴承等。而液压传动机构，则需要有活塞、连杆、缸体、阀门等。总之，不同的机械产品中存在着大量的相似件。

相似零件由于在功能、形状、材质、尺寸等固有特征上存在相似性，就会导致在设计、制造这些零件时，也呈现相似性。例如，零件在制造工艺上具有相似性，则制造这些零件所用的设备、工具、工装、装卡方法、刀具布置等方面也呈现相似性，以致零件的工时定额、材料消耗定额、定额成本和生产计划的期量标准等许多方面也都具有相似性。这就说明由零件固有特征上的相似性，可以导出一系列的相似性。

成组技术就是基于这些普遍存在的相似性，在多品种中小批量生产中得到广泛应用的。例如，利用成组分类编码系统对零件进行分类编组以后，在设计新的同族零件时，可以利用相似件图库和相似件设计标准手册进行设计，这不但大大节省了设计计算工作量，而且可以提高设计的继承性，提高产品的"三化"程度。应用成组分类编码系统、零件族成组工艺和工艺专家系统进行新零件的工艺设计，可以套用同族零件的典型工艺，或由计算机自动生成所需的工艺，这样不仅可以节约大量不必要的重复性工作，而且还能提高零件的制造工艺水平。

利用相似性原理去制定零件的工时定额、材料消耗定额和定额成本，不仅可以事半功倍，而且可以保持定额水平的一致性，克服过去对于很相似的零件，却因不同的人，在不同时间、不同场合制定出的定额相差悬殊的矛盾。

把成组技术原理应用于生产组织和计划管理。例如，建立成组生产单元、柔性制造系统，编制成组生产作业计划组织成组生产，可以提高企业生产系统的柔性，使企业能够适应市场的需要，更好地进行多品种中小批量生产。

成组技术是综合性的现代组织管理技术。它是提高 CAD、CAPP、FMS 和 MIS 等有效性和经济性的重要基础。CIMS 是制造企业发展的方向，而成组技术则是通向 CIMS 的必由之路（美国工业研究组织提出的观点）。

2. 成组生产单元

成组生产单元是为一个或几个工艺过程相似的零件族组织成组生产而建立的生产单位。在成组生产单元里配备了成套的生产设备和工艺装备以及相关工种的工人，以便能在单元里封闭地完成这些零件族的全部工艺过程。

成组生产单元兼有工艺专业化和对象专业化两者的优点，它有一定的柔性，既能适应多品种生产，又具有按一定的零件族组织的具有对象专业化的特征，能取得对象专业化组织所能获得的经济效益。这是因为成组生产单元是按不同的零件族分工的，例如盘单元、轴单元、套单元、齿轮单元、箱体单元等。每一单元生产的品种虽然很多，如各种各样的轴或各种各样的套，分属于不同的产品，但它们都属于同一个零件族，具有相似的工艺过程，所以可以按照对象专业化原则组织生产，即采用专业程度较高的机床设备和工艺装备，从而可获得较高的生产率；机床设备按零件族典型工艺的顺序排列布置，工件在工序间的移动采用平行移动或平行顺序移动方式，从而运输路线短，物流顺畅，可以缩短生产周期和减少生产中的在制品量；对成组生产单元实行经济责任制，有助于使单元的全体员工为完成共同的任务，发扬团结合作精神。这些都是只有对象专业化组织才能获得的效益，经济效益十分明显。

济南某机床制造厂于1983年建立了一个成组生产车间。该车间有105台机床，210多名职工。共设盘类、套类、螺纹件类、齿轮类等8个成组生产单元。全车间加工的零件种数有13 000多种。如果每个零件平均有6道工序，则在车间内加工的总工序数达78 000道，平均每台机床承担740道，是典型的多品种小批量生产。由于实施了成组生产，自1983年至1988年劳动生产率提高了近1倍。随着生产率的提高，工人的工资奖金收入也相应提高，形成良性循环。5年中工人的操作技术、熟练程度提高了，废品率降低了，单元的管理水平也提高了，月月完成生产计划。车间提供的零件没有一次影响过全厂的产品装配，该车间成为该厂的先进车间。

但成组生产单元的柔性是有限的，在应用上有它的局限性。成组生产单元运行的条件是企业生产的零件种类和数量要相对稳定。当企业生产的产品种类有变化时，产品中相似件的构成仍保持稳定，这是成组生产单元能够存在和发展的必要条件。这种条件在现实生产中是否存在呢？

1) 各种机械类产品，尽管其用途和功能各不相同，但每种产品中零件类型的构成，却具有一定的规律性

德国阿享工业大学奥匹兹教授领导的研究小组于1960～1961年曾在机床、发动机、矿山机械、轧钢设备、仪器仪表、纺织机械、水力机械和军工机械等26个不同性质的企业中选取了45 000种零件，进行了统计分析。研究结果表明，任何一类机械产品的组成零件，均可分为以下三类。

A类：复杂件或特殊件。这类零件结构复杂，数量少，约占零件总数的5%～10%。在不同产品中，这类零件之间差别很大，因而再用性很低。例如，机床床身、主轴箱、飞机、机车中的大件等均属此类。

B类：相似件。这类零件在产品中的种数多、数量大，约占零件总数的70%。其特点是相似程度高，多数为中等复杂程度，例如各种轴、套、法兰、齿轮、支座等。

C类：标准件和简单件。这类零件结构简单，再用性高，约占零件总数的20%～25%。C类零件多为低值件，如螺钉、螺帽、垫圈等。

上述资料表明，在各类机械产品中相似件占有70%左右的比例，而且具有相对稳定的出现率。

2) 在每一类机械产品中，各种零件的出现率具有明显的规律性和稳定性

捷克机械制造技术与组织研究所对若干机床制造企业的产品零件进行了统计分析，这些机床企业的产品包括：车床、钻床、磨床、卧式镗床、齿轮机床等。得到了表4-1的数据资料。

表 4-1　若干机床制造企业的产品零件的统计分析结果

零件种类	平均出现率/%	出现率的分布范围/%
轴	22.9	21.4～24.5
法兰	9.1	8.4～10.5
轴套	25.2	22.6～29.6
齿轮	11.8	4.3～17.0
其他回转体零件	2.5	1.1～4.9
平板类零件	9.5	7.9～12.5
杠杆类零件	3.5	2.3～5.3
不规则形状零件	2.5	0.9～3.4
箱体类零件	2.2	1.3～2.9
其他（大多数为不加工件）	10.8	6.0～15.6

从表 4-1 可以看出，虽然各机床厂的产品有较大差异，但是各类零件在产品中的出现率则是比较接近的。英国生产工程协会和机床工业研究协会也进行过许多零件的统计分析工作，所得结果与上述情况基本一致。

以上资料说明，在各种产品中相似件大量存在。同一类零件（指相似件）在不同产品中有比较接近的出现率，这就是建立成组生产单元能够适应多品种生产的客观依据。但是当企业生产的产品变化非常大，产品中原来的各类零件的出现率也发生很大的变化时（例如，原来产品的传动机构是齿轮传动，而现在的产品是采用液压传动），这时原来的齿轮生产单元就会出现任务不足，而原来生产缸体、连杆、活塞等类零件的生产单元可能会感到能力不足，需要扩建，甚至需要为这些零件单独建立有关的成组生产单元。这就说明成组生产单元适应产品变化的能力是有限的。成组生产单元适合于相对稳定地生产系列化产品的企业。当产品的大类型不变（如汽车、飞机、电视机、手表等），只是在同一类系列产品中，生产的型号、规格有变化，或者产品结构有小的变化时，成组生产单元是能够适应的。

3. 柔性制造单元和柔性制造系统

柔性制造系统（flexible manufacturing system，FMS）和柔性制造单元（flexible manufacturing cell，FMC）都是以数控机床（NC）和加工中心（MC）为基本加工设备的生产单位。但是它们的规模和自动化程度有很大的差别。FMS 是 20 世纪 60 年代后期诞生和发展起来的。它综合应用现代数控技术、计算机技术、自动化物料输送技术，是由电脑控制和管理的一种制造系统，它使多品种中小批量生产实现了自动化生产。FMS 一般由多台 MC 和 NC 机床组成。它可以同时加工多种不同的工件，一台机床在加工完一种工件后，可以在不停机调整的条件下，按电脑的指令自动转换加工另一种工件。工件在各机床之间的运输是灵活的，没有固定的流向和节拍。80 年代以后 FMS 技术已进入实用阶段，许多工业发达国家已能成套提供商品化的 FMS。目前多数 FMS 用于机械加工，焊接、钣金、成形加工和装配等领域也都在应用 FMS。

4.3　大规模定制

规模生产模式成就辉煌，但怎样继承和吸收它的先进技术和生产组织方式，解决个性化产品的生产，这是大多数企业要考虑的问题。1993 年，美国哈佛大学的教授系统地阐述了大规模定制生产的概念，1997 年论述了为大规模定制生产开发敏捷产品的问题。我国学者顾新建等也于 1996 年提出了大成组工程的设想。事实上，大规模定制生产是成组技术在信息时代的一种新模式或新的体现，它的出现为解决企业个性化产品的生产指明了方向。

1. 大规模定制生产的模式

21 世纪的大规模定制生产模式可以这样来概括：产品制造专业化、生产组织和管理网络化。

1) 产品设计模块化

21 世纪的制造业必将以产品创新和技术创新夺取市场，企业的产品是否能根据用户的当前需要和潜在需求快速抢先提供，将成为企业成败的关键。产品结构和功能的模块化、通用化和标准化，是企业推陈出新、快速更新产品的基础。模块化产品便于按不同要求快速重组。任何产品的更新换代，决不是将原有的产品全部推翻重新设计和制造的。更新一个模块，或在主要功能模块中融入新技术，都能使产品登上一个新台阶，甚至成为换代产品，而多数模块是不需要重新设计和重新制造的。基于产品数据的有效管理，提高产品设计组件的可重用性。同时对技术研发人员按研发环节功能进行专业化划分和协同管理，此外还需要考虑产品研发设计与战略供应商、外部客户、企业内部营销部门、生产和物料供应部门之间的协同作用。因此，在敏捷制造中，模块化产品的发展已成为制造企业所普遍重视的课题。如福特汽车公司的发动机总部将 6 缸、8 缸、10 缸、12 缸等不同规格的发动机结构进行了模块化，使其绝大部分组件都能相互通用，以尽可能少的规格部件实现最大的灵活组合，并能用同一条生产线制造不同规格的发动机，取得了巨大的经济效益。波音公司在民用飞机的设计和制造中也采用了模块化方法，大大缩短了定制飞机的制造周期。

此外，模块化产品便于分散制造和寻找合作伙伴。开发新产品的主干（核心）企业主要做好产品的不断创新研究、设计和市场开拓工作，产品的制造可以分散给专业化制造企业协作生产，主干企业将从传统的"大而全、小而全"的"橄榄型"模式中解脱出来，转换成只抓产品设计研究和市场开拓的"哑铃型"企业。企业可以通过 Internet 发布产品结构及其技术要求，寻找合作伙伴，组成"虚拟公司"，发挥公司中各企业的特殊优势，达到快速推出新产品响应市场的目的，需要时还可以组织合作企业共同参与新产品的研究开发。

模块式产品的另一个突出的优点在于：用户只需要更新个别模块即能满足新的要求，不需要重新购买一台新产品。这既节省了用户的开支，又能节约原材料消耗和减少废弃物，这在自然资源越用越少和环境污染愈来愈严重的今天，无疑是非常重要的。

2）产品制造专业化

在一般机械类产品中，有 70% 的功能部件间存在着结构和功能的相似性，如果打破行业界线，按 GT 原理将相似功能的部件和零件分类和集中起来，完全有可能形成足以组织大批量生产的专业化企业的生产批量，这些专业化制造企业承接主干企业开发产品中各种相似部件、零件的制造任务，并能在成组技术的基础上采用大批量生产模式进行生产。当然，在现代制造技术的支持下，这种大批量生产模式已克服了传统的刚性自动线的缺点，具备一定范围内的柔性（可调性或可重构性）来完成较大批量的相似件制造，达成了协助主干企业用大批量生产方式快速提供个性化商品的目标。

3）生产组织和管理网络化

Internet 的普及和应用，给 21 世纪制造业提供了快速组成虚拟公司进行敏捷制造新产品的条件。负责开发新产品的主干企业可以利用 Internet 发布自己产品的结构和寻找合作伙伴的各项条件，而具备专业化的制造企业可以在网上发布自己的条件和进行合作的意图。主干企业将据此寻找合伙者，本着共担风险和达到"双赢"的战略目标进行企业大联合来合作开发和生产新产品。这样的联合是动态的，组成的虚拟公司是"有限生命公司"，它只是为某种产品而结盟，其生命周期将随产品生命周期的结束而解散，或在另一种产品的基础上调整成新的联合。

通过 Internet，系统构建虚拟企业，可实现产品开发、设计、制造、装配、销售和服务的全过程，通过社会供应链管理系统将合作企业联结起来，按大规模定制生产模式实行有效的控制与管理。随着全球制造业的发展，供应链理论已发展成为全球供应链管理理论。

在供应链中，由于供需双方互不拥有对方足够的信息（信息不对称），因此常采用委托代理进行协调。主干企业通过委托代理寻找合作伙伴，并可通过它建立协作网络，下达生产计划，甚至建立伙伴间更为密切和长期的互利关系，如共同研制开发新产品。在社会供应链中设立公共仓库或私有仓库，专业化制造企业（盟员）按计划向仓库提供配套件，不必直接送往主干企业，主干企业可在市场附近建立分销中心，社会仓库将按销售计划向分销中心提供配套件，分销中心负责产品装配、销售分配和服务，并负责吸收市场信息和用户意见向主干企业反馈。由此可见，通过供应链实现大规模定制生产过程的网络化组织和管理，产品从开发到销售的全过程将得到优化，生产效率的提高和生产成本的降低是不言而喻的。

4）战略决策高效化

在全球经济一体化的背景下，市场竞争日趋激烈，某种商机可能会转瞬即逝。作为主干企业，需要发现商机、抓住商机，并立即组织实施。

为了实现战略与策略调整的即时性，避免时间造成的损失，企业需要全面实现信息化管理和数字化决策，以保证战略调整的有效性与企业的快速应变能力。

大规模定制模式下的管理变革实际上是企业借助信息技术手段对企业业务模式的重组（BMR），以期企业在新的竞争环境下获得新的竞争优势，提升盈利能力。这是信息技术推动企业发展的一场管理革命。

5）供应模式协同化

企业需要对生产过程的物料消耗按价值量与技术复杂度进行二维分析，有效区分战略供应商和比价供应商，不断优化供应体系。通过实施准时制生产（JIT）、供应商管理库存（VMI）和协同产品商务（CPC），运输方式则主要采用第三方物流公司和第四方物流组织，既有效缩短物料供应的时间与成本，又极大限度地减少了库存。

6）营销模式快捷化

企业需要在客户关系管理系统（CRM）的支撑下，从过去的多级分销模式转向面向终端经销商甚至客户的"直接"营销模式，这不仅可以有效把握客户需求，掌控终端经销商或直接客户资源，强化客户服务，而且可以有效缩短对客户订单的响应周期和营销成本。

2. 大规模定制生产模式条件下企业间的合作关系

在传统的供求关系管理模式下，制造商与供应商之间只保持一般的合同关系，供应链只是制造企业中的一个内部过程，将通过合同采购的原材料和零部件进行生产，转换成产品并销售至用户，整个过程均局限于企业内部操作。制造商为了减少对供应商的依赖，彼此间经常讨价还价，这种管理模式下的特征是信任度和协作度低，合作期短。但大规模定制生产是以新产品开发，企业与专业化制造企业间的有效合作、互相依存为前提的，构成的网络化虚拟公司的盟主企业与盟员企业间应是能达到"双赢"的合作关系。

（1）主干企业与伙伴企业间应共享信息，通过委托代理经常协调彼此的行为；

（2）主干企业必要时应对伙伴企业进行技术支持和投资帮助，使合伙企业降低成本，改进质量，加快产品开发；

（3）在合作过程中建立相互的信任关系，提高供应链运行效率，减少交易、管理成本；

（4）对于通用化、标准化程度高的产品模块，应尽量保持一种能持久的关系，确保产品质量稳定；对于个性化产品的关键模块和零部件，主干企业可吸收伙伴企业参与开发和共同创新，建立战略合作关系，加快新产品的开发过程。

总之，在消费个性化已形成风潮、信息传递非常快捷的时代，大规模定制生产将是制造业的重要生产模式，成组技术将能发挥更大的作用。

➤ 思考题

1. 试述单件、小批生产类型的特征。
2. 试述单件、小批生产的生产组织形式。
3. 成批生产规划与流水线生产规划相比，工作地的工序或工位布置有何异同？
4. 单件、小批生产时，机床布局的依据有哪些？
5. 分别构思单件与小批生产、中批生产的生产管理子模块的软件结构。
6. 试述零件的三种移动方式，以及各自的优缺点。

➤ 练习题

1. 有一批制品，数量 $n=6$ 件，各工序时间 t_i 分别为 8 分、6 分、10 分、5 分、7 分，试分别按工序间的顺序移动、平行移动和平顺移动方式计算其生产周期，并画出横道图（甘特图）。

2. 某零件批量为 3 件，有 4 道工序，各工序的单件作业时间为：$t_1=10$ 分钟，$t_2=15$ 分钟，$t_3=20$ 分钟，$t_4=5$ 分钟，试计算零件在三种移动方式下的加工周期。

第5章

生产技术准备工作

企业生产的产品是否先进，从宏观上反映了一个国家经济和科技发展水平的高低，从微观上显示一个企业实力的核心竞争力。积极发展新产品，不断改进老产品，迅速增加产品品种，努力提高产品质量，为社会提供品质优良的产品，是企业生产管理的一项重要内容。为此，企业必须做好生产技术准备工作。

生产技术准备工作，主要研究生产技术准备工作的内容、设计和工艺准备工作、新产品的试制和鉴定工作等，生产技术准备计划工作也涉及价值工程与计划方法等内容。

■ 5.1 生产技术准备工作的任务和内容

5.1.1 生产技术准备工作的任务

工业企业在开发新产品、改造老产品、采用新技术或改变生产组织方法时，在正式投产之前，都需要进行一系列生产技术方面的准备工作。生产技术准备做得是否完善，对生产能否正常进行，对产品质量能否保证，对均衡生产能否实现，对企业能否获得良好的经济效益，有着决定性的影响。

工业企业生产技术准备工作的任务主要是：

(1) 以最快的速度、最少的费用开发出令顾客满意的产品；

(2) 做好企业产品、技术和生产方式新旧交替的准备工作，实现有条不紊的转变；

(3) 提高企业的生产技术水平和经济效益。

5.1.2 生产技术准备工作的内容

为了完成上述任务,需要进行大量复杂细致的工作。具体的工作内容取决于生产技术准备的对象。开发新产品与改造老产品,改造老产品与采用新技术,采用新技术与改变生产组织方法,它们所需要进行的生产技术准备工作的具体内容有很大差别。以开发新产品为例,从企业作出开发新产品的决策开始,到正式投产之前,所需进行的生产技术准备工作,大致可以划分为以下三个阶段。

1. 开发研究阶段

企业在开发新产品时,可以根据产品特点、企业技术力量和市场情况等因素,采用各种不同的策略,通常不外乎以下四种策略。

(1) 技术引进。按照专利法或许可证贸易的惯例,生产企业付出一定的代价,从技术拥有企业获得某种产品全套或部分的生产技术。

(2) 仿制。不经技术拥有企业的许可,生产企业取得样品或某种技术情报后,即自行仿制。如该技术仍在专利法保护期内,仿制时需作必要的和合理的改变,并申报自己的专利,以不触犯专利法条例为限。

(3) 部分改进。在本企业或其他企业已有产品的基础上,进行局部的重大改进,部分地采用某些新原理、新结构、新材料。

(4) 创新。进行全新的研究和探索。

技术引进和仿制,基本不用进行费钱费时的开发研究,便可很快地生产出产品来,且失败的风险较小,但缺点是与先进企业相比总是滞后一段距离。有时当本企业试制的产品正式生产时,市场已被其他企业完全占领或该种产品的市场已经趋于衰退。

部分改进,可以使产品具有新的特色和性能,增加产品的时代感,大大增强产品的竞争能力,既可摆脱专利法的限制,同时又可较有把握地用较少的投资和时间取得较大的经济效益。所以部分改进成为一般企业最常用的策略之一。

创新,风险很大,但成功后由于在市场上处于领先地位,因此获利甚丰。作为开拓经营型的企业,为了在竞争中取胜,应当敢冒风险,勇于创新。只要平时重视开发研究工作,拥有一定的技术准备,根据市场需求的趋势,适时地采取创新策略,可以把风险降到最小限度。

2. 设计试制阶段

设计试制阶段的任务,主要是在开发研究的基础上设计试制出样机(或样品)。样机要经过各种试验,包括实验室的各种物理、化学试验、生产现场的模拟试验、使用现场的实际试验以及耐久性和破坏性试验。必须用最先进的现代化方法对样机进行严格的科学试验,要力求在产品投产前发现产品设计中的全部缺陷,并及时地加以改进和再试验,直到完全符合原定的技术经济目标为止,以保证本企业产品的声誉和竞争能力。

3. 生产准备阶段

（1）完成生产设计。生产设计要充分考虑到生产厂现有的生产技术水平、厂房、设备条件、工程技术人员和工人的经验以及材料配件的供应等因素。在保证产品质量的前提下，可根据生产的具体情况对样机（样品）的试制图纸和技术文件进行必要的修改。

（2）做好批量生产的工艺准备。批量生产的工艺既要保证达到产品质量要求，又要保证达到生产率的要求。因此，要根据产品设计图纸和生产纲领，来设计产品的工艺路线、工艺规程，并设计制造必要的专用工艺装备和专用设备。由于现代工业产品结构复杂、技术要求精良，因此，工艺准备的工作量很大。

（3）做好物资准备。现代工业产品需要应用的材料品种规格繁多，需要外购的配套和外协件也很多。生产一种汽车往往需要从几百个工厂（如丰田汽车公司的协作单位有 450 多家）取得各种材料、配套件和协作件。保证企业能按品种规格、按质、按量、按时地取得所需的物资，这是生产准备中极其繁重的一项工作。

（4）完成生产组织准备。为了有效地生产新产品，往往要根据新产品的生产技术特点改变工厂车间的生产方式，调整设备的空间布置，改革劳动组织，以及重新制定生产期量标准和生产作业计划体系等。

（5）进行必要的技术改造。有时在准备生产新产品的过程中，还要根据新产品的要求对企业进行必要的技术改造。

只有完成了上述各项准备工作，企业才能完成从生产老产品到生产新产品的过渡，样品才能成为真正的产品。

5.2　产品设计准备的程序和内容

产品设计准备的任务是把科研成果发展为新产品。产品设计准备是企业生产技术准备工作中最重要的阶段。产品设计准备工作质量的优劣，直接影响到未来产品的功能、质量、外观、使用性能、市场、成本和利润。国际上有许多企业甚至巨型企业，往往因一种产品开发决策的失误，设计准备工作的欠周密，造成无法挽回的损失，导致企业的破产。有更多的企业则因产品开发成功、设计准备周密，及时地向市场推出了性能优良、价格低廉、令顾客满意的产品，因而使企业兴旺发达、突飞猛进。所以，有远见的企业家都十分重视产品设计准备，无论是新产品开发，还是老产品改造都是涉及企业前途和命运的大事。

产品设计准备的内容取决于产品本身的生产技术特点、产品开发的策略和未来的生产规模等许多因素，但对任何企业而言，产品设计准备的基本程序和主要内容大体上都是相同的或类似的，产品设计准备的基本程序和主要内容如下。

1. 编制设计任务书

编制设计任务书的目的，一方面强调企业主要决策层必须对新产品的开发负有不可推卸的责任，同时也为了要正确地解决产品的选型问题，科学地回答：本企业应发展什么样的产品？为什么要发展这种产品？为此，设计任务书中必须确定新产品的用途、适用范围、使用条件、使用要求、基本的质量标准、主要技术参数、设计原则、基本结构和特征以及与国内外同类产品的比较分析。并且要对发展这种新产品进行概略的技术与经济的可行性论证。

这一阶段工作的关键在于做好市场调查研究及技术情报的收集和分析。通过对该产品当前市场需求量的调查研究和长期需求量的预测，确认该种产品有无发展的前景。并具体掌握市场对该产品的功能、质量和可靠性、结构、使用性能、外观、耐用性以及可维修性的意见和要求。通过技术情报的收集和分析，了解国内外同类产品已达到的水平及今后的发展趋势，确认本企业产品目前存在的差距以及应吸取的科技成果和需要突破的技术难关等。

2. 产品设计

技术设计的任务是将已批准的产品设计任务书具体化，并对新产品进行详细的技术可行性分析和经济可行性分析。回答在技术上如何实现产品设计任务书所规定的各项技术指标，同时能预期达到具体的技术经济指标。为此，一方面在技术设计阶段需要通过科学试验、计算和分析确定各零部件、组件的结构、尺寸和技术条件及技术经济指标，设计出产品的总装图、部件、组件装配图、零件图、传动原理图、控制原理图、电气原理图以及撰写产品使用说明书等。对于某些复杂产品的重要零部件或工艺过程，还需要进行模拟试验或中间试验，以取得必要的技术经济数据。

这一阶段工作的关键，在于控制所设计产品的功能、质量和成本以及使用性能、外观等。因此，在这一阶段开始之前，根据产品设计任务书的要求和市场调查结果，确定产品的相关技术指标和目标成本，并将产品的目标成本按产品各组成部分功能的重要性分解下达到各设计组。采用价值工程的方法和系列化、通用化、标准化的方法，实行严格的技术指标控制和成本控制，以保证未来的新产品不仅具有优良的性能和质量，并且具有尽可能低廉的成本，从而获得较强的竞争力和较长的产品寿命周期，并通过这样系列的新产品的不断问世，而铸就企业强劲的、最具典型的企业核心竞争力。

在市场经济条件下，一切产品都要作为商品参加到流通过程中去。因此，必须精确计算生产产品所需的成本和企业可能获得的利润。在我国企业中，目前虽然对产品成本和企业利润已比较重视，但多半仍属"粗放式管理"。产品的成本应当在产品的设计准备阶段就加以控制。由于我国人工费用较低，在产品成本构成中，原材料、外购件、外协件、能源等的费用占产品全部成本费用的 60% 以上。而这些费用大都是在产品设计工作中确定的。所以，降低产品成本，增加企业利润的最大潜力就在产品设计工作中。

关于经济效果的评价与分析方法，读者可根据需要参阅有关的教材和参考资料。

5.3 工艺准备

5.3.1 工艺准备的内容

工艺准备的基本任务是设计出能保证优质、高效、低耗地生产出所设计的产品的工艺规程，制订出试制和随后投产所需的全部技术文件，根据正式投产要求，设计、制造出所需的全部工艺装备，解决生产所必须解决的技术难题等。

工艺准备的工作量主要取决于产品的结构、技术含量及生产类型。对于中等复杂程度的机械产品，工艺准备的工作量占全部生产技术准备工作量的比重可参阅表 5-1。

表 5-1　工艺准备的工作量占全部生产技术准备工作量的比重

单件小批生产	成批生产	大量生产
20%～25%	50%～55%	60%～70%

工艺准备的基本内容有：

1. 产品图纸的工艺审查和分析

由工艺部门资深工艺人员进行的工艺审查和分析的目的是为了提高产品的设计工艺性。就机械产品而言主要解决以下几个问题。

(1) 产品结构是否符合产品生产工艺的特点与要求；

(2) 产品结构的标准化、系列化、通用化程度；

(3) 零件的几何形状、公差与配合、表面粗糙度及技术要求是否合适；

(4) 选用的材料及其热处理要求是否合适；

(5) 产品是否便于制造和装配；

(6) 产品是否适合用本企业现有的生产设备和相应生产条件加工。

通过工艺审查和分析，符合上述要求的装配图和零件图由工艺审查人员签字确认；对于工艺的可行性有欠缺的图纸，审查人员须与有关设计人员进行良好的沟通，阐明工艺要求，使设计人员能完全了解工艺要求从而进行必要的图纸修改工作；对于可能出现的较大的修改意见，可通过相关部门和相关人员共同探讨并取得一致的意见后执行。工艺审查合格的认定仍以审查人员的签字为依据。

2. 制定工艺方案

制定工艺方案的目的，是为了给工艺准备提供一个总纲。大体内容包括以下几点。

(1) 确定产品的工艺原则和工装系数。产品的工艺原则和工装系数是根据产品复杂程度、专用件的数量和产品的生产类型确定的。例如，对于大量大批生产、市场需求和技术进步较为稳定的产品，应采用自动生产线生产，或采用由高效专机组成的流水线生产，若其前景尚不明朗，则暂时采用以手工为主的流水生产线生产；对于一般成批生产的产品可采用普通专机组成的生产线生产；对于小批生产的产品尽可能利用现有的通用设备进行生产，或仅投入少量的工艺装备以支持生产；对于单件生产的产品，应尽可能不做工艺装备，仅利用通用设备和通用工艺装备进行加工，必要时可在数控机床上加工某些重要零件。工艺原则往往决定了产品工艺水平的现代化程度。

工装系数是指专用工装种数与专用零件种数之比。即

工装系数＝专用工装种数/专用零件种数

在机械行业中，工装系数的参数可参见表 5-2。

表 5-2　工装系数参数

单件生产	小批生产	成批生产	大量生产
0.2～0.5	0.6～1.0	1.2～1.9	2～6

（2）列出各种关键件以及应采取的工艺措施。对产品质量与性能有较大影响的制品即为关键件，对应的工艺措施有：制造专机、专用的工艺装备、购置专门的设备，必要时研究开发新工艺和新技术以进行产品生产先行的技术探索、培训专门人员，或改造、新建专门的厂房等。

（3）确定产品工艺路线、产品零件加工的车间划分原则和零件分布情况。

（4）进行工艺方案的经济效果分析。

3. 编制工艺规程

工艺规程是直接指导工人技术操作的基本文件。同时也是企业组织生产、安排生产作业计划、生产调度、技术检查、劳动组织和材料供应等工作的重要技术依据。

工艺规程形式和内容与生产类型和产品研发所处的阶段有关。单件小批生产的一般零件仅可编制工艺卡，关键零件则可编制工艺规程；成批生产的一般零件在试制时允许仅编制工艺卡，正式投产时应编制成工艺规程；关键零件则无论是处在试制阶段还是正式投产阶段，都应该编制工艺规程；大量生产条件下，则原则上所有零件都要编制工艺规程。

工艺规程编制工作的内容有：

（1）编制外购、外协件明细表，制定车间零、部件明细表；

（2）熟悉并确定零件毛坯或确定原材料；

（3）制定工艺路线；

（4）进行详细的工序设计，并编制成工艺规程；

（5）制定装配工艺规程；

（6）编制主要工艺装备设计任务书；

（7）编制自制专用工装明细表及专用工具明细表；

（8）制定材料消耗定额及汇总表；

（9）制定工时定额及汇总表；

（10）编制关键设备的负荷平衡表。

其中制定工艺路线是编制工艺规程的核心内容。其主要内容有：选择定位基准、确定加工方法、安排加工顺序、安排热处理工序、检验及其他辅助工序等；工序设计则是将工艺路线进一步细化，进行详细的工序设计，包括确定毛坯的技术要求、确定工序加工设备、确定定位与装夹方法、确定工装、确定工序余量及工序尺寸与公差和表面粗糙度要求，确定工位、工步、走刀及工艺参数，测量或其他检验方法及某些特殊要求等。

制定工艺规程时，应尽可能吸收有实践经验的工人参加，充分听取一线工人的意见，使所制定的工艺规程具有很强的可操作性，并真正成为生产过程所依据的"法"。工艺规程一经批准，就要坚决贯彻执行。严格的工艺纪律是建立正常生产秩序、加速掌握新技术、克服落后的生产习惯、充分利用设备能力、节约时间、材料和动力、合理组织劳动、保证产品质量的重要条件。

4. 技术攻关

新产品在研发过程中，为了使顾客满意，增加产品的技术含量，提高产品的质量和使用性能，也为了防伪，有时需采用新工艺、新材料、新技术等，而这些新工艺、新材料、新技术等有时并不能直接成功地应用于新产品，于是就要进行技术攻关，使新工艺、新材料、新技术等能完全适用于新产品，使新产品与时俱进，具有更强的市场冲击力和竞争力。

技术攻关的成果应立即申请专利，使本企业的知识产权得到有效保护。这也是企业在走向世界过程中避免一些不必要的纠纷所必需的。

5. 工艺装备的设计与制造

工艺装备是制造过程中不可缺少的物质条件，对保证产品质量、提高生产效率有重要的作用。工装设计和制造是新产品生产技术准备工作中工作量最大、周期最长的工作。在机械行业中工装费用平均占生产成本的10%～15%以上。

在工艺装备设计制造中应注意以下几点。

（1）提高工装的通用化、标准化、系列化程度，从而尽可能减少专用工装的种数；

（2）提高工装的继承性，发展组合式工艺装备，从而可减少专用工装的设计制造周期，提高工装的利用率，降低工装的费用；

（3）提高工装的商品化程度，尽可能采用外购、租用等方式由专业服务公司解决，从而减少本企业工艺准备工作量，并可降低工装的制造和使用成本；

（4）加强工装的使用验证、修改和保管工作。工装在正式投产前应在生产现场进行验证，通过工人的实际操作，考验工艺规程和工装的适用性，并帮助工人掌握技术，达到规定的质量和生产率。如发现需要修改时，应经过一定的程序及时予以修改。已制造好通过验证的工装或已用过的工装均应清洗油封并编号上架，妥善保管，使之在产品生产过程中需用时立即可投入使用。

5.3.2 工艺方案的经济效果分析

同一种产品或零件可以采用多种加工方法，形成不同的工艺方案。工艺方案不同，其经济效果也不可能相同，为此就要分析比较，择优采用。

工艺方案的经济效果，主要表现在生产一定产量的产品或零件所需工艺成本的高低上。因此，工艺方案经济效果分析的方法主要是工艺成本分析法。

产品或零件的工艺成本可用以下公式计算

$$S = V \times N + C$$

式中，S 为产品或零件的年工艺成本；V 为单件产品或零件工艺成本中的可变费用；N 为产品或零件的年产量；C 为产品或零件工艺成本中的固定费用。

由上式可知，当 N 一定时，影响 S 的变量主要是 V 和 C。有三种不同的组合，可用图 5-1 表示。

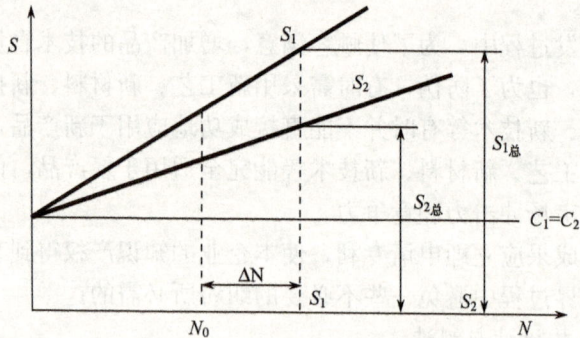

(a)

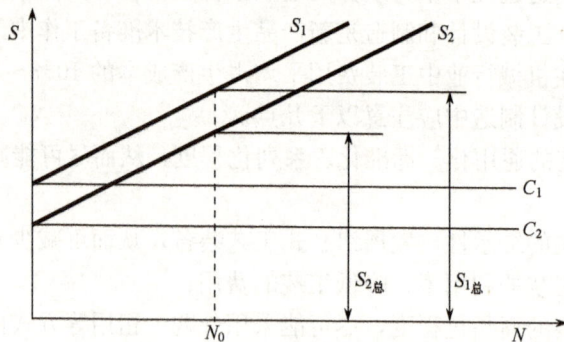

(b)

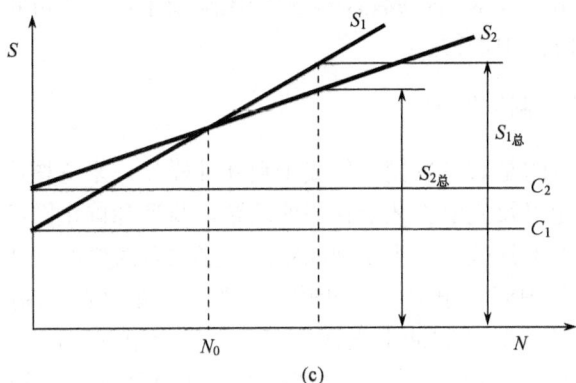

图 5-1 不同工艺方案比较图

在图 5-1（a）中，$C_1 = C_2$，由于最终成本 $S_{1总}$ 总是大于 $S_{2总}$，所以取方案 2。取任一 N 均取方案 2。

在图 5-1（b）中，$C_1 > C_2$，导致最终成本 $S_{1总}$ 总是大于 $S_{2总}$，所以取方案 2。取任一 N 均取方案 2。

在图 5-1（c）中，$C_1 < C_2$，当 $N = N_0$ 时，取任一方案；以当 $N > N_0$ 时，取方案 2；当 $N < N_0$ 时，取方案 1。

5.4 新产品试制与鉴定

5.4.1 新产品试制和鉴定的意义

任何新产品在设计准备和工艺准备完成后，都必须进行试制和鉴定。因为只有通过试制和鉴定才能用事实证明：原来在设计准备和工艺准备阶段的设想、计算和设计是否完善，产品的性质、质量、成本和技术经济指标是否达到了预定的目标，也只有通过试制和鉴定才能发现产品结构和工艺上存在的缺点和错误，才能明确进一步改进设计和满足用户需求的方向。因此，新产品试制和鉴定是整个生产技术准备工作中一项十分重要的内容。

对于成批或大量生产的产品，试制和鉴定则具有更为深远的意义。如果新产品未经试制和鉴定或者草率从事，未能把产品设计和工艺上的缺陷都暴露出来，使产品带病投产，就会后患无穷。待产品成批生产后才发现问题，再来修改图纸、技术文件，修改工装、专机，不仅造成大量经济损失，并且推迟了合格产品出厂的期限，甚至不得不降低产品质量，造成新产品开发的失败。所以对于结构复杂、大量生产的产品，如汽车、机床、电机、电视机、微型计算机等，不仅要进行样品试制和鉴定，还要进行小批试制和鉴定。而对于引进或仿制的产品，或者老产品改造，由于技术比较成熟，失败的风险较小，一般可将样品试制和小批试制合并在一个阶段中进行。

5.4.2 样品试制和鉴定

样品试制的目的是通过试制一件或少数几件样品，来考核产品设计质量，审查产品结构、性能以及主要工艺上存在的问题，验证和修正图纸。因此样品必须严格按图纸和技术条件试制。当发现问题时，必须及时修改并予以详细记录。

由于样品试制中问题很多，难度较大。为了保证样品试制的产能、进度和质量，也为了避免样品试制冲击正常生产，一般应组织专门的试制车间担负此项任务。在样品试制开始前，要由新产品的主任设计师、主任工艺师、试制车间主任向试制车间的工程技术人员和技术工人进行技术交底，说明试制该产品的意义；新产品的结构、性能、工艺特征及关键零部件的技术要求；新产品的工艺方案和关键零部件的加工方法；新产品试制的进度要求、存在的主要问题及拟采取的措施。在技术交底基础上发动群众进行讨论，提出合理化建议。在样品试制任务开始前就要编制好必要的工艺文件、设计和试制必不可少的工艺装备。样品试制一开始，就要派有关设计和工艺人员进行技术跟踪，及时解决试制中遇到的有关设计、工艺、工装、材料、检查等方面的问题。并认真、全面、正确地作好技术记录，以便在正式投产前对设计图纸和技术文件进行系统的总结、整理和修改。

样品试制出来后，要进行产品的各种性能检验，只有当产品性能完全达到设计的技术要求后，才能交付鉴定。否则必须重新设计和试制，直至完全达到规定的技术要求为止。

样品的鉴定一般由厂长任命的鉴定委员会负责。有时为了国内外竞争的需要，样品的试制和鉴定工作应在绝对秘密的情况下进行。在没有成功之前，甚至在没有形成批量生产能力之前不宜泄露机密，以便使企业领导者在经营决策时有更多的回旋余地，使本企业在竞争中能处于更加有利的地位。

5.4.3 小批试制和鉴定

小批试制的目的是在样品试制的基础上，通过小批产品的试制，全面考验和调整所设计的工艺和工艺装备，并对产品设计作进一步的校正和工艺性审查。

小批试制过程也就是试生产的过程。因此，必须在该产品的生产车间按正常生产条件进行。小批试制开始前要根据样品试制的经验，系统地总结、整理、修改和完善产品图纸、工艺文件和检验规程，提供全部必要的工艺装备、检验工具和专用设备。并帮助生产车间操作工人熟悉图纸、工艺、工装和专用设备，掌握成批生产的能力。

对于小批试制的产品，除进行必要的性能试验外，还要着重进行产品质量的可靠性、稳定性和零部件的互换性检查。根据发现的问题对设计和工艺作进一步修改、试制和鉴定。

小批试制的鉴定可以根据产品的生产技术特征和市场供需情况，决定采取内部鉴定或公开鉴定的办法。当采取公开鉴定时，除企业上级主管部门派代表参加外，还要邀请本行业的研究单位、高等院校、其他企业的技术权威参加，邀请用户单位、经销单位的代表参加。因此，这种鉴定会都比较正式和隆重，具有较高的权威性，规模也比较大，企业必须做好充分准备。在保护本企业的专有技术诀窍的前提下，要提供有关产品性能、质量的试验数据，证明本企业制造该产品的精良技艺，树立起用户对该新产品的信任感。对于鉴定中提出的任何意见和问题都要十分重视，进行认真的试验、改进和调整。

在小批试制鉴定通过后，经过生产前的调整工作，即可组织成批生产。有些特殊或重要的产品须经有关部门批准后，才可开始成批或大量生产。

5.5 生产技术准备计划

5.5.1 生产技术准备计划的种类

生产技术准备计划一般包括以下三种。

1. 企业年度生产技术准备综合计划

这是企业在计划年度内有关开发新产品和改进老产品的全部生产技术准备工作的概略安排。主要目的是解决三个问题：

（1）在产品试制计划或订货合同规定的产品出产日期前能否完成生产技术准备工作？

（2）产品生产技术准备工作各阶段的进度如何衔接？

（3）生产技术准备工作任务和能力如何平衡？

企业年度生产技术准备综合计划的形式，如表5-3所示。

2. 分产品的生产技术准备进度计划

它是以每种新产品或改进的老产品为对象进行编制的，其目的是为了使每种产品的生产技术准备工作能严格地按规定的次序有计划地进行，在进度上保证互相衔接。这一计划在准备工作项目、准备工作量、执行部门、时间进度等方面比前一种计划更为详细和具体，如表5-4所示。

3. 生产技术准备科室的准备计划

这是按有关生产技术准备科室编制的工作计划，其目的是将前两个计划按有关生产技术准备科室的具体工作内容进一步细分和落实，计划表的形式如表5-5所示。

表 5-3 年生产技术准备计划（按产品）

产品名称	工作项目	执行单位	工 作 进 度 /月														
			1	2	3	4	5	6	7	8	9	10	11	12	1	2	3
A产品	制造工艺装备	工具车间	█	█													
	小批试制	加工装配车间			█												
	小批试制鉴定	鉴定委员会				█											
	成批生产准备	生产部					█										
B产品	产品设计	设计部						█	█								
	样品试制工艺准备	工艺部等					█	█									
	样品试制与鉴定	试制车间等								█							
	小批试制工艺准备	工艺部							█	█							
	制造工装	工具车间								█	█	█					
	小批试制	加工装配车间									█		█				
	小批试制鉴定	鉴定委员会												█			
C产品	成批生产准备	生产部												█	█	█	
	产品设计	设计部														█	
	样品试制工艺准备	工艺部等													█	█	
	样品试制	试制车间															█

表 5-4　产品生产技术准备计划（B 产品）

顺序号	工作项目分类		工作项目	执行单位	工作量	工作进度 / 月
1	产品设计		设计任务书	设计部		
2			技术设计			
3			绘制零件图		零件图纸489张	
4			其他零件图			
5			装配图		68张	
6	工艺准备		制造模型	模型组	102套	
7			编制工艺规程	工艺部	557份	
8			工装设计	工具车间	381套	
9			工装制造	工艺部		
10			制定定额	工艺部		
11	生产准备		拟任务书	生产部		
12			物资准备	物资处		
13	样品试制		铸造	铸造车间	3台	
14			下料锻造	锻造车间		
15			机械加工	机加车间	12台	
16			装配试车	装配车间		
17			鉴定	鉴定委员会		
18	工艺准备		修改图纸	设计部	36张	
19			修改大模	模型组	15套	
20			编制工艺规程	工艺部	557份	
21			工装设计	工具车间	168套	
22			工装制造	工艺部	168套	
23			制定定额	工艺部		
24	生产准备		拟任务书	生产部		
25			物资准备	物资处		
26	小批试制		铸造	铸造车间	8台	
27			下料锻造	锻造车间	5台	
28			机械加工	机加车间	38台	
29			装配试车	装配车间		
30			鉴定	鉴定委员会		
31			成批生产准备	生产部		

表 5-5　工艺科年生产技术准备计划（按产品）

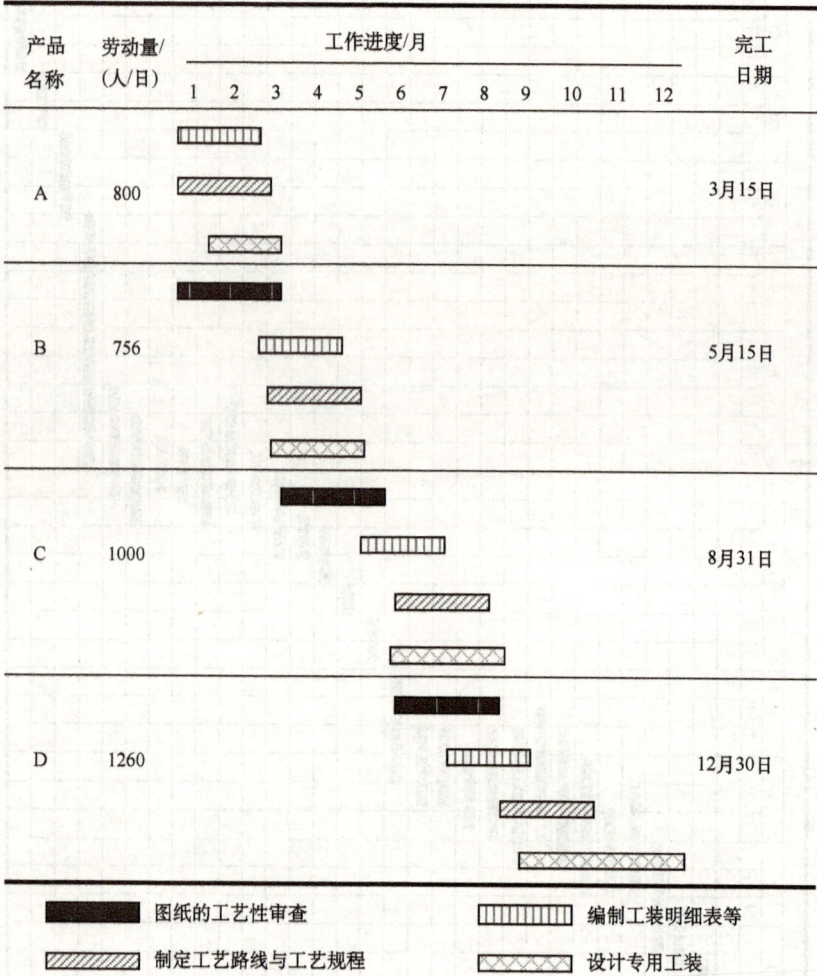

产品名称	劳动量/（人/日）	工作进度/月 1 2 3 4 5 6 7 8 9 10 11 12	完工日期
A	800		3月15日
B	756		5月15日
C	1000		8月31日
D	1260		12月30日

■ 图纸的工艺性审查　　▥ 编制工装明细表等

▨ 制定工艺路线与工艺规程　　▧ 设计专用工装

5.5.2　生产技术准备计划的编制方法

最常用的传统方法是用线条图（甘特图）来编制生产技术准备计划。主要方法分为三个步骤：第一，将全部准备工作分解为各个阶段和各项活动；第二，计算出各阶段、各项活动的工作周期；第三，从预定的产品鉴定和投产日期开始，反顺序地向前推算安排，画出工作日历图表，表 5-4、表 5-5 都是用这种方法编制生产技术准备计划的实例。

线条图法可以非常简明地表示出各项工作之间顺序上的相互关系，但不能指明影响生产技术准备周期的关键因素，也不能回答缩短生产技术准备周期的潜力有多大，更难以得出最优的计划方案。

比较先进的方法是应用网络计划技术。美国在重大科研项目研究计划的制订时通常采用网络计划技术，在缩短研制周期、节约资金，协作的有效性等方面均取得显著成效。我国长春第一汽车制造厂在汽车换型改造工程项目中，成功地把时间网络模型应用于编制生产技术准备计划上，取得了良好的效果。网络计划的编制可参阅有关教材和资料。

5.5.3 新老产品转产过渡的方式

新老产品转产过渡，在生产经营型企业中是一种经常遇到的正常现象。企业如何从生产老产品过渡到生产新产品？通常有以下几种方式可供选择。

1. 停产过渡

新产品生产技术准备工作全部完成后，即停止老产品的生产，立即组建和调整新产品的生产线，进行新产品的生产组织准备，并在停产期间完成转产的任务，如图 5-2 所示。

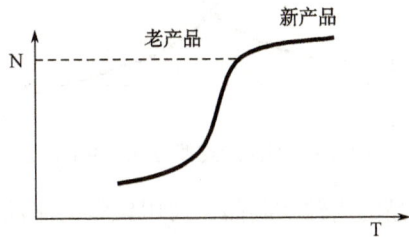

图 5-2　停产过渡方式示意图

这种方式的优点是停产过渡期间可以集中力量搞新产品的转产，组织管理比较简单；缺点是停产期间企业经济损失很大，停产期越长则损失越大。

为了减少停产的经济损失、缩短停产时间，应注意以下两点。

（1）生产技术准备工作要做得特别充分、可靠，尽量减少在转产过渡时发生问题，至少避免发生大的问题；

（2）在工艺准备阶段就要着手进行生产工人的培训，如调整工和操作工、检验工、维修工等。工程技术人员、管理人员也要做好培训工作，使之熟悉新产品生产中的工艺和管理工作。

这种方式适用于需要利用原有厂房和大部分设备、生产工艺继承性较大的产品。

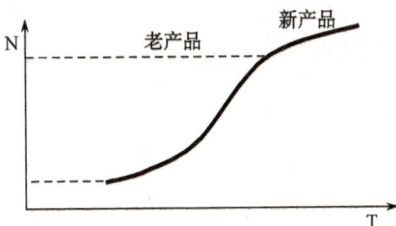

图 5-3　平行过渡方式示意图

2. 平行过渡

在老产品继续生产的同时，抽调部分技术人员和工人，在新组建的车间或分厂中平行进行新产品的试制、调试。待新产品试生产完成后，即停止老产品生产，集中力量生产新产品。如图 5-3 所示。

这种方式的优点是没有停产损失，企业有充分的时间进行新产品生产的调试和过渡。缺点是原有车间的厂房设备不能利用，需要增加购置新设备和建设新车间或改造老车间的大量投资，并且新产品生产能力的增长速度比较缓慢。

这种方式适用于转产产品结构和工艺方法与老产品差别较大、生产规模有较大扩大、原有厂房设备利用价值不大、又有充足投资等情况。

3. 不停产过渡

基本上在原有车间和生产线的基础上，把新产品投产前的准备工作和老产品的生产交叉一起进行。在老产品不停产的情况下，逐步完成新产品的转产过渡工作。如图 5-4 所示。

这种方式的优点是：可以避免停产的经济损失；可以充分利用原有的厂房和设备，节省投资；可以使工程技术人员、管理人员和生产工人在新老产品交叉过渡的过程中熟悉掌握新产品的生产。

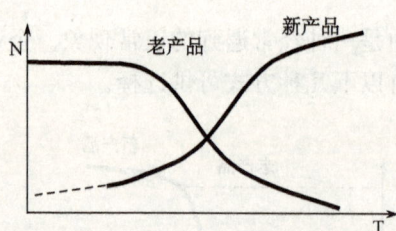

图 5-4 不停产过渡方式示意图

缺点是组织管理工作极其复杂，要求企业有雄厚的技术力量和较高的管理水平；要求车间有一定的回旋余地；要求增多老产品的周转在制品，占用较多的流动资金。这是一种比较先进的方式。

➢ 思考题

1. 新产品从研发到正式投入生产包括哪些阶段？
2. 新产品为什么要进行内部鉴定和公开鉴定？
3. 什么情况下要进行生产技术攻关？
4. 生产技术准备计划分为哪三种？各计划的内容与作用分别是什么？
5. 新老产品转产的过渡方式有哪几种？各有何优缺点？
6. 工艺人员制定工艺路线和工艺规程对生产计划制订有什么影响？

第6章

生产计划制订

6.1 生产能力

6.1.1 生产能力的概念和种类

工业企业的生产能力，是指企业的固定资产，在合理的技术组织条件下，经过综合平衡后，在一定时期内，生产一定种类合格产品或加工处理原材料的最大数量。生产能力一般分为三种：

（1）设计能力。这是企业基本建设时设计任务书和技术文件中所规定的生产能力。设计能力只是企业所拥有的固定资产，在其他要素得到充分满足的条件下，生产某种产品的能力。这是一种潜在的能力。

（2）核定能力。在企业某些方面发生了较大的变化后，原有的设计能力不能反映现实能力的情况下，重新调查核定的能力。

（3）计划能力。这是指在企业计划期内，充分考虑了已有的生产条件和能够实现的各种措施后，必须达到的能力。

6.1.2 影响生产能力的因素

企业的生产能力随生产过程中诸多因素的变化而变化。影响企业生产能力的因素有：

（1）产品品种、技术复杂程度、生产组织方式；

（2）生产设备、生产面积的数量、生产率和有效利用率；

（3）劳动者掌握科学技术水平和劳动技能的熟练程度、劳动组织的完善程度、劳动者的数量、劳动积极性的发挥程度；

（4）企业所能运用的物资数量；

（5）企业管理水平。

在以上五种因素中，劳动者和企业管理水平这两个因素对生产能力的影响很大，可以通过定额水平和有效工作时间得到综合反映。

6.1.3　生产能力的核定

1. 核定生产能力的意义

（1）核定生产能力是企业经营决策的前提。能否满足市场对产品的需要，如何合理组织企业的生产经营活动，必须对生产能力做到心中有数，否则无法做出正确的决策。

（2）核定生产能力是实现企业经营目标的基础。发现生产中有哪些薄弱环节，从而为改、扩建、技术改造提供方向。

（3）为提高企业的经济效益，也必须测定企业的生产能力。可以了解生产中各项要素之间的关系是否协调，各种资源是否合理利用，生产能力有多大，采用什么措施，可以得到什么结果，从而为企业提高经济效益制定具体的措施。

2. 核定生产能力的步骤

（1）确定企业的经营方向。需要考虑市场的需求和本企业的内部条件，并且其先进水平可通过专业化、协作、改组、联合等方法得到提高，也可借助企业的外部力量来扩大企业的生产能力。

（2）做好核定生产能力的思想动员、组织准备、资料准备。由管理人员、技术人员、工人组成的三结合小组来完成生产能力的测定工作。

（3）从基层开始，自下而上地核定各生产单位的生产能力。通过这种方式可以发现企业内部的薄弱环节和富余环节，拟定措施消除薄弱环节、调节富余环节的组织技术措施，使企业的生产能力核定建立在可靠、先进的基础之上。

6.1.4　生产能力的计量单位

核定生产能力必须采用实物指标作为统一的计量单位。实物指标可以是具体产品，也可以是假定产品。

在多品种生产的企业中，所生产的产品结构、工艺、劳动量构成相似，则当可采用代表产品作为计量单位时，其他产品以劳动定额为基础将其产品产量换算到代表产品产量。在一般情况下，选择劳动量最大的产品作为代表产品，其他产品的换算系数按下式计算，即

$$K_i = T_i / T_d$$

式中，K_i 为 i 产品的换算系数；T_i 为 i 产品的时间定额；T_d 代表产品的时间定额。

在多品种生产的企业中，所生产的产品结构、工艺、劳动量构成相差较大，则当可采用假定产品作为计量单位时，其他产品以劳动定额为基础将其产品产量换算到假定产品产量。假定产品是以各种产品的劳动量在全部产品劳动量中的比重为基础计算出来的一种假想产品，表示为

$$T_j = t_1 \times \alpha_1 + t_2 \times \alpha_2 + \cdots + t_n \times \alpha_n$$

式中，T_j 为单位假定产品的劳动量；t_i 为第 i 产品的劳动量定额；α_i 为第 i 产品的产量占企业计划总产量中的比重。

在有些企业中，也可以按某种技术参数作为核定生产能力的计量单位，如重型机器厂以年产机器设备的吨数、拖拉机厂年产马力数、变压器厂年产千伏安数表示生产能力。

6.1.5 生产能力的计算方法

生产能力的核定，应在技术组织条件比较合理，定额水平比较先进的条件下进行。根据生产能力的基本概念，企业的生产能力主要由生产中的设备数量、设备的有效工作时间和设备的生产率定额所决定。

1. 设备数量

计算企业所涉及的设备数量是指企业在计划期内所拥有的全部用于生产的设备数。其中包括：

(1) 正在运转的设备；

(2) 正在安装、修理或准备修理、等待安装的设备；

(3) 因生产任务不足或其他原因而暂时停用的设备。

对于已经判定不能修复的设备、已决定报废的设备、封存待调的设备、企业备用的设备，都不能列入企业现有生产能力范围之内。

有些企业用生产面积表示生产能力，如装配企业、铸造企业、铆焊企业等。这些企业的生产能力取决于基本生产单位的生产面积，同时物料仓库的容量、作业单位之间的运输线路也影响这类企业的生产能力。

2. 设备的有效工作时间

设备的有效工作时间是按企业现行工作制度计算出来的设备全年工作时间总数。计算公式为

$$F_e = F_y H \eta = F_y H (1 - \theta)$$

式中，F_e 为设备全年有效工作时间；F_y 为设备全年制度工作天数；H 为每日制度工作小时数；η 为设备制度工作时间的计划利用率；θ 为设备计划修理停工率。

制度工作天数是从日历中扣除法定节假日获得。每日制度工作小时数按企业制度工作班次和设备性质决定。对机械制造企业，设备一般采用二班制生产，计15.5 小时，关键设备三班制生产，计 22 小时。设备修理停工率由修理计划确

定，一般可考虑为 10% 以内。

3. 设备的生产率定额

设备的生产率定额是指设备在单位时间内应完成的出产量。有两种方法表示：单位产品的台时定额或单位设备台时产量定额。单一品种大批大量生产类型一般用产量定额，多品种小批量生产或单件生产类型一般用设备台时定额。在计算生产能力时一般使用现行定额资料。但由于定额的制定和修订是定期进行的，为了准确反应实际的生产率水平，要统计出实际的台时产量或实际单位产品耗费的台时数，将它们和定额比较后对定额作出修正。

4. 生产能力计算

由于企业生产技术条件有很大的不同，在核定生产能力时，应分为设备组生产能力、作业场地生产能力、劳动能力和流水线生产能力。

(1) 设备组生产能力计算

$$M = FS/t = FSP$$

式中，M 为设备组生产能力；F 为计划期单台设备有效工作时间；S 为设备组的设备数量；T 为制造单位产品所需设备的台时数；P 为单台设备每小时加工某种产品的产量定额。

(2) 作业场地生产能力计算

$$M = FA/(at)$$

式中，M 为某作业组的生产能力；F 为作业面积的有效利用时间数；A 为可用于生产作业的总面积；a 为制造单位产品所需的生产面积；t 为制造单位产品所需的时间。

(3) 劳动能力计算

$$M = FD/t$$

式中，M 为作业组的生产能力（台或件等）；F 为计划期每个工人的有效工作时间（小时）；D 为作业组的工人数；t 为单位产品的工时定额。

(4) 流水线生产能力计算

$$M = F/R$$

式中，F 为流水线有效工作时间；R 为流水线节拍。

必须指出，生产单位的设备组生产能力是在理想状态下获得的。它代表在一定时期内预期的能力或潜在能力，一般而言，它不是现实能力。在确定企业生产规模、编制企业长期计划、安排企业基本建设和技术改造时，可用设备组生产能力计算公式计算设计能力或核定能力。但在年度生产计划工作中需要在计划年度可能实现的，或者是已经实现可投入使用的生产能力，为此要在计算得到的生产能力基础上结合企业现有的生产水平进行修正，求出现时的有效能力，一般可按下式进行修正，即

$$M_e = M \times K_1 \times K_2 \times K_3$$

式中，K_1 为定额完成率，K_1＝实际的单位台时产量/产量定额，或 K_1＝产品台时定额/实际单位产品工时；K_2 为工时利用率，K_2＝实际利用的生产工时/制度工作时间；K_3 为合格品率，K_3＝1－废品率。

6.1.6　生产能力的综合平衡

工业企业的生产能力是企业内部各环节生产能力综合平衡的结果。各环节生产能力不平衡是绝对的，在计算各环节生产能力后，要由下而上逐级平衡。最后进行全厂生产能力的综合平衡。包括班组内部的员工之间的负荷平衡；班组之间的生产能力平衡；生产车间内部工段间生产能力的平衡；生产车间内部之间基本生产能力与辅助生产能力的平衡；生产车间之间的生产能力的平衡、生产能力与生产准备能力的平衡、生产能力与供应能力的平衡、生产能力与运输能力的平衡等。再根据企业计划期可以动用的资源条件，采用组织措施与技术措施，克服薄弱环节，使企业核定的生产能力真正成为生产实施时所切实可行的生产能力。

有机利用外部条件也是生产能力的综合平衡时所应考虑的。

6.2　生产能力的影响因素

6.2.1　生产能力计划的分类

生产能力是实现企业经营目标的物质保证，企业停留在现有的生产能力利用上是不够的，应当制定一套积极发展生产能力的计划。

生产能力计划按计划期长短可分为：长期生产能力计划、中期生产能力计划、短期生产能力计划。

制定生产能力计划的目的是保证生产计划的实现。

企业长期生产能力计划是为了确保经营目标所规定的赢利计划，考虑了长期需求预测、产品开发计划、现有生产能力。长期生产能力计划是为了确保长期生产计划的实现，考虑到产品自制和外协情况，规定企业扩大生产能力所需的投资。它必然受到企业资金的限制，所以生产能力计划不仅要与生产计划相平衡，还要与资金相平衡。必要时需对外协计划、生产计划、资金计划加以修改，但利润计划必须充分保证。

中期生产能力计划是在长期生产能力计划和年度生产计划的基础上制订的。它同样受到资金来源、物资供应、人员素质等因素影响，应当通过修改基建计划、技术改造计划、职工招聘和培训计划、订货计划、资金计划、协作计划等，保证年度生产计划的实现。

短期生产能力计划主要根据中期生产能力计划和月度生产计划，采取必要的技术组织措施，充分挖掘和利用现有生产能力，保证生产计划实现。

6.2.2 生产能力的调节因素

从计划的观点看，用于生产能力的调节因素按能力取得的时间长短，可分为长期、中期、短期三类。

1) 长期因素

长期因素指取得生产能力的时间在一年以上的因素。长期因素包括建设新厂、扩建旧厂、购买和安装大型设备、进行技术改造等，采用这些措施都能从根本上改变生产系统的现状，而大幅提高企业的生产能力，但同时也需要大量的投资。必需依靠可靠的预测，并对投资效益进行充分论证之后才能做出是否使用增加生产能力措施的决策。

2) 中期因素

中期因素指取得生产能力的时间在半年至一年之内的因素。如采用新的工具、添加通用设备、对设备进行小规模的改造、增加工人人数、将某些零件委托给其他企业加工、利用库存调节生产等。

3) 短期因素

短期因素指取得生产能力的时间在当月至半年之间的因素。这些因素很多，如加班加点、临时增加工人、增开班次、降低废品率与返修率、改善原材料供应质量、改善设备维修制度、完善工资奖励制度、合理选择批量等。

在年度生产计划中，主要利用中期因素来调节企业的生产能力，以适应市场的需求变动。

6.2.3 学习曲线的影响

1. 学习曲线的概念

工厂的生产能力是不断变动的。不但在增加设备和人员后会提高生产能力，即使不增加设备和人员，当人们提高了熟练程度后，也会提高生产能力。实践证明，这种生产能力的提高，存在着某种规律性。在积累了一定的资料后，可以相当准确地对以后的生产改进程度做出估计。

第二次世界大战中，美军在军用飞机生产中发现了一种很有意义的规律：每当一种型号的飞机累积产量翻一番时，它的生产成本就下降20%。这就是说，生产第二架飞机的成本只有第一架的80%；生产第四架飞机的成本为第二架飞机的80%；生产第一百架飞机的成本为第五十架飞机的80%；等等。后来在其他工业领域中（如汽车、石油化工、半导体、合成橡胶）也发现了类似的现象。虽然不同的产品成本下降的速率不同，但每当产品产量翻一番时，产品成本按同样的百分比有规律递减的现象都是相似的。

在成倍地制造一种产品过程中，连续生产一个单位产量所要求的资源（投入要素）数量是随着累积产量的增加而递减的。投入要素以及相关成本的这种递减就称为学习效应，这种学习现象在劳动投入要素和成本中最为常见。随着生产产品单位数量的增加，得到一个单位产出量所必要的劳动小时数会因一系列原因而下降，这些因素包括工人和工长对工作任务的熟悉程度提高，工作方法和工作流程的改进，废品和重复工作数量的减少，以及随着工作重复次数的增多对技术工人需要的减少等。如果随着工人对生产过程的越来越熟悉，废品和浪费越来越少，那么单位原材料成本也会形成学习曲线效应。但并非所有的投入要素及相关成本都存在学习过程。例如，单位运输成本一般不会随产量的持续增加而下降。给予这种关系的其他名称包括干中学、进步曲线、经验曲线和改进曲线等。

2. 学习曲线的应用

学习曲线这种现象给生产计划工作提供了一个重要的分析工具。它说明，随着产量的增加，在不需要人员和设备的情况下就使生产能力按一定的速率增加。这种规律可使生产计划人员预先测算出未来若干时间的工时和成本量，从而能较可靠地制定出生产计划和成本计划。现在它已是许多企业估算成本和交货期，以及为订货产品报价的常用方法。

将累积产量与单位成本的关系作成点图，可以得到图 6-1 所示曲线。

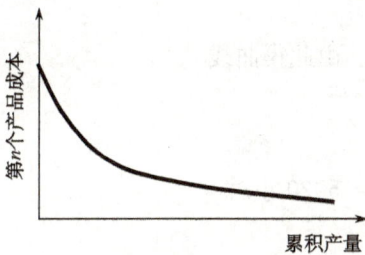

图 6-1　直角坐标系中的学习曲线　　　　图 6-2　对数坐标系中的学习率

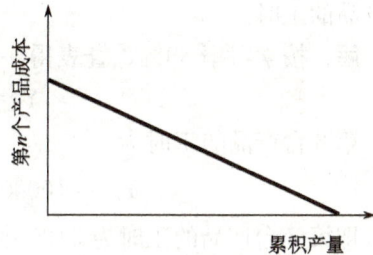

将坐标改成对数坐标，这条曲线就变成了一条直线，它的斜率为学习率，这种曲线就是学习曲线。在上面飞机生产的例子中，在累积产量翻番后单架成本以 20% 的速度下降。在对数坐标图（图 6-2）中，斜率为 0.8（即 80%），即学习率为 0.8。

企业生产通常是批量生产，批量的大小有规模经济的作用；批次之间有学习效应作用。要正确处理好批量与批次之间的关系。

学习效应在生产过程中已得到广泛应用，工人和管理人员都会随着经验的增多而提高效率。随着过去累积生产量的不断上升，生产成本会逐步下降。飞机制造、船舶制造和电器等产品的生产都表现出学习效应。

学习效应不会自发产生，应当有意识的加以引导。它通常是累计时间或产量的函数，并且一般不会遗忘，通常竞争对手也不能从你的学习效应（主要指劳动技能的提高）中获益。

3. 学习曲线的数学模型建立

要利用学习曲线进行定量分析，最有效的方法是将它表示成数学解析式。可以用指数来表示学习曲线中各变量之间的关系，即

$$Y_x = Kx^b$$

式中，Y_x 为生产第 x 台产品的直接人工工时；x 为生产的台数；K 为生产第一台产品的直接人工工时；b 为幂指数 $= \lg p / \lg 2$；p 为学习率。

例如，对于学习率为 80% 的学习曲线，有

$$b = \lg 0.8 / \lg 2 = -0.322$$

常见的学习率和指数的关系如表 6-1 所示。

表 6-1　常见的学习率和指数的关系

学习率（p）	50	60	70	80	90
指数（$-b$）	1	0.737	0.515	0.322	0.152

例 6-1　已知生产第一台产品的工时为 10 000 小时，学习率为 80%，求第 8 台产品的工时。

解：按学习率 80%，查表得 $b = -0.322$。由此得曲线

$$Y_x = 10000 x^{-0.322}$$

第 8 台产品的工时为

$$Y_8 = 10000 \times 8^{-0.322} = 5120 \text{ 小时}$$

即第 8 台产品的工时为 5120 小时。

4. 学习率的估计

在生产某种产品的开始阶段，由于有许多因素干扰，大多数企业得不到反应学习曲线效应的数据。经过一段时间的生产，生产状况渐趋稳定，开始收集资料，并通过这些资料估计学习率。

在学习曲线的应用中，确定学习率是至关重要的。在估算学习率之前，需要分析影响学习率的因素。学习率大（接近于 1）表示学习进步缓慢；相反，学习率小，表示学习进步快，即单台产品的加工工时随累计产量的增加很快地降低。影响学习率的因素主要来自两个方面。

（1）产品的结构及制造工艺。加工时间中手工作业的比重直接影响学习率的大小。手工作业比重大，随着生产重复程度的增加，工人技术熟练程度容易提高，学习率就小。机器加工时间比重大，工人技术熟练程度提高所占成分小，因而学习率就大。

（2）学习率的大小，受企业组织管理条件的影响。产品工时虽然表示直接生

产工人的学习率，但它也会受到间接生产工人和组织管理因素的影响。随着组织管理的改善，对新产品的生产很快熟悉起来，必将使产品工时消耗降低，因此，组织管理也是影响学习率的一个重要方面。

设收集到 x_1 和 x_2 两种产量的人工工时，则可得

$$Y_{x_1} = K(x_1)^b$$

$$Y_{x_2} = K(x_2)^b$$

将上述二式相除，得

$$Y_{x_2}/Y_{x_1} = K(x_2)^b/K(x_1)^b$$

$$Y_{x_2}/Y_{x_1} = (x_2/x_1)^b$$

二边取对数，得

$$b = \lg(Y_{x_2}/Y_{x_1})/\lg(x_2/x_1)$$

由于 $b = \lg(p)/\lg(2)$，得 $p = 2^b$

例 6-2 已知生产第 10 件的成本为 3000 元，生产第 30 件的成本为 2000 元，求①该产品的学习率；②第 100 台产品的成本是多少？

解：(1) $b = \lg(2000/3000)/\lg(30/10) = \lg(0.67)/\lg(3) = -0.365$

$p = 2^b = 2^{-0.365} = 0.78$

该产品的学习率为 78%。

(2) 第 100 台产品的成本：

根据公式 $Y_x = Kx^b$ 并利用第 10 台的产品成本，计算第一台的成本，即系数 K。

$$K \times 10^{-0.365} = 3000, 得 K = 6952 元$$

$$Y_{100} = 6952 \times (100)^{-0.365} = 1294.5 (元)$$

即第 100 台产品的成本为 1294.5 元。

5. 应用学习曲线估计生产周期

一批产品的生产周期是由这批产品的总工时推算出来的。在学习曲线下的产品生产总工时是每台产品生产工时的总和。即

$$H_m = K(1 + 2^b + 3^b + \cdots + m^b)$$

当 m 足够大时，可假设 m 是连续函数，于是

$$H_m = \int_1^m Kx^b \mathrm{d}x = K \cdot (m^{1+b} - 1)/(1+b)$$

例 6-3 已知生产第 1 台产品所花费的工时为 1000 小时，学习率为 80%，每周工作的工作量为 480 小时。问生产第 20 台时需用多少周？

解：根据学习率为 80%，查表得：$b = -0.322$。

生产 20 台的总工时为

$$H_{20} = 1000 \times (20^{1-0.322} - 1)/(1 - 0.322) = 9764.5(小时)$$

生产 20 台需用的天数为

$$T_{20} = H_{20}/480 = 9764.5/480 = 20.34(周)$$

6. 学习曲线的讨论

学习曲线存在的条件是生产的产品保持不变。当产品发生变动后，制造成本和工时降低的趋势中断，要从新的起点开始新的学习过程。

研究结果表明，这种学习过程是企业自觉努力的结果，而不是自发的偶然现象。

原来认为，学习曲线现象是工人在重复操作过程中提高了熟练程度所致，后来发现，工人的因素在降低工时与成本的过程中只起一小部分作用，主要原因在于改进了生产方法、生产工具和物料的利用；改进了产品设计和实施标准化；提高了机械化和自动化程度；改善了车间平面布置和物料流程；改善了管理工作等的综合效果。

学习曲线告诉我们，生产中永远有潜力可挖，但同时也应看到，取得这种效果的代价是使生产系统刚性化，它会使生产系统越来越缺乏适应变化和更新产品的能力。因此，只有当产品定型，需求增长时，才有必要利用学习曲线预估产品工时和成本，即估计生产能力的增长趋势，并以此促进各部门提高生产效率。同时也要注意，不能过分地追求效率的提高，否则会丧失适应市场变化的能力，反而会给企业进一步的发展带来困难。

6.3 生产计划的编制

6.3.1 生产计划指标体系

生产计划的主要指标有下列四种：

1) 产品品种指标

品种指标规定了企业在计划期内应生产的产品品名和品种数。品种指标须按具体产品的用途、型号、规格加以细分。

2) 产品质量指标

质量指标规定了企业在计划期内产品质量应达到的水平。质量指标一般用综合性的质量指标来反应，如合格品率、一等品率、优质品率、废品率等。

3) 产品产量指标

产量指标规定了企业在计划期内生产的合格产品数量。产量指标一般以实物单位计量。当品种数较多时，可以用产品的主要技术参数为基数换算的折合单位作为计量单位。

4) 产值指标

产值是用货币形式表示的产量指标。综合反应了企业生产的总成果。产值指标又分成净产值、商品产值、总产值三种。

净产值包括：外单位来料加工的加工价值、对外承做的工业性作业价值、企业产品中新创造的价值。

商品产值包括：净产值、企业产品中原材料的价值。

总产值包括：商品产值、外单位来料加工的原材料价值、企业在制品、自制工具、自制模具等期初期末结存量差额价值。

产值指标通常以不变价格和现行价格进行计算。总产值一般按不变价格进行计算，其他产值按现行价格进行计算。

6.3.2 生产计划的编制方法

年度计划的编制，大致需要经过三个步骤：

1. 调查研究、收集资料

年度生产计划的计划任务来自三个方面：一是社会或市场对企业产品的需要；二是长期计划对计划年度提出的目标要求；三是上年度计划完成情况所反应的生产能力实际。为此，在制定生产计划前，首先要收集和掌握这三方面的信息，具体为：

1) 反应国家和社会需求的资料

企业的生产目的，是满足国家和社会对企业产品的需要。同时只有符合国家和社会需要的产品，才能有销路，企业才会有发展。企业可从三个方面获取这些资料：一是市场调研部分提供的计划期需求预测数据及分析报告；二是销售部门提供的已签定的供货协议与合同；三是上级部门下达的计划指标。

2) 本企业生产经营目标

本企业生产经营目标主要有两个方面：一是计划期应该达到的生产发展水平；二是计划期应实现的利润指标和成本指标。

3) 反映外部生产资源方面的信息

反映外部生产资源方面的信息主要考虑三个方面的情况：一是供应部门提供的各种生产物资、动力的可靠供应量和可获得的其他补充供应量；二是外协部门提供的从外单位获得的生产能力和物资供应等方面的信息；三是仓库运输部门从外单位获得的运输、仓储等生产服务方面的信息。

4) 企业内部生产资源

企业内部生产资源主要考虑四个方面的情况：一是各生产部门的生产能力情况；二是库存资料；三是新产品开发进度和生产技术准备能力状况；四是人员状况。

2. 确定生产指标，进行综合平衡

掌握制订生产计划的必要资料后，就可制订生产计划。但生产计划的制订是一项十分复杂的工作，它既要适应社会的需要，又要有设备、原材料、劳动力、能源、资金等方面的保证，还要使企业取得良好的经济效益。因此，生产计划编制工作需要非常细致，往往需要多次反复进行多次平衡才能最终确定。

编制生产计划，一般分成三个工作层次进行：第一个层次是测算总产量指标，第二个层次是测算分品种产量指标，第三个层次是安排产品出产进度，编制产品出产进度计划。其中第一和第二个层次属于编制生产计划大纲的工作。

总产量指标的测算，主要是通过量（产量）、本（成本）、利（利润）三者之间的相互关系进行分析计算，确定能保证实现计划利润指标的总产量控制数。

测算分品种产量指标首先应该考虑增加的品种和新品种产量，在总产量控制数的约束下，分析各品种与产量之间的不同搭配，找出品种与产量的合理搭配，保证最有利实现企业的总体经营目标。

生产指标初步确定后，要进行生产任务与生产能力及其他生产条件之间的平衡，从多个环节上测算对生产任务的保证程度。如应根据生产任务的具体情况，核算和检查在设备、劳动力、物资供应、生产技术准备工作、资金等方面是否能满足计划要求，若发现某些方面存在薄弱环节，就应及早采取措施，解决问题，以保证生产任务的落实。

3. 确定生产计划草案

在提高经济效益，增产增收以及实现利润目标的前提下，在综合平衡的基础上，对初步确定的生产指标，根据实际情况再作出相应的调整，确定最佳的生产指标方案。

生产计划草案经企业领导部门批准后，即为正式方案。企业其他部门据此编制产前准备计划，落实生产计划。

6.3.3　产品出产进度计划编制

1. 编制产品出产进度计划的要求

产品出产进度计划，就是要将计划年度已确定的生产任务，按品种、规格、数量具体地分配到各季、各月，并规定车间的生产任务。在编制计划时，应考虑以下要求：

（1）保证国家计划和订货合同规定的交货期限。

（2）尽可能保证全年、各季、各月均衡地出产产品，使设备和劳动力负荷均衡、使资金占用和资金回收相协调、使产值和利润逐步有所增长。

（3）产品出产进度一定要和生产技术准备工作进度协调衔接。

（4）市场需求有季节性的产品或原材料供应有季节性的产品，一定要符合季节性的要求，并和产品出产进度协调一致，做到不误季节，避免供应和生产脱节，保证及时生产。

（5）新产品要分摊到各季、各月生产，以避免生产技术准备工作忙闲不均。若新产品是插入到正常生产车间生产的，更要注意这二类任务的合理搭配，避免相互影响，引起生产秩序的混乱。

(6) 要尽可能往前赶，各计划期末都要留出一定的生产能力为下一计划期作准备，以保证各计划期的产品出产进度互相衔接。

2. 产品出产进度的安排方法

产品出产进度的安排方法，取决于企业的生产类型和产品的生产技术特点。

1) 大批大量生产

大批大量生产的企业，产品品种数少，生产长期重复，生产条件稳定，一般按连续流水方式组织生产。从单一品种流水线向多品种流水线过渡。其生产计划安排可参见表 6-2。

表 6-2　大批大量生产计划表

序号	产品品种	年产量	月　份											
			1	2	3	4	5	6	7	8	9	10	11	12
1	KFR32GW	12 000	1 000	1 000	1 000	1 000	1 000	1 000	1 000	1 000	1 000	1 000	1 000	1 000
2	KFR35GW	7 320	500	520	540	560	580	600	620	640	660	680	700	720
...			...	...	...	...	...	...	...	...	...	...	...	...

在安排产品出产进度时，在品种规格和交货期上要满足用户的订货要求，必要时可以建立适当的成品或半成品储备来协调各生产环节之间及出产与交货期之间的矛盾。在产品产量的分配上，根据企业的实际生产条件，有三种方式供选择。

(1) 均匀分配法。将全年的生产任务平均分配到各季、各月生产。这种方法适用于社会对该种产品需求比较稳定而企业生产条件也很稳定的情况（图 6-3）。需要说明的是：由于节假日等因素的影响，每个月可用于生产的有效日期是不完全相同的，因此，用这一方法安排计划时，应根据具体情况加以适当调整。

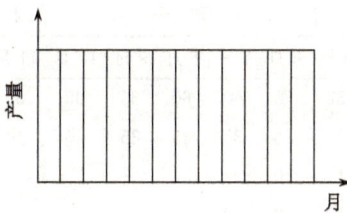

图 6-3　均匀分配法示意图　　　　图 6-4　均匀递增法示意图

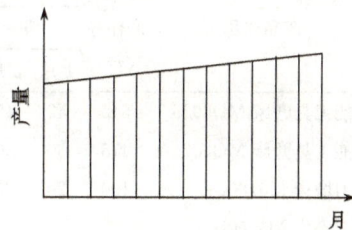

(2) 均匀递增法。将全年的生产任务均匀递增地安排到各季、各月生产。这种方法适用于社会对该种产品需求量不断增加、而企业的生产率也呈不断提高的情况（图 6-4）。有时只是在短时间内存在这种情况，因此，用这一方法安排计划时，也应根据具体情况、结合均匀分配法等加以适当调整。

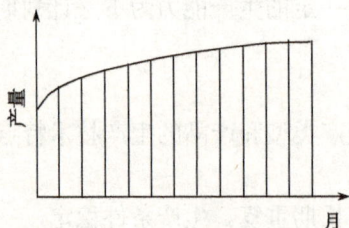

图 6-5 抛物线递增法示意图

（3）抛物线递增法。将全年的生产任务按开始递增快，以后增长逐渐缓慢的抛物线形式安排各季、各月的生产任务。这种方法适用于新产品的生产（图 6-5）。

2）成批生产

成批生产的企业，生产产品数较多，产品生产具有轮番性，相比大量生产方式，生产条件不稳定，因此安排生产进度不仅要按时间分配产品产量，还要决定产品品种之间的合理搭配，以便充分利用企业资源，以提高生产的经济性，并满足交货期的要求。具体安排应考虑以下几种因素：

（1）产量较大的产品，均匀或递增分配到各季各月，使其成为企业组织生产的主流，以保证计划生产的稳定性，且有助于组织均衡生产。

（2）产量较小的产品，参照用户要求的交货期和产品结构工艺的相似性及设备的负荷情况，集中进行生产。集中生产可以减少生产技术准备和生产作业准备的工作量，扩大生产批量，有利于稳定生产秩序和组织均衡生产。

（3）安排新老产品，要考虑新老产品的逐步交替，避免骤上骤下，造成生产计划准备工作时松时紧，陷于被动。

（4）精密产品和一般产品、高档产品和低档产品也要很好搭配，以充分利用企业的生产能力，为均衡生产创造条件。

（5）要使各期产品产量同产品的生产批量保持一定的比例（相等或成倍数），以利于生产管理。

表 6-3 为成批生产类型机床厂产品生产进度计划的例子。

表 6-3　×××企业 2006 年度分月产品出产进度计划表　（单位：台）

顺序号	产品名称	全年生产任务（台）	出产进度											
			第一季			第二季			第三季			第四季		
			1月	2月	3月	4月	5月	6月	7月	8月	9月	10月	11月	12月
1	万能工具磨床 MQ6025	645	40	40	45	45	50	55	60	60	65	65	65	65
2	万能工具磨床 MQ6025A	415	30	30	30	30	35	35	35	35	35	40	40	40
3	拉刀磨床 M6100C	100	20	20	20	20	10	10						
4	拉刀磨床 M6100D	60					10	10	20	20				
5	锯片磨床 M6610	75	10	10	10	10	10	10	10	5				
6	锯片磨床 M6615	75									15	20	20	20
7	锯片磨床 M6620	140	35	35	35	35								
8	滚刀磨床 M6405	30										10	10	10
9	滚刀磨床 M6406	40						10						10
10	滚刀磨床 M6420B	80					20			20		20		20

3）单件、小批生产

单件生产的企业，生产的产品品种数繁多，每种产品的产量极小，生产任务的时紧时松，设备负荷的忙闲不均不可避免，生产条件极不稳定。在编制计划时，全年生产任务不明确，企业只承接到下一个计划期的一小部分合同，因此不可能编制全年的产品出产进度计划，所以只能根据已有的订货合同和车间的负荷情况，根据用户要求按交货期组织生产，同时尽量提高企业生产活动的经济性。如果在短期内安排产品生产时出现冲突，或同期出现多种产品的生产，则在安排产品生产的先后次序时，优先考虑以下订货情况：

（1）优先安排国家重点项目的订货；

（2）优先安排交货延期罚款多的订货；

（3）优先安排生产周期长、工序多的订货；

（4）优先安排原材料价值和产值高的订货；

（5）优先安排交货期紧的订货。

➤ 思考题

1. 生产能力有哪几种？哪种生产能力作为制订生产计划的依据？
2. 影响生产能力的依据有哪些？
3. 核定生产能力是一个过程，其基本思路是什么？
4. 大批、大量生产选用哪种生产能力校核方式？
5. 成批生产选用哪种生产能力校核方式？
6. 单件、小批生产选用哪种生产能力校核方式？
7. 以接受外协零件加工为主的企业如何进行生产能力校核？
8. 生产计划的主要指标有哪些？
9. 生产计划为什么要进行综合平衡？综合平衡的依据是什么？
10. 生产作业计划包括哪些内容？
11. 滚动计划制订的基本原理是什么？

第**7**章

外协管理

■ 7.1 外协管理的必要性

随着现代化生产技术、管理技术的进步和生产力的发展，产品结构的复杂化程度和技术含量的提高，产品质量的不断完善，以打造名牌产品进军世界市场，外协生产管理是一种发展趋势。

世界知名企业和大型项目大都采用协作方式进行生产。例如，日本丰田汽车公司有 10 个大厂、1 个研究所和 1 个业务中心，与其协作的企业有 450 家之多；美国阿波罗登月的十年规划中，加入的总人员有 42 万人，他们分属 2 万家公司和 120 所大学；我国东风牌汽车协作生产的企业也有 100 多家。

外协加工是制造企业经常发生的业务。如何及时有效地管理和控制外协加工已成为企业外协加工管理的重要工作。

目前大中型企业已普遍采用外协方式进行生产。下列情况可考虑进行外协生产：

(1) 采用虚拟制造方式生产商品就是基于外协的生产方式；

(2) 本企业人员、设备不足，生产能力负荷已达饱和时；

(3) 特殊零件无法购得现货，也无法自制时；

(4) 协作厂商具有独特的技术，利用外协质量能满足要求且价格公道；

(5) 由于环保要求，某些制品不宜在市区生产，于是提请外协。

外协过程为：外协加工及外协制造的申请，确认外协件是否符合规定，数量方面是否适宜；供应商的评价与选择；制订外协计划；外协谈判并签订外协合同；及时结算费用；项目或任务的阶段性结束。

整个外协过程需要科学、严格的管理，以确保外协制品满足图纸所规定的技术要求，并使外协制品与自制制品在时间上和空间上具有良好的衔接，且使外协成本合理，从而使合作的双方获得共赢。

7.2 协作企业评价

7.2.1 协作企业评价指标

协作企业的评价要素为质量、交货期、价格和售后服务，此四要素综合形成了协作企业的信誉度。此外，协作企业的管理与相应的执行力、企业的应变能力、产能、制订生产计划的能力以及相应的环保、社会责任、产品的安全性等也应适当进行评价。

1. 质量

质量是企业的生命，质量是打造名牌的基本保证，在协作过程中，这是首先要求予以保证的。提请协作方应通过图纸和样品以及通过合同形式提出明确的质量要求，阶段性协作结束后，要求按照图纸和样品以及合同规定的质量要求作为验收标准。

提请协作方应当按合同规定的期限验收协作方所完成的工作。验收前协作方应当向提请协作方提交必需的技术资料和有关质量证明。对短期检验难以发现质量缺陷的协作件，应当由双方协商，在合同中规定保证期限。保证期限内发生问题，除提请协作方使用、保管不当等原因而造成质量问题的以外，由协作方负责修复或退换。当事双方对承揽的协作件质量在检验中发生争议时，可由法定质量监督检验机构提供检验证明。

提请协作的企业可按拟评价的协作企业的历史与现状质量状况进行评价。

2. 交货期

交货期是指协作企业按指定的时间、地点、数量将合格的协作件交给提请协作的企业。这是履行协作双方签订合同的核心内容。任何一方要求提前或延期交（提）协作件，应当在事先与对方达成协议，并按新协议执行。

在合同中规定交货期时，交（提）协作件的日期计算：协作方自备运输工具送交协作件的以甲方接收的戳记日期为准；委托运输部门运输的，以发运协作件时承运部门签发戳记日期为准；自提协作件的，以协作方通知的提取日期为准，但协作方在发出提取协作件通知中，必须留给甲方以必要的途中时间；双方另有约定的，按约定的方法计算。

在合同中规定交货地点时，应充分考虑最佳与可行性。交货地点的最佳是指由哪一方运输最合理、价格相对较低、运输过程最安全；交货地点的选择还应充分考虑到可行性，例如，我国某企业与某国中部企业进行协作，则以承担运输至某海港或某空港为宜，他国国内运输原则上由对方承担。

交付协作件或完成工作的数量少于合同规定，甲方仍然需要的，应当照数补齐，补交部分按逾期交付处理；少交、迟交部分若为提请协作的企业不再需要的，协作企业应赔偿提请协作的企业因此而造成的损失。

提请协作的企业可按拟评价的协作企业的历史与现状交货期状况进行评价。

3. 价格

在产品质量已经达到同质期的今天，价格的竞争成为产品间的竞争的重要因素之一，企业的竞争优势之一便是价格的优势，因此，在外协过程中，外协件的价格应该定得非常合理，使合作的双方获得双赢。

合理的价格可表示为

$$F = C + Z + M$$

式中，F 为某批协作任务的总费用；C 为某批协作任务的变动成本总费用；Z 为某批协作任务应分摊的固定成本；M 为总利润（含增值税）。

运输费、差旅费及适量不可预知费应记入变动成本总费用；某批协作任务应分摊的固定成本可根据协作任务的总工时占协作企业全年可完成的总工时的比例进行确定，即该比例与该企业全年的固定成本之积就是该批协作任务应分摊的固定成本费用。

超出合理范围的废品率耗材、返修造成的工时费及其他不该发生的费用，原则上由协作企业自理。

4. 售后服务

签订合同时，应要求协作企业提供正当的售后服务。售后服务可分为下列三种情况：

（1）向提请协作方提供所加工的协作件在装配或使用时的注意事项；

（2）出现质量问题时，协作方应到现场协助解决质量问题，若该问题是由协作方造成，则应在解决问题的基础上承担由此造成的损失费用。

（3）当采用将协作件直接送装配线（未经验收）的协作方式，则当顾客使用后发现质量问题，如属提请协作方的设计原因和供材原因，则由提请协作方负责，若非设计原因或提请协作方的供材原因，则其后果由协作方承担。这种协作方式虽然流程简单，但提请协作方要承担由于质量问题可能造成的信誉损失，所以在合同洽谈时应对这种协作方式可能造成损失的责任，承担要有明晰的条文规定。

当有多个协作企业可供选择时，可对各个协作企业分别进行综合评价，根据得分高低进行选择，各项指标的权重可参阅表 7-1。

表 7-1　综合评价指标的权重

质　量	交货期	价　格	售后服务	社会责任[注]	管理及其他
0.40	0.18	0.15	0.12	0.09	0.06

注：SA8000 为世界上第一个社会道德责任标准是规范组织道德行为的一个新标准，已作为第三方认证的准则。SA8000 认证是依据该标准的要求审查、评价组织是否与保护人类权益的基本标准相符，在全球所有的工商领域均可应用和实施 SA8000。SA8000 的主要内容有：①童工（child labour）；②强迫性劳工（forced labour）；③健康与安全（health & safety）；④组织工会的自由与集体谈判的权利（freedom of association and right t to collective bargaining）；⑤歧视（discrimination）；⑥惩戒性措施（discipline actives）；⑦工作时间（working hours）；⑧工资（compensation）；⑨管理体系（management systems）

　　每项指标可按百分制打分或十分制打分，然后转换成综合得分。综合得分在 70 分以上者方可考虑给予合作机会。

　　在评价协作企业过程中，指标的权重可根据具体情况进行适当调整。若某项指标得分太低，尽管综合得分在 70 分以上，也不能给予合作机会，即采用一票否决制。

　　协作生产是企业运作发展的必然趋势，所以注意收集协作企业的有关信息也是一件很有意义的工作。

7.2.2　协作企业的资质审查

1. 协作企业资料调查表

外协管理人员判定是否有协作企业承担外协加工，若暂时没有，则选择三家以上企业的资料，请协作企业填写协作企业资料调查表。调查表的内容除了综合评价指标的内容外，还应包括协作企业的经营业绩、生产能力、技术专长等项内容。

2. 实地调查

若对方确有协作诚意，在取得对方同意后，应进行实地调查核实，由质量管理委员会指定质量管理、生产管理、技术、外协管理等单位派员组成调查小组，但每一次不一定所有人员都要参加，要视加工或零件制造的重要性而定，调查内容仍与协作企业填报的资料调查表相同。实地调查结束后，应将调查结果如实填入协作企业实地调查资料表中。

3. 试用

实地调查后可选定其中一家（或多家）协作企业试用。应当选择最佳协作企业，同时应经过试用进行进一步考核，待试用考核达到标准以上时，才能正式成为本公司的协作厂商。

试用方式：即采用将协作生产的产品进行试作。协作企业应根据产品的图样或产品资料试制样品，并将加工好的样品送交提请协作企业进行检验，如试作样品合格，提请协作企业才可以发给该企业协作任务，进行外协加工作业。

协作企业的样品试制后，如有需增加、修正使产品更加美观的，应统一由产品设计人员加以修饰。如因产品的修改给协作企业造成损失的费用，则由提请协作企业与协作企业洽谈予以必要的补偿。

规定试用期为三个月，试用期间要对协作企业进行考核，每个月要考核一次，并以试用合同的形式加以确定。提请协作企业应将每次考核结果通知试用协作企业。

经判定合格才能确定进行后续的外协加工或制造。

7.2.3 外协合同

1. 外协合同

试用考核期间的成绩达到标准以上者，则正式确定为本企业的协作企业。并应与协作企业签订正式的外协合同。

外协正式合同的形式和内容可参见表 7-2（试用合同格式可与之相同）。

表 7-2　外协正式合同的形式和内容

外 协 加 工 合 同

（此页为封面）

项目名称：＿＿＿＿＿＿＿＿

合同编号：＿＿＿＿＿＿＿＿

甲　　方：（提请协作方）

乙　　方：（协作方）

××集团公司

年　　月　　日

甲方委托乙方加工＿＿＿＿＿＿，经双方友好协商，特订立本合同，以便共同遵守。

第一条　加工成品

编号	产品名称	规格/型号	数量	单位	单价	金额	备注

第二条　技术质量要求按《产品加工技术协议》执行

第三条　原材料的提供办法及规格、数量、质量

1.（用乙方原料完成工作的），乙方必须依照合同规定选用原材料，并接受甲方检验。乙方隐瞒原材料的缺陷或者用不符合合同规定的原材料而影响协作件的质量时，甲方有权要求重作、修理、减少价款或退货。

2. （用甲方原材料完成工作的，应当明确规定原材料的消耗定额）。甲方应按合同规定的时间、数量、质量、规格提供原材料，乙方对甲方提供的原材料要按合同规定及时检验，不符合要求的，应立即通知甲方调换或补齐。乙方对甲方提供的原材料不得擅自更换，对修理的物品不得任意更换零部件。

3. 交（提）原材料等物品日期计算，参照第七条规定执行。

第四条 技术资料、图纸提供办法

1. 乙方在依照甲方的要求进行工作期间，发现提供的图纸或技术要求不合理，应当及时通知甲方；甲方应当在规定的时间内回复，提出修改意见。乙方在规定的时间内未得到答复，有权停止工作，并及时通知甲方，因此造成的损失，由甲方赔偿。

2. 乙方对于承担的协作工作，如果甲方要求保密，应当严格遵守，未经甲方许可不得留存技术资料的复制品。

3. 甲方应当按规定日期提供技术资料、图纸等。

第五条 价款或酬金

价款或酬金，按照国家或主管部门的规定执行，没有规定的由当事人双方商定，并在合同中予以确认。

第六条 验收标准和方法

1. 按照合同规定的质量要求、图纸和样品作为验收标准。

2. 甲方应当按合同规定的期限验收乙方所完成的工作。验收前乙方应当向甲方提交必需的技术资料和有关质量证明。对短期检验难以发现质量缺陷的协作件或项目，应当由双方协商，在合同中规定保证期限。保证期限内发生问题，除甲方提供的设计图和工艺规程有误、提供的原材料不合适以及使用、保管不当等原因而造成质量问题的以外，由乙方负责修复或退换。

3. 当事人双方对协作生产件和项目质量在检验中发生争议时，可由法定质量监督检验机构提供检验证明。

第七条 交货的时间和地点

1. 交（提）协作件期限应当按照合同规定履行。任何一方要求提前或延期交（提）协作件，应当在事先与对方达成协议，并按协议执行。

2. 交（提）协作件日期计算：乙方自备运输工具送交协作件时，以甲方接收的戳记日期为准；委托运输部门运输的，以发运协作件时承运部门签发戳记日期为准；自提协作件时，以乙方通知的提取日期为准，但乙方在发出提取协作件通知中，必须留给甲方以必要的途中时间；双方另有约定的，按约定的方法计算。

第八条 包装要求及费用负担（略）

第九条 运输办法及费用负担（略）

第十条 结算方式及期限（略）

第十一条 其他约定（略）

第十二条 乙方的违约责任

1. 未按合同规定的质量交付协作件或完成工作，甲方同意利用的，应当按质论价，酌减酬金或价款；不同意利用的，应当负责修整或调换，并承担逾期交付的责任；经过修整或调换后，仍不符合合同规定的，甲方有权拒收，由此造成的损失由乙方赔偿。

2. 交付协作件或完成工作的数量少于合同规定，甲方仍然需要的，应当照数补齐，补交部分按逾期交付处理；少交、迟交部分甲方不再需要的，乙方应赔偿甲方因此造成的损失。

3. 未按合同规定包装协作件，需返修或重新包装的，应当负责返修或重新包装，并承担因此而支付的费用。甲方不要求返修或重新包装而要求赔偿损失的，乙方应当偿付甲方该不合格包装物低于合格包装物的价值部分。因包装不符合同规定造成的协作件毁损、灭失的，由乙方赔偿损失。

4. 逾期交付协作件（包括返修、更换、补交等），应当向甲方偿付违约金_____元；（合同中无具体规定的，应当比照中国人民银行有关延期付款的规定，按逾期交付部分的价款总额计算，向甲方偿付违约金）以酬金计算的，每逾期一天，按逾期交付部分的酬金总额的千分之一偿付违约金。

5. 未经甲方同意，提前交付协作件，甲方有权拒收。

6. 不能交付协作件或不能完成工作的，应当偿付不能交付协作件或不能完成工作部分价款总值的_____%（10%～30%）或酬金总额的_____%（20%～60%）的违约金（亦可用另法计算违约金）。

7. 异地交付的协作件不符合同规定，暂由甲方代保管时，应当偿付甲方实际支付的维护、保养费。

8. 实行第三方送货的协作件，错发到达地点或接收单位（人），除按合同规定负责运到指定地点或接收单位（人）外，并承担因此多付的运杂费和逾期交付协作件的责任。

9. 由于保管不善致使甲方提供的原材料、设备、包装物及其他物品毁损、丢失的，应当偿付甲方因此造成的损失。

10. 未按合同规定的办法和期限对甲方提供的原材料进行检验，或经检验发现原材料不符合要求而未按合同规定的期限通知甲方调换、补齐的，由乙方对工作质量、数量承担责任。

11. 擅自调换甲方提供的原材料或修理物的零部件，甲方有权拒收，乙方应赔偿甲方因此造成的损失。如甲方要求重新加工或重新修理，应当按甲方要求办理，并承担逾期交付的责任。

第十三条 甲方的违约责任

1. 中途变更协作件的数量、规格、质量或设计等，应当赔偿乙方因此造成的损失。

2. 中途废止合同，属乙方提供原材料进行加工的，偿付乙方的未履行部分价款总值的_____%（10%～30%幅度）的违约金；不属乙方提供原材料的，偿付乙方以未履行部分酬金总额的_____%（20%～60%的幅度）违约金。

3. 未按合同规定的时间和要求向乙方提供原材料、技术资料、包装物等或未完成必要的辅助工作和准备工作，乙方有权解除合同，甲方应当赔偿乙方因此而造成的损失；乙方不要求解除合同的，除交付协作件的日期得以顺延外，甲方应当偿付乙方停工待料的损失。

4. 超过合同规定期限领取协作件的，除按本条第6款规定偿付违约金外，还应当承担乙方实际支付的维护、保养费。甲方超过领取期限6个月不领取协作件的，乙方有权将协作件变卖，所得价款在扣除报酬、维护、保养费后，退还给甲方；变卖协作件所得少于报酬、维护、保养费时，甲方还应补偿不足部分；如协作件不能变卖，应当赔偿乙方的损失。

5. 超过合同规定日期付款，应当比照中国人民银行有关延期付款的规定向乙方偿付违约金；以酬金计算的，每逾期一天，按酬金总额的千分之一偿付违约金。

6. 无故拒绝接收协作件，应当赔偿乙方因此造成的损失及运输部门的罚款。

7. 变更交付定做物地点或接收单位（人），承担因此而多支出的费用。

第十四条 不可抗力

在合同规定的履行期限内，由于不可抗力致使协作件或原材料毁损、灭失的，乙方在取得合法证明后，可免予承担违约责任，在甲方迟延接受或无故拒收期间发生的，甲方应当承担责任，并赔偿乙方由此造成的损失。

第十五条 纠纷的处理

协作过程发生合同纠纷时，当事人双方应协商解决；协商不成按（   ）项处理。

---

1. 向仲裁机关申请仲裁；
2. 向人民法院起诉。

本合同自_____年_____月___日起生效，合同履行完毕即失效，本合同执行期间，双方不得随意变更和解除合同，合同如有未尽事宜，由双方共同协商，作出补充规定，补充规定与本合同具有同等效力。

本合同正本一式二份，甲方和乙方各执一份；合同副本一式_____份，交_____（如经鉴证或公证，则应送鉴证机关或公证机关）各留存一份。

甲方：_____　　乙方：_____

代表人：_____　　代表人：_____

____年___月___日　　____年___月___日

---

2. 外协管理协助

外协管理由负责外协的部门的外协管理人员负责洽谈、签约并负责外协加工或外协制造的具体事务。

外协加工或外协制造时要提供给协作企业必要的资料。如蓝图（图纸）、工艺规程、操作标准、检查标准、检验标准、材料的规格、数量等。

协作企业如需提请协作企业提供外协指导管理，提请协作企业应提供诸如解释图纸技术要求、提供必要的培训、协助提高质量、了解外协的进度、质量等。

7.3 外协生产计划表

签订正式合同后，除了提供给协作企业必要的资料外，同时应给协作企业一份外协生产计划表，给协作企业一个书面的说明各制品的交货时间和地点的表格，这既是提请协作企业的"法定"要求，也是协作企业制定生产作业计划的依据和进行生产控制的依据。

外协生产计划制定的依据是提请协作企业的总生产计划和各分厂（车间）的生产作业计划，其关键是确保提请协作企业的后续加工或投入装配计划时间。在制定外协生产计划时，注意留有适当的余地。

外协生产计划表可参见表7-3。

7.4 外协控制

外协控制包括协作件的质量控制、交货期控制以及加工成本控制等，作为提请协作企业，最重要的是协作件的质量控制和交货期控制。

表 7-3　某集团公司外协生产计划表

协作件名称	件号	数量	协作内容	工时/件	需要日期	交货地点	备注
床身	XT5-00-01	1200	铸造并退火		年 月 日开始,每月底交 100 件	某集团公司机械加工车间	铸件
主轴箱	XT5-01-01	1200	铸造并退火		年 月 日开始,每月底交 100 件	某集团公司机械加工车间	铸件
变速箱体	XT5-02-01	1200	铸造并退火		年 月 日开始,每月底交 100 件	某集团公司机械加工车间	铸件
尾架底座	XT5-04-01	1200	铸造并退火		年 月 日开始,每月底交 100 件	某集团公司机械加工车间	铸件
……	…	…	……	……		……	
床身	XT5-00-01	1200	导轨面淬火	1 小时	年 月 日开始,每月底交 100 件	某集团公司装配车间	成品
……	…	…				……	
双联齿轮	XT5-01-05	1200	插齿	2 小时	年 月 日开始,每月底交 100 件	(协作企业)无损探伤中心	半成品
三联齿轮	XT5-01-08	1200	插齿	3 小时	年 月 日开始,每月底交 100 件	(协作企业)无损探伤中心	半成品
……	…	…	……	……		……	
双联齿轮	XT5-01-05	1200	无损探伤	0.5 小时	年 月 日开始,每月 10 号交 100 件	某集团公司机械加工车间	半成品
三联齿轮	XT5-01-08	1200	无损探伤	0.6 小时	年 月 日开始,每月 10 号交 100 件	某集团公司机械加工车间	半成品
主轴	XT5-01-01	1200	无损探伤	1 小时	年 月 日开始,每月 10 号交 100 件	某集团公司机械加工车间	半成品
……	…	…					

制表单位:某集团公司对外协作部(盖章)　　　　负责人:(签名)　　　　制表日期: 年 月 日

7.4.1　外协件的质量控制

（1）要求协作企业严格按照进料流程中的检验规范控制进料质量；

（2）对协作企业进行外协质量管理的定期考核。为确保试用协作企业或协作企业供应的产品符合要求，每月巡回检查各协作企业，对每个协作企业，三个月中至少要做一至二次以上的检查，对试用的协作企业，三个月内要做两至三次检查。

（3）按双方协定的验收标准及抽样计划验收。产品验收依据是提请协作企业提供的图纸或样品，所有的产品都必须依据本企业所制定的《产品检验规范》来进行检验，对所有产品将采取全检的方式进行验收。也可按《抽样计划表》进行验收。经检验合格者即填写《产品收货单》，以向对方明示该批产品均为合格产品；对于检验不合格者：其产品或半成品检验结果由检验部门填写《检验报告表》，表内应注明不合格原因，可返修的制品退回协作企业进行返修。同时应转记在《协作企业进度表》中，继续追踪协作企业如期（或延期）完成状况。

（4）协作企业的不合格品处理。在生产中发现有不合格制品，若其主要原因是源于协作企业而发生时，制造各分厂（车间）、班组应立即通知生产管理部门和外协加工管理部门，再由外协加工管理部门通知协作企业，可返修的制品退回协作企业进行返修，不可返修的制品该报废的则应报废。并依照合同有关条款的规定罚款。同时讲清责任、查明原因，使协作能照常进行下去。生产管理部门应通知检验员再次重检协作企业交来的成品、半成品或零配件。重检结果同样要经过上述流程。

（5）不合格品源自原材料、元器件。若是出自原材料、元器件原因，则应通知原材料、元器件供应部门。需追究和分清责任、查明原因，以避免以后发生相似的质量问题。所有检验资料通知等均应存档，作为评价协作企业的依据。

（6）对协作企业有关人员进行培训。鼓励协作企业的质量管理人员和有关人员参加专业培训或由本企业举办的质量管理培训班进行培训，使其熟悉、掌握质量管理方面的理论、方法、技巧、手段等以及本企业的质量管理政策及组织本企业的产品验收、制造流程及其他零配件的质量管理、本企业验收使用何种验收规格的仪器、量具、量规以及《抽样计划表》、《产品检验规范》等规范文本。

（7）顾客在使用中发现源自未经验收便直接送本企业进行装配件的质量问题。若协作件未经检验验收便由协作企业直接送到本企业装配车间进行装配，在装配中并未发现问题，但产品进入市场后到达顾客手中，顾客在使用中发现质量问题，由此而造成顾客与本企业的纠纷。经核实，确属协作企业的质量问题，其后果当然由协作企业负责。作为提请协作企业，应当重新审视协作企业的信誉问题，若其能立即整改并能令顾客满意，则可继续进行合作，若其没有能力或不愿整改，则应考虑解除与其的协作关系，否则将引起本企业的信誉损失。

(8) 其他协助方面。本企业的有关规章制度、质量管理制度、原材料与元器件管理、生产流程组织方式、流程优化与流程重组等，有利于改进协作企业的质量管理的有效措施，若不涉及本企业机密，均可提供给协作企业参考。

7.4.2 外协件的交货期控制

外协件的交货期控制分为如下几个方面。

1. 协作企业的生产能力校核

协作企业具有生产所需完成协作量的生产能力，这是完成任务的基本保证，提请协作方应掌握这一基本情况。

协作企业的生产能力取决于很多因素，但最基本的是厂房、设备、设施以及所开的班次。以此为依据，可计算出该协作企业总的生产能力（生产能力的校核可参阅本教材有关章节），减去该企业其他任务所需的生产能力，便是可用于本企业协作件生产的能力。当然，还应核实所能提供的厂房、设备、设施等与完成本企业协作任务所应对应的状况。发现局部能力的不足应及时补足或预先采取有效措施。

协作企业应本着实事求是的精神和协作的诚意提供关于生产能力方面的翔实资料，一方面是对提请协作方负责，增加协作的信誉度；另一方面也是对自己企业能否完成协作任务的预测与把握。

2. 协作企业的计划能力

协作企业安排协作件生产的计划能力对协作件能否按期完成也有很大影响。制定协作件生产任务时应与协作企业的自制品生产统筹兼顾，合理依次投入各制品，要确保各制品都能按时完成。

制订生产计划需要掌握下列情况：正在制造中的在制品分别已加工到何种程度？它们将分别于何时完成？哪些机床分别可用哪些时段？这些时段分别安排何种制品加工最为合适？有哪些制品暂时无法安排加工？这些制品的加工将采取什么措施？如果协作企业对这些情况了如指掌，意味着协作企业对协作件的生产安排比较理性，其所制定的计划的可执行性就比较好。

3. 协作企业的执行力

企业即使有良好的硬件设施和良好的计划能力，若没有执行力就不可能实现自己的运营目标。

执行力有四个特点。

（1）它是研究战略流程和结果之间关系的一种学问，管理本身就是对过程的管理，不问过程的管理是达不到目的的，或者说很容易走入偏差。

（2）它是研究经营者的责任和管理团队责任、员工责任之间关系的一种学问。经营者更多的精力可能是用于决策方面的工作，但是不要把决策和管理分开，经营者用较多的精力在制定战略目标和为了实现这一目标该建立一种怎样的管理流程、运营流程和人力资源流程；管理团队将具体管理上述流程的实施过程，使实施流程能按战略目标要求顺利进行；员工则按照与战略目标对应的计划体系要求完成每个人应该完成的工作。

（3）它是研究组织结构中部门和部门之间关系的学问。"我只对我的上级负责"，也是比较流行的一句话，实际上这也值得探讨。因为现代管理更多是强调流程管理的过程。他应该对上级负责，但同时他也应该对客户负责，特别是在组织扁平化的条件下，更应该强调部门之间的协调合作的关系。

（4）它是研究员工行为和组织行为以及组织文化之间关系的一种学问。"执行"不仅仅是落实一种岗位责任制，同时也是在整个组织体系中形成一种"执行力文化"。这种文化可能没有在岗位责任制上明确阐述，但每一个人的行为都能体现出来。忠于职守，敬业爱岗，更多地体现在无压力下的自觉行为。

这就是执行力的问题，执行力也是组成企业的核心竞争力的因素之一。提请协作企业可对协作企业进行执行力研究，若对方的执行力强，则协作企业的硬件设施和良好的计划就能得到合理的发挥。

4. 过程监控

协作企业应将已制订好的协作件生产计划副本交给提请协作企业，提请协作企业就可按协作件生产计划对协作企业的生产过程实施监控，了解正在加工的制品是否与计划相符，还可了解到是否存在什么问题，需要提供什么帮助，以掌握协作企业的具体执行情况。

过程监控应形成制度，双方都应严格执行。

过程与结果之间存在着必然的联系，作为提请协作企业，要的是结果，但如果对过程失控，也许将失去令人满意的结果。

➤ 思考题

1. 外协生产有哪些优势与可能存在的不足？
2. 协作厂商可能对本企业造成哪些威胁？
3. 应如何正确评价协作厂商？
4. 外协生产计划制定中的投入、产出期确定的依据是什么？
5. 外协生产管理应重点控制哪些方面？如何控制？

第8章

生产作业计划制订

■ 8.1 生产作业计划工作的任务和内容

8.1.1 生产作业计划工作的任务

生产作业计划是生产计划的具体执行计划。生产作业计划工作的主要任务如下:

1. 落实生产计划

生产计划一般只规定企业及车间较长计划期(年、季、月)生产产品的品种、质量、数量和期限。生产作业计划在空间上,要把生产计划中规定的生产任务,细分到车间、工段、班组、设备和个人;在时间上,要把年、季生产计划细分到月、旬、周、日、轮班、小时;在计划单位上,要把成台(套)产品细分为零件、组件和工序。生产作业计划是把企业的生产计划变成工人具体的日常的生产活动。

2. 合理组织生产过程

企业生产计划是通过合理地组织产品的生产过程来实现的。任何产品的生产过程都由物质流、信息流、资金流所组成。物质流是指劳动对象按照产品设计、工艺、检验等技术文件和生产组织、劳动组织方法所规定的要求,在各工序间流动的过程。这个过程是劳动者利用劳动手段对劳动对象依次加工的过程。伴随着物质流动过程同时发生的是信息流和资金流,信息流指导和反映着物质流的流向、流量和流速。在劳动对象的流动过程中,所投入和占用的资金,以及劳动对象本身的价值都在不断转移和变化，因而也就形成了生产过程中的资金流。

生产作业计划的任务之一，就是要把生产过程中的物质流、信息流、资金流合理地组织协调起来，争取以最少的投入获得最大的产出。

3. 实现均衡生产

均衡生产包括两方面的含义：一方面，指企业必须按照计划规定的品种、质量、数量和交货期，均衡地出产产品；另一方面，要求企业内部各生产环节做到有节奏地工作，消除前松后紧，有时闲散、有时突击赶工的现象。均衡生产有利于充分利用企业的生产能力，有利于提高产品质量，有利于改进企业的经营管理，有利于全面提高企业生产经营活动的经济效益。要实现均衡生产，就必须依靠生产作业计划合理地安排组织企业各生产环节的生产活动，协调好生产与生产技术准备，基本生产与辅助生产之间的关系。通过信息反馈系统，准确掌握全厂各部门的生产和工作进度，及时处置生产过程中出现的各种矛盾和问题，排除各种干扰和破坏均衡生产的因素，保证全厂各生产环节、各职能部门和每个人都能按照计划规定的数量和质量要求，准时地完成自己应该完成的工作。

4. 提高经济效益

企业生产经营活动经济效益的高低，从企业内部看：一方面，取决于企业经营决策是否正确，产品开发是否适时，营销和售后服务是否得当；另一方面，还取决于产品质量是否过硬，产品生产成本是否合理。前者主要决定企业生产的产品是否适销对路，后者主要决定企业能否用较低的成本制造出用户满意的高质量的产品。产品的质量和成本，一方面取决于产品设计，另一方面取决于生产过程，而生产过程在很大程度上又取决于产品生产过程的组织水平。产品质量和产品成本都是在产品的生产技术准备和生产过程中形成的。生产作业计划的任务之一，就是要在产品的生产过程中，严格保证产品质量达到规定的标准，努力减少产品生产过程中的各种消耗，最大限度地降低产品的成本，争取获得最高的经济效益。必须树立数量与质量、进度与成本、产值与效益相统一的观点。

8.1.2 生产作业计划工作的内容

为了完成上述任务，企业生产作业计划工作，一般包括以下内容：

1. 制订生产作业计划期量标准

期量标准是为了合理组织企业生产活动，在生产产品或零部件数量和生产期限方面规定的标准。有了标准的期和量，编制生产作业计划，组织生产过程中的物流就有了科学的依据。这对于提高生产过程的组织水平，实现均衡生产，改善生产的经济效益都有积极的作用。

2. 编制生产作业计划

将生产计划在时间、空间和计划单位上进一步细分。根据生产计划的要求，具体地规定：做什么？何处做？谁去做？怎样做？什么时间做？中间环节和结果怎样控制？通过生产作业计划的编制，把生产计划变成全厂职工为了实施计划目标而互相协调配合、紧密衔接的行动。

　　3. 生产现场管理

　　生产现场是劳动者利用劳动手段对劳动对象进行加工的场所。生产现场的有效管理，是实施生产作业计划，实现均衡生产的重要保证，同时也是生产流程优化与再造的依据。生产现场管理的主要内容包括：

　　（1）生产作业准备和服务。即按照生产作业计划要求的时间和数量，将生产所需的原材料、半成品、设备、工艺装备、能源、辅助材料等准备好，准时地配送到生产现场，及时排除临时发生的故障。生产的成品、废品和废料要及时运送和清除。

　　（2）生产现场的布置。设备、工具箱、在制品、使用的工具的布置要符合工艺流程和便于操作，节省体力和时间；原材料、半成品的堆放运送和拿取要符合文明生产和人机工程的要求；通风、照明、温湿度、噪声、粉尘、色调以及某些特殊要求等要符合劳动保护和人机工程的要求。

　　（3）生产任务的临时调配。生产中发生各种干扰因素后（如设备事故、工人缺勤、质量事故、停电、待料等），要采取果断措施，临时调配生产任务，以保证生产计划的完成。

　　（4）鼓励职工的劳动热情。从现场生产工人工作的速度、干劲、表情、态度等，可以最直接地观察到工人劳动情绪的高低。基层的生产管理者要理解工人、体贴工人所遇到的种种欢乐和幸福、苦恼和困难、忧愁和不幸，并用自己的实际行动鼓舞职工的劳动热情。

　　（5）生产控制。产品的生产过程，由于受到内部和外部、主观和客观、技术和管理等各种因素的影响，实际的进程与预定的计划无论在时间、数量、质量等方面都可能发生偏差。生产控制就是要通过各种生产信息的反馈，检查和发现实际与计划的偏差，并及时采取措施使生产过程恢复正常状态。生产控制的主要内容包括生产进度控制、生产能力控制、在制品的控制等。

　　（6）生产现场管理为生产流程的优化与再造奠定基础。通过生产现场管理，积累了丰富的经验和数据，对生产过程的优势与不足有深刻的认识，对生产流程的优化或再造会有独到的见解。在实施生产流程的优化或再造时，一线生产管理的经验是重要的依据之一。所以，生产现场管理应注意收集现场生产管理的经验和数据，为生产流程的优化与再造奠定良好的基础。

■ 8.2　期量标准

　　生产类型不同，制定期量标准的内容和方法也不相同。大量大批生产类型的期量标准有节拍、在制品定额等；成批生产类型的期量标准有批量、生产间隔期、生产周期、生产提前期、在制品定额等；单件小批生产类型的期量标准有产品生产周期等。

8.2.1 生产周期

生产周期是指从原材料投入到成品产出所经过的全部日历时间。缩短生产周期可以加速资金周转，对于改善企业的经营状态和经济效益具有重大意义。

在连续生产的企业中，如化工厂、制糖厂、冶炼厂、轧钢厂等，其产品的生产周期是根据从原材料投入开始到成品产出所经过的全部时间直接计算的。

在间断生产的企业中，如机械厂、电子产品生产厂等，其生产周期按零件工序、零件加工过程和产品分别进行计算。

1. 零件工序生产周期

(1) 一件制品的工序生产周期。一件制品的工序生产周期即该制品该工序的实际加工时间和工序准备和结束时间之和，通常可用该工序的工时定额来表示。

(2) 一批零件的工序生产周期。一批零件的工序生产周期是指该批零件在一道工序上的实际加工时间和工序准备和结束时间之和。可用下式表示为

$$T_{op} = \frac{Qt}{SF_eK_t} + T_{\mathfrak{z}}$$

式中，T_{op} 为工序生产周期（小时或分）；t 为单件工序时间（小时或分）；Q 为一批零件的数量（件）；S 为同时完成该工序的设备数或工作地数；F_e 为有效工作时间总额（小时或分）；K_t 为工时定额完成系数；$T_{\mathfrak{z}}$ 为准备结束时间（小时或分）。

(3) 大批、大量生产的工序生产周期。大批、大量生产时，通常按流水生产线的方式组织生产。当按流水生产线的方式组织生产时，由于流水生产线的特定要求，零件的工序生产周期即为流水生产线的节拍；当按成批生产的组织方式时，其工序生产周期可按一批零件的工序生产周期计算公式进行计算。

2. 零件加工过程的生产周期

零件加工过程的生产周期，除取决于各道工序的生产周期外，在很大程度上还取决于零件在工序间的移动方式和工序转换时间和等待时间。

一个零件加工过程的生产周期即该零件的各工序的生产周期与各工序的转换时间和等待时间之和。

一批零件加工过程生产周期的计算公式为

$$T_o = \sum_{i=1}^{m} T_{op}\lambda + (m-1)t_d$$

式中，T_o 为一批零件加工过程的生产周期（小时或分）；m 为工序数目；t_d 为零件在工序之间移动的平均间断时间（小时或分）；λ 为平行系数。主要为了考虑平行移动或平行顺序移动方式，工序之间可能平行进行的程度。可根据车间历史

资料按零件的价值和工序数分类选取。

大批、大量生产的零件生产周期即该零件的工序数与节拍的乘积。工序的转换时间和等待时间可忽略不计。

3. 产品的生产周期

产品的生产周期包括毛坯准备、零件加工、部件组装、成品装配、油漆入库为止的全部日历时间。产品生产周期的具体长度可通过网络图确定。图 8-1 是用网络图确定产品的生产周期的示意图。

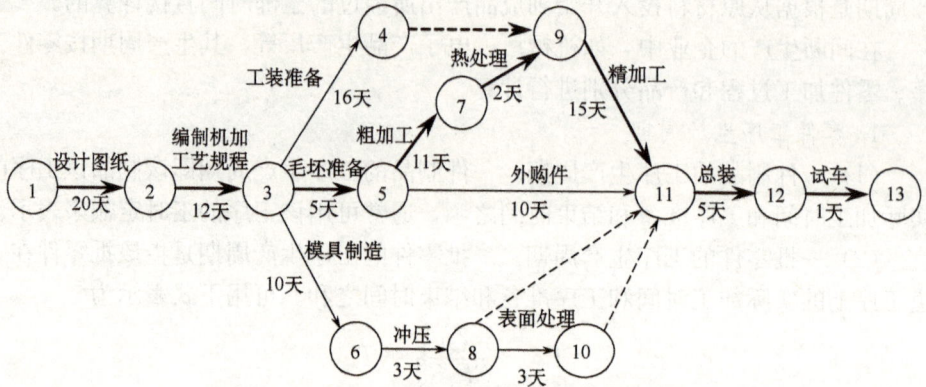

图 8-1　某批产品用网络图确定的生产周期的示意图

根据关键路线可以计算出产品的生产周期，图中粗箭线构成的路线为关键路线，计算可知：该批产品从毛坯开始至试车结束的生产周期为 39 天（毛坯准备 5 天＋粗加工 11 天＋热处理 2 天＋精加工 15 天＋总装 5 天＋试车 1 天＝39 天）。

若始于设计图纸，则其周期为 71 天（设计图纸 20 天＋编制机加工艺规程 12 天＋生产周期 39 天＝71 天）。

图 8-2 是运用生产进度表（甘特图）形式制定的产品生产周期图表。

8.2.2　在制品定额

在制品是指从原材料投入到成品入库为止，处于生产过程中所有尚未完工的毛坯、零件、部件和产品的总称。

在生产过程中保持一定数量的在制品，是保证正常生产的客观需要。在制品不能没有，但也不能过多。过多的在制品不仅占用大量的生产资金，影响企业的经济效果，并且占用厂房空间，还会掩盖生产管理工作中的各种矛盾和缺点，阻碍生产管理工作水平的进一步提高。日本丰田汽车公司提出在制品要向零挑战。向零挑战，并不是等于零，而是应尽可能少。制定在制品定额的目的，就是为了使在制品保持在一个最合理的水平上。

在制品定额就是在必要的时间、地点和具体的生产技术组织条件下，为保证

件号	批量	工　作　日															
		52	48	45	42	39	36	33	30	27	24	21	18	15	12	9	6	3
01-1					毛坯		机	加	保								
01-2					毛坯		机	加	险								
01-3					毛坯		机	加	期								
01-4						机	加										
组件1										组 装							
01-06																	
部件1												部 装					
02-1			毛坯	保 险		机	加										
02-2				毛坯		机 加											
02-3				毛坯	机	加		保									
组件2							组 装		险								
02-4									期								
部件2												部 装					
03-1					机	加											
03-2					机	加		保									
03-3					机	加		险									
部件3								期			部 装						
04-1			模 具 加 工 钣 金 件														
04-2					机	加											
部件4												部 装					
05-15																	
总装													总 装				
试车														试车			
油漆															油漆		
包装																包装	

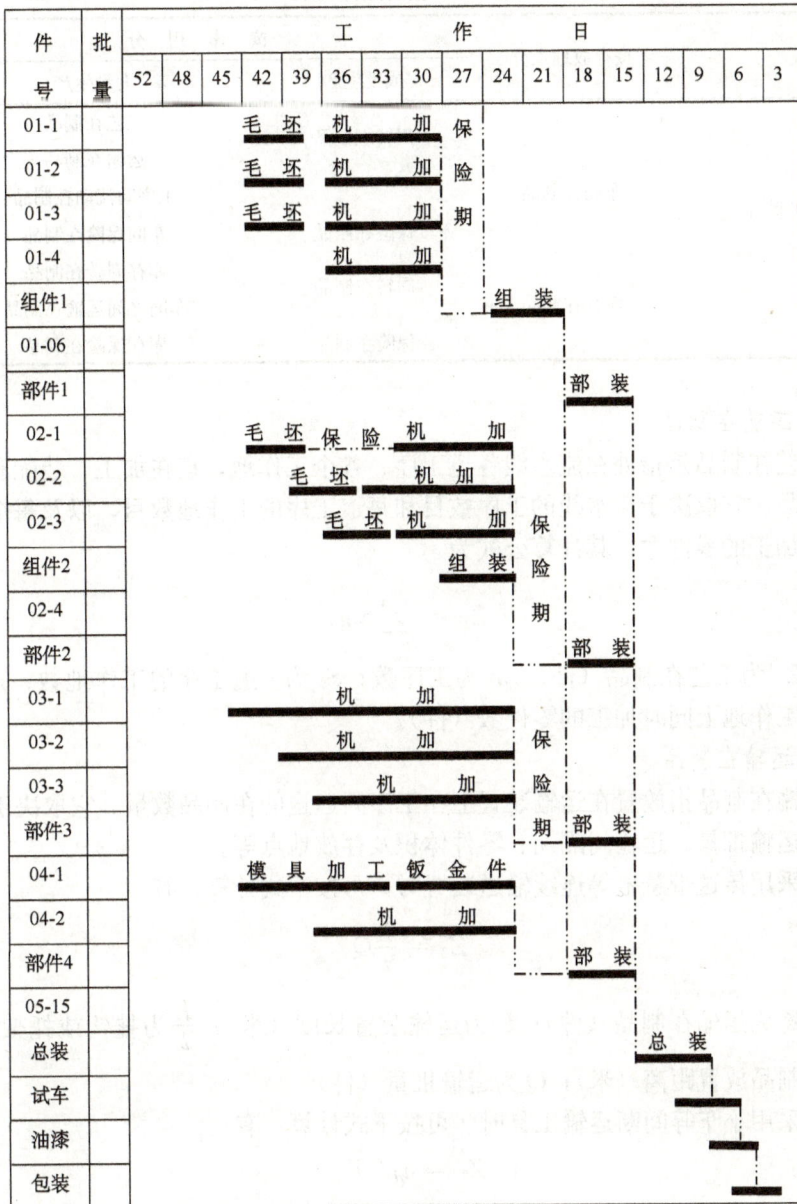

图 8-2　生产进度表表示生产周期

有节奏的均衡生产所必需的在制品的数量。

在制品可按其存放地点和作用进行分类，如表 8-1 所示。

表 8-1 在制品分类表

按存放地点分		按 作 用 分	
		成批生产	大量生产
在制品	车间在制品	周转在制品	工艺在制品
			运输在制品
			工序间流动在制品
		保险在制品	车间保险在制品
	库存在制品	周转在制品	库存周转在制品
			车间之间运输在制品
		保险在制品	库存保险在制品

1. 工艺在制品

工艺在制品是指处在流水线各道工序、各个工作地，正在加工、装配和检验的在制品。它取决于流水线的工序数目和每道工序的工作地数目，以及每个工作地同时加工的零件数。其计算公式为

$$Z_1 = \sum_{i=1}^{m} S_i g_i$$

式中，Z_1 为工艺在制品（件）；m 为工序数；S_i 为 i 道工序的工作地数；g_i 为 i 道工序工作地上同时加工的零件数（件）。

2. 运输在制品

运输在制品指放置在运输装置上在工序间运送的在制品数量。它取决于运输方式、运输批量、运输间隔期、零件体积及存放地点等。

当采用传送带悬链等连续输送装置时，可按下式计算，有

$$Z_2 = \frac{L}{l} Q$$

式中，Z_2 为运输在制品（件）；L 为运输装置长度（米）；$\frac{L}{l}$ 为挂钩或托架数；l 为两件制品放置距离（米）；Q 为运输批量（件）。

当采用小车等间断运输工具时。可按下式计算，有

$$Z_2 = n_d / T_{in}$$

式中，n_d 为零件每日产量；T_{in} 为零件发送间隔期。

3. 工序间流动在制品

工序间流动在制品是由于间断流水线相邻两工序生产率不同而形成的在制品。

工序间流动在制品是不断变动的。最大流动在制品可按下式计算，有

$$Z_{\max}(i-j) = t_S \left(\frac{S_i}{t_i} - \frac{S_j}{t_j} \right)$$

式中，$Z_{max}(i-j)$ 为 $i-j$ 工序间最大流动在制品（件）；t_S 为相邻两工序同时工作时间（分）；S_i 为前工序的工作地数目；S_j 为后工序的工作地数目；t_i 为 i 工序的单件时间（分）；t_j 为 j 工序的单件时间（分）。

下面用某制品流水线的实例（图 8-3）来分析工序间流动在制品的变动情况。

本例中工序间的最大流动在制品计算如下

$$Z_{max}(1-2) = 50 \times (2/8 - 1/2) = -12.5(件) \approx 13(件)$$

$$Z_{max}(2-3) = 50 \times (1/2 - 1/4) = 12.5(件) \approx 13(件)$$

$$Z_{max}(3-4) = 50 \times (1/4 - 1/6) = 4.17(件) \approx 5(件)$$

4. 保险在制品

保险在制品是为了防止前工序（或前车间前道流水线）出现生产故障造成的零件供应中断而设置的在制品。数量的多少应根据故障出现的概率和排除故障需要的时间及要求的保险程度而定。例如：成批生产为 3~5 天，大量生产为 2~4 小时。

保险在制品有的设在工序之间，有的设在流水线之间，有的设在车间之间（在制品仓库内）。

5. 车间内部在制品储备量

在大批量流水线生产条件下，车间内部在制品储备量需分类计算。计算公式为

$$Z_{in} = Z_1 + Z_2 + Z_3 + Z_4$$

式中，Z_{in} 为在制品储备量；Z_1 为工艺在制品（件）；Z_2 为运输在制品（件）；Z_3 为工序间流动在制品（件）；Z_4 为保险在制品（件）。

在成批生产条件下，车间内部的各种在制品是在不断变化的，因此，不需分类计算。车间内部在制品储备量只是指月末的在制品数量。这是由于在制品成批投入，至月末尚未完工出产而形成的在制品。

$$Z_{in} = Q \cdot T_0 / R = n_d \cdot T_0$$

式中，Q 为批量（件）；T_0 为零件的生产周期（天）；R 为生产间隔期（天）；n_d 为每日平均出产量（$n_d = Q/R$）件。

由上式可见，车间内部在制品的批数取决于 T_0/R 和具体的投入产出日期。有三种情况（图 8-4）：

（1）$T_0 < R$，月末可能有一批，也可能没有，这时取决于月末最后一批投入、产出的日期；

（2）$T_0 = R$，任何时间都有一批在制品；

（3）$T_0 > R$，（T_0/R），即为月末车间在制品的批数。

工序号	看管期任务	时间定额 /分	工作地号	工作地负荷	工人号	工人去处	看管期内工序间流动在制品变化图	最大流动在制品	看管期末流动在制品
1	25	8	01	100	1			—	—
			02		2				
2	25	2	03	100	3	06		13	13
3	25	4	04	50	4			13	0
4	25	6	05	100	5			5	0
			06	50	3	03			
$\sum\limits_{i=1}^{m} z_i$								18	13

流水线名称：变速叉轴　工作班次：2　日产量 /件：200　平均节拍 /分：4　运输批量 /件：1　运输节拍 /分：4　每班看管次数：4　看管周期：100分钟

（看管期内工序间流动在制品变化图　横轴：10 20 30 40 50 60 70 80 90 100）

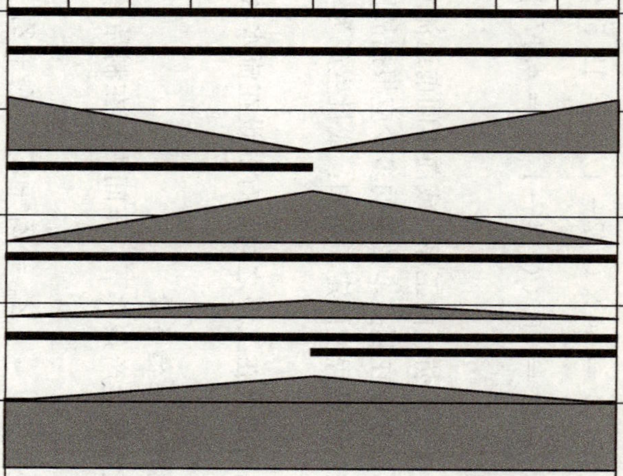

图 8-3　工序间流动在制品的变动情况分析

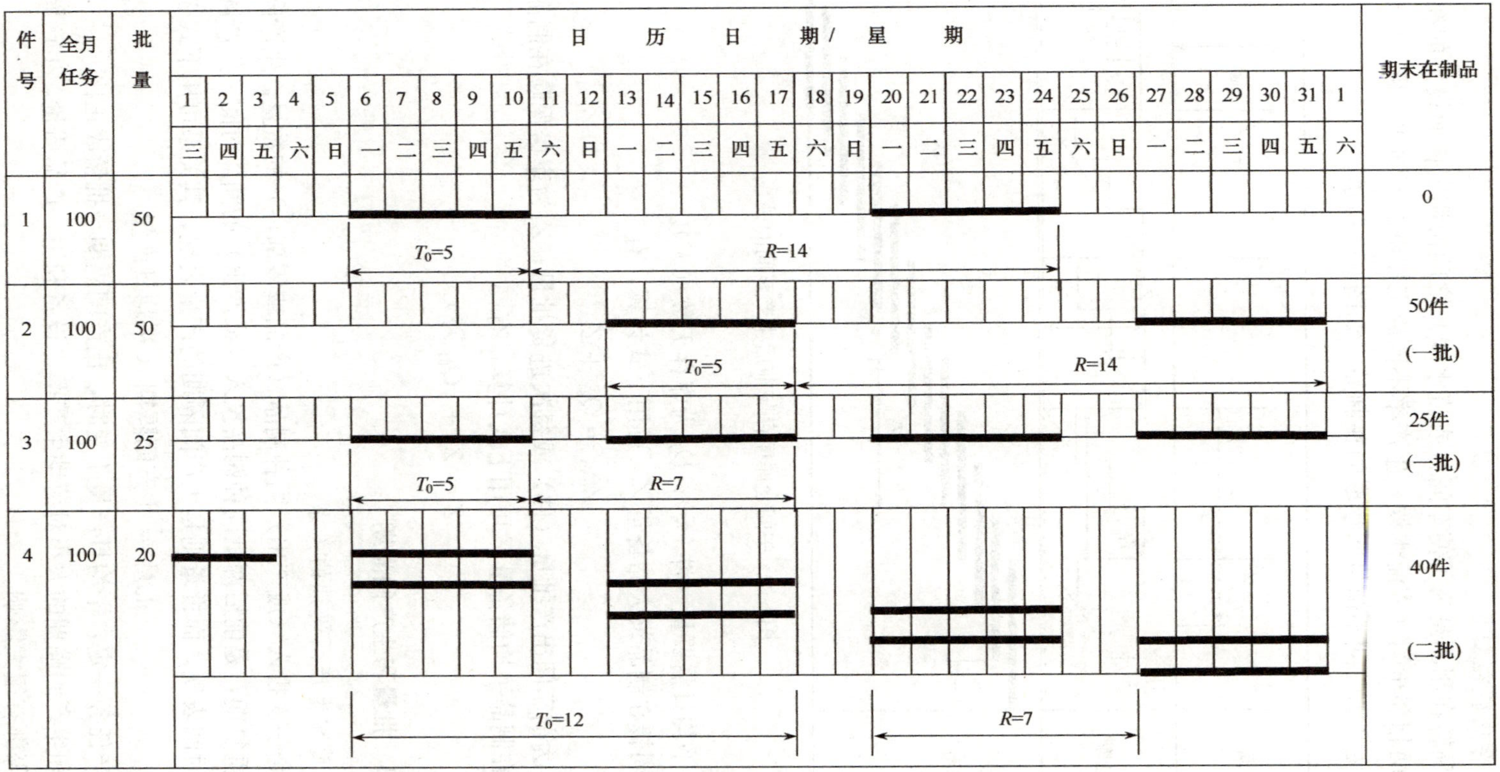

件号	全月任务	批量	日历日期	星期	期末在制品
1	100	50	$T_0=5$, $R=14$		0
2	100	50	$T_0=5$, $R=14$		50件（一批）
3	100	25	$T_0=5$, $R=7$		25件（一批）
4	100	20	$T_0=12$, $R=7$		40件（二批）

日历日期（上行）：1 2 3 4 5 6 7 8 9 10 11 12 13 14 15 16 17 18 19 20 21 22 23 24 25 26 27 28 29 30 31 1

星期（下行）：三 四 五 六 日 一 二 三 四 五 六 日 一 二 三 四 五 六 日 一 二 三 四 五 六 日 一 二 三 四 五 六

图8-4 期末在制品形成的规律

6. 库存周转在制品

库存周转在制品是为了使车间（或流水线）之间协调工作而设置的在制品。由于前后两相邻车间（或流水线）生产率不同或工作班次不同或批量、间隔期不同或投入生产的时间不衔接而形成的在制品。如图 8-5 所示。

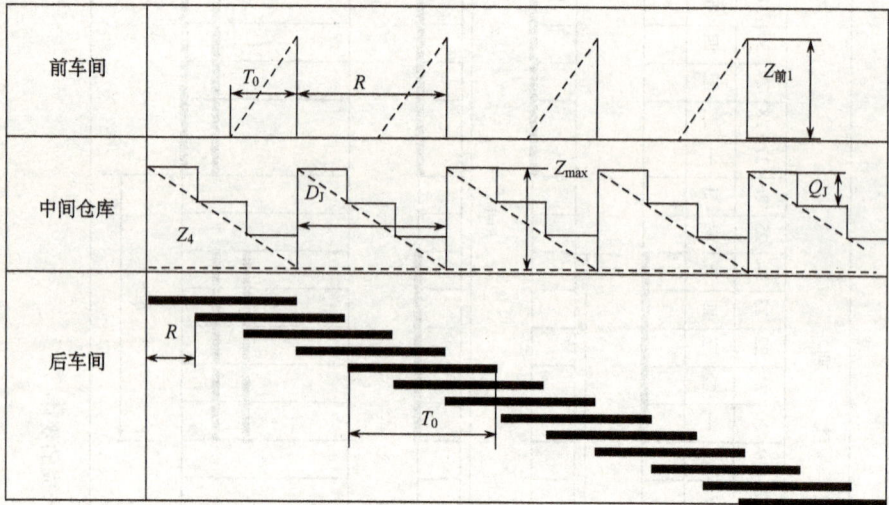

图 8-5　中间仓库库存与前后生产车间的关系

Q_j 为平均日需要量（件/天）；D_j 为库存天数（天）。

库存周转在制品最大储备量 Z_{max} 可用下式计算，有

$$Z_{max} = Q_前 + Z_4$$

式中，$Q_前$ 为前车间出产批量（件）或每次进货批量；Z_4 为库房保险在制品。库存周转期在制品平均储备量 Z 可用下式计算，有

$$Z = Z_4 + (Q_前 / 2)$$

8.2.3　批量和生产间隔期

1. 批量和生产间隔期的关系

批量是一次投入（或产出）同种制品（产品或零部件）的数量。生产间隔期或叫生产重复期，是前后两批同种制品投入（或产出）的间隔时间。生产间隔期是批量的时间表现，而批量则是生产间隔期的产量表现。其关系可用下式表示为

$$批量 = 生产间隔期 \times 平均日产量$$

当生产任务一定，平均日产量不变时，出产间隔期与批量成正比。

批量和生产间隔期的大小对劳动生产率、设备利用、产品质量、生产周期及资金周转等都有很大影响。

确定批量和生产间隔期的方法有两类：以量定期法与以期定量法。

以量定期法的基本原理是：根据技术经济效果的综合要求，先计算出一个批量，然后再根据工时定额、批量和所开班次来确定生产间隔期。

对于某些生产条件不太稳定的成批生产企业，要精确地计算批量和按标准批量组织生产是困难的，因此可采用以期定量法。

以期定量法的基本原理是，先将零件按复杂程度、工艺特点、价值大小等因素分类；然后主要是凭经验确定各类零件的生产间隔期。价值大的零件按短间隔期投产，价值小的间隔期长。例如小件可一个季度投一次，并根据生产技术组织条件的实际情况予以修正；最后根据间隔期和生产零件的工时定额、批量和所开班次确定各类零件的批量。当生产任务变动时，生产间隔期不变，只调整批量。

以期定量法的优点是简便易行，灵活性大，容易保证零件的成套性和生产的均衡性。缺点是经济效果较差。

2. 用最小批量法计算批量

最小批量法是从合理利用设备的观点出发制定批量的。它要求批量能保证设备调整时间损失与一批制品加工时间之比不超过给定的允许值。即

$$\frac{t_{ad}}{Qt} \leqslant \delta$$

即

$$Q \geqslant \frac{t_{ad}}{\delta t} \quad \therefore \quad Q_{min} = \frac{t_{ad}}{\delta t}$$

式中，Q_{min} 为最小批量（件）；t 为单件工序时间（分）；t_{ad} 为设备调整时间（分）；δ 为设备调整时间损失系数。δ 值可参考表 8-2。

表 8-2 设备调整时间损失系数 δ

零件大小	生 产 类 型		
	大 批	中 批	小 批
小 件	0.03	0.04	0.05
中 件	0.04	0.05	0.08
大 件	0.05	0.08	0.1

由上式可以看到，这个批量是允许的最小批量。若比它更小，设备调整损失时间占的比重将要增加，即被认为是不合理的。因为批量过小，调整次数势必增多，从而影响设备的合理利用。

当零件的加工需经过若干道工序时，可以只按调整时间与单件加工时间之比最大的工序计算。

最小批量法的缺点是：

(1) 从设备利用观点看，批量越大越好。但批量过大，将增加占用资金的数量。在经济上未必有利。而最小批量法规定了允许的最小批量，而未规定允许的

最大批量，因此最小批量法，可能导致盲目加大批量，从经济上看并不完全合理。

（2）δ 数值不很明确。大、中、小件如何划分，大、中、小批又如何划分。每一类规定的数值，也缺乏必要的经济依据。

3. 用经济批量法计算批量

经济批量法是从使生产费用中与批量有关的费用最小的观点出发制定批量的。在产品的生产费用中，与批量直接有关的费用有两部分：一部分是调整费用，批量越大，为完成一定生产任务所需设备调整次数越少，分摊到每个产品的调整费用也越少，并且还可以提高设备利用率和生产效率，降低产品成本；另一部分是产品的存储费用，当制品的批量增大时，就会增加在制品的储存数量，积压资金，占用更多的仓库面积，从而增加存储费用和提高产品成本。所以调整费用与存储费用两者相互矛盾，经济批量就是这两种费用的总和为最小时的批量（图 8-6）。

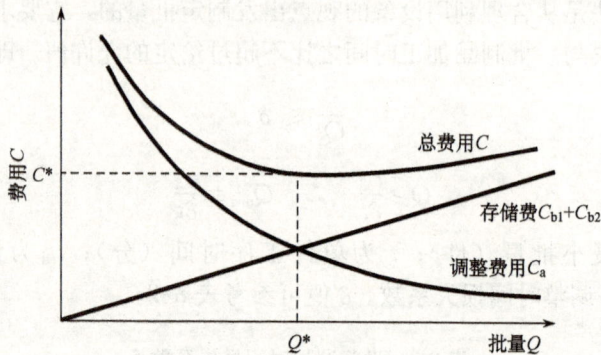

图 8-6　经济批量图示求法

计划期内零件，生产费用中与批量直接有关的费用可用下式计算，有

$$C = C_a + C_{b1} + C_{b2}$$

式中，C 为计划期与零件批量有关的总费用（元）；C_a 为设备调整费用（元）；C_{b1} 为仓库存储费用（元）；C_{b2} 为车间存储费用（元）。

与批量有关的各项生产费用的计算方法如下：

（1）设备调整费用

$$C_a = AN/Q$$

式中，C_a 为计划期内的设备调整费用（元）；A 为设备调整一次的费用（元）；N 为计划期产量（件）；Q 为批量（件）。

（2）仓库存储费用。即计划期内为存储库存周转在制品占用的资金所付出的费用。这个费用的大小取决于平均的库存在制品金额、单位库存在制品金额占用单位时间应支付的费用（包括占用资金的利息，仓库的折旧费，保管费等，通常用存储费率表示），以及占用的时间（按计划期计算）。仓库平均存储费用可按下式计算，有

$$C_{b1} = C_0 iT(Q + Z_4)/2$$

式中，C_{b1} 为仓库存储费用；C_0 为产品的单价；i 为每月的存储费率（即一元的物资存储一个月应付的费用，元/（元·月））；T 为生产计划期（月）。

（3）车间内存储费用。在动态的生产过程中，当一批在制品储存在仓库中逐渐被领用的同时，在前一车间中必须有若干批零件正在制造，这样仓库中被耗用的在制品才能得到及时的补充，而不致出现供应中断的现象。车间内占用的在制品数量的多少同样与零件的批量有关。因此，在用最小费用法计算经济批量时，不仅要考虑在制品在仓库中的存储费用，同时还必须考虑在制品在车间内的存储费用。

车间内在制品存储费用的变动情况可用以下公式计算，有

$$C_{b2} = Q C_{cp} i_j T_0 n$$

式中，C_{b2} 为车间内在制品存储费用（元）；C_{cp} 为在制品的平均单价（元）；i_j 为车间每月的存储费率，为简化计算可取近似值 $i_j = i$（元/元·月）；T_0 为车间在制品的生产周期（月）；n 为在计划期内的制造批数。

C_{cp} 可通过引入在制品价格系数 e_0 来确定，由于车间在制品价值是随着加工过程不断增加的。由材料费用 C_m，逐渐增大至产品的单价 C_0，其平均单价

$$C_{cp} = C_m + C_{pi}$$

式中，C_{pi} 为加工费用。事实上加工费用、材料费用与产品的单价之间存在某种线性关系。为了简化计算，可设 $e = C_{cp}/C_0$，则 $C_{cp} = eC_0$，e 为小于 1 的常数，机械加工车间一般可取 $e = 0.85$。

$T_0 n$ 可通过引入生产周期系数 K 来确定，K 是生产周期 T_0 与出产间隔期 R 的比值，说明车间平均存储的在制品批数。即 $K = T_0 / R$。

一批制品的生产周期取决于批量和设备负荷及作业计划的安排，因此，在计算批量时，T_0 的确切数值并不知道，但可用下式估算

$$T_0 = Q \sum t_i \lambda$$

式中，λ 为工序的平行系数。可根据该车间统计资料计算。

$\because Q = N/n$

$\therefore T_0 = N/n \sum t_i \lambda$

$n \cdot T_0 = N/ \sum t_i \lambda$

由于 $n = T/R, R = T/n$

$\therefore K = T_0/R = nT_0/T$

即 $K = nT_0/T = N\sum t_i\lambda/T$

车间一批零件的存储费用 C_{b2} 可改写为

$$C_{b2} = Q_e C_0 iKT$$

一批零件的总生产费用 C 可改写为

$$C = C_a + C_{b1} + C_{b2}$$
$$= AN/Q + Q/2 C_0 iT + Q_e C_0 iKT$$

当 C 为最小，则 $dc/dQ=0$，此时的批量 Q 即为总费用为最小的经济批量。

$$\frac{dc}{dQ} = \frac{d[AN/Q + Q/2\ C_0 iT(1+2eK)]}{dQ} = 0$$

则 $AN/Q^2 + C_0 iT\ (1+2eK)/2 = 0$

$$\therefore \quad Q^* = \sqrt{\frac{2AN}{C_0 iT\ (1+2eK)}}$$

式中，Q^* 为经济批量（件）；A 为调整费用（元）；$A = A'\sum t_a$；A' 为调整费率（元/小时）；t_a 为调整时间（小时）；N 为计划期产量（件）；C_0 为零件原价（元/件）；i 为占用费率（元/(元·月)）；T 为计划期（月）；e 为价格系数；K 为生产周期系数。

运用经济批量法制定批量标准，在我国许多工业企业中均已取得了明显的经济效果。长春第一汽车制造厂标准件厂和附件分厂的实践证明，采用经济批量组织生产，可节约生产资金 $40\% \sim 60\%$。

4. 确定批量的步骤

确定批量的步骤，一般按以下程序进行：

1）确定各种零件计划期需要量

2）进行零件分类

用最小批量法时，零件需按结构工艺特征分类（齿轮、轴套、箱体等），因最小批量法主要考虑单件工序时间和设备调整时间的比值。这两项主要取决于零件的结构工艺特征，用经济批量法时，主要考虑费用问题。零件应按价格大小进行 ABC 分类。表 8-3 和图 8-7 是长春第一汽车制造厂附件厂制定经济批量时，对 214 种零件进行 ABC 分类的结果。

表 8-3 列表法对 214 种零件进行 ABC 分类的结果

类别	品种数	品种比率	金额比率
A	6	2.8	49.1
B	39	18.1	30.6
A+B	45	20.9	79.7
C	169	79.1	20.3
合计	214	100	100

从分类结果可以看到，只要严格控制 20％的零件批量，就能对在制品资金总额的 80％实行有效的管理。

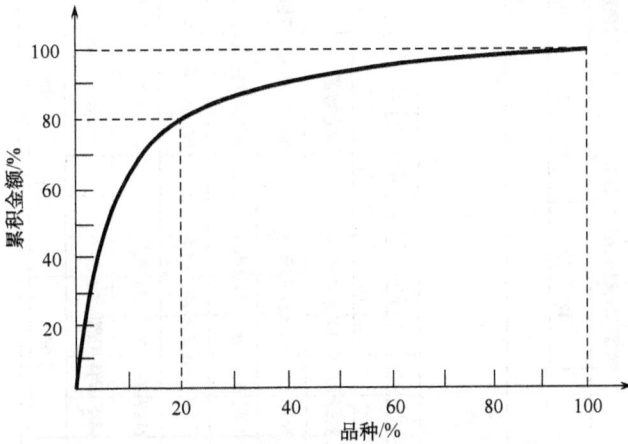

图 8-7   图示法对 214 种零件进行 ABC 分类的结果

3）计算批量

当用最小批量法时，应从按结构工艺特征分类的各类零件中，选出代表性零件，根据其单件工时定额和设备调整时间计算其最小批量。

当用经济批量法时，A 类零件应计算每一种零件的批量，B 类零件应计算其大部分零件的批量，C 类零件只选几种代表零件计算批量即可。即使这样，计算工作量仍比较大，最好采用电子计算机进行 ABC 分类和计算批量，可以取得准确、快捷的效果。

4）修正批量

对计算得到的批量，要考虑生产技术组织的具体情况进行修正。由于总费用曲线底部比较平坦（如图 8-6 所示），因此有较大的修正余地，而不致对经济效果有很大影响。修正时应考虑的因素主要有：

（1）批量应与日产量成倍比关系，并在主要工序上不少于半个班的产量；

（2）批量大小应与工具（模具）寿命相适应；

（3）批量大小应与生产面积、设备、容积相适应；

（4）毛坯批量应大于加工批量，加工批量应大于装配批量，最好成整数倍；

（5）经过修正后，得到标准的批量，再根据标准批量确定生产间隔期。批量和间隔期可适当合并，不要种类太多，以简化生产的计划组织工作。

8.2.4   生产提前期

生产提前期是指制品（毛坯、零、部件产品）在各工艺阶段产出或投入的日期比成品产出的日期应提前的时间。

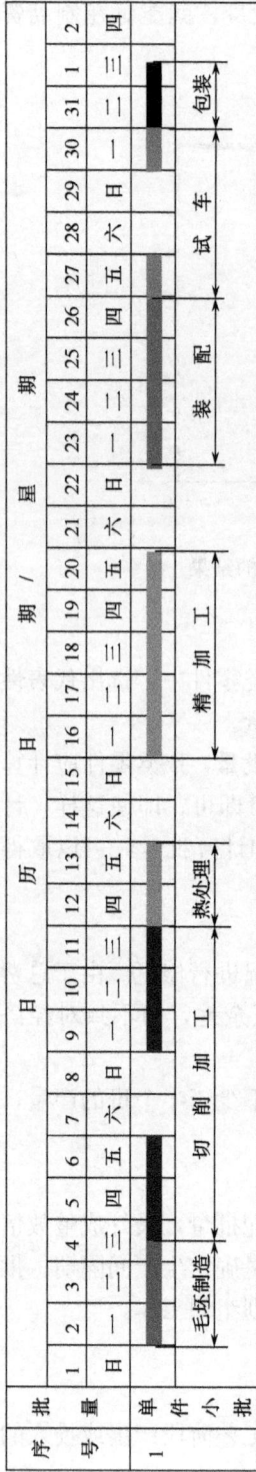

图 8-8 单件、小批生产的提前期

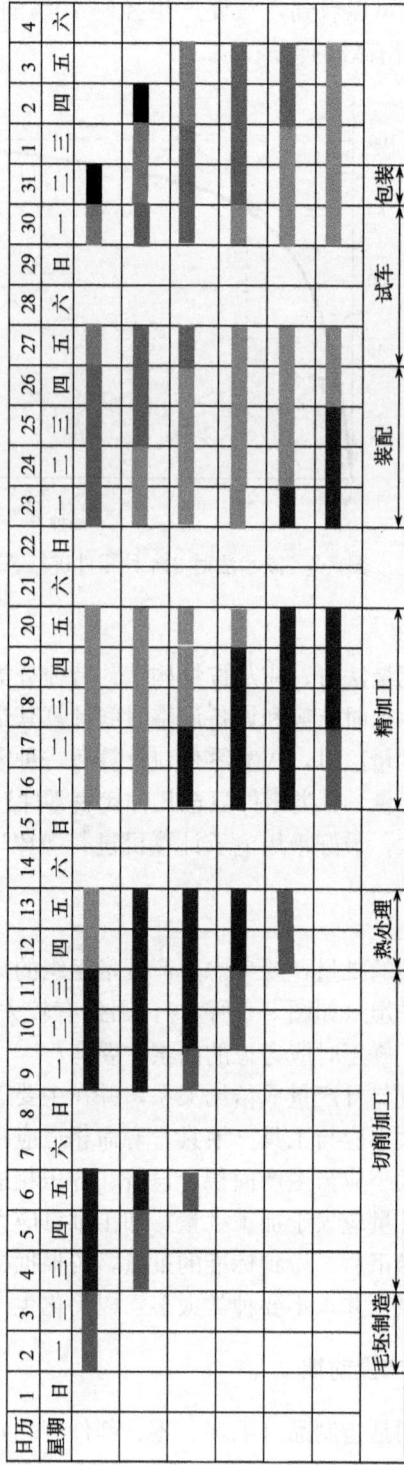

图 8-9 成批生产的提前期

提前期是从产品装配产出日期开始，按各车间的生产周期和出产间隔期反工艺顺序推算出来的。

某车间的投入提前期＝该车间的产出提前期＋该车间的生产周期

该车间的产出提前期＝后车间的投入提前期＋保险期

提前期与批量、间隔期、生产周期的关系如图 8-8 和图 8-9 所示。

流水生产线的提前期须根据是单独的流水线还是前后具有串行关系的流水线群进行计算。单独流水线的投入提前期即该流水线的节拍与该流水线的所有工位数的乘积；前后具有串行关系的流水线群的总投入提前期即为该流水线群各条流水线的工作时间之和；其中某条流水线群的总投入提前期即为该条流水线及其后各条流水线的工作时间之和（图 8-10）。连续流水生产线工件在工序（位）间转换时间可以不计，间断流水生产线的生产提前期则应充分考虑工序在某些工序（例如铸造、热处理等）间转换所需要的时间。

流水线序号	流水线1	流水线2	流水线3	流水线4	流水线5
流水线工作时间	8分钟	8分钟	6分钟	8分钟	6分钟
生产提前期					6分钟
				14分钟	
			20分钟		
		28分钟			
	36分钟				

图 8-10　流水生产线的提前期

8.3　厂级生产作业计划的编制

厂级生产作业计划的编制，主要是厂部生产管理部门根据企业季度生产计划任务，规定各车间月份的生产作业计划任务。

8.3.1　规定车间生产任务的计划单位

在化工、冶炼、印染、纺织等连续生产的工业企业中，车间的生产任务直接用车间产品的实物单位（吨、米、件等）作为计划单位。

在机械或电子等加工装配型工业企业中，厂部规定车间生产任务常用的计划单位有以下几种：

1. 成台份计划单位

成台份计划单位的特点是以装配所需的整套零件作为统一的计划单位。各车间都有负责生产该产品的零件分工明细表。因此同一种产品的一台份对各车间所包含的内容是不同的。厂部规定车间生产任务时只规定产品名称、规格、型号、生产台份数，并按台份规定统一的投入生产日期，而不考虑其中各种零件实际生产所需要的日期。

这种计划单位的优点是：厂部编制计划比较简单、车间安排生产的机动性大、成套生产的责任心比较强。缺点是：计划过粗，大部分零件要积压很长时间才能投入装配，占用了大量流动资金，经济效果受到一定影响。

2. 成套部件计划单位

成套部件计划单位就是以某种部件所包含的全套零件作为计划单位。各车间、工段有负责生产该部件的零件分工明细表。厂部按产品装配工艺过程的顺序规定各成套部件的投入生产日期。

这种计划单位的优点是：既考虑了装配的顺序，减少了等待时间和资金的积压，又可保证部件生产的成套性。缺点是不同部件中的同类型零件不能集中生产。影响劳动生产率的提高和经济效果的改善。

3. 零件组计划单位

零件组计划单位的特点是将产品中的零件按结构、工艺和生产组织的特征（例如投入装配的时间相近）分为许多同类型的零件组。在规定车间生产任务时，就以这种同类型零件组作为计划单位，即按零件组规定投入生产日期和数量。

零件组计划单位的优点是：能满足组织同类型零件成批生产的要求，有利于扩大批量，提高生产效率，与成套产品或成套部件计划单位比，积压的资金也比较少，经济效果较好。缺点是零件分类编码比较复杂，计划组织工作量很大，产品成套比较困难，要求管理水平比较高。一般只有在采用成组技术组织生产时，才选择零件组作为计划单位。

4. 零件计划单位

零件计划单位是以产品的每种零件为计划单位。厂部按零件规定车间的生产任务。

零件计划单位的优点是：零件在车间之间的衔接比较紧凑。每种零件都有交接期，当生产进度出现问题时，厂部对情况掌握较清楚，能及时调整和控制，缺点是零件品种繁多，按零件编计划工作量很大，因而只适用于生产条件较稳定的大量大批生产的企业。

以上四种计划单位，都必须以零件作为基础。在编制计划之前，必须由设计部门根据产品结构和装配系统将产品进行分解，当产品按成套部件计划单位分解时，产品先按部件展开，然后将部件展开成组件与零件，并按部、组、零件顺序列出产品零件明细表；当按零件组计划单位展开时，是将产品中的零件按结构、工艺和生产组织的特征分为许多同类型的零件组，并以严格、规范的管理来组织产品的整个生产过程，这种零件组是跨部、组件的零件集合。

8.3.2 规定车间生产任务的方法

规定车间生产任务的方法取决于车间的生产组织形式和生产类型。企业中有的车间可能以产品为对象组织生产。例如某机床厂是以钻床车间、镗床车间等来划分车间的。这时可将企业的生产任务按车间的产品分工直接分配给车间。但一般一种产品不可能完全封闭在一个车间内进行生产，而必须经过几个车间，这时就要根据企业的生产计划，为每个车间规定每一种产品零部件的出产量和出产期，以保证各车间互相衔接，进行有节奏的均衡生产。规定车间生产任务常用的方法有以下几种：

1. 在制品定额法

在大量大批生产条件下，产品品种、工艺比较稳定。车间之间的协调衔接是靠在制品进行周转的，因此，生产中只要能按在制品定额保持一定数量的在制品，就能保证车间的衔接平衡。

用在制品定额法规定车间的生产任务，须从装配车间开始按反工艺顺序计算：

$$\frac{某车间}{产出量} = \frac{后车间}{投入量} + \frac{该车间}{外售量} + \left(\frac{库存半成}{品定额} - \frac{期初库存半成}{品预计结存量}\right)$$

$$\frac{某车间}{投入量} = \frac{该车间}{产出量} + \frac{该车间可能产}{生的废品数量} + \left(\frac{车间在制}{品定额} - \frac{期初车间在制}{品预计结存量}\right)$$

2. 累计编号法（提前期法）

在多品种成批生产条件下，产品轮番上下场，在制品数量变动很大，不可能用在制品定额法来控制生产，而只能用提前期标准和装配车间平均日产量推算出各车间计划期应当完成的产量。

为了便于控制车间之间的衔接，各车间投入生产的数量常用累计数表示。累计数是从计划年度开始生产某种产品的第一台算起，并顺序地给每台产品都编上一个号。利用这种累计编号和提前期可以方便地确定车间的生产任务。其计算公式如下：

$$\frac{某车间产出}{累计号数} = \frac{装配车间成品}{产出累计号数} + \frac{该车间产出}{提前期日数} \times \frac{装配车间平}{均日产量}$$

$$\frac{某车间投入}{累计号数} = \frac{装配车间成品}{产出累计号数} + \frac{该车间投入}{提前期日数} \times \frac{装配车间平}{均日产量}$$

某车间投入量 ＝ 该车间的投入累计号 － 报告期该车间产出累计号

用上述公式算出的数字，还应根据批量加以修正成为批量的整倍数。

3. 生产周期法

在单件小批生产条件下，生产任务多半都是一次性的，或不定期重复。这时规定车间生产任务既不可能用在制品定额法，也不可能用累计编号法，而只可能用生产周期法。

生产周期法就是根据产品的装配系统和工艺过程、工时定额、车间生产能力等资料用网络计划技术绘制出产品的生产周期网络图（图 8-1）或进度表（图 8-2），然后按照确定的生产周期和各项活动的开始和结束时间，并适当考虑保险期后，就可规定有关车间生产任务的投入、产出期。

4. 订货点法

对于品种繁多，价值不大，耗用为随机性的零件，如标准件、通用件等，前述三种规定车间生产任务的方法均不合适，而应当采用订货点法。

订货点法就是对每种零件规定合理的批量，车间生产出一批后即存入库房内，供其他车间领用，当领到一定数量时，仓库立即向有关部门提出订货，生产车间即将下一批制品投入生产，当前一批的库存即将用完时，下一批正好产出入库（图 8-11）。

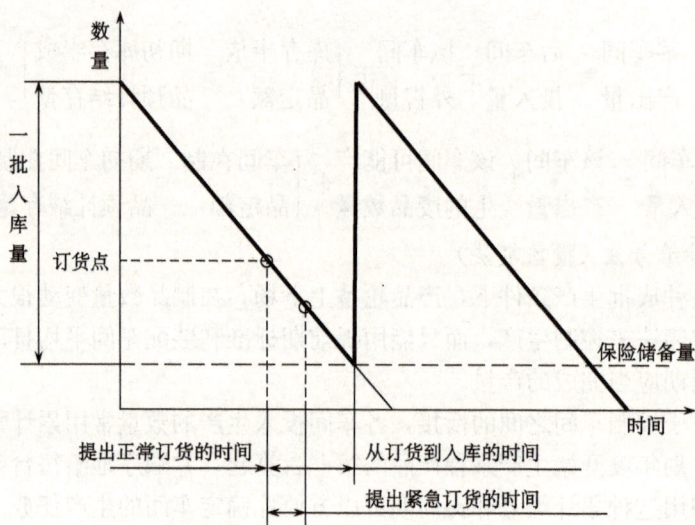

图 8-11　订货点法示意图

订货点可用以下公式计算：

$$订货点 = 从订货到入库的时间 \times 每日需要量$$

有的企业为了管理方便起见，同一种零件用三个或多个箱子存放。把一批零件以订货点为准分为两部分，在属于订货点库存量的箱子做上明显标记。当领料领至订货点库存量箱子时即提出订货，若在订货点库存量时尚未订货，则应提出紧急订货。

5. 材料需要量计算法

材料需要量计算法是运用计算机管理信息系统确定车间材料需要量的一种方法。

该法的简单原理是，将产品的零件明细表和对应的工艺规程作为固定信息存储在计算机中，同时计算机内还有记录各种零件库变动情况和原材料库存情况的文件。先根据零件的工艺规程所对应的毛坯的材料、工艺、形状和尺寸等，可以求得单个零件所需要的对应规格的原材料；当将生产计划规定的产品或备件的需要量作为流动信息输入计算机后，计算机根据零件明细表和逻辑关系即可自动算出各种零件的总需要量。然后，再对照库存记录，计算出实际的需要量。根据该种零件的订货批量和提前期，对照车间的生产能力负荷情况，即可确定有关车间生产该种零件的时间和数量。

当订货批量不固定时，也可根据相近时期内需要补充的数量，集中成一批作为计划订货量。向车间提出的订货，是否能按期到货，取决于车间的生产能力和设备负荷情况。因此，当确定提出订货投入日期后，要与车间生产能力进行平衡。当生产能力不能满足要求时，须改变需要量计划。当生产能力满足要求时，即可向生产车间发出生产指令和订单。

这一原理和方法同样被用于 MRP II 和 ERP 系统的开发中。

8.4　车间内部生产作业计划的编制

8.4.1　各种生产方式作业计划的特点

各行各业的产品和工艺千差万别，但就其车间内部的生产方式来看，基本上可以归纳为流水生产、成批生产、单件生产三种方式。由于这三种生产方式在需求条件和生产技术特点方面存在着很大差别，因而其生产作业计划的方法也各不相同。

1. 流水线生产方式

流水线以向市场大量并稳定地供应廉价产品为目的。从本世纪初流水线出现以来，绝大多数都是单一品种的。但近几年来，多品种的流水线生产线越来越多。它们多半以生产一种或若干种产品为基础，同时派生出许多种不同型号、不同规格、不同颜色的产品，以适应市场需求的多样性。流水线生产产品的销售方式，过去是生产者决定生产什么就卖什么。正如流水线生产的创始人福特汽车公司的第一任总经理老福特所说："不管顾客需要什么颜色，我所供应的就是黑色汽车"。这个时代已经过去，现在世界上产量最大的丰田汽车公司已经可以在一条流水线上同时生产几十种不同型号、不同规格、不同颜色的汽车，并且各种数量和时间是根据用户的订单决定的，最低的起订点为五辆。这就是流水线生产方式的新变化。

流水线生产方式虽然发生了惊人的新变化，但其基本特征仍然保留着。例如，流水线上产品的加工程序是预先制定的，并且各道工序、各个工作地的工作内容和工时经过严格的平衡，流水线所用的一切设备都按照工艺顺序排列，当变换品种时所花的准备时间，对生产能力的影响应当很小等。

从对生产作业计划编制工作的影响来看，可以把流水线分为三类。

（1）连续流水线。如化工、冶炼、轧制、制糖生产线，啤酒、饮料、食品罐头灌装线，机械、电子产品装配线、自动线等等。由于全线各道工序都是严格协调、联动工作的，生产速度基本上由输送加工对象的传送带所决定。因此对于这类生产线不必编制标准化作业计划。只要将全月生产任务按日、按轮班分配即可。

（2）间断流水线。加工量并不太大的机械加工流水线，而且由于全线各道工序的工作时间并不完全同步，许多工序不可避免地发生周期性的间断。所以其生产作业计划采用按看管期制定的标准计划来规定其每日、每时、每个工作地的任务。看管期标准计划的形式如图8-3所示。

（3）多品种流水线。连续流水线和间断流水线又可以分为单品种和多品种流水线。多品种流水线的产生组织和计划比单品种流水线复杂得多。大体上有两种方式：一种是若干品种按预先制定的标准计划在流水线上轮番生产。如机械加工、铸造、锻造、冲压、食品加工、制药等流水线。较多地采用轮番上场的流水线生产方式。另一种是若干品种在流水线上混合在一起同时生产，即混合流水生产线。混流生产方式较多地应用于多品种的装配流水线，在机械加工流水线中也得到一定程度的应用。

2. 成批生产方式

成批生产方式，是指一个工作地点，产品轮番上场，但其轮番变化的频率较多品种混合流水线为低。每耗费一次准备时间，随后便可连续地生产一定数量的同一种产品。通过作业准备，变更工作程序，从而进行多品种生产。成批生产方式在各种不同类型的工厂中都是普遍存在的。大量生产的机械厂，虽然其最终产品是大量流水线生产的，但其零部件加工可能是成批生产的。在按订货生产的工厂中，虽然最终产品是单件的，但往往可以将该产品或各种不同产品中通用化、标准化的零部件或同类零件组织集中生产或成组加工。在化工、冶金、轻工等许多行业中，同一台或同一组设备，往往在不同时间内生产不同品种的产品。因此，规定车间生产任务时，无论是采用在制品定额法、累计编号法、生产周期法、订货点法或计算法，都可能形成车间内部的成批生产方式。

成批生产方式产生的根本原因有两条：一是多种生产对象具有结构工艺的相

似性，可以在同一设备或生产线上加工，且设备或工作地或生产线的生产速度高于一种产品生产任务所要求的速度，因而才有可能在该种设备（工作地或生产线上）上轮番地生产多种产品。所以成批生产方式组织和计划的特点是在工作地或生产线上成批地生产多种产品；二是与流水线生产方式不同，成批生产方式或交换品种时，所耗费的准备时间一般都比较长，为了提高成批生产方式的经济性，必须注意提高产品的系列化，通用化和标准化程度，以扩大成组批量而减少轮换次数，改进设备和工艺装备，减少设备调整和准备时间，合理地确定批量和投入的顺序，以减少工序之间的在制品数量和设备的空闲时间。

3. 单件生产方式

在一些重型机器厂、设备修理车间或新产品试制车间，某些工艺品的生产、服装的生产、宇航设备的生产、大型船舶的生产等，基本上都属于单件生产方式。单件生产方式作业计划的特点是：生产者难以预测订货者所需要的产品品种和规格，在接受订货前也无法进行生产技术准备。所以从订货到交货必然有一个提前期。由于订货品种很多，且很少重复，因而生产过程中不可能建立成品库存，但可以建立某些原材料库存和某些零部件的半成品库存。这些特点就决定了单件生产方式的生产作业计划必须与生产技术准备计划密切衔接起来。

车间内部的生产任务安排，则必须根据设备负荷情况和生产任务本身的特性，进行合理的作业排序和组织实施。

8.4.2　多品种混流生产作业的编制

组织多品种混流生产，就是在同一条生产线上生产多种产品，并在每一生产时期和生产阶段，将各种产品按照一定的逻辑规律编排投产顺序，使生产过程中各道工序、各条加工生产线、装配线的产品产量、品种、工时、设备负荷等达到全面均衡。不仅要求加工工序、检验工序、运送工序平稳准时地生产，而且要求产品包装、发运、执行交货合同、外协厂供应材料毛坯、外购件的品种数量、交货期也要平稳而准时，完全消除忙闲不均、突击赶工、生产和供应的波动现象，从而大幅度地节省人力、物力、财力，提高生产品种、数量、工时和设备负荷的均衡性。从根本上防止生产失调，大大提高生产率。多品种混流生产方式机动灵活，适应性强，在生产、订货发生变动的情况下，也能及时地选定新的最优生产方案。混流生产的计划方法，是以逻辑数学为理论基础，以电子计算机为主要工具的一种现代化科学管理方法。在实际生产中，对一些简单的多品种混流生产问题。也可采用人工计算的办法。下面引用某风动工具厂提供的资料，来说明多品种混流生产的计划方法。

该厂某班组混流生产14种零件，具体零件名称和月产量如表8-4所示。

表 8-4　多品种混流生产的计划方法

序号	产品号	件号	零件名称	月产量	生产比产量	代号和分组
1		211	纤卡螺栓	8000	8000	A
2		318	调压阀	5500	6000	B_2
3		322	长螺杆	6250	6000	
4	7655	315	水管接头体	5000	5000	C
5		2501	蝶形螺母	3800	4000	
6		2504	锥形胶管接头	4000	4000	D_3
7		207	钎卡	4000	4000	
8		309	气管接头	3000	3000	
9	FY-200A	1	油管头	2500	3000	E_3
10		3	壳体	3000	3000	
11		9	活塞	1000	1000	
12	D-4	12	导套	1000	1000	F_4
13		14	压套	1000	1000	
14	D-9	2	柄体	1000	1000	

编排投产顺序，运用第 2 章所述的生产比倒数法编排投产顺序。

（1）计算生产比和生产比倒数。编定各个品种折算产量中的最大公约数，就可算出各个品种的生产比。表中的最大公约数为 1000，则各个品种的生产比（X_i）分别为

$X_A = 8000/1000 = 8$

$X_B = 6000/1000 = 6$

$X_C = 5000/1000 = 5$

$X_D = 4000/1000 = 4$

$X_E = 3000/1000 = 3$

$X_F = 1000/1000 = 1$

$$\sum_{i=1}^{n} X_i = 8 + 6 + 5 + 4 + 3 + 1 = 27$$

式中，$\sum_{i=1}^{n} X_i$ 为多品种产品生产的一个循环流量。

各品种生产比倒数 m_i 分别为

$$m_A = 1/X_A = 1/8$$

$$m_B = 1/X_B = 1/6$$

$$m_C = 1/X_C = 1/5$$

$$m_D = 1/X_D = 1/4$$

$$m_E = 1/X_E = 1/3$$
$$m_F = 1/X_F = 1$$

（2）运用生产比和生产比倒数来编排投产顺序。本例采用生产比倒数来编排投产顺序，计算过程如下：

第一，先从全部品种中选出比倒数最小（$m_A = 1/X_A = 1/8$）的品种 A，作为循环流程第一个投产的品种写入表 8-5 第一行最后一栏内；

第二，将已经选入的品种 A 的生产比倒数 m_A 变为 $m_A + m_A$，即 $1/8 + 1/8 = 2/8$，写入第二行，接着从第二行中选出生产比倒数最小的品种 B（$m_B = 1/X_B = 1/6$）作为循环流程中第 2 个投产的品种；

第三，将刚选入的品种 B 的生产比倒数 m_B 改变为 $m_B + m_B = 1/6 + 1/6 = 2/6$，写入第二行，再从中选出生产比倒数最小的品种 C 作为第三个投产产品；

第四，同样将，m_C 改变为 2/5 写入第四行，从中选出生产比倒数最小的品种，A 和 D 的生产比倒数相同。这时选原先已被选入的 A 作为第四个投产品种；

第五，将已更新过的 A 的生产比倒数 2/8 再加 1/8 等于 3/8 写入第五行，再从中选出生产比倒数最小的产品，即选出 $m_D = 1/4$ 的 D 产品作为第五个投产品种……以后各品种的投产顺序均照此计算，直至一个循环流程的产量达到 27 个为止。此时各品种的生产比倒数 m_i 均已变为 1。最后得到的 6 组 14 个零件的投产顺序如表 8-5 第 27 行所示。

表 8-5　生产比倒数安排投产顺序演算过程

计算过程	品　　　种						投产顺序
	A	B₂	C	D₃	E₃	F₄	
1	1/8*	1/6	1/5	1/4	1/3	1	A
2	2/8	1/6*	1/5	1/4	1/3	1	AB
3	2/8	2/6	1/5*	1/4	1/3	1	ABC
4	2/8*	2/6	2/5	1/4	1/3	1	ABCA
5	3/8	2/6	2/5	1/4*	1/3	1	ABCAD
6	3/8	2/6*	2/5	2/4	1/3	1	ABCADB
7	3/8	3/6	2/5	2/4	1/3*	1	ABCADBE
8	3/8*	3/6	2/5	2/4	2/3	1	ABCADBEA
9	4/8	3/6	2/5*	2/4	2/3	1	ABCADBEAC
10	4/8*	3/6	3/5	2/4	2/3	1	ABCADBEACA
11	5/8	3/6*	3/5	2/4	2/3	1	ABCADBEACAA
12	5/8	4/6	3/5	2/4*	2/3	1	ABCADBEACAAD
13	5/8	4/6	3/5*	3/4	2/3	1	ABCADBEACAADC
14	5/8*	4/6	4/5	3/4	2/3	1	ABCADBEACAADCA
15	6/8	4/6*	4/5	3/4	2/3	1	ABCADBEACAADCAB

计算过程	品			种			投产顺序
	A	B_2	C	D_3	E_3	F_4	
16	6/8	5/6	4/5	3/4	2/3*	1	ABCADBEACAADCABE
17	6/8*	5/6	4/5	3/4	3/3	1	ABCADBEACAADCABEA
18	7/8	5/6	4/5*	3/4*	1	1	ABCADBEACAADCABEAD
19	7/8	5/6	5/5	4/4	1	1	ABCADBEACAADCABEADC
20	7/8	5/6*	1	1	1	1	ABCADBEACAADCABEADCB
21	7/8*	6/6	1	1	1	1	ABCADBEACAADCABEADCBA
22	8/8	1*	1	1	1	1	ABCADBEACAADCABEADCBAB
23	1*		1	1	1	1	ABCADBEACAADCABEADCBABA
24			1*	1	1	1	ABCADBEACAADCABEADCBABAC
25				1*	1	1	ABCADBEACAADCABEADCBABACD
26					1*	1	ABCADBEACAADCABEADCBABACDE
27						1*	ABCADBEACAADCABEADCBABACDEF

（3）平衡生产能力，核算关键设备的负荷。某班组关键设备平衡结果，如表8-6所示。

表 8-6　生产能力平衡表

设备名称	设备可供台时/班	工序	月产量/件	班定额/件	折合班次	班次合计	压缩后班次		平衡结果
							压	合计	
X52 铣床	48	211-1 工序	8000	800	10	42.5		42.5	＋5.5
		211-5 工序	8000	800	10				
		332-2 工序	6000	800	7.5				
		322-3 工序	6000	800	7.5				
		FY-200A-5 工序	3000	400	7.5				
C616 车床	48	318-1 工序	6000	200	30	54	12%	48	平
		309-2 工序	3000	240	12.5				
		2504-1 工序	4000	350	11.5				
Z3040×16 钻床	48	318-2 工序	6000	800	7.5	54.5	10%	49.05	－1.05
		318-5 工序	6000	500	12				
		318-6 工序	6000	300	20				
		318-7 工序	6000	400	15				
合计	144					151		139.55	

（4）编制混流生产线的生产作业进度表。根据投产顺序编制生产作业计划，每个循环流程批量可以根据循环次数来确定。本例中若循环一次，则各组批量为1000。生产作业进度表如表8-7所示，生产能力需求表如表8-8所示。

表8-7 生产作业进度表

代号	零件号	月产量	1	2	3	4	5	6	7	8	...	...	25	26	27	28	29	30	31
											工 作 日								
A	7655 211	8000	1000			1000				1000									
B_2	318	6000		1000				1000											
	322	6000		1000				1000											
C	315	5000			1000														
D_3	2501	4000					1000												
	2504	4000					1000												
	207	4000					1000												
E_3	509	3000							1000					1000					
	FY-200A 1	3000							1000					1000					
	3	3000							1000					1000					
F_4	D-4 9	1000													1000				
	12	1000													1000				
	14	1000													1000				
	D-9 2	1000													1000				

表 8-8　生产能力需求表

序号	代号	零件名称	台份量	年产量	40T 冲床			100T 冲床			250T 冲床		
					工序号	台时定额	台时	工序号	台时定额	台时	工序号	台时定额	台时
1	A	离合器弹簧片	6	90 000	30	0.2341'	351	40	0.117'	176			
2	B	离合器固定片	1	15 000				20	0.13'	33			
3	C	离合器分离叉	1	12 000	40 50	0.4'	80				20 30	0.801'	160
4	D	钩板	1	12 000	20 30	0.22'	44						
5	E	左、右角板	2	30 000							20 50	1.70'	426
6	F	车厢前支架	2	30 000							20 30	0.85'	415
7	G	加固板	1	15 000				20	0.2'	50			
8	H	挡泥板支架	2	30 000									
9	I	转向节肖盖	4	60 000	20	0.08'	80						
10	J	防尘垫护盖	2	24 000	30	0.1'	40						
11	K	58 加固板	1	15 000	70	0.24'	60				20 30 40	1.1'	275
		合计					655			259			1276

8.4.3 成批定期轮番生产作业计划的编制

有些企业产品方向相对稳定，产品品种多，在一定时间内不断重复和交替生产若干种零件。过去采用"在制品定额法"编制这种类型的生产作业计划，具有一定的可行性。当月度生产计划改为滚动计划后，编制生产作业计划的时间紧迫，工作量大，各月生产量不平衡，往往会打破正常的生产秩序。为了适应这种情况，提高计划编制效率，创造有节奏的生产条件，需要探索新的计划编制方法。下面结合某冲压件厂的实际情况，介绍一种成批定期轮番生产作业计划的编制方法。

1. 生产能力平衡

核算与平衡生产能力，是编制生产作业计划必不可少的一项工作。具体步骤如下：首先根据工艺文件规定，将全部零件与所用设备进行归类分组，分别计算出各设备组可提供的台时定额；按照年度生产纲领和最高储备定额，计算出各零件的年产量，按各零件、工序和工时定额计算并汇总出所需的各设备组的台时定额；将设备组可提供的有效台时与生产所需的各设备组的台时定额进行平衡。最后，确定设备组的负荷（表 8-9）。

表 8-9 设备组的台时定额平衡表

序号	零件名称	台份量成本/元	轮番方式	月最大批量/件	投入期/月与负荷/工时					
					第一月	第二月	第三月	第四月	第五月	第六月
1	右角扳	2.78	双月	2500	16		16		16	
2	左角板	2.78	双月	2500	16		16		16	
3	驾驶室前支架	2.91	双月	5000		50		50		50
4	后挡泥板	5.80	月		8	8	8	8	8	8
5	副钢板支架	6.02	月		33	33	33	33	33	33
6	调整偏心	2.34	双月		29		29		29	
7	齿板	2.18	双月			13		13		13
8	喷管后部	0.35	季		17			17		
9	副拉手	0.53	季			9			9	
10	托架夹板	0.56	季				14			14
11	左加强板	0.19	季		7			7		
12	右加强板	0.18	季		7			7		
13	支架左侧板	2.17	双月		7		7		7	
14	支架右侧板	2.17	双月		7		7		7	
	合计				147	113	130	135	125	118

2. 确定生产零件的轮番方式

确定轮番方式，就是确定零件的生产间隔期。为了便于生产组织与管理。轮番方式一般分为三种：季度轮番、双月轮番和月轮番。根据 ABC 分类法的原理，以零件价值量为标准，并考虑生产条件的可能性，确定每个设备组各种零件生产的轮番方式。A 类定为月轮番生产；B 类定为双月轮番生产；C 类定为季度轮番生产。A 类零件价值约占全部零件价值的 80% 左右。

先安排 A 类件，定为月轮番生产，然后，对季度和双月轮番生产的零件，按月进行分配，即初步确定投入期（月）。分配后按月度最大生产批量进行月度设备负荷的平衡，必要时进行调整。以保证各月负荷的均匀性。例如，160 吨冲床生产的零件划类和分配情况如表 8-9 所示。

3. 确定生产零件的投入量

成批定期轮番计划的特点，就是零件生产的投入期（月）固定不变，只要批量不超过经过负荷平衡的最大批量，设备能力就是足够的。这样，各月零件生产的品种就可相对稳定。

在年度生产纲领没有大变动的情况下，各月生产零件的投入量（Q）是根据库存最高储备定额水平来确定的，其基本原理如图 8-12 所示。这样，月度滚动生产计划虽然有一定幅度的波动，但可以通过库存储备量的吸收和缓冲来适应。月度生产作业计划的编制，不直接受月度滚动生产计划的约束，就可以提前编制计划，提高工作效率。但是，月度生产作业计划的变动会影响到各月作业量大小的变化，需要采取其他措施来解决。

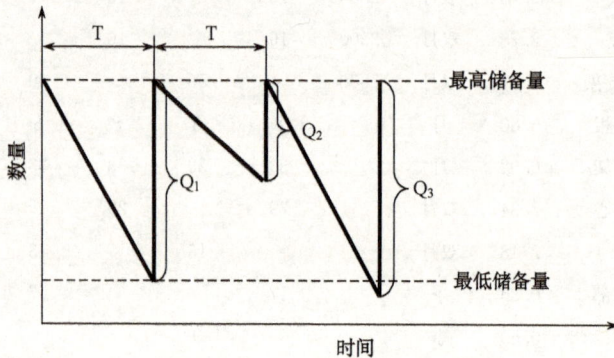

图 8-12　零件生产的投入量与库存最高储备定额水平的关系

4. 合理安排作业顺序

在成批轮番生产中，一种设备往往承担多种零件或不同工序的任务，在设备能力和零件工时定额已经确定的情况下，作业分配要考虑经济合理的问题。也就是说。要合理安排加工顺序，找出一个最优的方案。例如，250 吨冲床和 160 吨冲床生产一批零件的有关数据如表 8-10 所示。

表 8-10 一批零件的有关加工数据表

代号	零件名称	160 吨冲床加工时间	250 吨冲床加工时间
A	副钢架支板	①37 小时	②27 小时
B	后挡泥板	①12 小时	② 7 小时
C	驾驶室前支板	①22 小时	②28 小时

如果按表 8-10 的顺序，所需生产周期为 99 小时，如图 8-13（a）所示。若按"求最短加工时间顺序法"排列生产顺序，则生产周期仅需 87 小时，节约 12 小时，如图 8-13（b）所示。

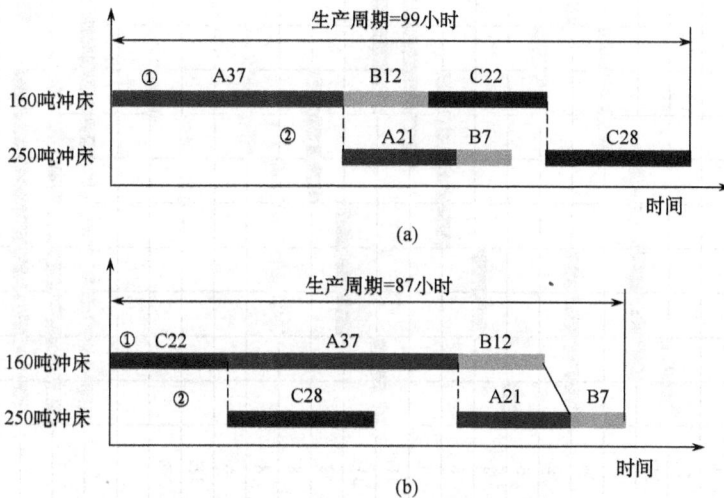

图 8-13 不同顺序安排的生产周期比较

5. 编制生产作业日历进度表

在年度生产大纲基本不变，月度滚动计划变动幅度不超过库存储备量缓冲允许范围时，可以编制标准的生产作业日历进度表。由于采用季、双月、月三种轮番方式，因此，就需要编制六种标准作业计划。所谓标准计划，这里是指零件投入期和产出期是标准的。

表 8-11 列举了三种零件工作进度表的例子。它们按不同的生产间隔期在同一生产线上成批、定期轮番生产。表的下部还绘制了机床设备负荷平衡表。从表中可以看到设备负荷基本是饱满和均衡的。

表 8-11 三种零件的工作进度安排表

零件编号	装配每日需用量	批量	工序编号	机床编号或工作地名称	每班产量	每批需用班次数	工作日 1–20（进度图）
0001	70 生产间隔期10天 生产周期10天	700	1	06号铣床	175	4	
			2	01号车床	70	10	
			3	热处理车间	/	3日	
			4	15号磨床	70	10	
			5	钳工组	115	6	
0005	100 生产间隔期10天 生产周期18天	1000	1	01号车床	500	2	
			2	钳工组	165	6	
			3	15号磨床	125	8	
			4	06号铣床	125	8	
			5	07号刨床	100	10	
			6	电镀车间	/	3日	
			7	X光探伤室	/	3日	
0203	50 生产间隔期10天 生产周期20天	600	1	06号铣床	75	8	
			2	01号车床	75	8	
			3	钳工组	75	8	
			4	07号刨床	100	6	
			5	热处理车间	/	3日	
			6	X光探伤室	/	3日	
综合平衡				06号铣床			
				01号车床			
				15号磨床			
				07号刨床			
				钳工组			

8.4.4 作业排序方法

在车间生产第一线工作的计划人员经常遇到的问题是：有几项任务依次经过工作地，每项任务在每个工作地加工所需的时间不等，如何安排这些任务加工的先后次序，才能使完成这些任务的总时间最短？这就是作业排序问题。无论是混流生产、轮番生产或者是单件生产，都会遇到这种问题。合理的作业顺序，对保证生产任务完成，控制在制品流转，缩短生产周期，实现均衡生产，减少设备和人员的空闲时间等都有重要的作用。许多实际工作者各自都有一套安排加工顺序的规则，例如先到先干、后到先干，最急先干，最长先干，最短先干等。这些规则都有一定道理，但并不一定都是经济的，也不具有普遍的意义。1954 年，S. M. 约翰逊第一次系统地提出了两台机床、几种零件加工顺序安排的方法。这是一种比较简便的方法，其他方法基本上是这种方法的扩展。下面介绍几种实用的作业排序方法。

1. 一台设备，n 种作业的排序方法

设有 7 种产品（零件）要在一台设备上加工，每种产品都有预定的交货期和工时定额。如表 8-12 所示。

表 8-12　7 种产品预定的交货期和给定的工时定额

零件编号	A	B	C	D	E	F	G
工时定额/天	1	2	3	3	4	6	7
交货日期	13	10	10	27	11	6	9

由于单台设备同时不能加工两种以上产品，因此，这类作业的合理排序，实质上是解决如何安排能使耽误交货期的时间最少的问题。在组织装配用的零件按期配套生产等情况下，这种合理排序方法是有实际意义的。

假定有两种方案，一种是按计划交货日期的先后来安排，如表 8-13（a）所示。结果有五种产品要耽误，不能按时交货，共耽误 38 天；另一种完工日期尽可能等于交货日期的零件加工优先安排，如表 8-13（b）所示。结果只有三种产品不能按时交货，共耽误 20 天。显然，后一种安排为优。由此可以看出，合理安排加工顺序的重要性和规律性。

表 8-13（a）　按计划交货日期的先后安排加工

零件加工顺序	1	2	3	4	5	6	7
零件编号	F	G	B	C	E	A	D
该零件所需加工时间/天	6	7	2	3	4	1	3
计划交货日期	6	9	10	10	11	13	27
完工日期	6	13	15	18	22	23	26
延误时间/天	0	4	5	8	11	10	0

表 8-13 （b）　尽可能等于交货日期的零件优先安排加工

零件加工顺序	1	2	3	1	5	6	7
零件编号	F	B	C	A	E	G	D
该零件所需加工时间/天	6	2	3	1	4	7	3
计划交货日期	6	10	10	13	11	9	27
完工日期	6	8	11	12	16	23	26
延误日期/天	0	0	1	0	5	14	0

在一般情况下，设第 n 加工顺序号产品的加工时间为 t_i，其完工日期为 d_n，计划交货日期为 D_n。则

$$d_n = \sum_{i=1}^{n} t_i$$

根据上述计算公式安排产品的加工顺序，应当将 $d_n - D_n = 0$ 的产品优先安排，而将 $d_n - D_n > 0$ 的产品靠后安排。最后安排计划交货日期较迟的产品，这样有可能使最后安排的产品的 $d_n - D_n > 0$ 或者 d_n 与 D_n 尽量相接近。安排产品的加工顺序时，使 $d_n - D_n$ 尽可能等于零，即能满足计划交货日期的要求。该值大于零，表明不能按期交货；如果小于零较多，表明提前完成的时间太多，同样不合理。

假设有四种产品（零件）在一台设备上加工，该种设备（如冲床）在加工一种零件后，若要加工另一种零件就要更换工艺装备（如冲模）和重新调整设备。因此，就要有一个工艺性的中断转换时间。不同的前后产品零件所需中断转换时间常常是不同的。工艺性中断时间如表 8-14 所示。从表 8-14 可知，不同的加工顺序，中断时间的总和也不同。应该找到一个合理的加工顺序，使中断时间的总和最小。由于每种零件所需的加工时间是额定的，与加工顺序无关。因此，找到中断时间最短，也就是总的加工时间最短。

表 8-14　不同的前后产品零件具有不同的中断转换时间

转换时间　先加工＼后加工	A	B	C	D	转换时间　先加工＼后加工	A	B	C	D
A	0	1	3	2	C	1	2	0	4
B	3	0	2	3	D	5	3	2	0

按表 8-14 所提供的数据，安排几种不同的加工顺序所需的工艺性中断时间总和，如表 8-15 所示。

表 8-15　不同加工顺序组合所需的工艺性中断时间总和比较

零件加工顺序	所需工艺性中断时间总和
A—B—C—D—A	1＋2＋4＋5＝12
A—B—D—C—A	1＋3＋2＋1＝7
A—C—B—D—A	3＋2＋3＋5＝13
A—C—D—B—A	3＋4＋3＋3＝13
A—D—C—B—A	2＋2＋2＋3＝9
A—D—B—C—A	2＋3＋2＋1＝8

通过以上六种加工顺序的安排,对其工艺性中断时间总和的比较,可得出最优的加工顺序安排是 A—B—D—C。

这四种零件在该设备上的加工顺序的排列方案,根据排列公式,共有 $4!＝4×3×2×1＝24$ 个。这一类问题。从数学模型的形式上看,与运筹学中的"货郎问题"近似,因此也可以利用"货郎问题"的解法,求出最优的加工顺序。

2. 两台设备,n 种作业的排序方法

在两台设备上生产 n 种产品时。可按最小值规则进行合理的作业排序。例如:有 ABCDE 五种零件均需在车床上加工,再在铣床上加工。各种零件在两种设备上加工所需的工时如表 8-16 所示。

表 8-16　各种零件在两种设备上加工所需的工时　　（单位：小时）

设 备	A	B	C	D	E
M_1 车床/t_{ai}	6	8	12	3	7
M_2 铣床/t_{bi}	11	8	5	3	4

按最小值排序的规则如下:

(1) 从 M_1、M_2 各工序的 t_{ai}、t_{bi} 中,找出最小值。如果最小值属于 M_1 行的一个,则该零件最先加工;如属 M_2 一行的,则该零件最后加工。若零件在 M_1、M_2 上的加工时间相等时,两者任取其一排列。

(2) 将已排列的零件剔除,其余零件重复上述步骤,直到排序结束。

按上述规则,四个零件的作业排序如表 8-17 所示。

表 8-17　最小值排序的规则过程

序号	机床	工时	A	B	C	D	E	排　　序
1	M_1	t_{ai}	6	8	12	3*	7	D □ □ □ □
	M_2	t_{bi}	11	8	5	3	4	
2	M_1	t_{ai}	6	8	12	(3*)	7	D □ □ □ E
	M_2	t_{bi}	11	8	5	(3)	4*	

序号	机床	工时	A	B	C	D	E	排　序
3	M_1	t_{ai}	6	8	12	(3*)	(7)	D 　 　 C E
	M_2	t_{bi}	11	8	5*	(3)	(4*)	
4	M_1	t_{ai}	6*	8	(12)	(3*)	(7)	D A 　 C E
	M_2	t_{bi}	11	8	(5*)	(3)	(4*)	
5	M_1	t_{ai}	(6*)	8	(12)	(3*)	(7)	D A B C E
	M_2	t_{bi}	(11)	8	(5*)	(3)	(4*)	

注：表中 * 数字重复出现时，可省略

可见，四个零件最优排序的总加工时间为：3＋6＋8＋12＋7＋4＝40 小时。顺便指出，若第一步取 t_{bi}＝3 小时，那么 D 产品应安排最后加工，则排列加工顺序改为 ABCED，总加工时间仍为 40 小时。

3. m 种设备，n 种作业的排序方法

假设某厂有四批零件依次在四种设备上加工，产品结构不同，各种设备加工工时不等，有关数据如表 8-18 所示。

表 8-18　四批零件依次在四种设备上加工工时　（单位：小时）

产　品	设　备			
	m_1	m_2	m_3	m_4
A	8	12	8	6
B	6	9	4	14
C	10	7	5	7
D	14	3	10	10

进行作业排序的具体方法如下：

（1）按照加工顺序，把设备分成前半部和后半部。若设备为奇数，则中间设备的工时平分到前、后两部分的数值上，也可不平分即分别加到前、后两部分的数值上。有关数据列成表 8-19 的形式。

表 8-19　四批零件依次在四种设备上加工的排序规则

产　品	前半部 m_1'	设　备				后半部 m_2'
		m_1	m_2	m_3	m_4	
A	20	8	12	8	6	14* ③
B	15* ②	6	9	4	14	18
C	17	10	7	5	7	12* ④
D	7* ①	4	3	10	10	20

（2）进行作业排序。排序的规则是：在前半部和后半部的列内选择最小数或接近最小数（如有两个以上时，则选头或尾两个机床加工工时之和最小者，尤其要优先选头或尾一个机床加工工时最小者）。如果这个数在前半部的列内，就在该数右旁做"＊"的标记，表示这个数所在行的产品应排住第一；如果这个数在后半部的列内，就在该数的右旁做"＊"的标记，表示这个数所在行内产品应排住最后。继续在余下的前半部或后半部的数值中选出最小值或接近最小值，分别做出"＊"的标记，同时也可直接在所确定的数字和"＊"旁加注序号，一直到排序结束为止。

根据上述排序规则，最后得到的作业排序为D—B—A—C。

（3）总加工时间的计算为54小时。如图8-14所示。

在一般情况下，采用上述方法得到的排序方案，大多数情况下并不是最优的，而是可行的较为满意的方案。

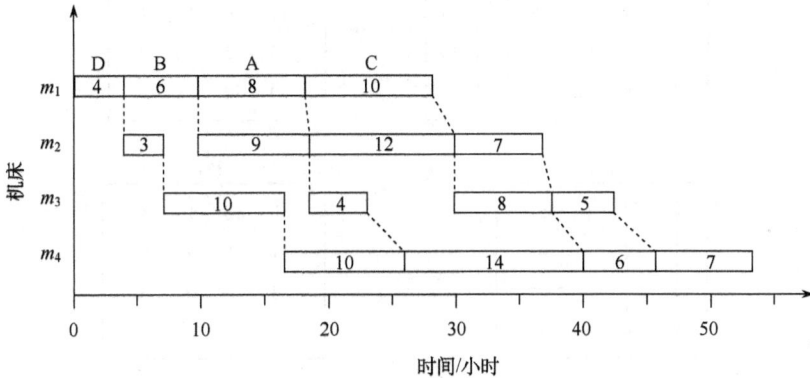

图8-14 用甘特图计算总加工时间

8.4.5 生产任务分配

作业顺序只是解决生产任务加工先后顺序的优化方案问题。在日常生产中还有一类问题，就是生产的经济效益并不取决于任务加工的先后顺序，而取决于任务如何分配。生产任务分配方案不同，生产的进经济效益就不同。生产任务分配问题简便的求解方法，是由匈牙利数学家奎涅克（C. Konig）提出的匈牙利法。

例如，有4项任务可分配给4个小组加工，但各小组完成各项任务所需的工时不同（表8-20），应如何分配任务，才能使总的加工时间最少，效率最高？

表 8-20 各小组完成各项任务所需的工时不同

任务＼小组	A	B	C	D
I	2	10	5	7
II	15	4	14	8
III	13	15	12	10
IV	5	15	13	9

求解方法：

（1）行缩减。各行元素均减本行中的最小元素（即工时最少的元素），使每行都有零元素，如图 8-15 中矩阵（1）→（2）。

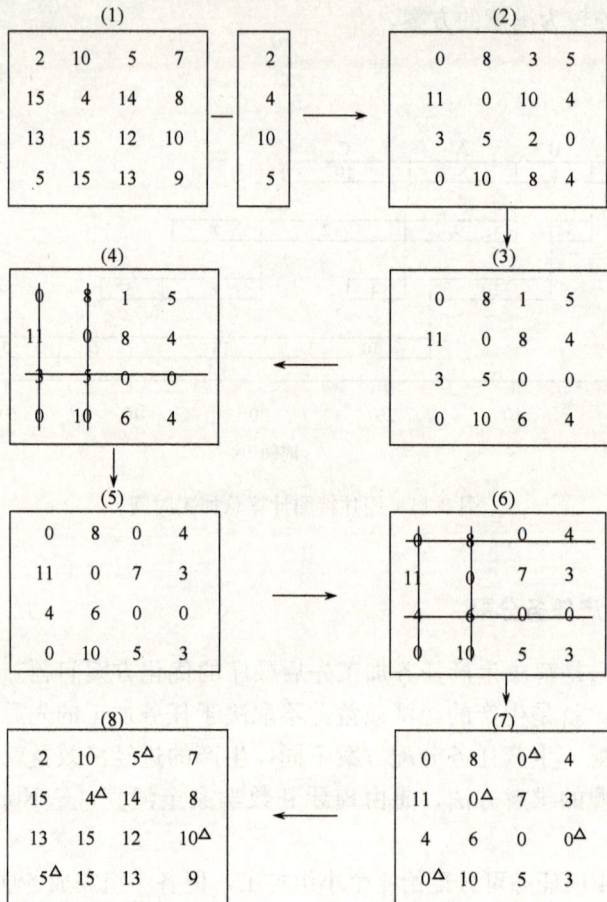

图 8-15 奎涅克算法过程示意图

（2）列缩减。没有零的列，各元素均减去本列中的最小元素。使每列都有零元素。本例中第三列各元素均减 2，如图 8-15 中矩阵（2）→（3）。

（3）用最少的行线或列线划去零。若行划线和列划线总数等于任务数 n，则该矩阵有最优解。若不等于 n，如本例中用三条划线即可划去矩阵中所有的零，再进行第 4 步（图 8-15 中矩阵（4））。

（4）未被划到的各元素，减去其中最小的元素，在本例中最小的元素为 1，而所划行线与列线交叉处的元素，加上该最小元素，得到一新的矩阵（图 8-15 中矩阵（5））。

（5）回到第 3 步，用最少的行线或列线，划去矩阵中的零。第（3）、第（4）步循环进行，直至行划线与列划线总数与任务数 n 相等。本例中，$n＝4$，有 4 条划线时即有最优解（如图 8-15 中矩阵（6））。

（6）从零最少的行或列开始依次分配任务。本例中第 2 行只有一个零，0_{IIB}，先将任务 B 分配给第 II 组；第 4 行只有一个零，0_{IVA}，将任务 A 分配给第 IV 组；第 4 列只有一个零，0_{IIID}，将任务分配给第 III 组；最后将剩下的任务 C 分配给第 I 组（如图 8-15 中矩阵（7））。

得最优分配方案为：I（C）、II（B）、III（D）、IV（A）。

最小总工时为：5＋4＋10＋5＝24（小时）。

➤ 思考题

1. 生产作业计划与生产计划有何不同？
2. 如何理解生产作业计划的时空观？
3. 生产作业计划包括哪些内容？
4. 什么是期量标准？不同的生产批量各有哪些期量标准？
5. 产品的生产周期是怎样确定的？
6. 厂级生产作业计划的计划单位有哪几种？

➤ 练习题

1. 设某制品经过串行的三条流水线制成，三条流水线各有 30 个工位（含空工位），设第一条流水线前的运输在制品有 20 套；第一、二条流水线间的运输在制品有 20 套；第二、三条流水线间的运输在制品有 20 套。车间库房有保险在制品 100 套，每工位无保险在制品，但允许有一个在制品处于等待状态。问该制品生产过程中的在制品总数是多少？

2. 设某制品经过三个车间制成，单个制品的生产周期（在三个车间内的加工时间之和：第一个车间加工 3 天，第二个车间加工 3 天，第三个车间加工 4 天）为 10 天；正常情况下，三个车间协作生产时每天可完成 50 套。有客户订货 300 套，若不考虑保险期，问投产之日起，在多少天后该客户可取到这一批货?

3. 设某制品经过四个车间制成，单个制品的生产周期（在四个车间内的加工时间之和：第一个车间加工 2 天，第二个车间加工 3 天，第三个车间加工 2 天，第四个车间加工 2 天）为 9 天；正常情况下，四个车间协作生产时每天可完成 50 套。根据累计编号法确定，第 8 天上班开始时，第一个车间的投入号和产出号分别为多少?

4. 设某一混合流水线生产 A、B、C、D 四种产品，其产量分别为 4000、2000、3000、1000 单位，试用生产比倒数法确定投产顺序。

5. 设有五种零件依次经过四台设备加工，有关数据如下表所示。

产品 \ 设备	M_1	M_2	M_3	M_4
A	6	8	9	7
B	5	7	8	10
C	8	6	10	8
D	11	6	7	6

定额的时间单位为"分"。请进行作业优化排序，并作横道图（甘特图）。

第 9 章

生 产 控 制

9.1 生产控制的作用和内容

在生产计划的实际执行过程中，由于受到各种因素影响，计划与实施之间必然会产生差异。这种差异主要表现在生产进度的快慢、生产数量的多少、人员与设备的忙闲不一等，以至不能完成计划和按期交货。

为保证完成企业的生产计划，实现企业的经营目标，取得良好的经济效益，必须对企业的生产活动进行有效的控制。

所谓生产控制，就是按生产计划的要求，组织生产作业计划的实施，全面地掌握企业的生产情况，了解计划与实际之间发生的差异及其原因，及时调整生产进度，调配劳动力，合理利用生产设备，控制物料供应和储存，以及厂内外的运输工作，并统一组织力量，做好生产服务工作。换句话说，生产控制是指为使生产达到预定的目标，而依据有关的计划和标准，对生产活动进行监督、检查、发现偏差、进行调节和校正等一系列活动的总称。生产控制主要内容包括：生产调度、产前准备、生产作业现场控制等内容。

生产控制的任务不仅要保证生产过程中物质流畅通，同时还要保证信息流畅通。只有保证信息流畅通，才能及时发现问题，分析原因，采取措施，有效地解决问题，保证生产活动正常进行。

9.1.1 生产控制的主要作用

（1）生产控制是保证企业生产经营活动得以持续进行的重要环节。通过对生产过程有效控制，组织企业均衡、连续生产，有效利用人、财、物等各类资源，逐步减少原材料、在制品、产成品的库存量，建立合理的库存储备，以提高企业适应市场需求变化的能力。

（2）生产控制是解决生产问题的重要手段。按照生产作业计划的要求，组织企业的生产活动，经常检查计划的执行，掌握在制品在各个工艺阶段的投入和生产的动态，解决生产中出现的问题，保证如期完成各项生产任务。

（3）生产控制是调节生产的有效工具。在生产过程中，协调生产与各项生产准备工作的关系，进行各环节的平衡衔接，防止在生产过程中出现阻塞或脱节的现象，保障生产正常进行。

（4）生产控制是实现生产作业计划的有效手段。通过计量、统计、比较，组织生产信息的传递和反馈，掌握计划与实际的偏差，并使偏差及时得到校正。

（5）生产控制推动管理工作的改善和计划水平的提高。生产控制通过收集和处理生产过程中的信息而展开工作。这些信息从不同侧面反映了生产运行及其组织管理状况。当这些信息反映出某些决策失误或计划不当时，就能及时反馈到计划部门，为计划的修正和下期计划的制订提供依据，从而推动管理工作的改善和计划水平的提高。

9.1.2　生产控制的基本内容

（1）确定工艺流程。这是生产控制的起点和基础，根据产品的技术要求，结合企业实际的生产技术条件，选择最好的既能够保证产品质量，又能取得最大经济效果的工艺方法和生产流程。

（2）安排生产进度计划。这是生产控制的前提。按照既定的生产周期、批量和交货期限的要求，在生产能力平衡和资源落实的基础上，确定每种产品的投入与生产产出日期和每道工序完成的目标日程，把作业计划落实到每一机台、工作地和每个操作者。

（3）下达生产指令。这是生产控制的重要手段。根据产品进度计划规定的投入日程，提前下达生产准备指令，及时把人员与设备、工装调整好，把工艺资料、工装、材料、毛坯成套地送到工作地，然后下达生产指令和检验指令。

（4）生产进度控制。这是生产控制成败的关键。从生产准备到每一道工序的完成以及产品入库的全过程，对产品实行追踪检查，及时掌握每道工序、每个工作地的产品的周转和储存的动态和静态方面的信息，发现问题，及时采取措施消除实施与计划的偏差，保证计划按进度完成。

■9.2　生产控制的功能

生产控制的主要功能可分为：进度管理、实物管理、余力管理、信息管理。

9.2.1 进度管理

生产控制的核心是进度管理。所谓进度管理，就是严格地按照生产进度计划要求，掌握作业标准与工序能力的平衡，时间从作业准备开始到作业结束为止产品生产全过程。作业标准指劳动定额、质量标准、材料消耗定额等。工序能力指一台设备或一个工作地的生产能力。

根据生产进度计划规定，掌握作业速度，调整速度，调整进度上的延迟和冒进，以保证交货期和生产进度计划的实现。进度管理的业务主要有以下三个方面：

1）作业分配

根据生产能力负荷平衡进行作业分配，按照生产进度计划的日程要求，发布生产指令。就是按照产品工艺流程来确定各车间的作业任务，安排产品的投入产出日程，并把各项任务落实到每台机床、班组和个人。在大批量生产条件下，作业指令主要规定不同品种的产量；在单件或成批生产的条件下，采用工票、加工路线单、派工单等形式，除规定品种数量外，还要发布各项作业完工期限的作业指令。

2）进度控制

根据各项原始记录及生产作业统计报表，进行作业分析，确定每天生产进度，并查明计划与实际进度出现偏离的原因。在大量生产条件下，主要控制生产节拍、平均日产量和在制品、库存半成品的变化趋势；在成批生产条件下，控制的主要对象是投入、产出的提前期与库存零件的成套水平，以及生产的均衡程度；在单件、小批生产条件下，控制的主要目标是产品的标准生产周期与实际进度的差异，主要零件的工序进度。无论哪一种类型的生产企业，都要严格控制设备负荷率和工序能力的变化。

3）偏离校正

进度管理的目的，不仅要及时发现计划与实际的偏离情况，采取有效的措施，予以消除，还要提高预防性，预防偏离情况的发展。在进度控制中，发现有延迟的情况，应立即采取调整交货期较晚的任务和次序，或利用调整班次、增加人员、外部协作等临时性措施，加以校正。但是防止偏离的根本方法，有待于查明和消除发生偏离的原因。为了能够应付突然到来的任务或特急的任务，应经常保持一定的生产余力予以缓冲。

9.2.2 余力管理

所谓余力，是指计划期内一定生产工序的生产能力同该期已经承担的负荷的差值。余力有正负之分，能力大于负荷为正余力，表示能力有余；能力小于负荷为负余力，表示能力不足。余力管理的目的，一是要保证实现计划规定的进度，二是要经常掌握车间、机械设备和作业人员的实际生产能力和实际生产数量，通过作业的分配和调整，谋求生产能力和负荷之间的平衡，做到既不出现工作量过多，也不发生窝工的现象。

在生产计划编制阶段，虽然进行过生产能力与生产任务之间的平衡，但这种平衡毕竟是在一定时期内的相对平衡。在组织生产的过程中，由于各方面因素的影响，生产会出现新的不平衡，需要重新组织和再平衡。因此余力管理是生产控制过程中的一项重要内容。特别是在单件生产方式中，常常由于突然的任务，需要对原来的进度计划进行变动和补充。在这种情况下，掌握不同车间、不同设备的余力，是十分必要的。在单件小批生产情况下，可以采用零件工序生产进度表的形式来掌握余力。

生产有余力，即出现空闲情况（正余力），就要采取提前计划进度和支援其他生产单位等调整措施，减少窝工。在出现超负荷的情况下（负余力），可以延迟生产计划进度，采取调整班次、重新分配任务、利用外协等措施，加以平衡。

9.2.3　实物管理

实物管理，就是对物质材料、在制品和成品，明确其任意时间点的位置和数量的管理。在实物管理中，搞好在制品管理和搬运管理，又是实现生产有效控制的首要环节。

在制品管理的主要任务是：在整个生产过程中，保持实现均衡和配套生产所需的在制品数量，严格控制在制品的储备量和在各个生产环节的流转动态，以缩短生产周期，加速流动资金的周转。为了有效地进行在制品管理，应结合企业的管理状况，认真做好以下工作：

1. 管理车间在制品、库存在制品的流转和统计

车间在制品，是指在车间内部正在加工、检验、运输和停放尚未完工入库的在制品。库存在制品是指车间之间待配套装配和加工的在制品，通常存放在毛坯库和零件库中。这一种类型的在制品，也是一种生产能力，是储存起来的生产能力，具有调节和缓冲生产的作用。它们通常是通过作业统计进行管理的。

要管好在制品的流转和统计，必须及时处理在制品的增减，建立严格的交接手续，严格控制投料，及时处理废次品，定期清点盘存，保证账物相符。在大批量生产条件下，在制品的数量比较稳定，并有标准在制品定额，在生产过程的移动是沿一定的路线有节奏地进行。因此通常采用轮班任务表，结合统计台账来控制在制品的数量和流转。在单件小批生产条件和成批生产条件下，由于产品品种以及投入和生产的批量比较复杂，通常采用加工路线单和工作票等凭证以及统计台账来控制在制品的数量和流转。

在制品在流转过程中，不可避免地会发生次品和废品，一旦发现，要及时做好隔离工作，防止不合格产品混入合格产品中。

2. 确定半成品、在制品的合理储备和进行成套性检查

各种半成品、在制品的合理储备，是组织均衡生产的重要条件。合理储备量的确定，取决于企业的生产类型和生产组织形式以及原材料、外购件、生产批量等因素。在制品过多，会影响资金周转；过少，会影响产品配套。要根据各道工序需要的情况加以确定。车间和仓库都要建立毛坯、零件成套率的检查制度和对储备量的检查制度，要注意掌握在制品的变化情况，及时进行调节，使在制品数量保持在定额水平。

3. 加强存储管理，发挥中间仓库的控制作用

加强存储管理，要规定在制品的保管场所和方法，明确保管责任，严格准确地执行车间（工序）之间的收付制度。重点是要求严格掌握库存在制品数量动态变化，做到账物相符，账账相符。中间仓库做好在制品的保存、配套发放等工作，生产控制通过这些工作来检查生产车间严格按照作业计划的规定发放和接收在制品，并要定期组织在制品盘点，查清数量，调整台账数字。

4. 重视搬动管理，提高物料流转过程中物料的实物运转效率

所谓物料搬动管理，是指为提高物料流动、仓库储存、工业包装的作业效率所进行的管理工作。

工业企业的生产过程，从某种意义上说，也就是物料的流动过程。它由加工和装配、检验、装卸、运输和储存四类作业以及各种停顿时间所组成。物料搬动的职能是组织企业内部整个物料的实物运动，它的范围是从物料供应单位的装配、检验、包装和入库，一直到发运出厂运到订货单位为止。因此，物料搬动管理工作不仅遍及企业内部，也涉及企业外部。

物料搬运工作的主要任务是：在需要的时间、用合适的运输工具将合理数量的合格制品搬运到指定的地点。

物料搬运工作好的标志是：尽可能缩短物料搬运距离，尽可能减少或取消搬运；确保物料及时流转，减少在制品数量；逆向搬运极小化；保证合理利用通道和过道；缩短运输时间，使停工待料时间极小化；保证产品质量，减少搬运过程中的磕碰、损失和变质情况的发生。

搬运对生产经营成果具有明显的影响，据我国某轴承厂的统计，每生产一吨轴承，厂内外（包括车间和仓库内部）的总搬运量约为 190 吨。这不仅对生产成本，而且对生产周期均具有重大影响。所以，物料搬运是生产管理的重要环节，也是实物管理中必须控制的一项内容。

为了做好物料搬运工作，要特别重视工作器具的作用，推行工作器具的合理化、标准化、定量化和省力化。

9.2.4 生产过程信息管理

生产控制过程，同时也是信息与反馈的过程。所有企业都是由管理部门利用

"人流"、"物流"、"资金流"、"信息流"来组织生产的。为了生产某项产品，供应部门按计划购买原材料，先入仓库，然后发到每一个生产单位进行加工处理，制成合格产品，经包装入库，发往用户，这就是一个"人流"、"物流"、"资金流"的过程。在这个过程中，伴随着大量的信息，如计划任务、人员调配、质量检查、专业核算等。这些信息都在不断地流转，形成信息流。信息流控制着"人流"、"物流"的流向和流量。例如，原材料投入生产时，同时就跟有按工序排列的加工路线单（或工票）和工艺卡片，上面说明该零件的加工件数、工时（台时）定额、工艺要求、检查结果等信息，当零件完工以后与跟随的加工路线单一起入库，这一系列的流动顺序，都是受信息控制的。又如：超额完成生产任务的信息，如不能及时到达材料供应部门，材料供应部门就无法做出反应，生产就要中断。随着企业生产规模的扩大，生产专业化程度的提高，企业与外界环境的联系越广泛，信息流的作用就越大，对信息流的传输速度和准确度要求就越高。如果所得到的反馈信息太迟，则作出的决策离实际情况也就越远。

生产过程的信息反馈基本上有以下三种。

（1）以生产工人为对象的信息反馈。把生产工人在一个作业班内的情况，如完成的产品品种、产量、工时和设备利用率以及执行计划的结果等信息，采用一定的报表格式，如实记录下来。

（2）以机械设备为对象的信息反馈。把机械设备加工处理的材料数量和完成的产量、质量、品种、台时利用以及执行计划的结果等信息，采用一定的设备或报表格式，如实记录。

（3）以产品（加工对象）为对象的信息反馈。把其一产品从原材料投入到制成产品的全部过程的情况，包括投入数量、生产数量、质量、消耗工（台）时等信息，采用一定的报表格式，如实记录。

信息传递要靠媒介。可以采用的媒介有纸张和电子计算机。不管哪种方式，都要制定科学合理的流转程序和传输路线，明确规定信息传输的责任制度（包括时间、地点、责任者），使各种信息按一定的流转程序和传输路线，准确及时地反馈上来。

信息传递有横向传递也有纵向传递。横向传递主要是指前后工序之间、各工种、各工作地、工段、车间之间、各职能部门之间的传输。纵向传输主要是指企业的各生产单位对主管职能部门、职能部门对厂部和主管领导的传输。无论是横向传输还是纵向传输，企业都要根据实际需要，按照一定的逻辑进行信息分类、收集和处理。要制定传输的路线和有关责任制度，以保证信息畅通、反馈准确、处理及时、控制有效。

图9-1为某企业工票传递路线示意图。

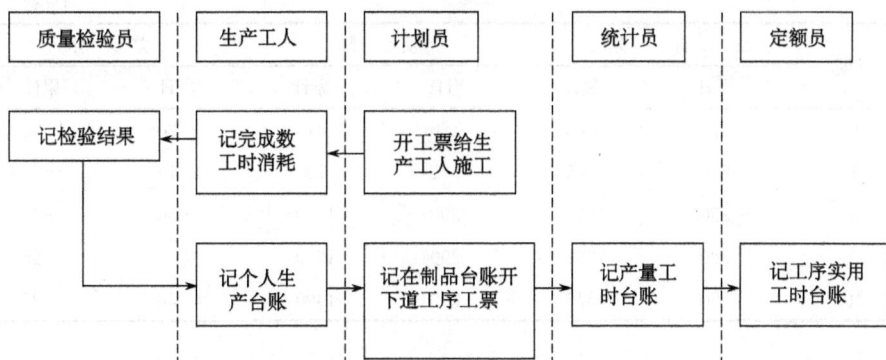

图 9-1 某企业工票传递路线示意图

9.3 生产控制的方法

为了准确了解生产情况，及时发现计划与实际的差异，有预见性地掌握生产发展趋势，就要应用一些科学的管理方法。常见的生产控制方法有：进度分析、倾向分析、统计分析、日程分析、在制品占用量分析等。这些分析方法中又分别具有个别的分析原理与方法。这些科学的管理方法分述于后。

9.3.1 进度分析

为了直观地了解生产进度及其与计划的对比情况，更好地控制生产进度，经常采用以下几种图表进行进度分析。

1. 坐标图与表格

在生产量随时间变化而变化的情况下，可以用一个简单的坐标图来描述数据及数据的变化趋势。例如，某厂一旬的计划装配产量及逐日完成的实际产量，如表 9-1 所示。

表 9-1 某厂一旬的计划装配产量及逐日完成的实际产量表

日期	计 划		实 际		差 异	
	当日	累计	当日	累计	当日	累计
1	50	50	25	25	−25	−25
2	60	110	75	100	15	−10
3	70	180	50	150	−20	−30
4	90	270	75	225	−15	−45
5	125	395	100	325	−25	−70

日期	计　　划		实　　际		差　　异	
	当日	累计	当日	累计	当日	累计
6	170	565	150	475	−20	−90
7	210	775	225	700	15	−75
8	250	1025	300	1000	−50	−25
9	200	1225	200	1200		−25
10	150	1375	200	1400	50	25

2. 条形图

又称横道图。它是一种安排计划和检查计划完成情况的常用图表。图 9-2 是一种控制配套生产的条形图。在图中，中间折线（CD 线）表示本月内装配所需的零件数量；右边折线（AB 线）表示按生产计划应完成的零件数（包括装配前需要存储的零件数量）；左边折线（EF 线）表示上旬实际完成的零件数量。从图中可以看出，溜板、中心架完成数量较多，能完成本月装配的需要；尾架完成的数量虽多，但和本月装配需要比还有相当的距离；床位头箱、进给箱、刀架座完成的数量较少，距离本月装配需要线很远，既有可能影响本月产品生产，又有可能影响下月的配套，应采取有力的措施予以解决。

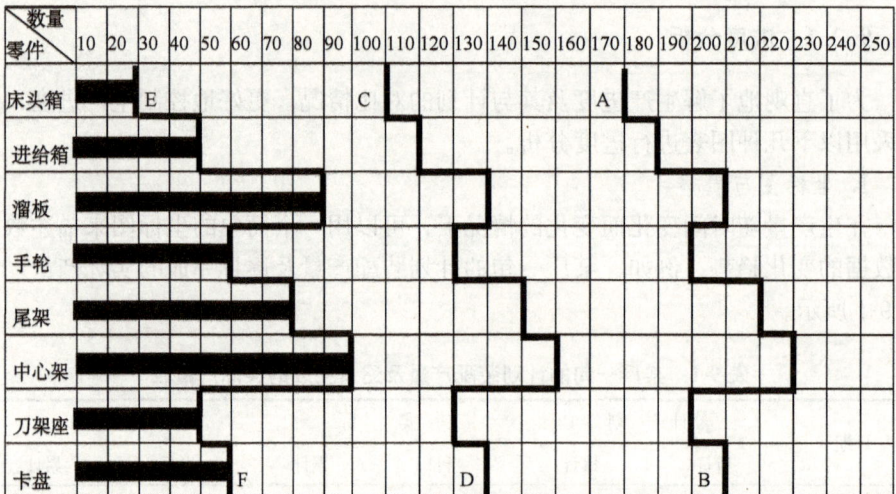

图 9-2　控制配套生产的条形图

9.3.2　倾向分析

倾向分析的主要工具是折线图，就是把各工序每日实际完成的数量，按时间序列绘制成坐标图，如图 9-3（a）和图 9-3（b）所示。但是图 9-3（a）很难掌握其规律和趋势，必须进一步作倾向分析，其具体做法如下：

第一步，将每日实际完成的零件数量，每三天一平均，得到若干平均值，连成一条曲线，称为短波，以观察其规律与发展趋势。

第二步，将短波各波峰（峰值）连成一线，各谷底另连成一线，此二线称为外覆线。

第三步，在二条外覆线的中间绘一曲线，这条曲线称中波。这就是我们要寻找的倾向线，据此进行倾向分析。

求倾向线所采用的统计资料，一般仅一个月的时间，可画到中波为止。但在按订货或市场需要组织生产的条件下，需运用三个月至半年，甚至一年的中波曲线，再重复一次上述步骤，得到一条曲线，叫长波，可用于分析生产趋势。

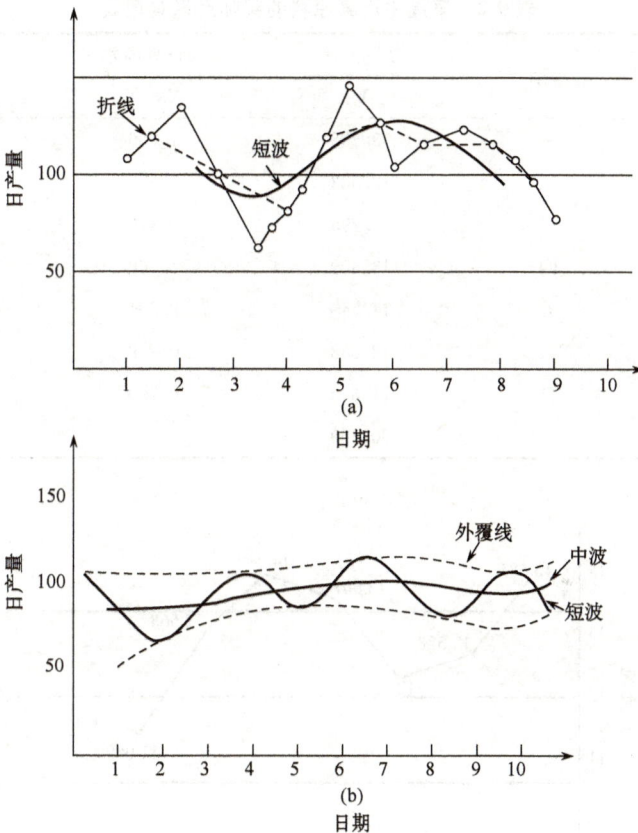

图 9-3　倾向分析的主要工具

9.3.3　统计分析

当每日产量围绕着计划指标波动时，可以取若干值将其平均得到的 $\bar{x}$ 值。

再根据每日产量与 $\bar{x}$ 值之差可以得到标准离差（偏差）值。

$$\sigma = \sqrt{\frac{\sum (x_i - \bar{x})^2}{n}}$$

n 为取值数目。最后可以按 $\pm\sigma$ 为控制界限，如果出现日产量偏差超出 $\bar{x} \pm \sigma$，应立即查明原因，采取措施，予以校正。

例如，某厂生产某原料，计划日产量为 11.849 吨，某周的实际产量，如表9-2 所示，试确定分析实际产量与计划产量的离散程度，并确定控制界限，其产量控制图如图 9-4 所示。

$$\sigma = \sqrt{\frac{13.742}{7}} = 1.401(吨)$$

表 9-2　某周生产某原料的实际产量登记表

n	星期	实际产量 X_i	与计划离差 $X_i - \overline{X}$	$(X_i - \overline{X})^2$
1	一	13.585	1.736	3.014
2	二	12.582	0.679	0.461
3	三	12.295	0.416	0.173
4	四	13.609	1.760	3.089
5	五	14.240	2.391	5.717
6	六	12.668	0.819	0.671
7	日	11.690	−0.780	0.608
$\sum$		90.669		13.742

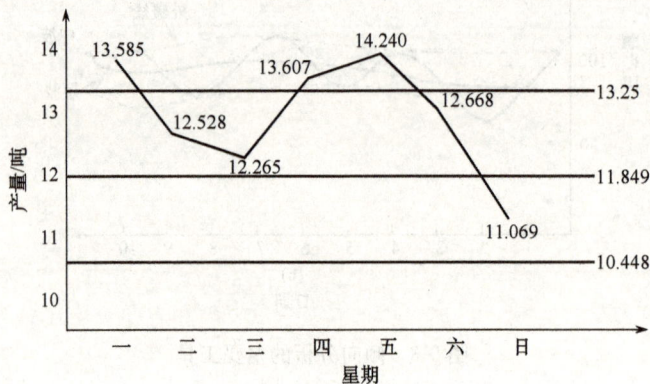

图 9-4　产量控制图

9.3.4 日程分析

日程分析也叫生产周期分析。检查各生产环节生产进度计划完成情况时，必须进行日程分析。日程是指零件的加工时间、前后发生的停滞时间和搬运时间总和。通过日程分析，对缩短生产周期，减少中断时间和在制品占用量，都有明显的作用。进行日程分析，可借助于加工路线单、工票及其他生产记录，逐日将投入与完工的零件数量，记入统计台账，并绘制动态指示图表进行分析。

例如，某厂生产某种零件，在 10 天内某道工序逐日投入与完工数量的统计资料，如表 9-3 所示。

表 9-3　某道工序 10 天内逐日投入与完工数量的统计资料

当期		1	2	3	4	5	6	7	8	9	10	Σ
投入量	当日	8	2	2	1	1		2	1	3	2	
	累计		10	12	13	14	14	16	17	20	22	22
交付量	当日		1	3	1	1	2	1	2	4	2	
	累计		1	4	5	6	8	9	11	15	17	17
结存量		8	9	8	8	8	9	7	6	5	5	70

根据表 9-3 的资料，可绘制如图 9-5 所示的生产动态指示图。图中投入量指该零件由上道工序转入本工序的数量，交付量指本工序完工转入后道工序继续加

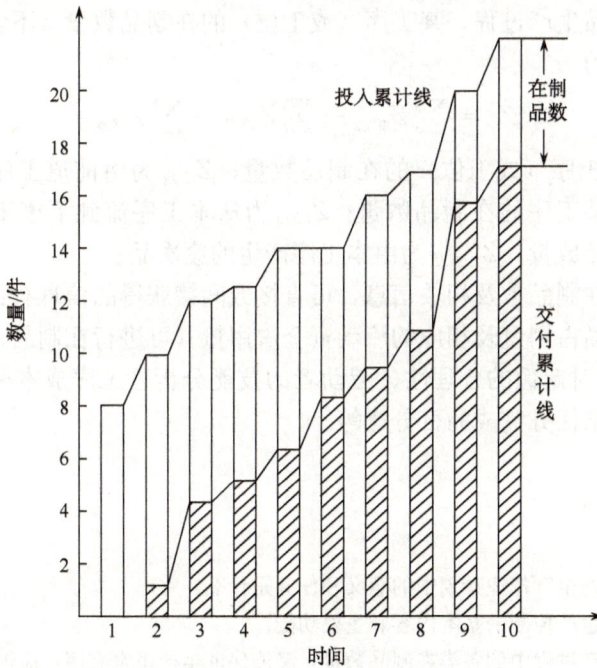

图 9-5　生产动态指示图

工的零件数量。按下列公式可求出该工序的平均生产周期（日）：

$$某工序平均生产周期（日）= \frac{该工序在计划期间的结存累计}{该工序在计划期间的交付累计}$$

本例的平均生产周期为：70/17＝4.1（天）

本例说明在制品结存量越大，平均生产周期就越长。

9.3.5 在制品占用量分析

在生产过程中，对在制品占用量进行经常性的作业分析，是组织均衡生产的重要条件之一。因此，控制在制品流转，在一定的时间和一定的条件下，保持必要的在制品占用量，是生产控制的一项重要的工作内容。缺乏必要的在制品占用量，往往是企业生产前松后紧的一个重要原因，为了改变"在制品储备吃光"和"当月投料、当月加工、当月装配"的被动局面，应当按照期量标准，建立毛坯和零件必要的在制品占用量，并经常通过在制品占用量分析，使它保持在一定的储备水平上。

一般说来，要控制生产过程中的在制品流转，难度较大。但是，按照在制品占用量分配规律，它的绝大部分应分配在劳动消耗量最大的一些工序后面，以免这些工序一旦出现废次品或其他情况时，不致破坏规定的生产进度计划。因此，在制品占用量分析，也就是要对那些劳动消耗量最大的一些工序上的在制品流转和分配进行重点的分析。

对于某制品生产过程，某工序（或工位）的在制品数量（不含工序间流动在制品）可表达为

$$Z_i = \sum Z_{流进} - \sum Z_{流出} - \sum Z_{i废次品}$$

式中，Z_i 为某工序（或工位）的在制品数量；$Z_{流进}$ 为由前道工序或由库房或由协助单位流入某工序的在制品数量；$Z_{流出}$ 为从本工序流到下道工序或库房或协助单位的在制品数量；$Z_{i废次品}$ 为由本工序产生的废次品。

根据工序在制品数及相关信息，可直接或间接获得的信息有：生产进度与生产效率、在制品占用量及相应的流动资金占用量（可进行在制品占用量的合理性分析）、校核工时定额的合理性、劳动者的技能分析、工序成本分析、废次品率分析、某时点某任务完成的百分比等。

➢ 思考题

1. 生产控制在生产作业计划中的意义和任务是什么？

2. 简要说明生产控制的基本内容和主要功能。

3. 要减少生产过程中的各类在制品数量，又能保证生产正常有序，应该采取什么方法？

4. 生产管理人员通过何种手段掌握生产的实际情况并进而对生产过程实施控制的？

第 **10** 章

生产过程优化

10.1 概述

1. 生产过程优化研究的意义

企业生产管理中的一项重要任务是对生产过程进行优化，使本企业的生产过程能很好地满足社会和顾客的需求。

生产过程优化研究的意义在于通过对本企业生产过程进行全面的研究与分析，确认本企业生产系统对满足社会需求的程度所具备的优势与不足，为提出改进措施并实施奠定基础，通过对生产过程进行优化，使本企业能完全满足社会的需求并获取应有的利润，同时也达到具有竞争优势的目的。

2. 生产过程优化研究的内容

生产过程优化研究的内容包括三个层次：第一个层次的内容是人与机械或劳动条件间的优化，这是最基本的优化工作；第二个层次的内容是企业资源的最佳配置，力求以最低的投入而获取最大的产出；第三个层次的内容是寻求企业与社会需求之间的最佳组合。这也是研究生产过程优化的目的与归宿。

3. 生产过程优化形式与研究思路

必须对生产过程进行研究与分析，以确保生产过程的正确性，正确的生产流程是生产过程优化的前提；生产系统能持续满足社会需求是生产过程优化的目标，因此应不断地对生产过程进行优化；在此基础上确定采取何种优化对策：或进行生产流程再造、或进行生产流程优化、或仅进行局部优化，并以阶段性的生产流程规范化告一段落。

一般而言，新建企业的生产流程或现有企业进行生产流程再造是很难一步到达最佳状态的，另外，随着社会的发展、人类文明程度的提高、科技的进步、产品的更新换代，生产过程必须与之相适应，所以还必将不断进行生产流程优化、或仅进行局部优化，再以阶段性的生产流程规范化告一段落。企业的发展过程必然伴随着这种螺旋式上升轨迹的生产流程优化循环过程。

生产流程优化的思路与方法可供生产规划时借鉴。

■ 10.2　生产过程分析

生产过程是由一系列的步骤、环节和部门所构成，而且需要合理配制资源才能顺利完成。生产过程和使用的资源在实施过程中不免会造成材料、人员、机器设备、时间等的浪费。对生产过程进行优化，主要是以达到提高质量、提高效率、杜绝浪费、降低成本、优化生产现场、完善售后服务等多重目标为出发点和归宿，以满足日益增进的顾客需求。

生产过程分析的步骤与环节包括库房管理、加工过程、装配过程、内部物流管理、检验过程、包装、企业外部物流管理。其中加工过程和装配过程是主要的生产过程，这是优化的重点。

1. 库房管理

库房管理的优化包括材料定额制定、采购计划制定、进料的质量控制优化、库存量优化、存放优化、发放物料或配置物料优化、库房环境优化等。在确定购料前，还有选择供应商的优化问题。

2. 加工过程和装配过程

加工过程和装配过程的优化与制品所属行业及制品的具体种类密切相关。就制造类企业而言，生产过程通常为：毛坯成型，零件的粗、细、精加工或更高要求的加工。与这一过程密切相关的因素有工艺过程设计、生产计划与调度、质量控制、生产现场管理等；装配过程包括合件或组件装配、部件装配、产品总装以及试车与检测等。

对于流水生产线而言，在确保质量的前提下，加工过程和装配过程的优化的核心是工序平衡，亦即持续地解决"瓶颈"工序问题，使生产过程不断优化。顺便指出：工序平衡是相对的，不平衡则是绝对的，平衡的程度是以设备或人员的负荷率来表达的。

对于成批生产和单件生产而言，批量大时可按流水生产线方式进行优化；单件、小批生产时，工时定额的准确、计划的周密、调度的合理成为加工过程和装配过程的优化的核心。中等批量生产的优化方式取决于生产组织方式，生产组织方式与流水生产线相同或相似时，按流水生产线方式进行优化，生产组织方式与单件、小批生产相同或相似时，按单件、小批生产方式进行优化。效率持续提高、在制品数量不断减少、流动资金占用量下降等是生产过程不断得到优化的表征。

若仅进行优化尚无法满足市场和顾客的要求，则应进行生产流程再造。

3. 内部物流管理

内部物流管理优化包括库存优化、物资发放或物料配置优化、物料输送优化、物流方向明确。

物资发放或物料配置优化主要体现为在制品定额控制、劳动力合理安排，同时也促进了库存的优化。传统的物资发放应尽可能地转化为物料配置。

物料输送优化包括运输装置或工具合理使用、生产过程在制品控制、物料存储和运送过程中的防锈、防磕碰、防尘、防腐、防污染等。

物料输送优化也包括物料运输的方向与时间管理。物料运输的方向管理是指在制品、成品、合格品、待返修品、废品应按照指定的流向流到该到的地方。有物必有位，有位必合理；物料运输的时间管理是指生产过程中的任何物品都应及时地被运送到该运送到的地方。

由于市场需求的波动，合理的成品库存还是必要的，尽管目前提出的目标是"零库存"，但目前的实践却表明，合理的成品库存还是必不可少的。合理库存的影响因素有市场波动规律、稳定使用劳动力的要求、库房的容量、流动资金的使用状况、制品本身的某些特殊性等。

除了基本生产部分的物流外，工装的制造、使用、存储等，也应符合优化原则。

4. 检验过程

检验的目的是防止不合格品流入下道工序或顾客手中。检验过程优化是在确保达到检验的目的前提下，根据概率原则和重点原则，合理设置检验点和检验要求。过多的人工检验会较大幅度地提高制造成本，所以，提高检验的自动化程度及其可靠性是检验过程优化的必然趋势。

5. 包装

包装的主要目的是使商品防磕碰伤、防流失、防腐、防锈、便于运输等功能。包装也有关于产品的使用说明、使人产生美感而激发购买欲、进行品牌宣传、企业形象宣传等功能。达到上述功能要求，使包装投入最低便是优化。生产实践证明，根据价值工程的原理，这一部分的优化仍然具有较大空间。

由于塑料在包装领域的应用颇为广泛，由其引起的二次污染问题也应引起重视。

10.3 生产流程再造

10.3.1 流程再造的基本概念

企业中存在着各种各样的业务流程：有始于市场调研，经过决策、设计、加工、装配、包装、运输、营销、售后服务等，终于客户信息反馈的运作流程，有新产品开发流程、财务流程、招聘流程、培训流程，有各种各样的办事流程等，生产流程是其中最重要的流程之一。

1990 年美国麻省理工学院教授管理大师迈克尔·哈默（Michael Hammer）首次提出了业务流程再造（business process reengineering，BPR）的概念：对企业的业务流程进行根本性的再思考和彻底性的再设计，从而使企业在成本、质量、服务和速度等方面获得根本性的改善。哈默说："流程再造是一场革命，它意味着企业一切从头开始，一切从零开始。"业务流程再造强调以"流程导向"替代传统的"职能导向"的企业组织形式，为企业经营管理提出了一个全新的思路。所谓流程，是企业以输入各种原料和顾客需求为起点到企业创造对顾客有用产品或服务为终点的一系列活动。BPR 是指以企业长期发展战略需要为出发点，以价值增值流程的再设计为中心，强调打破传统的职能部门界限，提倡组织改进、员工授权、顾客导向及正确地运用信息技术，建立合理的业务流程，以达到企业动态适应竞争加剧和环境变化的目的的一系列管理活动。基于公司再造理论而确立的新流程观念是直接面对顾客的、具有高度经营决策权的完整、连贯的整合型业务流程，其优势在于提高企业的经营效率和响应市场速度，使企业获得高速的发展。

世界最新的管理理论普遍认为，企业再造适用于三类企业：

第一类是问题丛生，已经面临危机的企业；

第二类是业绩不错，但潜伏着危机的企业；

第三类是正处于发展高峰，再造是为了构建新的竞争优势，大幅度超越竞争对手，抢占下一轮竞争的制高点。

业务流程再造的主要思想如下。

1. 目标——发现顾客和捕捉顾客的潜在需求，使顾客满意

业务流程再造后的企业应达到以下目标。

（1）改变过去把完整的业务流程分割为若干专门任务而导致的忽视满足消费者需要和满意度的做法。以消费者利益为中心，以提高效率、市场占有率和企业的经济效益为最终目标，找到市场未来的热点。

（2）构建快速、灵活、高效的信息反应与处理系统，能迅速对市场需求的变化做出反应与处理。

（3）通过网络的连接，使企业内部和合作伙伴之间做到信息实时共享。

（4）建立起能够充分体现个人价值和合作精神的学习型团队组织，形成新的以员工为中心的团队工作模式。

（5）再造企业的组织结构，建立起灵活多样的正式组织和非正式组织，彻底改变传统的"金字塔"型的组织结构，使其成为扁平化的、淡化层级观念的新型组织结构。

2．方法——以过程的观点来分析企业

过程是利用一种或多种输入来创造某种对顾客具有价值的输出活动的集合，是时序的、横向的，是满足内外部顾客需要的活动的序列。对过程分析的目的在于优化，即战略上删除错向的过程，职能上删除错位的过程，执行上删除冗余的过程。

3．意义

（1）提升决策与执行体系的效率。通过建立信息管理系统，使决策点降低，反应速度更快，能提供进行决策的科学性和效率化，实现信息共享、在线分析等目标，为决策提供更有价值的信息。

（2）作业过程的优化效果。按照流程价值链的评价方法不仅能关注到工作单元本身，也涉及相关工作单元，以及流程链上所有单元对企业的综合贡献。同时，发现工作价值本身也是对员工作业的重要激励因素，按照价值链的观念把业务流程再造看成是工作价值的创造过程，对于成功实施业务流程再造有重要的意义。

（3）转变价值观念。BRP强调的作业流程所形成的价值链的目标是提升整个流程的价值量，而不是以部门为核心，强调部门的职能。

（4）形成新兴业务中心。BRP更加注重观察来自客户和竞争因素方面的问题，引领企业从项目中心向产品中心转变，从产品中心向客户中心转变，从销售中心向服务中心转变。

从国内外一些公司流程再造的实践来看，流程再造为企业带来的变化是惊人的。制造企业实施的并行工程、精益生产、CIMS、敏捷制造都是过程再造。它们体现了对生产流程的根本性的重新思考。

10.3.2 流程再造应该确立的若干管理理念

1．业务流程决定组织的理念

企业实施BPR，必然需要以流程为主导理顺管理职能，按流程的全过程进行集成，调整组织结构。这是BPR应确立的首要管理理念。强调全流程绩效表现取代个别部门或个别活动的绩效，实行全过程、连续性的管理和服务。例如新产品的销、研、产一体化管理，需要开展市场和用户需求的调查，组织产品设计和技术质量攻关，以及售后服务等，设计、技术、营销、质量、财务等跨部门协同合作，这些跨部门的职能按流程进行集成，则管理效能更为高效。

2. 业务流程组织的扁平化的理念

采用以流程为主导的组织扁平化体制。随着社会的进步，尤其是现代信息技术的开发和应用，极大地增强了员工获取信息、进行决策和管理的能力，员工完全有能力组建一个自我管理的工作团队，而不再需要中层管理者的储存、传递和决策。流程再造之后，流程管理在很大程度上成为团队工作的一部分，外部只需很少的管理人员来指导和协调。中层管理人员的精简可以极大地简化企业流程，使组织结构趋于扁平化。

3. 业务流程关系的顺序服从理念

企业流程再造，必须明确管理组织的业务衔接关系，实行业务流程的"顺序服从"关系。顺序服从制讲求的是流程上下环节的服从，实行全过程的流程化管理。由于流程化管理的各项活动环环相扣，各种部门或岗位的管理活动都是流程的一部分，需要流程内的成员互相合作和配合，流程各环节、包括来自不同部门的人员的工作从对上级负责转移为追求下一流程环节的满意。主管领导一般不再从事具体管理业务的控制与协调，更多关注的是市场需求，投入产出效益、企业发展等重大决策事项。

4. 短流程高效率理念

传统企业的管理业务流程被分散在各专业职能部门内，缺乏完成业务流程的时间节点，重复的周转和无效劳动多，整体工作效率很低。短流程管理，讲求的是在保证正确的流程输出（客户需要的产品或服务）的前提下，尽量使流程运行过程快速、低成本、产出最大化。快节奏是竞争力的重要标志之一。业务流程再造，就是要将传统分散的业务流程按优化、顺畅、快节奏要求进行再造。

10.3.3 流程再造实施的基本原则

业务流程再造是对现行业务运行方式的再思考和再设计，是一种着眼于长远和全局，突出发展与合作的变革理念。应遵循以下五条基本原则。

1. 以企业目标为导向调整组织结构

在传统管理模式下，劳动分工使各部门具有特定的职能，同一时间只能由一个部门完成某项业务的一部分。而业务流程再造打破了原有的某些职能部门的界限，可由一个人或一个工作组来负责业务的所有步骤。随着市场竞争的加剧，企业需要通过再造为顾客提供更好的服务，并将业务流程再造作为发展业务和拓宽市场的机会。

2. 执行工作者有决策的权力

在信息系统的支持下，执行者有工作上所需的决策权，可消除信息传输过程中的延时和误差，并对执行者有激励作用。

3. 取得高层领导的参与和支持

高层领导持续性的参与和明确的支持能明显提高业务流程再造成功的概率。因为 BPR 是一项跨功能的工程，是改变企业模式和人的思维方式的变革，必然对员工和他们的工作产生较大影响。特别是业务流程再造常伴随着权力和利益的转移，有时会引起一些人，尤其是中层领导的抵制，如果没有高层管理者的明确支持，则很难推行。

4. 选择适当的流程进行再造

在一般情况下，企业有许多不同的业务部门，一次性再造所有业务会导致其超出企业的承受能力。所以，在实施业务流程再造之前，要选择好再造的对象。应该选择那些可能获得阶段性收益或者是对实现企业战略目标有重要影响的关键流程作为再造对象，使企业尽早地看到成果，在企业中营造乐观、积极参与变革的气氛，减少人们的恐惧心理，以促进业务流程再造在企业中的推广。

5. 建立通畅的沟通渠道

从企业决定实施 BPR 开始，企业管理层与职工之间就要不断进行沟通。要向职工宣传业务流程再造带来的机会，如实说明业务流程再造对组织机构和工作方式的影响，特别是对他们自身岗位的影响及企业所采取的相应解决措施，尽量取得职工的理解与支持。如果隐瞒可能存在的威胁，有可能引起企业内部动荡不安，从而使可能的威胁成为现实。

在业务流程再造的实施过程中，企业高层对来自中层和基层、企业中层对于基层员工的反馈信息，应及时做出肯定、解释、否定等反应，以补充完善业务流程再造实施过程和及时消除某些不必要的延缓实施的人为因素。

10.3.4　生产流程再造

1. 生产流程再造的一般步骤

企业的生产流程再造按时间顺序可分为：再造前范围内容的界定、再造流程设计、收益成本分析、再造流程实施、再造效果评价和流程的维护及持续改进六个阶段，如图 10-1 所示。

企业的生产流程及相关流程再造是个长期过程，当市场和顾客状况有小的变化时，流程进行适当的改进即可，但当小的改进已经无法满足顾客需求、市场竞争和变化时，企业就要进行新一轮的再造，从而使得再造的六个阶段形成一个封闭的循环；另外，图 10-1 中在循环内部的两个箭头分别表示当评价结果不能满足要求时，则再造小组将视问题的大小而做出回到第二阶段流程设计还是到第四阶段流程实施的决定，进行流程再造的最后补救。

根据业务流程再造的特征及其实践的经验，企业实施生产流程再造大致要经过以下几个步骤：

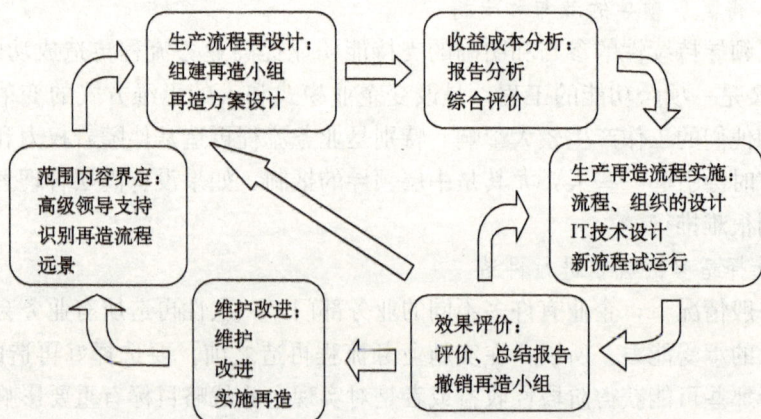

图 10-1　企业生产流程再造的全过程及其循环

1）描绘企业的变革蓝图

实施生产流程再造的首要工作是调查和分析企业的现状和面临的市场环境、在竞争中的优势和劣势、变革的必要性以及变革的目标是什么。在此基础上，以培训和交流的形式让公司的每一个员工都知道生产流程再造的必要性和对未来的展望。除了战略分析以外，还应当营造生产流程再造的环境和企业文化。

2）生产流程的识别与分析

在进行生产流程再造之前，必须对企业中所有的业务流程进行重新认识。在流程识别过程中，应有一些判别标准，从客户满意度、提高质量、降低成本、提高效率、提升企业的核心竞争力和强化企业的执行力等对生产流程的需求出发，使生产流程应具有一个可操作的流程再造范围，该范围有定义完好的流程边界。将企业现有生产流程的各个环节分类为具有增值活动、非增值活动和无效活动等类别。

3）正确评价将要运用的支撑

生产流程再造需要许多新的硬件设施、技术、管理的支撑。从某种意义上说，现有的硬件设施、技术、管理条件可以作为流程再造的出发点。因此，为了能更好地进行现有生产流程再造，企业必须具备评价现有技术和新兴技术的能力。作为投资很大、技术含量很高的生产流程再造项目，正确评价将要添置的硬件设施和采用先进的技术以及相应的管理理念、方法、手段是生产流程再造成功的保证。

4）生产流程再造的实施

经过了前期的准备工作，制定具体的生产流程再造方案，方案的可行与否很大程度上决定了生产流程的成功与否。生产流程再造本身表现出非常规性和不规则性，往往要抛弃原有的规则、程序和价值观念才可能实现。除了强化增值活动、优化非增值活动和排除无效活动外，还要引入时间因素。生产流程再造以追求效率为首要目标，而提高顾客满意度等目标大部分还是通过提高效率来实现的。因此，时间是在流程再造中一个非常重要的参数。

5）生产流程再造后的工作

即使一个企业成功地完成了生产流程的再造，事后的评价和监测工作同样不可或缺，因为企业很难通过一次生产流程再造工程而达到最优。生产流程的再造后，仍然要不断进行生产流程的优化工作，使之不断完善。

随着科技的进步与市场的变化，根据需要可能又要进行下一轮的生产流程再造、生产流程的优化和不断完善的循环。

最理想的情况是企业在完成生产流程再造项目后就转入企业流程改进（business process improvement，BPI），这样才能使企业不断适应越来越激烈的竞争。同时，企业文化、职业道德、岗位设计等同样关系到生产流程再造成败的问题，培训员工使其具备新环境下的新技能也很重要。

2. 三类相关流程及其再造

与生产流程再造密切相关的三类重要流程是物流、资金流和信息流，这三类重要流程必将随着生产流程的再造进行同步的再造。

物流和资金流是企业生产经营活动的主体流程，这种流动是否畅通，在很大程度上决定着企业生产经营活动的好坏。为了使企业经营活动达到最优效果，就必须对物流和资金流加以科学的计划、组织和调节，使其按照一定的规律运动，而物流和资金流畅通的前提条件是信息流的畅通。信息流的任何阻塞都会使物流和资金流造成混乱，从而会冲减企业的经济效果。对业务流、信息流和价值流进行关联分析，可以发现它们之间的内在关联，业务流是信息流和价值流的载体，价值流是业务流的产出且本身体现为一种信息流，信息流贯穿业务流的始终，是联结业务流和价值流的桥梁。

1）信息流

结合生产流程再造、价值流分析以及系统论的观点，可以认为：生产流程再造首先是一个信息过程，其研究对象是内含在企业业务流程中或外在于业务流程但却指挥、引导业务流程的信息运动，这种信息运动实际上是企业中不同质的元素相互作用的外在反应，也可以称之为信息流。信息流可以说是价值流的外在表现形式，是表征、测度和改进价值流的手段。为此，可以通过分析、识别和优化信息流来带动生产流程再造和其余的业务流程再造，找到阻碍企业的决策体系和执行体系有效发挥作用的地方，找到那些使企业信息流不通畅的环节，减少不必要的冗余信息流，便能很好地促进信息流畅通，规划出进行业务流程再造的目标，也能为企业信息化找到建设发展的入口，从而有效提高业务流程再造的成功率。

生产流程再造后，企业可结合开发或升级 ERP 进行信息流程的再造，使生产管理模块及相应模块与再造后的生产流程相适应。企业信息流程再造的目标是信息流能实时监控和迅速反映企业的运作过程，生产信息流程再造的目标是信息流能实时监控和迅速反映企业的生产实施过程。

在实际的生产流程再造过程中，企业应先实施生产流程再造，积累管理与信息流所需的基础数据，然后再以生产流程及相关流程再造带动信息流再造，在信息流再造过程中还会不断地发现问题和解决问题，并以积极的反作用作用于生产流程，使生产流程进一步获得优化，实现生产流程的增值，重塑企业的核心竞争力。

2）物流

企业的物流表面上看是货物的流动，其内涵是有关生产流程状态、客户需求、服务水平、库存情况等信息的流动，而根本上也是企业利润的流动。它可能是利润的源泉，也可能会是吞噬企业利润的无底黑洞。对物流的分析是着手业务流程再造的重要手段。

物流体系涉及众多部门，如计划、采购、库存、生产、运输及销售部门。各部门的目标各异，企业要实现很顺畅的物流是有较大难度的。应将生产管理部门、财务部门、计划部门、采购部门、库房部门及营销部门甚至零售点统统捆绑在一起进行全程优化。

物流过程优化的实现，使企业的价值得以实现。

3）资金流

资金流分析首先要找出那些出现资金沉淀或阻碍的环节，引起的原因主要包括生产流程不畅、信息不全面或不畅、作业效率低下等。在企业内部主要是通过提升生产系统、财务、会计、采购、库房管理、销售部门的工作效率，来改变资金流动状况；在企业外部主要是监管应收应付款的往来。

传统的资金流程系统，主要用于事后收集和反映会计数据，在管理控制和决策支持方面的功能相对较弱，一般都是对手工会计职能的自动化。而网络财务系统是基于供应链管理环境下的资金流程管理系统，具有新的特点：完成从资金流程的信息反映，到资金流程管理信息处理，再到整条供应链上的各节点的多层次资金流程管理支持的转变，提高了对业务流程的监控、实时反映和指导的作用。

首先，对资金业务流程与其他业务流程进行整合，既要为企业经理层提供决策支持，也要为供应链上的节点企业提供相关的财务信息。借助网络财务系统中的 EDI 实现企业内部部门间和企业外部供应链上联盟企业的实时横向联系，减少财务信息传输和处理的工作量。EDI 还可使会计信息的传递方式实现从凭证实物的转移向网络输送的转换。从而，借助于网络的强大信息处理能力，能将企业内外的财务信息及时送达到财务部门。

其次，重新设计会计业务流程，"下放"某些资金流程业务处理的权限，将其中的某些财务处理适当合并，以缩减财务管理工作的层次，加快财务信息处理的速度，减少工作转换所带来的错误与延滞。此外，还可将作业管理与网络财务有机地结合起来，从而进行高效的成本控制与管理。

再次，对企业内部财务组织结构重新规划及设置。资金流程业务与其他业务工作的整合，将不可避免地影响到财务部门的组织设置，使原先的一些组织岗位要被取消，如材料、固定资产、成本、记账、报表等岗位，它们将被整合到相关的管理工作中。此外，还根据网络财务的需要重新设置组织岗位，制定财务制度并监督其实施，搞好内部控制，搞好会计业务与其他业务流程之间的协同等，此外还应设有系统维护岗位等。

最后，企业通过网络远程了解供应链上的联盟企业的财务状况，实施远程财务监控，利用网络财务系统更能充分发挥规模经济的优势，有效使用供应链上的各种资源，实现资源的合理配置，同时也可达到规避风险的目的。企业可将所有的财务信息通过网络财务系统送达后再进行财务处理；同时企业也可以通过网络随时了解其战略伙伴的资金运作状况及经营成果，并进行资金的集中调度。

10.3.5 生产流程再造的注意事项

实现企业生产流程再造是一件有风险、有阻力的重大改革。因此，必须谨慎从事。根据已成功的经验来看，大体上可按以下步骤进行：

（1）分析实施生产流程再造的必要性，根据企业运作的实际状况，以综合的和长远的经济效益作为主要指标进行评价，把企业的生产流程再造列入日程。

（2）再造的范围不只是企业内部，而且应当包括客户和供应商在内的合作业务。其目的是赢得竞争优势，预计再造后带来的效益。

（3）成立有权威性的联合组织，指导再造工作。

（4）实施培训，扩大知识技能，使之自然习惯地全面系统考虑和处理问题；同时，给予各级管理人员必要的决策原则和权限，有利于实现再造目标。

（5）创造性地发挥管理信息系统的功效，利用统一的数据库和集成的信息系统，采取并行作业，提高工作效率，减少冗余的工作。

（6）表彰和启用在再造改革中有成效的人员。

（7）按照工作流程，调整组织机构，集中相关的业务人员，用最少的环节、最快捷的速度，完成某类业务的全过程，巩固改革成果，继续深化改革。

（8）使新的生产流程和其他流程及相关的工作方法制度化，作为实施信息系统后的工作准则与工作规程。

这些步骤说明，进行企业生产流程再造和其他业务流程再造，首先是人们思想和观念的再造。应使企业各级人员感到有必要进行再造，使人人感到"值得做"，然后，建立领导机构，确定目标并形成计划体系，进而使人人知道"做什么"、"怎样做"、"具体由谁做"、"何时做"和"何地做"以及过程和结果怎样控制。

为了有利于进行企业流程再造，在改革过程中以正面引导和表扬为主，再对妨碍实现改革目标的人员进行教育，教育无效再做必要的调整。最后，用书面文件把改革的程序巩固下来，使后续工作有章可循。

■ 10.4 生产流程优化

大批量生产时，生产流程优化始于工作研究，接着进行工程分析、作业分析、动作分析、时间研究，最后进行工序平衡，使生产流程得到优化，从而提高了工效。在多品种小批量生产时，优化的思路与大批量生产有类似之处，其主要不同点是工序的平衡方法有异：前者要求工序时间趋于相同或成倍数关系；后者是通过工序工作量趋于相同，从而使工种产能趋于均衡而有效减少等待时间以提高效率。

10.4.1 工作研究

1. 工作研究的基本内容

工作研究是以作业系统为对象的工程活动，又称作业研究。它是用以对人的工作进行分析、设计和管理的工程学。概略地说，工作研究是以科学的方法，在一定的生产技术和组织条件下，寻求达到生产效率最高且成本最低的作业方法。工作研究的途径是通过方法研究制定标准作业，通过时间研究制定标准时间。方法研究和时间研究是相互联系的，方法研究是时间研究的基础和前提条件，而时间研究则是选择和比较工作方法的依据。一方面，在确定了先进合理的工作方法后，才能建立起科学先进的劳动定额；另一方面，有了科学先进的劳动定额，才能更好地培训职工掌握该种新的工作方法。工作研究的目的在于最终达成合理、先进而又科学的工作方法与工作时间，并据以培训职工，教育、帮助职工贯彻执行，使人员及物料等资源均能得到最有效的运用，而达到提高生产力和降低成本的要求。

综上所述，工作研究的基本内容可用图 10-2 表示。

2. 工作研究的特点

（1）工作研究的指导思想是求新。力求不断地创新、改进、变革，创造出一种比较理想的工作方法。

（2）工作研究的对象是整个生产过程的大系统。所以要从生产的整个过程来分析和研究问题，重点是生产过程中所有作业或操作，至于管理工作、技术工作等，也可通过工作研究寻求出合理、科学、经济的业务流程和工作方法。

（3）工作研究的着眼点是挖掘企业的内部潜力。一般在不增加人、财、物的前提下，可借助于改善现行方法和提高管理水平来提高效率。

（4）工作研究致力于工作方法的标准化。这就是把在实践中已被证明是比较

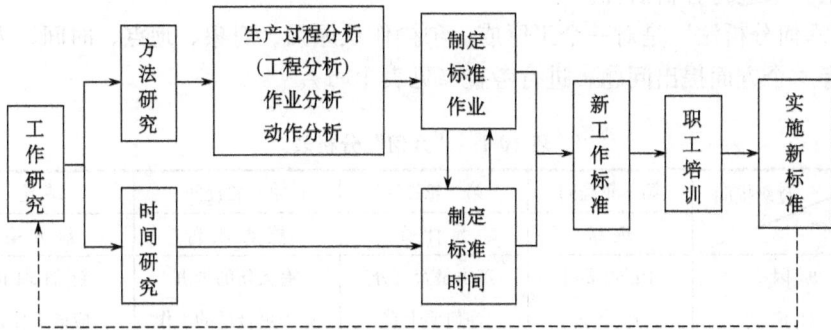

图 10-2　工作研究的基本内容

优良或理想的工作方法和内容固定下来，形成标准，用它作为培训和考核职工的依据，以达到提高工作效率的目的。

（5）工作研究是一种有效的管理手段和管理工具。衡量企业管理水平的基本尺度是资金和时间。与资金有关的有会计和成本管理等许多方法，其水平一般都比较高；与时间有关的管理手段只有依靠工作研究中对工作时间的测定及对操作方法的研究。

3. 工作研究的实施步骤

工作研究作为一种管理技术，有一套科学分析和研究问题的方法，因而需要按照一定的程序进行，其具体步骤如下。

1）发掘问题，选择研究项目

工业工程师有一句永远遵循的口号："凡事有一更好的方法"，要抱有一种怀疑和改进的态度去发现问题。在企业中，需要研究的问题很多，不可能一一都给予解决，在选择工作研究项目时应考虑三个因素：

（1）全局性。即对总体影响大的项目，例如，在生产过程中出现"瓶颈"工序；产品质量不稳定或废品率高；原材料浪费大。设备利用率低，工时消耗多，成本高；环境污染严重，事故多发等工序、环节或项目。

（2）有效性。通过工作研究后，能预期达到明显效果的项目。

（3）可能性。选择的项目要具有可能实现的条件，即指有足够的技术和经济力量来开展研究的项目。

2）现状分析

发掘问题所在，并选择了研究项目之后，紧接着的工作是分析现状，现状中存在什么问题，产生这个问题的主要原因和条件是什么，如果这些问题继续存在下去将会产生怎样的后果等。抓住这些问题对于搞清问题是必不可少的。在此步骤中，应客观详尽地收集与问题有关的事实和数据，以替代笼统的感觉或观念。从收集到的事实和数据资料中要逐项考查，寻求改善的新方法。通常采用"六何分析法"来进行分析研究。

"六何分析法"是对一个工序或一项操作从原因、对象、地点、时间、人员、方法等六个方面提出问题、进行考查（见表 10-1）。

表 10-1 "六何"分析表

"六何"	逐级提问	第一轮提问 现状	第二轮提问 为什么	第三轮提问 能否改善	结论 新方案
原因		干的必要性	理由是否充分	有无新的理由	新的理由
对象		干什么	为何要干它	有无更合适的工作	应该干什么
地点		何地干	为何在此干	有无更合适的地点	应在哪里干
时间		何时干	为何此时干	有无更合适的时间	应在何时干
人员		何人干	为何此人干	有无更合适的人选	应由何人干
方法		怎样干	为何这样干	有无更合适的方法	应如何干

3）建立新的工作方法

按"六何"分析表对六个方面的问题经过逐个考虑后，就应着手提出改进意见，建立新的最佳工作方法。在构思新的工作方法时，可以运用取消、合并、改变、简化等"四种技巧"。所谓取消，即取消那些多余和不必要的内容和动作。例如，不必要的工序、不必要的搬运、不必要的检验等。合并是指由于工序间生产能力不平衡，而出现忙闲不均的工序进行调整合并。改变是指对原来的工序操作、顺序重新组合，以达到改善工作的目的。简化是指在取消、合并、改变之后，再对该项工作做深入的分析研究，使方法和动作尽量简化，以达到提高效率，降低成本的目的。

4）评价新的工作方法

在前步骤中所设计的工作方法可能有若干个可行方案，必须从中评出最佳的方案实施，方法研究人员要对新的工作方法进行技术经济分析，如经济价值分析，将改善后所降低之成本与改善方案本身的费用（如研究费、调查费，设备、工具等费用）作比较，衡量其得失利弊。又如所采用的工具、设备的安全性、维护保养方式以及可靠程度如何都须考虑。

5）实施新的方法

为了保证新方法的贯彻，要采取各种有力的措施。其一，将实施方案变为更具体化、标准化的规定。此工作标准包括零件及制品的标准化，原料的标准化，机器设备和工具的标准化，制造工艺标准化，加工条件标准化，动作标准化，以及工作环境（照明、温度、湿度、粉尘、噪声、抗静电等）的标准化。其二，方案既定，则要求领导及员工接受。采用图表、模型、影片配合书面资料和口头解释的方式给予说明也有必要。

待试行期过后，操作已熟悉稳定，立即需要制定工作的时间标准，此标准即为工作研究的最终目标。这些目标通常以下列方式出现。

（1）人员或机器一天的正常工作量；

（2）单位零件或制品的标准工作时间；

（3）工厂的产量一定时，其工作所需人员数。

6）跟踪检查与再评价

新方法付诸实施后，应即时进行跟踪检查。首先，注意管理者是否认真执行；其次，观察实行新方法后的种种影响；再次，所制定的标准与实际之间差异有多大，原因何在，有无调整的必要。

工作研究的评价，是将新方法中的改变部分，逐项列出，比较和评价其改变的价值如何，尤其应留意评价项目中诸如安全、质量、工人反应和用户的满意度等方面。

10.4.2　工程分析

1. 工程分析的目的

所谓工程分析就是对生产对象物从原材料到成品的一系列活动过程，以工序为单位进行分析、调查的方法。这里所指的工序，是生产活动过程的各个基本环节，即加工、搬运、检查、停滞。其中唯有加工才是创造价值的，而搬运、检查和停滞又是生产过程中必不可少的，后者应尽量减少，以缩短生产周期、减少在制品、提高生产效率、提高经济效益，这是工程分析的最终目的。具体地说：

（1）通过对这四个基本工序的分析，可以从整体上掌握生产对象物的物流状态，找出需要改善的环节；

（2）改善设备配置，使物流畅通；

（3）研究各工序间的均衡性，力求缩短生产周期，减少在制品，减少人员及资金占用；

（4）使产品、零件的结构简单化、标准化，以便于加工；

（5）为材料计划、生产过程组织的合理化和质量管理提供资料。

2. 工程分析的内容

工程分析的内容很多，有以产品为对象的产品工序分析；以零部件为对象的工艺流程分析；以厂房和设备布置为对象的流程分析；以物料移动和移动前后的处置为对象的搬运分析；以人机联合为对象的人-机联合分析；以建筑物、车间、设备的配置为对象的相互关联分析。

通过上述的分析，了解各道工序的作用及其工序间的相互关系；了解零件从毛坯开始到完成为止的工艺流程；了解被研究对象在厂内经过的路线；了解工人操作和机器运转之间的协调与配合；了解建筑物、车间和设备的配置等，从中发现是否有不必要的工序、不合理的工艺流程、有待改进的操作方法等，从而为改善生产过程提供依据。

1) 产品工序分析

(1) 产品工序分析的定义。所谓产品工序分析，是以产品为对象，运用加工、检验两种符号，对产品生产过程进行的总体分析。

(2) 产品工序分析的目的。产品工序分析的目的在于了解产品从原材料开始到形成成品为止的整个生产过程有多少生产环节，有多少主要工序组成，加工的顺序如何等，从而对整个加工过程有一整体的了解，为了避免烦琐的叙述，常用工序分析图来表示，如图10-3所示。

工序分析图可以达到以下功能：

a. 提供整个加工过程的情况及各工序间的相互关系，在何处可以运用取消、合并、改变、简化四种技巧，并找出问题的关键所在。

b. 因为工序分析图是按制造之顺序编制，并表明所需时间，因此对不同完工程度的在制品，均可计算出其成本。

c. 在工序分析图上表明出各项原材料及零件的进入点，这可为原材料及外购件的供应计划提供依据。

d. 工序分析图上的机器设备、工作范围有详细记载，这可作为工厂布置计划的参考。

(3) 产品工序分析的用途。由于产品工序分析图上仅为加工、检验两种符号，并不能作为整个制造过程的工程分析，因此，该图仅适用于新产品开发和研究设计新生产线。在工序分析图上，可以判明如下各点：

a. 各加工和检验的目的，以及在生产线上的大致位置次序。

b. 零件或原材料的规格。

c. 工厂布置的大体概念可以形成，并给出各加工、检验工序的时间资料，为生产线的平衡提供依据。

d. 确定工具、设备的规格、型号和数量，从而计算出新产品开发所需购置设备等费用，从而计算出产品的成本。

e. 可以以现有的工序分析图为基础，引导出更佳的制造程序的设计。

2) 工艺流程分析

(1) 工艺流程分析的定义。所谓工艺流程分析，是以零件为对象的局部分析，并运用加工、检验、搬运和停滞等四种符号，对零件从毛坯开始到制成为止的按工序顺序流动的全部生产过程，具体地而且定量地进行调查记录。它分析的内容包括物品流动的数量、搬运的距离、消耗的时间、工艺方法、作业地点、作业人员、使用的设备、工艺装备等。

(2) 工艺流程分析的目的。工艺流程分析有如下的目的：

a. 获得有关工序、设备及方法的实际情报。

b. 在获得的情报基础上，添加更新的技术情报和改进原则，使工序、设备

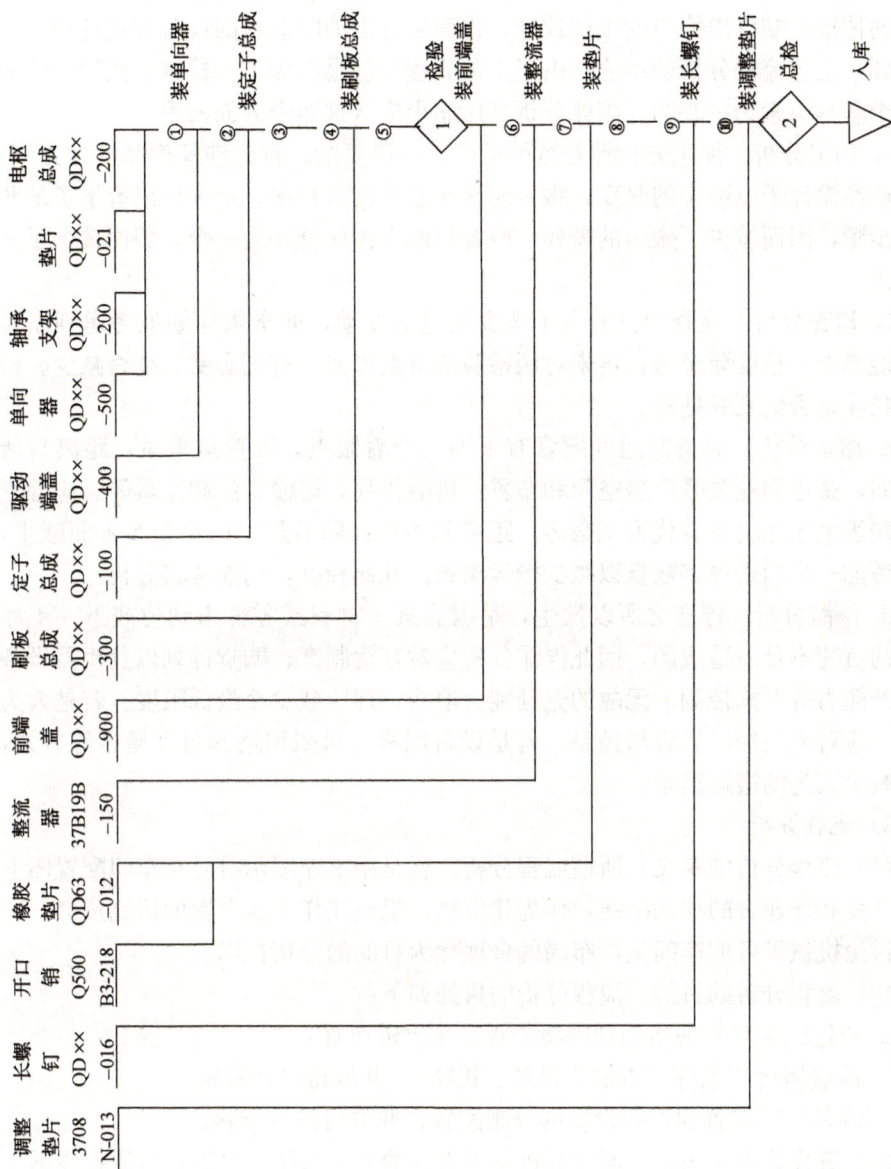

图 10-3 工序分析图

装单向器 ① 装定子总成 ② ③ ④ 装刷板总成 ⑤ 检验〔1〕 装前端盖 ⑥ 装整流器 ⑦ 装垫片 ⑧ 装长螺钉 ⑨ ⑩ 装调整垫片 总检〔2〕 入库

电枢总成 QD×× -200
垫片 QD×× -021
轴承支架 QD×× -200
单向器 QD×× -500
驱动端盖 QD×× -400
定子总成 QD×× -100
刷板总成 QD×× -300
前端盖 QD×× -900
整流器 37B19B -150
橡胶垫片 QD63 -012
开口销 Q500 B3-218
长螺钉 QD×× -016
调整垫片 3708 N-013

和办法的改进取得更大的成果。

c. 获得随着材料和制品的变更，预测对其影响的资料。预测材料和制品研制、改进时对生产产生的影响（设备的、方法的或人事的）。

d. 生产计划、设备配置计划的资料。根据生产流程和设备、方法、时间等方面的情报，制订出恰当的生产计划，进而制订出消除浪费的设备配置计划。

（3）工艺流程分析的用途。由于工艺流程分析是以加工、检查、搬运、停滞等四个基本要素为中心的，因此分析其用途也应从这四个方面入手。

a. 加工分析。加工分析涉及范围最广，也最复杂。首先涉及产品设计方面。如果产品设计予以微小的改变，很可能改变整个制造程序，至少可以省下了某些加工步骤，因而减少了搬运的需要。或者将两个操作合并为一个，因而减少了一次搬运。

b. 检查分析。检查的目的在于减少质量的变动，通常须详细地考虑到制品的功能要求，精度要求等，再来对照检验的价值如何、有无必要、能否减少、检查的精度是否恰到好处等。

c. 搬运分析。分析搬运问题常有下列三个着眼点，即搬运重量，距离与所费时间，搬运问题关系厂房空间和布置，机器排列，运输方法和工具等。应检查一下能否采用运输带替代人工搬运，距离是否可以随着厂房的重新布置而减少，是否考虑一次运送更多数量以减少搬运次数。凡此种种，均需考察分析。

d. 停滞分析。停滞之所以发生，是因为某一材料或零件未到位或下一工序加工的负荷不足所造成的。因此停滞分析应对存货制度、购货计划以及机器设备的生产能力等严加控制。无故的迟延纯为浪费，理应减少至最低限度。若是人为因素，应对人员加以教育与控制；若是设备因素，可采用诸如自动搬运等方式，则可减少人为的搬运迟延。

3）流程分析

（1）流程分析的定义。所谓流程分析，就是用工序图示符号在车间配置图上表示产品和作业者的移动路线，作为建筑物、机械或作业区布置的研究资料。它是以讨论机械设备或车间生产布局的合理化为目的的分析技术。

（2）流程分析的目的。流程分析的目的如下：

a. 通过减少对象的运动和密集的程度来改进布置。

b. 改进搬运的条件（方法、设备、设施），并取得设计资料。

c. 改善厂区布置和车间设备的分布配置，并取得设计资料。

（3）流程分析的用途。流程分析是用直观的方法来研究对象，从流程线图上可获得如下方面。

在平面移动方面：

a. 移动距离合理与否，可否缩短？

b. 移动路线是否成直线，或 L 形、U 形等简单形状？

c. 零件的流程有否逆行的情况？

d. 有否通道狭窄、路面不平造成搬运困难之处？

在上下移动方面：

a. 上下移动高度能否降低？

b. 上下移动次数能否减少？

c. 上下移动时能否利用吊车或其他设备？

在机器、厂房的配置方面：

a. 厂房布置、车间布局、材料零部件的移动路线是否合理？

b. 道路、通道、吊车等的布置是否适当？

c. 重物件的加工作业，在布置时是否考虑到搬运的方便？

d. 物的流量和运输设备能力是否平衡？

e. 通路的宽度是否合适？

f. 设备的占有面积及方向是否适当（对道路的方向、采光等）？

4）搬运分析

（1）搬运分析的定义。搬运分析是指不拘任何形式（人力、机械力、自然力）。包括对物的移动和操纵（即取和放）的经验及与规则性有关的知识和技术的研究。

（2）搬运分析的目的。对搬运分析来说，有如下目的：

a. 改进现行的搬运作业的移动和操作方法。

b. 以搬运物品和生产条件为前提，取得与搬运有关的设备配置的研究资料。

c. 取得搬运工具的设计和改进的资料。

（3）搬运分析的用途。搬运改进的原则是从减少搬运量，改善搬运手段，健全搬运组织制度三方面着手。

对搬运量的研究：

a. 该产品的总搬运距离与同种的其他产品相比是否过长？

b. 找出最长的搬运距离，并力求将其缩短？

c. 一次搬运量是否适当？搬运次数是否可以减少？

d. 搬运方法的采用与其重量和距离是否适当？

e. 寻求搬运重量和次数最多的区间，该区间的道路宽度和路面与此是否适应？

f. 搬运器材、搬运手段是否适当？

对搬运手段的研究：

a. 各类搬运手段是否在搬运相应的物品和重量？

b. 各类搬运手段的数量与搬运量是否均衡？

c. 搬运手段机械化。

d. 搬运手段标准化。如在使用方法和保养方法等方面。

e. 对传送带、滑槽、升降机、吊车、绞车和起重机等搬运装置的研究，涉及装置选择是否合适？搬运速度是否合适？装卸作业方便与否？利用率是否高？保养方法是否适当？使用的搬运车是否合适？搬运车的数量是否充足？搬运设施和其他运输手段、道路网、仓库或材料堆放场的关系是否适当？容器能否标准化、实用化和通用化？移动时间和操纵时间的比例是否适当？能否进一步减少操纵时间？等等。

对搬运组织制度的研究：

a. 搬运费是否合理？

b. 搬运工的管理是否适当？

c. 对搬运手段的保养管理是否适当？

5) 相互关联分析

(1) 相互关联分析的定义。对建筑物、车间或机器设备配置等进行研究时，应从生产和搬运出发，对相互间功能的关联性进行调查，以其接近度相近为原则进行配置的分析技术。

(2) 相互关联分析的目的。相互关联分析的目的如下：

a. 能够直观地把握要素之间的关联程度，这样就提供了各要素间的关联度。

b. 对相互有关联的建筑物、设备、车间、操作台、办公室等，按其关联性的强弱而靠近配置的原则进行配置，以达到搬运、移动的合理化。

(3) 相互关联分析的用途。通过相互关联分析，可获得建筑物、车间和设备之间理想配置的方案。以此方案为基础，再考虑现实中各种制约条件（如建筑物的方位、出入口、阶层、吊车位置等），可设计改进方案。

10.4.3 作业分析

1. 作业分析的定义

作业分析是以人为主体，对作业者进行的一系列行为的分析。它建立在工程分析的基础上，并在此基础上对单个作业者、多数作业者以及作业者和机器相联系的作业进行分析。

2. 作业分析的目的

作业分析的目的有：

(1) 总括地把握住以人为主体的作业系列。

(2) 利用作业分析来发现改进作业的要点所在。

(3) 为制定作业标准提供资料。

(4) 为提高联合作业效率的设计和改进提供资料。

3. 作业分析的分类

作业分析可分为作业者工序分析和联合作业分析。

1) 作业者工序分析

(1) 作业者工序分析的定义。所谓作业者工序分析，是以工序分析的手法为基本手法，以单个作业者为对象，用单位作业的水准进行分析的方法。

(2) 作业者工序分析的目的。掌握以作业群为主体的作业系列的资料，获得作业者在作业场所里边移动边作业时的资料，获得用以改进工序、设备及方法的资料，获得作业区与设备配置的有关资料。

(3) 作业者工序分析的用途。在作业工序方面获得：删除不必要的工序、简化作业、减少作业时间；在检查工序方面获得：删除不必要的检查工序、简化检验工序；在移动工序方面获得：移动的次数和距离的减少、提高搬运效率。

2) 联合作业分析

(1) 联合作业分析的定义。所谓联合作业分析，是在有多数作业者在一起作业或单个作业者操作一台或数台设备的情况下，为避免人和设备的等待损失而使用的既协调又不发生浪费的分析技术。

(2) 联合作业分析的目的。从实际出发，提供人和设备的利用状况；均匀地分配作业，缩短生产周期；为改进设备，实现自动作业提供资料。

(3) 联合作业的改善。由联合作业分析的定义可知，联合作业分析的对象有两种：一种是对多数作业者在一起作业的分析，即组作业分析；另一种是对一个作业者或几个作业者操纵一台或几台设备的分析，即人机分析。因此，联合作业改善时，要考虑这两种情况。

在进行联合作业改善时，应考虑到单人单机作业时，要适当排列作业顺序，尽量减少人机空闲时间以缩短作业周期；对于高价值设备和自动生产线作业时，要做到停人不停机；流水线作业时，要加强设备的维修保养，并配备适量备用机台以保证流水线正常运转；几个人联合作业，作业量要一致，操作技术水平要相近，使作业的节拍性好；灵活使用未熟练工，提高人机开动率。

10.4.4 动作分析

1. 动作分析的意义

在企业管理发展史上，小瓦特、罗伯特·欧文等都对提高效率进行了研究，并对职工进行培训；泰罗研究动作分析而大幅度地提高了工效并初具规模；后又经过吉尔布雷斯夫妇的系统研究而形成体系，将企业操作人员的劳动过程细分为17种动素；1924年，美国学者西格在对盲人作职业培训时发现：不同的人做同一动作，所耗时间基本相同，有力地佐证了动作分析的科学性；1960年哈依德博士（澳大利亚）将劳动过程的动作归类为21种；1966年，澳大利亚的海蒂在前人动作分析研究成果的基础上发明了模特法，这是世界上40多种预定动作时间标准方法中最容易掌握的方法之一。

动作分析是对人的动作进行细微的分析，省去不合理的和无用的动作，从而制定出最有效的动作序列的一种技术。

动作分析的意义主要有：

（1）减少无效动作和工人疲劳，力求动作的科学化、精确化、标准化。

（2）进行动作分解以组成更容易的动作。

（3）对机器和工艺装备进行选择和改进。

（4）取得作业标准和标准时间的基础资料。

2．动作分析的方法

（1）目视动作分析法。目视动作分析是以目测方法来寻求动作的改进。该法简单，但不准确。

（2）动素分析。动素是指人体动作的基本要素。动素分析是对各动素进行逐项分析，取其合理部分、舍去多余部分、纠正不合理部分，从而达到动作改进的目的。该法准确有效，但工作量大。

（3）影片录像分析。用摄影（像）机对各操作拍成影（录像）片，再通过放映加以分析。该法准确有效，但成本太高。

3．动素

动素是人体动作的基本要素。经研究表明，人体动作的基本要素可细分为17种动素。

①伸手，即当手开始伸向目的物的瞬间至抵达目的物的瞬间的空手移动。该动素力求缩短实际的路径和减少伸手时的方向意识，为尽量使目的物不要变动，使伸手至某一固定位置。

②移物，即手或身体的某一部位将物件由一地点移至另一地点。移动应理解为推动、拉动、滑动、拖动、旋转移动等。该要素力求缩短移动距离，减少每次移动的重量。讲究移动的方法，减少移动时的方向意识，即尽量有固定的停靠处。

③握取，即利用手指或手掌充分控制物件。握取常在伸手和移动之间发生，若广义理解，则除手外的身体的某一部分（如足）用来控制物件，亦可称之。该要素力求减少握取次数，尽量以触取（只以手指按住物体，即可以将物体移动）代替抬取（物体确实被手握住，才能控制物件移动）。

④对准，即将物体摆置于特定的方位。该动素力求尽量使用工具，如定位块等。

⑤装配，即两个物体配合在一起。该动素力求尽量使用工具。

⑥拆卸，即使一物体脱离它物体。该动素力求尽量使用工具。

⑦应用，即为达到操作目的而使用工具或设备。该动素主要考虑工具或设备是否可以合并和改良。

⑧放手，即将所持之物放开，它是握取的相反动素。该动素需考虑与下一动素的开始是否处在最佳位置。

⑨寻找，即用眼睛或手摸索物体的位置。该动素力求将零件、工具安放在固定位置。并处于正常作业范围之内。

⑩选择，即从两个以上相似的物体中选取其一。该动素发生在伸手与握取之间。力求零件规格化。提高互换性程度。

⑪检验，即检验物体是否合乎标准。该动素要求检验标准适当，减少检验次数。

⑫计划。即操作进行时，考虑到下一步的心理活动。该要素力求采用熟练工人和简化操作程序。

⑬预对，即将物体在对准之前，先摆置于预备对准的位置。该动素力求使用工具。

⑭持住，即手指或手掌连续握取物件并保持静止状态。若广义理解，手以外身体的某部位亦可有持住发生，该动素力求使用工具、设备。

⑮迟延，即在操作程序中，因无法控制的因素而发生不可避免的迟延，使其工作中断。若是因现行工序所需，等候机器工作或等候身体的其他部位（如另一只手）工作而发生的，则应调整人机之间的时间配合；若是由于工人不熟练或怪癖等习惯动作而引起的迟延，则应尽量使用熟练工人。

⑯故延，即在操作程序中，因工人的事故而使工作中断。该动素力求改进工人的工作方法，并加强对工人责任心的教育。

⑰休息，即工人因过度疲劳而停止工作。该动素力求使工人的动作置于操作的范围之内，并注意工作环境（温度、湿度、通风、噪声、粉尘、光线等）的影响。

综合上述 17 种动素，可把它分为三类：第一类是进行工作的要素（①～⑧）；第二类是阻碍第一类进行的要素（⑨～⑬），第三类是对工作无益的要素（⑭～⑰）。从另一角度分，17 种动素还可以分为以下四类：

（1）实体性或生理性的动素：

①伸手；

②移动；

③握取；

④放手；

⑤预定。

（2）目标性的动素：

⑥应用；

⑦装配；

⑧拆卸。

（3）心理性或半心理性的动素：

⑨寻找；

⑩选择；

⑪对准；

⑫检验；

⑬计划。

（4）迟延性的动素：

⑭迟延；

⑮故延；

⑯休息；

⑰持住。

其中（1）、（2）类为有效动素，（3）、（4）类为无效动素。对有效动素，只能使之时间缩短而非常难以删除。而对无效动素，它对操作无益，因此可通过分析，按动作经济原则予以删除。

一项操作，若仅仅是实体性和目标性两种动素群的组合，那是最为理想的组合。

4. 动作的经济原则

经过若干学者的研究，创立了为实现容易、迅速而又减少疲劳的作业动作的法则，称之为动作的经济原则。可归纳为如下三大类：

1）关于人体的使用原则

（1）双手的动作尽可能同时开始、同时结束；

（2）除规定休息时间外，双手不应同时休息；

（3）双臂的动作应对称；

（4）动作用最适宜最低次级的身体部位进行：如手的运动可用手指、手腕、前膊、上膊、肩五个部位进行，但是尽可能设计成只用手指或手腕即可完成的动作；

（5）尽可能利用物理的力（惯性、重力等）；

（6）尽量采用连续的曲线运动，避免急剧转向的动作；

（7）动作应尽量轻松自然和有节奏；

（8）动作用最短距离进行；

（9）排除不必要的动作。

2）关于工作场所的布置与环境条件的原则

（1）工具和材料应放在固定位置；

（2）工具和材料及装置尽量靠近工作者布置；

（3）工具和材料按照工作顺序排列；

（4）零件物料等的供给，应利用其重量落入工作者手边；

（5）工作椅式样和高度，应使工作者保持良好姿势；

（6）作业面应有适当的高度，最好应使工作者在工作中坐立皆宜；

（7）作业面的照明要适当。

3）关于工具和设备的设计原则

（1）尽量解除手的工作，而用夹具或足踏工具代替；

（2）尽可能把两种以上的工具组合起来；

（3）工具和材料应尽可能预放在合理的工作位置上；

（4）当需用手指分别工作时，其负荷应按其本能分配任务；

（5）要充分利用力学原理来设计工具，如手柄的接触面应大些；

（6）机器上的操作部件的位置应使操作者尽量少变动地点和姿势。

10.4.5 时间研究

1. 时间研究的定义

经过工程分析及动作分析，可获得最佳的程序，最省力省时的动作和工作方法，接着，我们就要制定这些作业的时间定额。以此为标准，作为评估生产能力、分配工作、实行奖励、估算人工成本、考核工作效率等之依据。

所谓时间研究，就是为了以时间为尺度，对作业系统进行评价、设计和运用，并把作业分解成适当的作业要素，测定作业要素所需时间的方法。

2. 时间研究的方法

时间研究的方法一般有三种：经验判断法、历史记录法和工作衡量法。而工作衡量法又可分为秒表时间法、标准时间资料法和既定时间法三种具体方法。在这里，我们主要研究工作衡量法的内容。

1）秒表时间法

秒表时间法是在现场对生产作业直接进行观察、记录和分析研究的方法。根据观察的目的和所要求的分析精度，可把秒表时间法作如下分类：

单位作业分析应用于作业重复次数少、重复周期时间长、动作非常不稳定的情况。由于在开始测时前，常常不能划分出操作作业，因此，在观察时往往一方面记录当时进行的作业单位名称，一方面进行时间测定。具体观察方法常用连续计时法。

操作作业分析应用于动作比较稳定，重复周期时间短，重复次数较多的情况。在测时前，可先观察作业，将它划分为各个操作作业，然后再进行测时。时间的计量方法主要有：

（1）连续计时法。此法是在观察终止前使秒表始终处于运转状态，随着操作的进行，读取操作作业测量点的时刻并将操作名称记录下来。这是常用的方法。测量点是作业开始点或终止点，但常以操作作业终止点或动作完成时刻作为测量点。若利用声或光的发生点作为测量点时，利用录音录像装备进行，测量就变得容易，并且具有较高的测量精度。

（2）快速返回法。此法是在各操作作业的测量点读取秒表指针读数后，立即使指针返回到零位。数字整理时不用做任何运算便直接可知每个操作所需的时间值。但测量的数值往往有误差，特别是操作时间短、数量多时，整个作业循环的时间值不易准确。

(3) 循环法。此法在循环周期短、细小动作连续出现，来不及看秒表并记录每一动作的时间值的情况下使用。例如，有 A、B、C、D 四个动作，首先测量 10 次（A＋B＋C）的时间，再测量 10 次（B＋C＋D）的时间，再测量 10 次（C＋D＋A）的时间，最后测量 10 次（D＋A＋B）的时间。然后求得平均值 a、b、c、d，则可求出各动作的时间值。此法的缺点是动作的时间是平均值，观察次数多，计算烦琐。

(4) 细微时间分析法。在大量生产的作业中，一个动作循环时间很短，难于应用上述方法测量，就应使用录音机和秒表来进行测量，即所谓细微时间分析法。观察者向录音机发出单音作为信号，录在磁带上。观察后，慢速重放，换算出时间值。

(5) 其他。可使用两个秒表，交替使用快速返回法或利用录像机测量等方法。

用秒表测时得到的实际数据资料，要经过评定和必要的宽放，就可成为标准时间。评定是一种评判技术。即将实测时间调整为正常时间。计算公式为

$$正常作业时间 = 实测作业时间 \times 评定系数$$

评定系数大于 1 表明操作者的实际工作速度高于正常速度，小于 1 则相反。如果等于 1 则表明实际工作速度与正常工作速度相等。宽放是在净作业时间以外增加的实际需要的时间，如工人休息、喝水、整理工作地、擦拭机器等。因此，

$$标准时间 = 正常作业时间 + 宽放时间$$

2) 标准时间资料法

标准时间资料法是在长期进行秒表测时的基础上，将系统积累的资料，加以分析综合，编成一套有关各项工作或作业的标准时间数据，并用这种标准数据来综合制定各种工作的标准时间的方法，它的优点是可以减少时间研究的工作量。由于这套标准数据是在大量研究的基础上积累而成，可以避免数据中的偶然误差，因此比较可靠。但在建立标准数据时，要花费较多的人力、物力和时间。

3) 既定时间法

既定时间法（predetermined motion time standard，PTS）是不使用秒表，而只需记录动作，利用现成的动素时间标准，制定作业时间标准的方法。既定时间法的具体应用有多种方法，这些方法其基本原理相同，但在构成的基本动作及动作速度方面有所不同。常用的方法有"方法时间衡量"法（methods time measurement，MTM）和工作因素法（work factor，WF）。MTM 法是把操作

分解为：伸向、移动、抓取、定位、放下、行走等动素，预先确定每种动素的时间值，并且排列成表，其时间单位为 TMU＝0.036 秒。WF 法则把操作分解为八个动素，即移动、抓取、放下、定向、装配、使用、拆卸和精神作用，并制定出八种动素的时间标准表，其时间单位为 0.006 秒。

应用 MTM 法或 WF 法的步骤是：

（1）把作业分解为动素，并设计合理的操作方法；

（2）根据作业的动素和完成动作的困难程度查表，得出各动素的相应时间值；

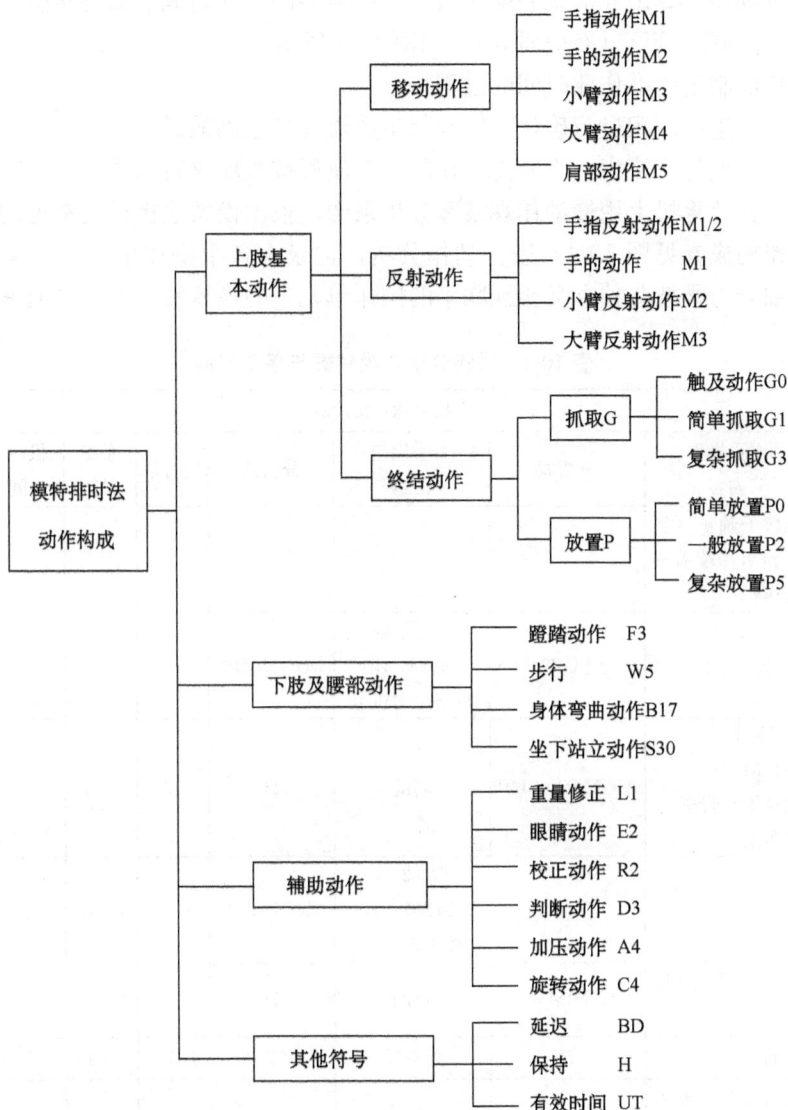

图 10-4　模特排时法动作构成

（3）将各动素的时间值合计，制定出作业的标准时间。

既定时间法的优点是不需要对操作者的工作进行现场测时和评定，就可以确定标准时间。但采用这种方法需要技术较高的专业工作人员。

4）模特法

1966年，澳大利亚学者海蒂在前人动作分析研究成果的基础上发明了模特法，这是世界上40多种预定动作时间标准方法中最容易掌握的方法之一。运用模特法不必经过现场测时，只要根据工作物蓝图、工作地布置和操作方法，就能迅速、准确地预算出完成某一操作或工作所需要的正确时间。海蒂将劳动过程归类为27种动作＋UT（有效时间），如图10-4所示。

模特法制定标准作业时间的过程如下：

（1）对生产流程进行确认，以确保生产流程是正确的。

（2）根据生产流程，将所需优化的生产流程按顺序进行录像。

（3）在计算机上用慢动作观察和分析录像，根据模特法提供的常见动作（模特法动作构成参见图10-4）进行动作分析，记录下各个操作单元（一个完整操作过程细分为既彼此独立又相互联系的操作单元）的模特数（表10-2）。

表10-2 模特分析法模特数与手工时间

工序号	左手操作内容	分析式	右手操作内容	分析式	模特数	手工时间	机器时间	总时间
	产品名称：4812M							
23	压转子轴承（转子轴承和端盖一起压）							7.74
	移动	M4P0	取端盖4812M-210放于压力机上	M4G1M4P2	11	1.419		
	取转子4812M-300并翻转180°置于端盖上	M3G1M4P0M2P5	辅助	H	15	1.935		
	辅助	H	取轴承4812M-020放于定子上	M4G1M4P2	11	1.419		
	将组件推倒压头下	M2P0M3P0	辅助	H	5	0.645		
	辅助	H	按开关	M3P2	5	0.645		
	将组件取出放入随行板的电机组件内	M2G1M4P2A4		同左	13	1.677		

（4）在去除无效动作的基础上将各操作单元的模特数换算成实际的操作时间 [1MOD（模特）＝0.129 秒，1MOD＝0.00215 分＝0.0000358 小时；1 秒钟＝7.75MOD，1 分钟＝465MOD，1 小时＝27 900MOD]。

（5）将操作单元重新合理组合为工序。若操作单元有取、放工件或工具的动作而合并成工序后可取消其中的某些取、放工件或工具的动作；若为流水线生产，则应根据流水线的节拍进行工序整合，使规范的操作时间略低于节拍时间；若存在有效时间（UT），则应加上有效时间；根据工作难度系数、疲劳因素、工件重量因素、作业环境因素等进行合理的宽放。

（6）根据模特法分析时确认的作业条件和环境进行作业条件和作业环境标准化。

（7）根据经模特法规范的生产流程在实施时可根据具体情况进行现场的合理微调。

10.4.6　多品种小批量生产流程优化

多品种小批量生产流程优化的核心是在"彻底消除无效劳动和浪费"的思想指导下，以越来越少的投入——较少的人力、较少的设备、较少的时间和较少的场地，生产出能尽量满足顾客要求的产品。

1. 多品种小批量生产存在的常见问题

（1）生产计划与控制感性化；

（2）设备空闲与加班加点同时存在；

（3）库房管理中积压与缺货同时存在；

（4）物流运输量偏大；

（5）积压在制品；

（6）内协延误；

（7）客户提出的交货期不一定合理；

（8）交货期延误。

2. 问题产生的原因

（1）工时定额不明确；

（2）生产流程未经优化；

（3）生产计划未经优化；

（4）微观物流规划不到位；

（5）产能不明，产能决策缺乏依据；

（6）瓶颈工序状况不明；

（7）与客户谈判时生产周期不明。

3. 多品种小批量生产的优化思路

多品种小批量生产的优化思路参见图 10-5。

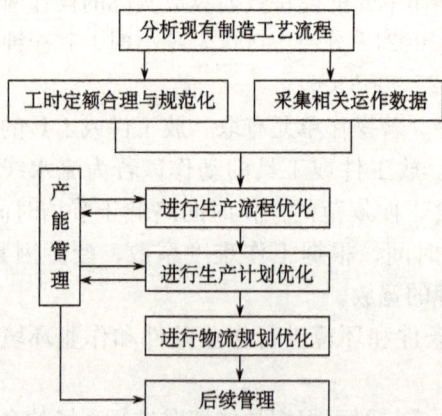

图 10-5　多品种小批量生产的优化思路

（1）分析现有制造工艺流程。分析现有制造工艺流程包括分析生产实施与工艺规程有异时，根据制造工艺流程的科学性要求进行制造工艺流程的规范化；分析生产计划的可操作性，使生产计划具有可操作性；分析加班加点状况以确定工作安排的合理性并确定产能需求；分析新工艺、新材料、新技术、新设备的引入对生产流程和产能的影响；分析物流现状以确定物流的存储、运输和生产现场在制品数量及其放置的合理性等。生产实施应对制造工艺流程进行阶段性规范化。

（2）工时定额合理与规范化。所制定的工时利用系数须与生产实施基本吻合。工时定额要合理并规范化，因为正确的工时定额是生产流程优化的基础。

（3）采集相关运作数据。需采集相关运作数据有：客户订货的客观规律、典型产品不同批量的不同生产周期、典型产品所需各工种的劳动量、不同产品所占的产能份额、加班加点与瓶颈工序分析、在制品的投入量分析等。采集这些数据是为了精化生产流程时具有可靠依据。采集资源利用率、产品的平均库存、平均生产率、生产周期等管理和生产性能指标及相关的资金周转率、人均产量、人均产值、人均利润等数据，使优化前后具有明确的数据对比。用定性和定量相结合的方法评价优化效果。

（4）进行生产流程优化。生产流程优化的目标有：生产效率提高、生产周期缩短、生产成本降低、设备与人员负荷率提高、生产现场的在制品减少等。生产流程优化方法有：改善瓶颈工序、重新进行设备布局规划、压缩车间内部的可控等待、规范车间之间的协作等待、使制订的生产作业计划具有可操作性等。生产流程优化须与产能管理相结合而进行。

（5）进行生产计划优化。生产计划优化的思路如下：①以准确的工时定额体系为依据；②以工作中心、设备组承担任务为前提；③以减少等待为主线；④以设备和人员负荷均衡为标杆；⑤以使生产周期最短为目标。生产计划优化的步骤：①将工时按设备组汇总相加；②按设备组由年工时降阶为月、周工时（生产计划制定软件功能强则此步可免）；③按关键设备组（或工作地）排计划；④多工序、长周期件优先排；⑤优化非关键设备的瓶颈负荷；⑥典型产品不同批量可形成典型的计划模块。

生产计划优化也须与产能管理相结合而进行。

（6）进行物流规划优化。物流规划优化一定要在生产流程优化的基础上进行。物流规划优化包括库存管理优化、在制品规划优化、运输工具优化、盛装装置优化、定置管理到位、实施 6S 管理、尽可能减少生产现场的在制品和尽可能减轻一线员工的劳动强度等。

（7）产能管理。产能管理要做好如下管理工作：①本企业的生产能力到底有多大（标准产能制定）；②瓶颈工序状态分析及其解决方案；③进行科学的产能决策；④对产能的影响因素进行合理的分析；⑤能对新产品产能需求进行预测。

（8）后续管理。后续管理包括：①持续宏观量化；②持续微观精细化；③持续规范化；④持续改善。

10.5 复杂生产过程优化理论和技术

10.5.1 约束理论

1. 约束理论的基本概念

约束理论是以色列物理学家、企业管理顾问高德拉特博士在他开创的优化生产技术（OPT）基础上发展起来的管理理论。1984 年，高德拉特出版的第一本 TOC 著作《目标》引起了读者的强烈反响，书中描述了一位厂长应用约束理论使工厂在短时间内转亏为盈的故事。书中描述的问题在现实的企业中大量存在，因此 TOC 最初被用在对制造业进行管理、解决瓶颈问题的方法。之后发展出了以"产销率、库存、运行费"为基础的指标体系，而后逐渐形成为一种面向增加产销率而非传统的面向减少成本的管理理论和工具。TOC 的简要形成过程如图 10-6 所示。

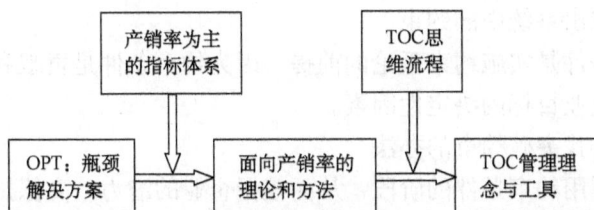

图 10-6　TOC 的形成过程

约束理论认为，系统的最大产出取决于其最薄弱环节（即瓶颈）的最大可用能力。一般而言，企业的瓶颈来源于两方面：内部约束和外部限制。限制不同行业企业发展的外部瓶颈是相似的，即政策或市场需求，而内部瓶颈则有较大的差别。制造企业的内部"瓶颈"一般是某个环节设备的负荷、工人的工作效率等。约束理论就是对系统中的"瓶颈"进行识别和消除，使企业的目标和战略明确化，从而使企业以最小的代价明显地提高整体效益的一套管理理念与管理工具的集合。

约束理论包含了对企业目标的定义，衡量企业运营状况的指标体系和独特的企业管理原则，此外还提供了一系列识别和消除瓶颈的技术工具，目前以约束理论为管理思想内涵的管理软件也已经在西方国家得到广泛的应用。迄今为止，约束理论已经成功地帮助了许多不同类型的企业走出困境。

2. 约束理论的九大管理原则

TOC 是在最优生产技术基础上发展起来的，OPT 的九条基本原则也就成为 TOC 的组成部分，即：

(1) 平衡生产能力的同时须平衡物流。

(2) 瓶颈资源的利用率不是由自身来决定的，而是取决于系统的瓶颈或约束。非瓶颈资源的利用程度只需要保证物流能够连续均衡地通过瓶颈即可。

(3) 让一项资源充分开动运转与该资源带来的效益不是一码事。资源的满负荷状态并不意味着有效产出最大。

(4) 瓶颈损失一个小时相当于系统整体损失一个小时。

(5) 非瓶颈节约一个小时可以忽略。非瓶颈资源利用率的提高，可能会造成系统物流的不均衡或库存的增加，并不能提高系统的整体效率。

(6) 系统的产出和库存是由瓶颈资源决定的。

(7) 转运批量可以不等于甚至多数情况下不等于加工批量。

(8) 加工批量不是固定的，应该根据实际情况动态变化。

(9) 只有同时考虑到系统的所有约束条件后，才能决定生产优先权。提前期是一个生产计划的结果。

3. TOC 实施改进的五大核心步骤

步骤一：找出系统中的约束

找出约束条件是实施约束理论的前提。因为约束条件是贡献利润的决定性因素，也是实现企业目标的决定性因素。

步骤二：寻找突破约束的办法

这是彻底利用约束条件的阶段，从而挖掘企业的潜力。高德拉特从处理"有限负荷作业计划"这一问题中，产生了注意约束条件的构思。在美国采用 TOC 的很多企业里，进行这一活动可挖掘 30% 以上的潜在能力，但是，这一活动都应以基本不增加总经费和投资而增加贡献利润为目的。

步骤三：使约束以外的活动服从于第二步做的决定

这一活动是要求在制品的限度最小。在找出瓶颈工序生产能力之后，在瓶颈工序前除了安全缓冲（库存）外，要控制过多的在制品投入。这个安全缓冲是为防止前面工序和约束条件工序之间产生波动而发生停工待料的问题而设置的。这一步骤是传统的成本观念与 TOC 的贡献利润观念冲突的地方，约束条件以外的开动率过高并不一定能提高系统效率。

步骤四：提升"约束"的能力使之不再为约束

这一步骤确定是否以增加设备投资来提高约束条件的能力。要尽可能彻底利用约束条件，只有不能再提高能力时，才以投资来提高能力。

步骤五：谨防惯性，持续改进

当突破一个约束以后，一定要重新回到第一步，开始新的循环。注意约束条件是否变化随时进行返回。当约束条件的能力不断提高时，别的工序就成约束条件。在各种不同情况下，改善活动的内容会发生很大的变化。所以注意惯性是很重要的（图10-7）。

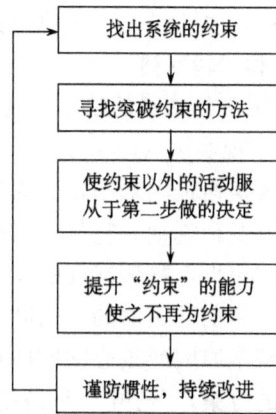

图 10-7　TOC 五步改善法

4. TOC 的思维流程（think process）

1）思维流程概述

思维流程（TP）严格按照因果逻辑和假言逻辑来回答以下三个问题：

改进什么？（What to change?）

改成什么样子？（What to change to?）

怎样使改进得以实现？（How to cause the change?）

第一个问题类似于五大核心步骤的"第一步：找出系统中存在哪些约束。"由于五大步骤往往应用于这样的情况：即约束并非来自一个具体的资源实体，所以就没有一些现成的摆在那里的证据（如在制品）来告诉你哪些是约束。因此，你只能先摸清楚系统的现状是怎样的，此时用到的逻辑结构图就是"当前现实树"（current reality tree，CRT）。建立此树并非是一件易事，但一旦成功完成，就自然得到了第一个问题"改进什么"的答案。

接下来便是"改成什么样子"的问题。直观上这个问题已表述得很明白，但要回答它还是应该遵循以下两个步骤：找出克服当前约束的突破点；确保解决方案所产生的结果是有益的。"消雾法"（evaporating cloud，EC）可以用来突破当前约束企业的主要冲突，"未来现实树"（future reality tree，FRT）用来确认当前面对的不如人意的状况确实能够用这个突破法来转变成令人满意的结果。而实施这些改进措施会出现的那些意料不到的负面影响可以用"负效应枝条"（negative effect branches，NEB）来表示。如果这些负面影响可以避免，那就可以确信这个解决方案的结果是有益的。

最终解答问题三：简单言之，让那些将与这些转变直接相关的人来制定实施转变所需的行动方案。能动的"思维过程"要把那些受转变最大的人包括在内，企业应主动去征求这些人的意见，看他们认为什么会阻碍企业推进这一改进过程。要发动员工集思广益，保证最初的实施能够顺利进行。做到上述三点，实施计划就可基本成型。解答问题三用到的工具是"必备树"（prerequisite tree，PT）和"转变树"（transition tree，TT）。

2）思维流程的技术工具

a. 现实树（reality tree，RT）。

现实树是因果图，分为当前现实树和未来现实树。现实树的建立要严格遵循若干条逻辑规则。它从"树根"开始，向"树干"和"树枝"发展，一直到"树叶"。"树根"是根本性的原因，"树干"和"树枝"是中间结果，"树叶"是最终结果。当前现实树的"树叶"是一些人们不满意的现象，"树根"是造成这些现象的根本原因或核心问题所在；而在未来现实树当中，它的"树根"是解决核心问题的方案，"树叶"是最终人们想看到的结果。

b. 当前现实树（current reality tree，CRT）。

要回答"改进什么"，往往是从可以得到的例证开始着手，即系统中明显地存在着哪些不尽如人意的地方，如发货单经常不准时到达、库存超标、提前期变长、企业内人际关系不融洽，所有这些可以总称为"不良效果"（undesirable effects，UDE）。值得注意的是，UDE并不是真正的问题所在，它们只是一些表面现象。通过绘出将这些不良效果联系在一起的逻辑关系图，可以大大有助于找到真正的问题症结所在，它们就显示在这个逻辑图的最底部。这个逻辑图就是CRT，它回答了"改进什么"的问题。

c. 消雾法（evaporating cloud，EC）。

消雾法用来以双赢（win-win）的方式解决企业中的冲突。此法的得名是由于企业中的冲突像一团团的云雾一样，往往不是那么一目了然，人们往往不能很清楚地说出究竟是哪些原因造成了这些冲突。消雾法就是要驱散那些弥漫在冲突周围的混淆和含糊，以便清楚地指出哪些是根本原因并给出解决冲突的方法。这时冲突便消除了，就像云雾蒸发了一样。

要回答问题二"改成什么样子"，首先要弄清楚为什么存在哪些CRT找出的"真正的问题"。显然，如果这些问题很轻易就可以被解决的话，企业的管理人员也不会让它们存在那么久，且一直保留到现在。找出这些问题与冲突以后，应该设法找到解决问题的突破点（a breakthrough idea），我们称之为一个注入（injection）。这时就要用到"消雾法"。要注意，不能仅仅找出一个突破点就了事，还要检验它是否能够对系统产生所期望的影响。即这些"注入"的实施能否将你现在面对的"不良效果"（UDE）转变为"满意效果"（desirable effects，DE），这便用到"未来现实树"。

d. 未来现实树（future reality tree，FRT）。

"注入"只是解决方案的一个必要组成部分，还不是一个充分完整的方案。为了确保此"注入"的确是个好主意，还要检验这个"注入"的实施效果将会怎样。这就要回到最初反映"不良效果"因果关系的CRT图，把"注入"插入到它要进行突破的环节。然后，重绘逻辑连接，在 CRT 的基础上生成 FRT。如果此"注入"果真能把 UDE 转变为 DE，那就找到了期望的解决方案，由此方案产生的结果正是 FRT 的"树叶"。所以说，FRT 很好地描绘了实施"注入"后的未来图景。要注意的是，在此阶段没有必要考虑怎样具体实施"注入"，有时提出的实施思路甚至是令人难以理解的，TOC 称这种"注入"为 flying pig injections，就是说这种"注入"要实施成功几乎不可能，就像让猪飞起来一样令人不可思议。在这时管理者千万不能绝望，因为通过 TOC 提供的负效应枝条和必备树方法可以让这头会飞的小猪停落下来。

e. 负效应枝条（negative effect branches，NEB）。

当做完 CRT，EC，FRT 的一系列工作以后，就要找一些受改进影响最大的人来参与，以保证改进的成功实施。TP 是一项高度开放、广泛参与的活动。当这些与改进直接相关的人看到改进进行的突破以及 FRT 所描绘的"未来现实"时，他们往往会有一种抵制改进的情绪，毕竟企业中的问题已经存在了一段时间，而且代表着不同利益者之间的冲突。所以"注入"或多或少地会与当前的企业文化或者各部门的亚文化发生抵触。

人们往往会对这个突破性的想法说："我认为这个办法可能管用，他们接下去就会罗列出若干种此法实施后可能会带来的负面效应。"

对于这种情况 TP 给予了充分考虑以避免实施的失败。TP 认为正是这些受改进影响最大的人，才对那些意料之外的负面效应（即"负效应枝条"）了解得最清楚。所以 TP 要求主动寻求这些人的参与，并与他们一道找出避免这些"负效应枝条"长出的办法，此过程可以形象地描述为"剪去负效应枝条"（trimming the negative branches）。

为克服人们抵制变革的心理，TOC 总结了六大步骤，称为"消除抵制情绪的六个层次剥离法"：

第一步，在组织内部对造成当前问题的原因达成共识；

第二步，对问题的改进方向达成一致；

第三步，对解决方案的有效性和可行性达成一致；

第四步，吸引其他人的参与并积极合作，使解决方案日益完善；

第五步，制定实施计划，使解决方案落到实处；

第六步，克服人们心中确实存在的对重大改进的畏惧。

f. 必备树（prerequisite tree，PT）。

要注意，问题三"怎样使改进真正得以实现？"不同于"怎样对事物进行改变？"（plow to change things?）。前者是在改进前、改进后的状态都已知晓的情况下，重点强调如何导致这一改进的实际发生。鉴于人们对自己参与设计的改进方案一般抵触较少，所以回答问题三的关键就是：让那些与这些转变直接相关的人来制定实施转变的行动方案。这个工作是 TP 中最有效的工具，也是与其他追求持续改进的思维流程相比最显著的特点之一。一般而言，多数企业一开始就决定改进目标，接下去就是实施小组的几个成员全面忙碌起来：制定实施日程安排、给实施方案定名、强制扫除实施障碍等等。而实施结果如何呢？很难说是否能实施成功。而 TP 不是这样，有了上述的一系列工作，我们已经摸清楚了问题所在（通过 CRT），找到了突破点（通过 EC），保证了"注入"的实施结果是令人满意的（通过 FRT），就剩下在 UDE 和 DE 之间搭一条路了。在寻找这条路的过程中，管理者可能会听到人们这么说："这个办法听上去不错，可它需要营销部门和生产部门之间有效的沟通、紧密的配合。"而实际上在多数传统企业里，这两个部门根本就分属两个系列，由两个副总掌管。等等诸多问题的解决，就需要用"必备树"来分析、解决，"解铃还需系铃人"，要引导那些指出实施障碍的人来提出解决问题的办法。

g. 转变树（transition tree，TT）。

TOC 思想的应用成功需要集思广益，要实施最初的"注入"就可能需要用到其他的"注入"，而把所有这些实现措施所需的活动汇集在一起，并分析它们之间的关系，弄清楚活动的先后顺序，这种方法就是"转变树"法。

以上介绍了 TOC 的思维流程和其中用到的几种解决问题的方法，下面用图示意一下几种方法之间的先后关系，如图 10-8 所示。

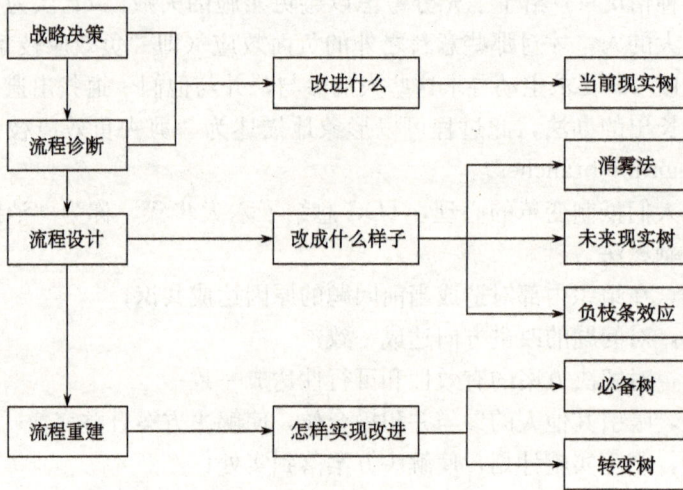

图 10-8　TOC 思维流程方法示意图

10.5.2　Petri 网技术

1. Petri 网概念

Petri 网的概念最早在 1962 年由 Carl Adam Petri 在他的博士论文中提出的。

在 Petri 网研究和应用的发展历史中，它的应用范围已经远远超出了计算机科学的领域，成为研究离散事件动态系统的一种有力工具。

Petri 网是一种适合于系统描述和分析的图形工具和数学工具，具有直观的图形表示和严密的数学基础，自顶向下来建立系统模型，使得所建的模型是层次模型，可以清楚的描述系统的内部关系，很快在研究并行、异步、离散、非线性和随机问题中得到广泛应用，特别适用于异步并发离散事件系统的建模，在调度系统分析设计中有着很好的应用。作为图形工具，它具有类似于流程图、框图和网图的可视描述功能；作为数学工具，用 Petri 网建立模型具有好的形式化描述方法，有成熟的数学分析方法，用它可以建立状态方程、代数方程和其他数学模型来描述系统的行为。

从抽象和一般的角度，一个 Petri nets（PN）网的形式化定义可表述为以下的五元组：

$$PN = (P, T, F, W, M, M_0)$$

式中，$P = (p_1, p_2, \cdots, p_n)$ 为有限位置（place）集；$T = (t_1, t_2, \cdots, t_n)$ 为有限变迁（transition）集或事件集。$P \cap T = \Phi$（集合 P 和集合 T 不相交），$P \cap T \neq \Phi$（集合 P 和集合 T 不同时为空）；$F \subseteq (P \times T) \cup (T \times P)$（关系 F 只存在于集合 P 和集合 T 之间）为节点流关系集，即为有向弧集；W：$F\alpha\{1, 2, \cdots\}$（关系集 F 到自然数的映射）为有向弧的权函数；M：$P\alpha\{0, 1, 2, \cdots\}$（集合 P 到非负整数的映射）为状态标识（marking）；M_0：$P\alpha\{0, 1, 2, \cdots\}$（集合 P 到非负整数的映射）为初始标识（initial marking）。其各量表示如下（图 10-9）。

（1）位置节点和变迁节点。有限位置集 P 中的所有元为"位置"节点，采用符号"○"（圆圈）表示；有限变迁集 T 中的所有元为"变迁"节点，采用符号"—"（粗线段）表示。

（2）有向弧。由有向弧集 F 可来决定在图的各个位置节点和各个变迁节点之间所存在的所有的有向弧。从位置节点 p 指向变迁节点 t 的一个有向弧表为（p, t），且称此位置 p 为变迁 t 的一个输入，此变迁 t 为位置 p 的一个输出。从变迁节点 t 指向位置节点 p 的一个有向弧表为（t, p），且称此位置 p 为变迁 t 的一个输出，此变迁 t 为位置 p 的一个输入。

（3）变迁集合的输入集合和输出集合，对标识 Petri 网图，变迁 t 的输入集合定义为

$$I(t) = \{p \mid (p,t) \in F\}$$

变迁 t 的输出集合定义为

$$O(t) = \{p \mid (t,p) \in F\}$$

（4）位置节点的输入集合和输出集合。对标识 Petri 网图，位置 p 的输入集合定义为

$$I(p) = \{t \mid (t,p) \in F\}$$

位置 p 的输出集合定义为

$$O(p) = \{t \mid (p,t) \in F\}$$

(5) 有向弧的权。为简化标识 Petri 网的结构表示，把多输入或多重输出的有向弧表示为加权有向弧，即只画出一条有向弧并在其旁标注"权"以表示输入或输出权重数，当权重为 1 时，标注常予以省略。

(6) 位置中"托肯"数的表示。在标识 Petri 网图中，采用在位置节点中标注相应的黑点数，以表示此位置所包含的"托肯"（token）数。

(7) 状态标识。对标识 Petri 网图，$M(p_i)$ 为状态位置 p_i 中的黑点数即其所包含的"托肯"数 $i=1, 2, \cdots m$，m 为网图所包含的位置节点个数，则网图的状态标识 M 定义为如下的一个行向量：

$$M = [M(p_1),\cdots,M(p_m)]$$

(8) 初始标识。对标识 Petri 网，初始标识 M_0 对应于状态标识 M 的初始位置。$M_0(p_i)$ 为初始位置 p_i 中的"托肯"数，$i=1, 2, \cdots m$，m 为网图所包含的位置节点个数，则网图的初始标识 M_0 定义为如下的一个行向量：

$$M = [M_0(p_1),\cdots,M_0(p_m)]$$

2. Petri 网特性

Petri 网研究的系统模型行为特性包括：状态的可达、位置的有界性和安全性、变迁的活性、死锁和冲突。

1) 可达性

对给定初始标识即初始"托肯"分布 M_0 的一个 Petri 网（N，M_0）可达集 R（N，M_0）定义为此 Petri 网在初始状态标识 M_0 下按照发射规则可到达的所有状态标识的集合。

2) 有界性和安全性

有界性：对给定初始标识即初始"托肯"分布 M_0 的一个 Petri 网（N，M_0），称此 Petri 网为 K-有界的，如果对任一可达状态 $M \in R(N$，$M_0)$ 和任一位置节点 p_i，相应于状态标识 M 下的 Petri 网，位置节点 p_i 中的"托肯"数满足 $M(p_i) \leqslant K$，其中 K 为有限正整数。

安全性：对给定初始标识即初始"托肯"分布 M_0 的一个 Petri 网（N，M_0），称此 Petri 网是安全的，如果对任一可达状态 $M \in R(N$，$M_0)$ 和任一位置节点 p_i，相应于状态标识 M 下的 Petri 网，位置节点 p_i 中的"托肯"数满足 $M(p_i) \leqslant 1$。

3) 活性

变迁节点的活性：对给定初始标识即初始"托肯"分布 M_0 的一个 Petri 网（N，M_0），称其一个变迁节点 t 是活的，如果对由初始"托肯"分布 M_0 可达的

任一状态标识 $M \in R(N，M_0)$，都可找到一个发射序列，在由此导出的新的"托肯"分布 M' 下可使此变迁节点 t 为使能。

Petri 网的活性：对给定初始标识即初始"托肯"分布 M_0 的一个 Petri 网 $(N，M_0)$，称此 Petri 网为活的，如果其每一个变迁节点都是活的。

4）死锁

对给定初始标识即初始"托肯"分布 M_0 的一个 Petri 网 $(N，M_0)$，称其一个变迁节点 t 为死锁，如果对由初始"托肯"分布 M_0 可达的任一状态标识 $M \in R(N，M_0)$ 下，此变迁节点 t 都是不使能，即不具有发射权的。

5）冲突

对给定初始标识即初始"托肯"分布 M_0 的一个 Petri 网 $(N，M_0)$，冲突是这样的一种现象，如果 Petri 网的两个或多个变迁节点同时处于使能即具有发射权的状况，但由于共享某些输入位置节点，使"一个变迁节点的发射"导致"另一些发射节点的不能发射"。

3. Petri 网建模理论

Petri 网用来描述异步、并发特征的离散事件动态系统。但是，随系统功能的增强和规模的扩大，其 Petri 网图将变得庞大而复杂，为解决此问题，出现着色 Petri 网方法。

1993 年，Borusan 提出了一种基于着色 Petri 网的递阶结构的建模方法，解决了大型系统建模的复杂性问题。由于 Petri 网模型的图形表述和数学描述，使它既可采用数学分析，又可通过图形形象地描述出物流系统的运行过程。清华大学的吴耀华、颜永年和机械部北京自动化研究所的曾庆宏等于 1996 年提出了一种基于 Petri 网动态模型的物流系统的 Petri 网模型，可以将物流系统的物理过程通过网系统形象地表示出来。同年，华中理工大学机械科学与工程学院的胡春华等人通过分析离散制造系统的基本组成元素和离散制造过程的特点，将有色时间 Petri 网中的颜色元素进行面向对象的扩展，分别对离散制造系统的硬件组成、行为方式和控制方式建立模型。1997 年，西安电子科技大学电子机械学院的李志武等人提出了一种对 FMS 实时控制进行建模的 Petri 网工具——实时控制 Petri 网模型（RCPN——real-time control petri net），该模型是通过对变迁和位置引入第二属性，利用输出控制命令和传感器信息来实现的。此外，Petri 网模型还可对制造系统中非常关心的死锁问题进行研究和探索，给出死锁原因，在系统设计中加以避免。

从举例中可以看出，Petri 网以其优良的特点在混杂系统建模、软件实现领域得到了广泛重视并加以实际应用，取得了良好的成效。Petri 网建模的应用明显缩短了作业调度所需时间。当系统遇到干扰时，可迅速且可靠地作出反应，及时改变计划；并且可以根据预先给定的原则对任何队列进行优化。

Petri 网理论在现代制造技术中的应用前景将是十分广阔的。从广度上来讲，它将渗透到混杂系统的其他各个领域；从深度上来讲，Petri 网理论一定能在不断的实际应用中对自身理论不断拓深和发展，使其功能不断强大和完善。随着计算机技术应用的日益广泛，如果能依据 Petri 网理论发展为一种计算机描述语言，必将把现代制造技术推向一个崭新的阶段。Petri 网系统建模的优势在于其图形描述的直观性和理论分析的严谨性，能够较好地处理并发、异步、冲突等现象，离散事件系统是其最早和最成功的应用领域。

Petri 网是一种能够准确表达制造自动化系统的动态行为的理想工具，它可以准确地描述系统的资源情况以及系统的活动和约束，同时便于设计者理解和表达调度问题。Petri 网用于调度过程是把资源分配或任务排序作为一个状态演化过程处理，监测调度过程中共享资源（主要是加工设备）的冲突使用和任务排序的逻辑约束问题。Petri 网作为系统模型的最大特点在于其并发性（concurrency），而调度问题的目标就是提高非顺序任务间的并发度，而且 Petri 网结构是一种有向图，对描述任务间次序关系是较为合适的，因此采用 Petri 网作为调度模型在直观上是易于接受的。一般来说，Petri 网用于生产调度分析和设计，关键在于库所和变迁的修改，尤其是变迁的开放原则。在一个实用的 Petri 网调度模型中，库所是各种类型资源的抽象形式，这些资源不仅包含有形的资源（机器、工具），而且包含无形的资源（时间、空间、信息、知识）。有形的资源，如一台机器，从数学上描述较为简便，用整数"1"和单位"台"即可，在 Petri 网中可表示为一个标记；而那些无形的资源，数学上的形式描述较为困难，时间即属于这种资源。

Petri 模型最直接的应用是根据给定的使能条件、激发条件和生产过程，当同一状态下有多个发生元可被激发时，选择最小激发时间的发生元激发。当从 Petri 网的观点来看待一个系统时，表现为两个概念：条件和事件，作为一种系统建模方法有对系统进行描述，对软件实现进行分析、评价，进而达到控制和改进系统的目的，一般系统都可以用它的状态进行描述，而状态之间的相互转化又可归结为事件的触发。在为系统建立起一个 Petri 网模型后，通过对网络特性的分析以及对网络运行的软件实现，可以揭示出被模拟系统在结构和动态行为方面的重要信息，利用这些信息可以对被模拟系统进行估价，并寻找改进控制系统的方法。建立系统 Petri 网模型的一般原则和步骤如下：

（1）根据建模对象的特性，确定 Petri 网的类型。目前的研究包括：受控 Petri 网的离散事件系统建模、有色 Petri 网的离散事件系统建模、赋时 Petri 网的间歇/批处理过程建模、连续 Petri 网的连续系统建模、混合 Petri 网的连续过程建模、混杂时态 Petri 网的混杂系统建模、混合 Petri 网的混杂系统建模、多层 Petri 网的复杂系统建模等。

（2）运用 Petri 网模型和对象之间存在的对应关系，确定 Petri 网的变迁节点。如对于柔性制造系统 FMS 的建模，其 Petri 网模型的变迁节点对应于"机床对工件的加工活动"，变迁节点的发射对应于"加工活动的完成"，变迁节点的使能对应于加工活动的开始，而发射时延则对应于加工时间。

（3）根据 Petri 网模型和对象之间的对应关系导出的一些规则，确定变迁的输入库所节点和输出库所节点。如 FMS 中"加工活动所占用的资源（机床和工件）"对应于 Petri 网相应变迁的各输入库所节点，FMS 中"加工活动的后继活动和所释放的资源（机床和工件）"对应于 Petri 网相应变迁节点的各输出库所节点。

（4）确定 Petri 网模型的初始标识。一般地，Petri 网模型中的标识代表相应变迁所能占用的资源实体，根据建模对象的初始资源分布确定其 Petri 网模型的初始标识。

对复杂工业过程的生产控制问题，以往通常采用数学规划方法，结合应用人工智能和进化计算技术，来求解最佳调度方案。基于 Petri 网研究复杂工业过程的生产控制问题是近年来提出的一种新方法。Petri 网成为研究离散事件动态系统的一种有力工具，特别适用于异步并发离散事件系统的建模，在生产控制问题与调度系统分析设计中有着很好的应用。

电炉炼钢—精炼—连铸短流程生产线的变计时 Petri 网模型如图 10-9 所示。

10.5.3　神经网络技术

1. 神经网络技术简介

神经网络是一种被广泛用于模式识别及机器学习的人工智能技术，神经网络方法具有较强的适应能力和学习能力，它用于数据分类和预测中的精度是非常高的。神经网络按照人脑的组织和活动原理构造一种非线性映射模型，可以实现任何复杂的因果关系映射，特别适用于处理复杂问题，在预测评估、智能控制、模式识别、信号处理、非线性优化、函数逼近、自适应控制和预测及管理工程等领域具有广泛的应用。

研究神经网络技术旨在模拟知识获取及人类大脑的组织技能，它以作为重要的非线性分类及高适应性系统奠定了自己的地位。神经网络能够执行特定的推理任务，这些任务可以使模式分类、模式聚类、模式映象、模式联系及特征映射等。

神经网络方法和传统的方法相比，具有以下几个明显的优点：

（1）具有较强的容错性，能够识别带有噪声或变形的输入模式；

（2）具有很强的自适应学习能力；

（3）并行分布式信息存储与处理，识别速度快；

（4）能把识别处理和若干预处理融为一体进行。

2. 神经网络的结构及类型

神经网络是采用可实现的器件或计算机通过硬件或软件的方式模拟生物体神

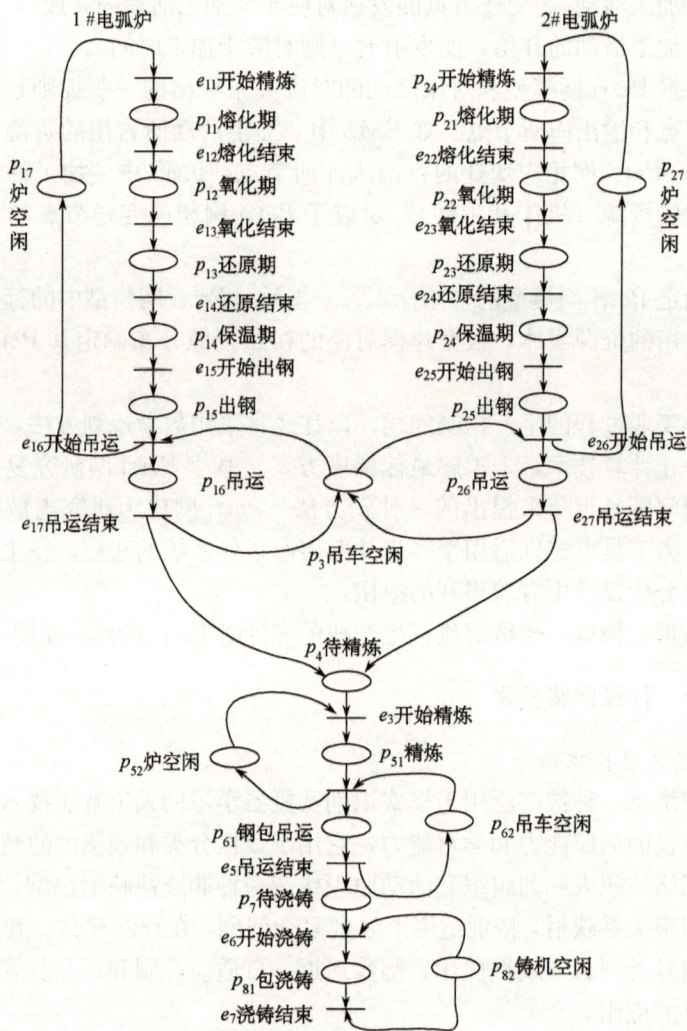

图 10-9　电炉炼钢—精炼—连铸短流程生产线的变计时 Petri 网模型

经系统的某些结构与功能，用以解决机器学习、识别、控制、决策等机器智能问题。构成神经网络的单个计算单位称为节点、单元或神经元，一般而言，神经网络是一个并行和分布式的信息处理网络结构，神经网络许多并行运算的功能由简单的神经元组成，这些神经元类似于生物神经系统的神经元。神经网络是一个非线性动力学系统，其特色在于信息的分布式存储和并行协同处理。

神经网络一般由许多神经元组成，每个神经元只有一个输出，它可以连接到许多其他的神经元，每个神经元输入有多个连接通路，每个连接通路对应于一个连接权系数。同时运行或并行运行的神经元的集合称为层，层分为输入层、输出层及隐层。严格地说，神经网络是一个具有下列性质的有向图。

（1）每个节点有一个状态变量 x_j。

（2）节点 i 到节点 j 有一个连接权系数 ω_{ji}。

（3）每个节点有一个阈值 θ_j。

（4）每个节点有定义一个变换函数 $f_j[x_i,\omega_{ji},\theta_j(i\neq j)]$，最常见的形式为 $f_j(\sum \omega_{ji}x_i-\theta_j)$。

虽然单个神经元的结构极其简单，功能有限，但大量神经元构成的网络系统所能实现的行为却是极其丰富多彩的。和数字计算机相比，神经网络系统具有集体运算的能力和自适应的学习能力。此外，它还具有很强的容错性和鲁棒性〔鲁棒性（robustness）就是系统的健壮性。它是在异常和危险情况下系统生存的关键。比如说，计算机软件在输入错误、磁盘故障、网络过载或有意攻击情况下，能否不死机、不崩溃，就是该软件的鲁棒性。所谓"鲁棒性"，是指控制系统在一定（结构，大小）的参数摄动下，维持某些性能的特性〕，善于联想、综合和泛化。

神经网络模型多种多样，它们是从不同的角度对生物神经系统不同层次的描述和模拟。有代表性的网络模型有感知器、多层映射 BP 网络、RBF 网络、双向联想记忆（RAM）、Hopfield 模型及概率神经网络等。利用这些网络可以实现多种功能。

神经网络的一般结构如图 10-10 所示。

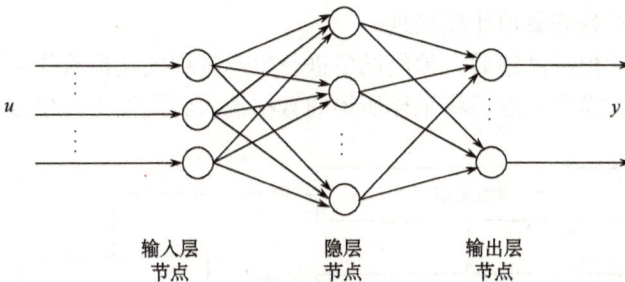

图 10-10　神经网络示意图

3. 神经网络应用于复杂生产过程建模的可行性和必要性分析

神经网络能够用于生产过程建模的可行性主要表现在以下四个方面：

（1）神经网络建模通过对数据的学习，构成一个"真实"的系统，该系统的行为反映数据间的隐含关系，进而可用这一"系统"模拟实际系统进行系统分析与仿真。

（2）神经网络具有学习能力，能够快速地对复杂环境及其变化做出较为合理的反应和有效的预测。

（3）神经网络可方便地引入各类信息，包括有明显因果关系的相关信息和隐含于各种关系间、无法用统计或其他显式方法表示的关系等。

（4）神经网络的非线性性质与多数实际系统相同，而一般的统计方法是以线性或某些特殊的非线性为基础的，因此人工神经网络的拟合性能比一般的统计方法好。

神经网络能够用于生产过程建模的必要性主要表现在神经网络可以在网络的输入端囊括各种影响因素，从而使建立的模型可以包含各种不确定性的影响，能很好地解决复杂产品生产流程优化的问题，因此神经网络运用于生产过程系统建模是非常适合和非常必要的，这样更有利于提高产品生产效率。

4. 神经网络用于生产过程建模的实现方法

在对生产过程进行分析和优化的过程中，建模时使用的神经网络算法合适与否和工作能否顺利进行有很大关系。一个复杂的生产过程通常是非线性的，而且测得的工艺参数与实际情况之间总有一定差异，所以用以生产过程建模的神经网络必须具备以下特征：

（1）非线性映射能力较强；

（2）具有一定的去噪和容错能力。

条件（1）和（2）并不难满足，目前应用最广泛的前馈网络 BP 网络就具备以上特征。典型的 BP 网络根据负梯度方向优化网络参数，激励函数通常采用 Sigmoid 函数。除此以外，为了建模以后搜索最优点的顺利进行以及保证最优参数的物理意义，神经网络算法还应具有第三个特征，即映射函数曲面的最优点应该与实际工艺参数的数值比较接近。

选定适合的神经网络后，神经网络进行生产过程的建模首先是根据历史数据建立模型、训练模型，然后将采样所得的数据输入到模型中，模型会根据已经学

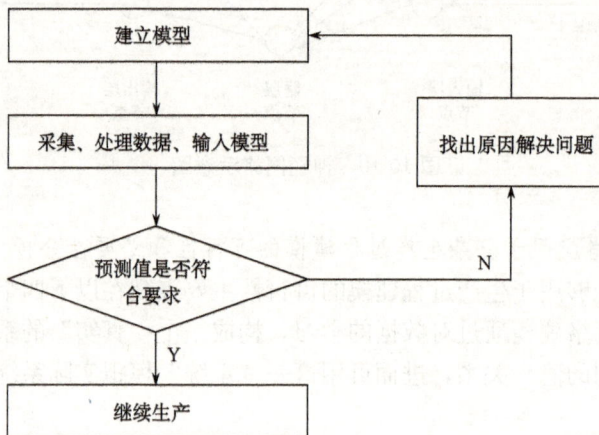

图 10-11　基于神经网络的生产流程预测流程图

习的模式给出相应的输出数据，最后根据输出数据判断所得的结果是否符合生产要求，如果不符合，则找出原因，解决问题以后再安排生产，符合要求就可以直接进行生产，这样就可以将出现生产问题的几率降低。其应用框架如图 10-11 所示。

➤ 思考题

1. 简述生产流程持续优化的必要性。
2. 简述生产流程再造的基本概念与实施步骤。
3. 进行生产流程优化的基本思路是怎样的？
4. 实施先进的管理方法、工具与生产流程再造、生产流程优化的关系如何？
5. 模特分析法进行流程优化的实施步骤是怎样的？
6. 如何在实际生产中应用 Petri 网技术？
7. 多品种小批量生产的生产流程优化与大批量生产的生产流程优化相比有何不同？

第*11*章

"5S" 管理

良好的工作环境是现代生产管理的基本要求之一，这是确保产品质量而对生产环境提出的要求，也是企业内员工的一种理想。良好的工作环境及与之相应的和谐融洽的气氛，是工业现代化的标志。"5S"管理营造安全、清洁、舒适、明亮的工作环境，培育员工真、善、美的品质，从而也塑造企业良好的形象，为提升企业的核心竞争力奠定良好的基础。

■11.1   "5S" 管理概述

"5S"管理起源于日本，因日语中的整理（seiri）、整顿（seiton）、清扫（seiso）、清洁（setketsu）、素养（shitsuke）这五个词的罗马拼音均以"S"开头而简称"5S"管理。

开展"5S"活动能创造良好的工作环境，提高员工的工作效率。试想，如果员工每天工作在满地脏污、到处灰尘、空气刺激、灯光昏暗、过道拥挤的环境中，怎能调动他们的积极性呢？而整齐、清洁有序的环境，能促使企业及员工提高对质量的认识，获得顾客的信赖和社会的赞誉以及提高员工的工作热情、提升企业形象、增强企业竞争力。

1. "5S"管理是为了人类的生存、文明与发展

在工业持续高速发展的今天，在不断取得巨大成就的同时，对环境等方面造成的负面影响也在迅速扩大，这对我们人类自身的生存、文明与发展造成了巨大威胁。"5S"管理是为了对环境负责、对子孙后代负责，对循环经济和可持续发展负责。在以人为本的今天，认真规划与实施"5S"管理具有重大的现实意义

和长远的历史意义。

2. "5S"管理是确保产品质量对生产环境提出的要求

开展"5S"活动能创造良好的工作环境。整齐、清洁有序的环境能提高员工的工作热情和工作效率，能促进企业及员工对提高质量的认识，有些产品或某些工序需要特殊的生产环境。

3. "5S"管理是企业内员工的一种理想工作场所

"5S"管理是为了有一个安全的、高效的、高品质的、人际和谐、精神状态朝气蓬勃的工作现场。

良好的工作环境及与之相应的和谐融洽的气氛，是工业现代化的标志。"5S"管理营造安全、清洁、舒适、明亮的工作环境，这是我们每一位员工所喜欢的工作环境。

4. "5S"管理是企业运作发展的需要

一方面，使本企业降低成本、按时交货、提供周到服务，使顾客满意；另一方面，"5S"以其无声的但很具震撼力的宣传，获得顾客的信赖和社会的赞誉，提升了企业的良好形象，为提升企业的核心竞争力打下了良好的基础。

5. "5S"管理是员工个人的需要

"5S"管理提供安全和健康保障，完善心智发展，健全人格，提高素质，扩大生存和发展空间。

通过规范生产现场、规范生产过程中的在制品、产品、所用工具、工装以及车间和工厂的生产设施和其他设施，营造优良的工作环境，使之符合现代产品生产对环境的要求，同时也是为了培育人的优良品质，使员工养成良好的工作习惯。

(1) 革除马虎之心，认认真真地对待工作中的每一件"小事"；

(2) 自觉遵守工厂的各项规章制度；

(3) 自觉维护工作环境整洁明亮；

(4) 在工作中和人际交往中注重文明礼貌；

(5) 提高员工的综合素质。

6. "5S"管理与工作成本的关系

开展"5S"现场管理可得到丰厚的回报，作为一名企业的管理者，必须关注隐含在管理中的成本，在企业中经常看到的浪费现象有：

(1) 无价值的工作造成的浪费。

(2) 信息错误造成的浪费。如信息来源的错误，会造成不可估量的损失。

(3) 等待的浪费。如停工待料。

(4) 操作不当，导致设备故障造成的浪费。

(5) 意外事故造成的浪费。轻则财产损坏，重则人员伤亡，造成不可挽回的损失。

（6）生产过量或不足造成的浪费。过多积压，过少供应不足，均造成不良后果。

（7）原材料库存量过多或过少的浪费。过多必将造成系列成本的增加，过少造成停工待料，影响供货期等。

（8）产品检验和返工的浪费。企业应该通过实施现代质量控制方法，设法降低不良品率，提高一次性加工合格率；而片面强调质量检验把关和返工返修等，非但不能提高产品质量，反而增加成本。

（9）物品堆放，标志管理混乱造成的浪费。物品在流转或库存中堆放不合理，无法做到先进先出，造成物品堆放时间过长，生锈，变质或质量下降等，甚至不合格；而标志混乱，在企业内部无法追踪不合格品产生的原因和责任人，流出厂外给企业信誉造成无可挽回的损失。

（10）文件缺乏和记录管理不善造成的浪费。文件缺乏、管理混乱必然导致效率低下，必然对企业的发展产生负面效应。

一个企业管理不善造成的损失不止上述这些内容，我们应通过"5S"活动加强现场管理，解决上述浪费现象，真正做到从管理中获取效益。

7. "5S"管理与其他管理活动的关系

（1）"5S"是现场管理的基础，是全面生产管理（TPM）的前提，是全面品质管理（TQM）的第一步，也是推行 ISO9000 系列标准的有效保证。

（2）"5S"管理能够营造一种"人人积极参与，事事遵守标准"的良好氛围。

（3）实施 ISO 标准、TQM、TPM 等活动的效果是潜移默化的、长期性的，一时难以看到显著的效果，而"5S"管理活动的效果是立竿见影的。如果在推行 ISO 标准、TQM、TPM 等活动的过程中导入"5S"管理，可以通过在短期内获得显著效果来增强企业员工的信心。

（4）"5S"管理水平的高低，代表着管理者对现场管理认识的高低，这又决定了现场管理水平的高低，而现场管理水平的高低，制约着 ISO 标准、TPM、TQM 活动能否顺利、有效地推行。通过"5S"管理活动，从现场管理着手改进企业的管理机制，则能起到事半功倍的效果。

（5）"5S"是优秀的公共关系媒介，良好的生产环境是最好的宣传员，默默地宣传良好的企业形象、宣传良好的产品质量、宣传文明礼貌和融洽的人际关系。

11.2 "5S"管理的定义、目的、实施要领

1. "S"——整理

1）定义

（1）将工作场所任何东西区分为有必要的与不必要的；

（2）把必要的东西与不必要的东西明确地、严格地区分开来；

（3）不必要的东西要尽快处理掉；

（4）正确的价值意识——使用价值，而不是购买价值。

2）目的

（1）合理腾出空间，使之不影响生产过程，使腾出的空间用于扩大生产规模；

（2）防止发生误用、误送等事故；

（3）塑造有条不紊的工作场所。

生产过程中经常有一些残余物料、待修品、返修品、报废品等滞留在现场，还有一些已无法使用的工夹具、量具、机器设备，既占据了地方又阻碍了生产，如果不及时清除，会使现场变得凌乱。

生产现场摆放不需要的物品是一种浪费，即使宽敞的工作场所，将愈变愈窄小。

棚架、橱柜等被杂物占据而减少使用价值。增加寻找工具、零件等物品的困难，浪费时间。

物品杂乱无章地摆放，增加盘点困难，成本核算失准。

注意点：要有决心，不必要的物品应断然地加以处置。

3）实施要领

（1）自己的工作场所（范围）全面检查，包括看得到和看不到的。

（2）制定"要"的物品和"不要"的物品的判别标准。

（3）把经常使用的物品放在容易取到的地方。

（4）把长期不用，但有潜在可用性的物品放置到指定地方。

（5）将不要的物品清除出工作场所。

（6）制定废品、切屑、工作垃圾等废弃物处理方法和返修品、次品的回收办法。

（7）每日自我检查，检查与自己有关的物品是否已经进行了整理。

2. "S"——整顿

1）定义

（1）明确各类有用的物品各自的数量，并进行有效的标识。

（2）将各种有用物品存放在合适的地点和放置在合理的装置内。

（3）对整理之后留在现场的必要的物品分门别类放置，排列整齐。

2）目的

（1）经过整理、整顿后的工作场所一目了然。

（2）具有明亮、宽敞、清洁、整齐的工作环境。

（3）由于物料放置具有明显的规律性，所以可消除不必要的寻找物品的时间，从而可提高效率。

（4）通过整理和整顿，消除过多的积压物品。

注意点：整理和整顿须密切结合，整理和整顿是提高工作效率的基础。

3）实施要领

（1）将前一步骤整理的工作进一步落实到位。

（2）应有仓库场地布置总体规划，并画出规划图，物料、物品放置应有总体规划、区域划分应有标识、物料架应有标识，不同物料应有适当的标识来区分、物料放置应整齐、美观。

（3）应有车间场地布置总体规划，并画出规划图。不同的生产线、工序、工作地、工位应设牌标识，设备摆放应整齐，工具、工装摆放应整齐，工人工作台面应整齐，文件、记录等物品放置应有规划、物品放置应整齐、美观、有条不紊，必要时应做一定标识。

（4）工具柜、档案柜、工件摆放桌等应整齐，其抽屉内物品应整齐，不杂乱。

（5）通道要空出、不堆放杂物。

（6）制定废弃物处理办法，并严格按照规定及时进行处理。

4）整顿的"3要素"：场所、方法、标识

（1）放置场所——物品的放置场所原则上要100％设定，物品的保管要定点、定容、定量，生产线附近只能放真正需要的物品。

（2）放置方法——易取。应在放置方法上多下工夫：对于常用物品，应根据人机工程学要求，放置在特别容易拿到的地方；对于非常用物品，则应放置在容易看得到的地方。

（3）标识方法——放置场所和物品原则上一对一表示，即放置场所应进行标识，物品亦应进行相应标识。某些标识方法全企业要统一。

5）整顿的"3定"原则：定点、定容、定量

（1）定点：放在哪里合适。

（2）定容：用什么容器、颜色。

（3）定量：规定合适的数量或盛装量。

6）整顿要达到的要求

（1）整顿的结果要呈现出任何人都能立即取出所需要的东西的状态。

（2）要站在新人和生产现场的其他人的角度来看，什么东西该放在什么地方更为合理。

（3）要想办法使物品能立即取出使用。

（4）使用后要能容易恢复到原位，若没有回复或产生误放时能马上知道。

3．"S"——清扫

1）定义

（1）将生产现场、工作场所清扫干净。

（2）保持生产现场、工作场所干净、整洁。

2）目的

（1）消除脏污、尘埃，保持生产现场、工作场所内干净、明亮。

（2）稳定并持续改进产品质量。

（3）减少工业污染对员工健康的伤害。

注意点：清扫一定要责任化、制度化。

3）实施要领

（1）建立清扫责任区（室内外）。

（2）执行例行扫除，清理脏污。

（3）调查污染源，予以杜绝或隔离。

（4）建立清扫基准，作为规范。

（5）定期进行一次企业的大清扫，每个地方清洗干净。

清扫就是使工作场所进入没有垃圾、没有污脏的状态，虽然已经整理、整顿过，所需要的物品马上就能取得，但是被取出的东西要达到能被正常使用的状态才行。而达到这种状态就需要以清扫为第一目的，在强调产品高质量、高附加价值的制造中，更不容许有垃圾或灰尘的污染而影响产品质量。

4．"S"——清洁

1）定义

将上面的3S实施的做法制度化、规范化，在确保生产现场和其他工作场所整齐、宽敞、明亮、井井有条的前提下保持清洁卫生。

2）目的

维持前面3S的成果。

注意点：制度化，定期检查。

3）实施要领

（1）落实前面所说的3S工作。

（2）制定目视管理的标准。

（3）制定实施、核查与考评方法。

（4）制定奖惩制度，加强执行力度。

（5）地面、墙面、物料架、物料桌、物料要清洁，甚至灯管、灯管罩、空调器、电风扇等无积尘。

（6）工人工作台面、设备要清洁、光线要充足。

（7）办公桌面要清洁，图纸、文件、记录不肮脏、不破烂。

（8）通风要好，保持干燥清爽的环境。

（9）坚持上班"5S"五分钟，下班"5S"五分钟。

（10）高层主管经常带头巡查，部门主管定期有检查，对不符合"5S"要求的情况及时纠正，带动全体员工重视"5S"活动。

5. "S"——素养

1) 定义

通过实施"5S"管理，并结合企业的培训、教育、激励等手段，提高员工的综合素质和文明礼貌水准，增强团队意识，养成按规定行事的良好工作习惯。

2) 目的

提高员工的素质，使员工对任何工作都讲究认真、主动、热情；有强烈的时间观念；养成文明礼貌的人际交往习惯：着装整洁、语言礼貌、举止文明、积极开朗，最终达到完善产品质量、提高工作效率的目的。

注意点：长期坚持，才能养成良好的习惯。

3) 实施要领

(1) 制定服装、臂章、工作帽等识别标准。

(2) 制定公司有关规则、规定。

(3) 制定礼仪守则。

(4) 进行培训、教育（新进人员另需进行强化"5S"教育与实践）。

(5) 推动各种精神文明活动。

(6) 推动各种激励活动，遵守规章制度。

11.3 "5S"管理的效用

"5S"管理的五大效用可归纳为派生出新的 5 个"S"，即：sales（推销员）、saving（节约家）、safety（安全有保障）、standardization（标准化的推动者）、和 satisfaction（令人满意的工作环境）。

(1) "5S"管理是最佳推销员（sales）——被顾客称赞为干净整洁的工厂使客户更有信心，乐于签下订单；会有很多人来厂参观学习；会使大家希望到这样的工厂工作。

(2) "5S"管理是节约家（saving）——降低不必要的材料、工具的浪费；减少寻找工具、材料等的时间；提高工作效率。

(3) "5S"管理对安全有保障（safety）——具有宽广明亮、视野开阔的生产现场和工作场所，视野开阔，一目了然；走道明确，不会造成杂乱情形而影响工作的顺畅。

(4) "5S"管理是标准化的推动者（standardization）——"3 定"、"3 要素"原则规范作业现场，大家都按照规定执行任务，程序稳定，产品质量稳定。

(5) "5S"管理形成令人满意的工作环境（satisfaction）——"5S"可以创造出快乐的工作岗位：创造明亮、清洁的生产现场和工作场所，岗位明亮、干净、整齐，这个环境使人心情愉快。喜悦的心情并不是企业带给员工的，而是员工自己创造出来的。"5S"让员工乐于工作，因为员工有安全感、自豪感、成就感。令人满意的工作环境能造就现场全体人员进行继续完善"5S"管理的氛围。

此外，有些企业在实施"5S"管理的过程中还总结出了相关的另外三个"S"：习惯化（shiukanka）、服务（service）和坚持（shikoku）。

"5S"能给人"只要大家努力，什么都能做到"的信念，创造出现代化的、有活力的工作场所。

"人造环境，环境育人"，员工通过对整理、整顿、清扫、清洁、素养的学习、实施、遵守，使自己成为一个有道德、有修养的公司人。高素质的员工是企业更好地发展壮大的可靠保证。

■ 11.4 "5S"的实施步骤

掌握了"5S"的基础知识，并不等于具备推行"5S"活动的能力。因推行步骤、方法不当导致事倍功半，甚至中途夭折的事例并不鲜见。因此，掌握正确的步骤、方法是非常重要的。

"5S"活动推行的步骤、方法如下。

1. 成立推行组织

成立"5S"活动推行委员会及推行办公室，虽然以兼职为主，但必须形成健全的"5S"活动管理组织体系。在该委员会的统一领导下推动"5S"管理与活动。

2. 拟定推行方针及目标

1）制定方针

推动"5S"管理时，应制定正确的方针作为导入"5S"管理的指导原则。方针的制定要结合企业具体情况，要有号召力。方针一旦制定，要广为宣传。

例如，推行"5S"管理、塑企业一流形象；于细微之处着手，塑造企业新形象；告别昨日，挑战自我，塑造员工个人新形象；每个人的每项工作须与顾客的满意度密切联系起来；规范生产现场和工作场所；提升员工的综合素质等。

2）制定目标

目标的制定也要同企业的具体情况相结合。应设定所期望且通过努力可实现的目标，作为开展"5S"活动的方向及便于活动过程中的成果检查。

例如，定期（以月或季为一个时段）考核，各部门考核的分数应在90分以上；新员工入厂参观教育或有来宾到厂参观，不必事先或临时进行现场做准备等。

3. 拟定工作计划及实施方法

（1）收集资料及借鉴他厂做法。

（2）拟定"5S"活动的日程计划作为推行及控制"5S"活动的依据。

（3）制定"5S"活动实施办法。

（4）制定要与不要的物品区分方法。

（5）制定"5S"活动评比的方法。

（6）制定"5S"活动奖惩办法。

（7）其他相关规定。

"5S"活动工作一定要有计划，以便大家对整个过程有一个整体的了解。项目责任人清楚自己及其他责任人的工作是什么，以及何时要完成到什么程度，相互配合造就一种良好的团队作战精神。

4. 教育

通过培训和宣传栏及班组活动对全体员工进行教育，各部门也应积极配合进行教育与宣传。宣传的内容可包括开展"5S"活动的深远意义、"5S"活动的内容及目的、"5S"活动的实施方法、"5S"活动的评比方法、"5S"活动的奖惩办法以及新进员工的"5S"培训等。

教育是非常重要的，通过教育使员工了解"5S"活动能给企业、顾客、本岗位工作和全企业工作及自己带来的好处，从而积极主动地去做，与被别人强迫着去做其效果是完全不同的。教育形式要多样化，如讲课、放录像、观摩他厂案例或样板区域，学习推行手册等方式均可视情况加以使用。

5. 活动前的宣传造势

"5S"活动要全员重视、参与才能取得良好的效果。在开展"5S"活动前应召开企业全体员工大会，企业最高主管应向全体员工发出号召，各部门也应举行声势浩大的宣言会，内部海报、内部报刊宣传、宣传栏等同时进行大力宣传，做好强大的舆论准备。

6. 实施

（1）在做好前期作业准备的基础上通过方法说明会介绍"5S"活动的实施细则。

（2）举行大规模的工厂"洗澡"运动（全体上下彻底大扫除）。

（3）建立地面划线及物品标识标准并实施。

（4）展开"3定"、"3要素"规范化活动。

（5）设计"'5S'日常确认表"，并按表实施。

（6）必要时须亮起红牌。

（7）定时、定点摄影，用于前后比较和作为资料存档。

7. 活动评比办法确定

（1）确定加权系数：困难系数、人数系数、面积系数、教养系数等。

（2）制定考核评价指标体系和评分办法。

（3）考核时间安排。

8. 考核

（1）现场考核。

（2）"5S"基本知识考核。

（3）举办各种活动及比赛（如征文活动等）。

9. 评比及奖惩

（1）按"5S"活动竞赛办法进行评比。

（2）公布成绩，按成绩实施奖惩。

10. 整改

（1）各责任部门针对考核结果中的有缺陷项目进行分析，寻找原因，商定解决措施。

（2）制定下一轮"5S"活动实施计划，报有关部门审批。

在"5S"活动中，适当地导入 QC 手法、IE 手法是很有必要的，能使"5S"活动推行得更加顺利、更有成效。

11. 将"5S"活动纳入定期管理活动中

（1）标准化、制度化的完善。

（2）实施各种"5S"强化月活动。

需要强调的是，企业因其背景、架构、企业文化、人员素质的不同，推行时可能会有各种不同的问题出现，推行办公室要根据实施过程中所遇到的具体问题，采取可行的对策，才能取得满意的效果。

11.5   "5S"管理贵在坚持

（1）"5S"活动须与企业开展的其他活动进行良好的结合。在企业开展的其他活动的过程中，一定要将"5S"活动进行良好的结合，切不可只顾一头而忘了另一头。因为第一次"忘"就可能导致以后次次"忘"，其必然后果便是使"5S"活动中断，这会使前功尽弃。

（2）"5S"管理贵在坚持。"5S"活动一旦开始，不可在中途变得犹豫不决。要下定决心坚持到底。如果不能贯彻到底，又会形成另外一个污点，而这个污点会造成企业内保守而僵化的气氛：我们企业做什么事都是半途而废、反正不会成功、于是选择应付了事。要打破这种保守、僵化的现象，唯有花费更长时间来改正。而且，这种改正将付出更大的代价。

（3）企业高层管理者应具有坚强的意志力，坚信只要努力，便会成功。在这种信念支持下，踏踏实实抓好"5S"管理。"5S"管理是现代企业管理的表证之一，生产现场的"5S"管理是现代文明生产的标志，时代呼唤"5S"管理，员工能为实施"5S"管理的过程与结果做出应有的努力。

➤ 思考题

1. "5S"包括哪些方面的内容？

2. 实施 "5S" 管理的目的有哪些？

3. 如何理解 "购买价值" 与 "使用价值" 的不等效？

4. 如何理解 "5S" 是 sales（推销员）、saving（节约家）、safety（安全有保障）、standardization（标准化的推动者）和 satisfaction（令人满意的工作环境）？

5. "5S" 管理有许多优越性，为什么在企业中推行还存在一定困难？

6. 推行 "5S" 管理的过程是怎样的？

7. "5S" 管理与企业的竞争力有何关系？

8. 怎样才能将 "5S" 管理坚持下去？

第*12*章

劳 动 定 额

12.1 劳动定额及其作用

12.1.1 劳动定额的概念、形式、种类

1. 劳动定额的概念

劳动定额是指在一定的生产技术组织条件下，采用科学合理的方法，对生产单位合格产品或完成一定工作任务的劳动消耗量预先规定的限额。

2. 劳动定额的形式

劳动定额表现形式有：

（1）时间定额，又称工时定额，即生产单位合格产品或完成一定工作任务的劳动时间消耗的限额。

（2）产量定额，即在单位时间内生产合格产品的数量或完成一定工作任务的限额。时间定额和产量定额在数量上成倒数关系，可以相互换算。

（3）看管定额。是指操作者（一个或一组）在同一时间内照管机器设备的台数或工作岗位数的限额。它是劳动定额不能直接用工时或产量表现时而采用的一种特殊形式。看管定额有两种，一是规定一名操作者在一个工作轮班内所应看管机器设备的台数；二是按照大型设备、连续生产装置、流水线或联运机组的要求，所规定的设备看管岗位数及工人配备数。在实际工作中，看管定额专指第一种形式，即一人多机形式。

（4）服务定额。是指按一定的质量要求，对服务人员在制度时间内提供某种服务所规定的限额。

（5）工作定额。是指运用多种指标和方法，对各类人员完成管理、公务性劳动所规定的限额。在企业中从事各种专业管理或行政事务的人员，由于他们的工作受到多种因素的制约，在规定这些人员的劳动定额时，只能从实际出发，按具体的工作程序和工作内容，采用相对数或绝对数指标，规定出工作量限额，并提出质量考核标准。

3. 定额的种类

由于劳动定额涉及范围很广，可以从不同角度，按不同标准区分。上述劳动定额是按定额的表现形式区分的。

按劳动定额使用期限和功能的不同可分为：现行定额、计划定额、设计定额和不变定额。现行定额是在报告期内企业正在贯彻实施并进行考核的劳动定额。计划定额是在计划期内企业预先制定且可能达到的劳动定额。设计定额是满足企业新建、改建、扩建项目而制定的劳动定额。不变定额是将某一时期的现行定额固定下来，在一定时期内保持不变，作为衡量对比基础的劳动定额。

按劳动定额编制的综合程度不同可分为：单项定额和综合定额。单项定额又称为分项定额，是以一道工序（作业）为对象制定的定额。综合定额是以若干道工序（作业）为对象制定的总定额。

按劳动定额反映的生产工艺特点的不同可以分为：机械制造劳动定额、电子工业劳动定额、建筑安装劳动定额、铁路运输劳动定额、石油化工劳动定额等。

12.1.2　劳动定额的作用

劳动定额是企业管理的一项基础工作，劳动定额是合理组织劳动的重要依据，是促进劳动生产率提高的重要手段；是计划管理、经济合算、调控生产进度、控制成本的重要依据；是衡量职工贡献大小，贯彻各尽所能，按劳分配的重要依据。总之，劳动定额的作用很多，但它的主要作用有两条：一是组织生产，二是组织分配。劳动定额的作用主要表现在以下五个方面：

（1）劳动定额是生产流程再造和生产流程优化的基础，生产流程再造和生产流程优化的基点之一是工序平衡，工序平衡的基点是准确的劳动定额。

（2）劳动定额是制订生产计划的依据，生产计划是企业实现全面计划管理的基础。企业编制生产计划和确定各项指标，都要以各项定额为基础，在执行计划的过程中，控制工作要以各项定额为依据，检查和评价计划执行的情况是以定额作为标准的。

（3）劳动定额是合理安排劳动力，提高劳动生产率的重要手段。现代工业的生产过程比较复杂，分工也较细，要求有高度的连续性和比例性，要求在空间和时间上严格协调。有了劳动的定额，就可以准确地计算出每个工人生产的产品数量，合理地规定不同工种工人的数量和比例。当产品的交货期确定后，就可按劳动定额计算出各个生产环节的投入期、出产期、工作地及每道工序工人的数目，使生产协调地、均衡地进行。先进合理的劳动定额是企业合理配备定员的重要依据。各类人员的配备和定员都出自各自的劳动定额。这既可以保证满足生产需要，又能避免人浮于事的窝工浪费的现象发生。

（4）劳动定额是企业实行经济核算和成本管理的重要基础。经济核算和成本管理必须运用劳动定额作为工具和手段，这是因为：①经济核算和成本管理中的许多指标，如产量、成本和劳动生产率等的计算，都要直接或间接运用劳动定额。②产品的成本是企业的重要指标，降低工时定额，意味着单位产品中的工资费用和管理费用的降低，也就是降低了成本。③推行经济责任制，正确处理国家利益、集体利益和个人利益三者关系时，先进合理的劳动定额可以使三者关系得到正确处理，使经济责任制得以贯彻执行。④劳动定额是企业衡量职工贡献大小的尺度。要贯彻按劳分配原则，就必须建立切实可行的衡量和考核工人劳动数量、质量的标准与尺度。这一标准和尺度就来自劳动定额。⑤准确的劳动定额和相应的分配机制是充分发挥广大群众的积极性和主动性的法宝，劳动定额就是进行激励的客观标准。此外，为了完成和超额完成定额，将激励员工不断地进行技术革新。采用新材料、新工艺、新技术，学习先进的经验和操作方法，节约劳动消耗，不断地提高劳动生产率。

此外，劳动定额也是产能管理、外协报价、员工分配等的依据。

12.2 工序结构分析和工时消耗分类

1. 工序结构分析

工序结构分析是把工序细分，分成若干细小要素。划分工序要素有两种情况：

一是按机动系统划分，把工序细分为工步、走刀。工步就是在一道工序加工中，当使用的工具、工件加工表面和设备工作用量有一个发生变化，便形成一个新的工步；走刀就是从加工对象表面切削一层金属。

二是按手动系统划分，把工序细分为操作、动作。操作是为实现一定目的而进行的独立完整的劳动活动；动作是构成操作的基本单元，是对手动操作的进一步分解。工序结构分析的目的，是在机动和手动要素标准化的基础上，制定要素标准时间，从而组合制定工序单件作业时间标准。

2. 工序消耗分类及代号

生产工人工作班制度工时消耗可分为定额时间和非定额时间两类，这两类又可分出若干小类。定额时间与非定额时间的分类及代号，如图 12-1 所示。

定额时间（T）是指生产工人在工作班内为完成生产任务，直接和间接的全部工时消耗。所谓直接工时消耗，是指与完成生产任务直接相关的工作消耗，主

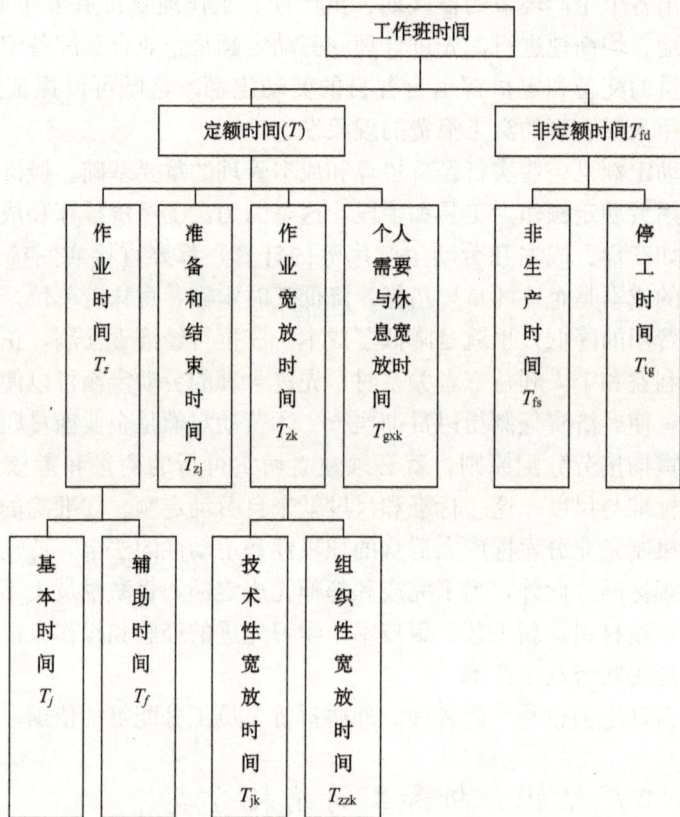

图 12-1　工时消耗分类图

要指基本作业与辅助作业的工时消耗。间接工时消耗是指其他工时消耗，如准备
与结束时间、作业宽放时间、个人需要与休息宽放时间。

准备与结束时间（L_{zj}）是指为执行一项作业或加工一批产品，事前的准备
和事后的结束工作，如熟悉图纸和工艺、借用工装、设备调整、安装工装、归还
工装等所消耗的时间。

作业时间（T_z）是指直接用于完成生产作业或零件加工所消耗的时间。按
其作用可分为两个方面，一是基本时间（T_j），是直接用于改变劳动对象的形
状、尺寸、性能、外表以及零件组合等消耗的时间，如机床自动走刀时间，挖煤
机挖煤的时间等；二是辅助时间（T_f），是指为执行基本作业而执行的各种辅助
操作而消耗的时间，如装卸工件、测量加工尺寸、操纵机器设备等。由于机械化
程度不同，无论是基本作业或辅助作业又可以分为机动、手动、机手并动等几种
形式，相应得到机动时间（T_{jd}）、手动时间（T_{sd}）、机手并动时间（T_{js}）。一般
来说，基本时间多是机动时间，辅助时间多是手动时间；以手工为主的装配则手

动时间即是机动时间。

作业宽放时间（T_{zk}）是指完成生产作业和零件加工过程中，由于工作现场组织管理和工艺装备的技术需要所发生的间接工时消耗。作业宽放时间包括组织性宽放时间和技术性宽放时间两类。组织性宽放时间（T_{zzk}）是工作现场组织管理所发生的间接工时消耗，这类时间消耗更多的是和工作轮班相联系，如交接班、清扫整理工作地、不可避免的短期延误等。技术性宽放时间（T_{jk}）是由于工艺装备技术需要所发生的间接工时消耗，如设备润滑、调整、更换用钝的刀具、清除切屑、注冷却液等。

个人需要与休息宽放时间（T_{gxk}）是工作班内满足个人生理需要，以及消除过分紧张和劳累所必需的短暂休息时间，如喝水、洗手等。

非定额时间（T_{fd}）是生产工人在工作班内发生的无效劳动和损失时间。它包括非生产时间和停工时间两类。非生产时间（T_{fs}）是生产工人在工作班内，由于企业组织管理不善或自身的责任，做了非本职工作或不必要的工作所消耗的时间，如找图纸、物料、工具、管理人员或检验人员，承担部分由辅助人员完成的工作等。停工时间（T_{tg}）是工作班内由于外部环境或条件发生变化、组织管理不够严密，或因操作者个人原因而损失的时间，如停电、停工待料、迟到、旷工等。

12.3　标准时间的计算

标准时间的计算分成两种形式，即多工序批量生产标准时间计算和单工序专业化生产标准时间计算。多工序批量生产指工作地或操作者常年承担多项作业的生产。这样工作地或操作者定期或不定期按一定加工批量轮番进行多项工序的加工，每更换一次工序，就会发生准备和结束时间的消耗。单工序专业化生产是工作地或操作者常年固定执行一项作业的生产，如轧钢作业、熔炼作业、采煤作业、流水线装配作业等。这类作业无须考虑准备结束时间，并且在生产现场普遍采用班产定额或小时产量定额。

12.3.1　多工序批量生产标准时间计算

多工序批量生产标准时间的计算公式是：

工序单件时间定额（T_{dh}）＝单件时间（T_d）＋准备和结束时间（T_{zj}）/批量（N_p）

式中，单件时间（T_d）＝作业时间（T_z）＋作业宽放时间（T_{zk}）＋个人需要与休息宽放时间（T_{gxk}）；作业时间（T_z）＝基本时间（T_j）＋辅助时间（T_f）；作业宽放时间（T_{zk}）＝（作业时间（T_z）×组织性宽放时间与作业时间百分比（K_{zz}））＋（基本时间（T_j）×技术性宽放时间与基本时间百分比（K_{jk}））或作业宽放时间（T_{zk}）＝作业时间（T_z）×作业宽放时间与作业时间百分比（K_{zk}）；

个人需要与休息宽放时间（T_{gxk}）＝作业时间（T_z）×个人需要与休息宽放时间与作业时间百分比（K_{gxk}）

12.3.2 单工序专业化生产标准时间计算

单工序专业化生产多见于大批大量生产类型，工作地或操作者固定执行一道工序（或少数几道工序），如轧钢作业、采煤作业、流水线装配作业等。这类作业无需考虑准备与结束时间。单工序专业化生产的定额多采用产量定额。计算公式是：

1. 工作班作业时间（T_{gz}）

$$T_{gz} = T_b - (T_{zk} + T_{gxk})$$

式中，T_b 为工作班制度时间。

2. 工作班产量定额

$$Q_b = T_{gz} / T_{dz}$$

式中，T_{gz} 为工作班作业时间，T_{dz} 为工序单件作业时间。

12.4 劳动定额制定的一般方法

制定劳动定额，要做到全、快、准的要求。所谓全，指工作范围，即凡需要和可能制定定额的工作都必须有定额。所谓快，是指时间要快，方法要简便，及时满足生产需要。所谓准，是指质量上准确、先进合理。其中准是关键。

制定劳动定额的方法有：经验估计法、比较类推法、统计分析法、技术定额法、现场观测法等。

12.4.1 经验估计法

所谓经验估计法，是由定额人员、技术人员和工人相结合，以会议的形式进行确定的劳动定额。具体做法是：根据产品图纸和工艺规程要求，并考虑生产现场使用的设备、工艺装备、原材料及其他生产技术组织条件，根据与会者的经验，对完成合格产品的加工所需劳动消耗量直接进行估算的方法。此法的优点是：简便易行，工作量小，能满足制定劳动定额工作的快和全的要求；缺点是比较粗糙，受与会人员实践经验与工作水平及责任心的限制，定额的准确性差。这种方法适用于多品种小批量生产及新品种的试制。

为了提高估计法的质量，可采取如下几个措施：

(1) 提高工作人员的素质，尽量选择为人正直，工作认真负责、技术水平高、具有一定业务和知识水平的，并对生产与管理具有丰富经验的人员负责定额估计工作。

（2）将工序细分，先对细分工序进行估计，再汇总为整个工序的时间定额。

（3）建立选择典型件、典型工序的估计登记整理制度。

为提高估计定额的质量，可采取概率法进行估计，如采取三点估计法。

12.4.2 比较类推法

所谓比较类推法，是根据同类型产品的典型零件、典型工序的定额或定额标准，进行分析比较后，推算出另一种零件、工序的工时定额的方法。

此法的具体步骤是：

（1）确定具有代表性的典型零件或工序，根据其尺寸、精度、重量、复杂程度等来确定其影响工时消耗的因素。

（2）用经验估计法或统计分析或技术定额法，确定典型零件或工序的定额或定额标准。

（3）比较类推，制定同类型零件或工序的工时定额。

（4）对于较大型的相似零件，可根据工步甚至走刀进行类推。例如，根据相似零件间的直径比例和（或）长度比例类推待定零件的工时定额。

此法简便易行，便于保持定额水平的平衡协调。其缺点是工作量较大，尤其是在典型件选取不当，或对工时影响的因素考虑不周时，会影响定额的准确性。

该方法适用于产品品种多、批量小和变化大的单件小批量生产类型的企业或新产品的试制。随着产品的通用化、系列化和标准化程度的提高，其适用范围也将不断扩大。

12.4.3 统计分析法

所谓统计分析法是根据过去生产的同类型产品或零件、工序的实耗工时或实际产量的原始记录和统计资料。经过分析和整理，并考虑到今后企业生产技术组织条件的变化而制定定额的方法。

具体做法是，首先以统计资料为依据，求出实际的平均数，然后在计算平均数的基础上求出平均先进数，最后再结合可能发生的变化来确定新定额。

此法的优点是简单易行，工作量小。由于其是以大量的统计资料为依据，因此具有相当的说服力。该方法比经验估计法更能反映实际情况，能满足制定定额快和全的要求。其缺点是，由于以过去的统计资料为依据，反映当前实际情况不够，如资料中可能包含不符合当前情况的因素，在科学合理性上、准确度上比较差。另外，本企业的统计平均水平并不能反映行业的先进水平；行业的统计平均水平并不能反映世界的先进水平，这一点须加以考虑。

该法适用于生产条件比较正常，产品比较固定的大量或成批生产的企业。

12.4.4 技术定额法

所谓技术定额法，是通过对生产、技术和劳动组织条件的分析，在挖掘生产潜力和操作方法合理化的基础上，对组成定额的各部分时间，采取计算分析或现场测定来制定定额的方法。

技术定额法的具体步骤如下：

（1）分解工序，把被制定定额的工序进一步分解为工步、操作过程、动作、动素等。

（2）分析工序结构和操作方法的合理性，采取取消、合并、简化等手段，达到操作的合理化。

（3）分析设备、工具状况，设备工具和物料是否得到充分发挥和利用，设备的技术参数是否合理，是否尽量采用新工艺、新技术，以达到工艺技术的先进性。

（4）分析生产组织和劳动组织状况，了解劳动分工和协作是否合理。操作者和工作物的技术等级是否适应，工作地的布置及服务供应状况是否合乎要求，工作环境及劳动条件是否可加以改进。

（5）分析和研究企业内外先进的操作经验及在本企业推行的可能性。

（6）实地观测和分析计算。通过以上分析，结合现场工作日写实和测时等方法，制定合理的工序结构和操作规程，确定合理的工艺参数、合理的劳动组织和工作地组织。经过进一步的分析和计算，确定工序各组成部分的时间定额。

这种方法的优点是，有充分的科学依据，有较高的定额质量；缺点是，工作量较大，对定额人员不仅要有丰富的专业实践经验，而且应具备一定的文化和技术水平。

技术定额法适用于产品品种少，大量生产类型的企业。它常被用于流水线工序的制定。

12.4.5 现场观测法

为了制定先进合理的劳动定额，降低工时消耗和劳动生产率，需对工时消耗进行分析研究。现场观测就是分析研究工时消耗的科学方法，这种方法采用工作日写实、瞬间观测和测时三种方式。

1. 工作日写实

工作日写实是对一个轮班内的工时利用情况，按照时间消耗的顺序，进行实地观察、记录和分析的一种方法。

工作日写实的作用如下：

（1）了解工人在工作班内工时实际利用情况，找出工时损失原因，以便在组织上、技术上拟定工时浪费的具体措施。

（2）工作日写实的资料经过整理分析研究后，可为制定工作日照管时间、休息时间和准备与结束时间提供经验。

（3）研究先进工人的工时利用方法，总结推广先进经验，帮助广大工人改善工时利用情况，进一步提高工时利用率和劳动生产率。

工作日写实的种类如下：

（1）个人工作日写实。这是对一个工人在一个工作地所消耗的全部工时进行观察和记录。这是工作日写实的基本方法。

（2）成组工作日写实。是对一个工作组中的工人所消耗的全部工时进行观察和记录。它又分为同工种和异工种二类。同工种工作日写实，是按一定的时间间隔，观察和记录同工种工人的活动，以便取得同工种工人的工时消耗资料进行比较。异工种工作日写实，是对不同工种的工人的工时消耗进行观察和记录，取得不同工种的工人工时消耗资料。这种写实主要是为了改善劳动组织，确定班组定员和分工协作。

（3）自我工作日写实。这是指工人在工作过程中，对自己消耗工时如实地记录，这是通过工人自身对工时损失和原因的分析研究，消除工时浪费的一种重要方法。

2. 瞬间观测法

瞬间观测法通过对现场的操作者或机器设备进行随机的瞬间观察，调查各种作业事项发生次数和发生率进行工时研究的一种方法。

瞬间观察法的理论依据是，随机抽样的样本和总体的分布状态是相同的。只要随机取样的数量足够多，样本分析所反应的情况就趋近于总体实际情况。

相对于工作日写实来说，瞬间观测法是一种非连续的观测法，因此具有省时省力、调查结果可靠的优点。

瞬间观察法的目的是：

（1）调查工时利用和设备开动情况，拟定克服工时损失和设备停机的措施。

（2）评价操作者在工作班内各类操作比例的适当性，以确定合理的作业负荷。

（3）调查和制定时间定额中各类工时消耗的比率。

（4）调查和制定零件加工的作业时间或产量定额。

3. 测时法

测时以工序为对象，按操作者顺序实现观察和测量工时消耗的一种方法。

测时与写实不同，写实是观察记录工作日的工时消耗，分析和研究整个工作日的工时利用情况；测时则着重测量工序中的作业时间，分析和研究工序中各组成部分的时间消耗情况。

1）测时的目的

测时的主要目的有：

（1）分析研究先进生产工人的操作方法，总结和推广先进生产工人的操作经验，帮助广大工人达到甚至突破定额。

（2）设计合理的操作程序，制定合理的工序结构。

（3）为制定工序时间定额或定额标准提供资料。

（4）设计和调整流水线，消除工序间的时差，组织均衡生产。

2）测时的方法

（1）连续测时法。即对一道工序的各个操作进行顺序连续测定，记录每一个操作的时间消耗。

（2）选择测时法。即对某一道工序的某项操作进行观测，记录某项操作的时间消耗。

该法是在生产现场用计时器对加工过程进行时间测定，再加上适当的辅助时间和合理的生产准备和结束时间，用以确定工时定额。

该法具有一定的可靠性，尤其是自动化程度较高和很高的加工设备和工艺过程，具有明显的针对性与可靠性。以手工操作为主的操作过程也具有相当的参考价值。

顺及，标准时间资料法、既定时间法和模特分析法也是常用的制定工时定额的方法。该类方法可参阅第 10 章的有关内容。

12.5 劳动定额的修改和贯彻

1. 劳动定额修改

劳动定额有两个特性，一是稳定性，一个先进合理的定额，总是在一定的时间内和生产发展水平相适应的，所以在定额制定后的一定时期内要保持相对稳定性。二是变化性，生产技术组织条件总是变动的，这必然导致劳动定额从相对合理、先进变为不合理、不先进。因此必须对劳动定额进行修改，修改办法有两种，一是定期全面修改，对生产稳定、产品单一、大量生产的生产类型，修改期为一年；对生产不稳定、单件、多品种生产类型，修改期为半年。二是不定期临时修改，即生产客观条件发生重大变化时，对某些产品或工作的定额作临时性修改。

2. 劳动定额贯彻执行

为了劳动定额能贯彻执行，必须做好以下几项工作：

（1）加强思想工作。

（2）及时将劳动定额落实到班组和个人，并与经济责任制结合起来。

（3）实现生产技术组织措施，如加强生产技术准备工作，提高工艺装备水平，合理安排生产任务，调整生产组织和劳动组织，及时供应原材料、燃料、动力和工具，消除机器故障等。进一步调动工人的积极性，努力达到和超过定额。

（4）加强劳动定额在执行中的统计、检查和分析工作，及时发现问题采取针对性措施。

（5）建立、健全劳动定额管理机构。在劳动工资部门的直接领导下，配备专职或兼职定额员，加强定额管理工作。

➤ 思考题

1. 什么是劳动定额？劳动定额有哪些基本形式？劳动定额有哪些作用？
2. 工序结构是如何分析的？工时消耗如何分类？
3. 制定劳动定额有哪些要求和方法？
4. 简述劳动定额的几种制定方法。
5. 劳动定额与生产计划之间有何种关系？
6. 企业为什么要定期或不定期地修改劳动定额？

第*13*章

劳 动 组 织

■ 13.1　劳动组织的任务和内容

劳动组织就是在生产劳动过程中，科学地组织劳动者之间的分工和协作，劳动者之间这种协作包括时间与空间的协作、劳动力的合理搭配、设备与工具的合理使用等。正确处理劳动者与劳动工具、劳动对象之间的关系，确保安全。使所有人员协调地进行工作，充分发挥劳动者的技能和积极性，不断提高生产率。

1. 劳动组织的主要任务

（1）根据合理分工与协作原则，正确配备劳动力，充分发挥每个劳动者的积极性和创造性。

（2）根据生产发展的需要，不断改进和完善劳动组织形式，从空间上和时间上合理组织和安排人们的生产劳动，正确处理劳动者之间的关系，使人员与设备都具有合理的负荷率。从而使生产周期最短、加工成本最低、产品质量最好。

（3）合理配置资源，在确保完成企业制定的总目标和使生产连续的前提下，使投入的资源尽可能少。

（4）做好工作地的组织和劳动保护工作，创造良好的工作环境和安全卫生条件，保证劳动者的身心健康和促进劳动生产率的提高。

2. 劳动组织的主要内容

（1）搞好劳动分工协作和职工配备；

（2）确定先进合理的定员和人员构成；

（3）完善劳动协作的组织形式；

（4）组织好设备管理；

（5）合理安排工作时间和工作轮班；

（6）进行工作地的合理组织。

13.2 劳动分工与协作

13.2.1 劳动分工的意义和方式

劳动分工是人们共同劳动的客观要求，是对劳动范围的划分。劳动分工有利于劳动者较快地掌握业务和技术，提高劳动熟练程度从而提高劳动效率；有利于职工的培训；有利于生产过程由许多劳动者同时进行，从而缩短生产周期。由于劳动分工带来生产效率的提高，因而产品成本中工资及其他有关费用必然会降低。所有这些，都会对企业生产的发展和经济效益的提高起着积极的作用。

劳动分工必须做到合理，否则也会带来不利影响。如劳动分工过细，致使劳动内容单调、乏味。从而影响劳动者的生产情绪，也会影响劳动者的全面发展。同时，也给劳动调配带来了困难，造成劳动力的负荷不均。因此，企业劳动分工应有一个经济的、合理的界限。

劳动分工一般按以下三个方式进行：

1. 按技术的性质和内容分工

一般从四个方面进行：

（1）按工艺阶段分工。是把整个工艺过程按使用的机器设备、工具、专门知识和技能等，划分为不同的工艺阶段，并进一步把各个工艺阶段的不同内容划分为不同的工种。如机械制造生产过程，可分为毛坯制造、机械加工和成品装配三个工艺阶段。在机械加工工艺阶段，又可分为车削、铣削、刨削、磨削等不同工种。

（2）按准备阶段工作和执行阶段工作分工。按预定的生产目标，使劳动工具与劳动对象直接结合的工作就是执行工作，如在机床上加工零件就是执行阶段的工作。加工前对劳动对象进行程序性、技术性处理的工作就是准备阶段的工作，如加工前的工艺规程设计、原材料准备、工装设计与制造、调整机床等都是准备阶段的工作。

（3）按基本工作和辅助工作分工。基本工作是指直接对劳动对象进行加工的工作，如车、铣、刨、磨、铸造、锻造、焊接、注塑、辅助工等。辅助工作是指为基本工作服务的工作，辅助工作既包括执行工作前的准备工作，如工艺规程设计、原材料准备等工作；也包括执行中的相关工作，如工件运输、检验、清洗、存储等；还包括执行工作结束后的工作，例如，产品质量检查、包装、发送等。

（4）按技术等级高低分工。同样性质的工作，按其复杂程度、精确程度和责任的大小等可以分为不同等级。将其分配给技术熟练程度不同的工人去做。

2. 按工作量大小和工作范围进行分工

技术工作范围可大可小，分工可粗可细。分工细有利于配备不同种类和等级的人员，发挥其技术专长，提高劳动生产率和产品质量。分工粗，让几种不同工作由一个工人担负，既有利于合理地使用劳动力，充分利用工作时间，又有利于培养工人掌握多种技术，实现一专多能。

3. 按一人承担一项工作进行分工，以消除工作无人负责的现象。

13.2.2　劳动协作及其组织形式

劳动分工与协作是直接相联系的。分工是协作的前提，协作是分工的必然要求。

企业中的劳动协作有空间协作和时间协作两个方面。在空间上的劳动协作，其形式有本企业与协作企业之间、车间之间、车间内部、生产小组之间、工作地之间及工作组内部的协作；在时间上的劳动协作主要是指已分解的各工作单元在时间上的衔接和工作轮班的协作。常见的劳动协作组织形式如下：

1. 工作组的组织

工作组亦称作业组，是企业劳动组织的一种形式。它是在劳动分工的基础上，把为完成某项工作而相互协作的有关工人组织在一起的劳动集体。在工作组内，每个工人都有明确的分工和职责，并由组长负责领导全组进行工作，保证全组工作的相互协调。通过组织与工作内容与工作量均相关的工作组，可以更好地组织工人的劳动协作，合理使用人力、协调生产、提高劳动生产率。

组织工作组的条件有：

（1）在生产工作不能直接分配给每个工人去单独进行，而必须由几个工人共同完成时，需要组织工作组，如新产品开发小组、产品装配组、设备维修组等。制造类企业目前采用的工作中心也属于这一类型。

（2）看管联动机和其他大型、复杂的机器设备，需要组织工作组，如大型铸件组、锻压组、大立车组等。

（3）工作任务虽能分配给个人，但需要加强领导和互相帮助。如纺织厂的细纱作业组、机械加工车间的车工组、铣工组等，还有如数控车工作中心、数控铣工作中心、连杆加工工作中心等。

（4）工人的工作成果彼此有着密切联系，需要加强协作和配合，以保证有节奏地进行生产，如流水线上的工作组。

（5）为了便于调动和分配没有固定工作地，或没有固定的工作任务的工人而组织的工作组，如厂内运输组、后勤组等。

（6）为了使生产前的准备工作、辅助生产工作和基本生产工作紧密联系起来，可组织综合性的工作组，如把修理工、操作工和运输工组成一个工作组。

2. 工作轮班的组织

在工作日内组织不同班次的劳动协作形式，是劳动分工和协作在时间上的联系。在一个企业内部，可能有些车间、部门实行单班制，有的车间、部门实行多班制。实现什么样的工作班制度，要根据企业生产的工艺特点、生产任务、人员情况、经济效果和其他有关的生产条件而定。一般说来，冶金、化工、纺织、发电等工业企业都实行多班制，机器制造企业有的实行单班制，也有的实行多班制。

(1) 合理规定轮班和轮休。所谓轮班，是指工人定期调换班次劳动。

两班制一般采用每隔一周轮班一次的方式。两班制即一天分二班，三班制即一天分为三班。显然各班的工作条件是不同的：中班、夜班，尤其是夜班对工人的健康有较大的影响，因此必须进行定期倒班。倒班的方式有正倒班和反倒班两种。正倒班是甲、乙、丙三班工人按早班、中班、夜班顺序倒班。如表 13-1 所示。

表 13-1　按早班、中班、夜班顺序倒班

班 次	第一周	第二周	第三周	第四周
早	甲	丙	乙	甲
中	乙	甲	丙	乙
夜	丙	乙	甲	丙

反倒班是甲、乙、丙三班工人按夜、中、早反顺序倒班。如表 13-2 所示。

表 13-2　按夜、中、早反顺序倒班

班 次	第一周	第二周	第三周	第四周
早	甲	乙	丙	甲
中	乙	丙	甲	乙
夜	丙	甲	乙	丙

对于劳动强度大的工作，可以实行四班三运转或四六制。四班三运转是在三班制的基础上，增加一个班，共四个班参加倒班。每天三个班工作，一个班休息。如表 13-3 所示。四六制也是以三班制的基础，增加一个班。与四班三运转所不同的是，每班只工作六小时，而倒班同三班制。

(2) 注意各班人员配备。为了保证生产的稳定增长，应注意各班人员的配备，无论在技术水平上、工人素质上，还是在性格上、年龄上、性别上都应大致相同。

(3) 加强组织管理。应做好班前准备工作，尤其是夜班的准备工作。主要是指原材料、元器件、工装、必要的生产辅料等的准备，因为出于管理的经济性考虑，相关库房并不一定开设夜班。

表 13-3　四班三运转

工作日		1	2	3	4	5	6	7	8	9	10	11	12	13	14	15	16
在班的工作班组	早班	甲	甲	丁	丁	丙	丙	乙	乙	甲	甲	丁	丁	丙	丙	乙	乙
	中班	乙	乙	甲	甲	丁	丁	丙	丙	乙	乙	甲	甲	丁	丁	丙	丙
	夜班	丙	丙	乙	乙	甲	甲	丁	丁	丙	丙	乙	乙	甲	甲	丁	丁
休息的工作班组		丁	丁	丙	丙	乙	乙	甲	甲	丁	丁	丙	丙	乙	乙	甲	甲

(4) 建立严格的交接班制度。既要分清各班的责任，又要加强各班间的协作。

(5) 注意工人的身心健康。尽可能避免设置连续性的三班制。如必须设置连续性的三班制，则应合理组织工人进行轮休。

13.3　编制定员

编制定员，是企业根据既定的产品方向和生产规模，以确保完成任务为前提，按照节约用人、精简机构、提高工作效率为原则，制定的各类人员需要量的标准。其目的在于合理配备和使用各类人员，以尽量少的人力，创造尽可能多的产品和效益。

13.3.1　编制定员的作用与要求

1. 编制定员的作用

(1) 合理的编制定员是优化的流程的表征；

(2) 它是编制劳动计划的依据；

(3) 它是调配劳动力的依据；

(4) 它是促进企业改进劳动组织的依据；

(5) 它是建立岗位责任制和经济核算的基础。

2. 编制定员工作的要求

(1) 编制定员工作力求先进合理。所谓先进合理，就是要体现精简、统一、高效和节约的原则。在利用先进合理的劳动定额的基础上确定定员。

(2) 科学地规定各类人员之间的比例关系。要根据企业的生产类型、技术特点、经营管理的要求，以及产品在国民经济中的地位和发展方向等来确定。在大量生产类型的企业中，由于机械化程度高，管理手段先进，管理人员占的比例可以少些。从提高劳动生产率角度出发，希望直接生产人员比非直接生产人员占的比例大，基本生产工人比辅助工人所占的比例大。但是，随着科学技术的发展，生产机械化、自动化水平的提高，非直接生产人员和辅助工人的地位和作用将越来越重要，所占的比例也会逐渐提高。

3. 编制定员的范围

企业编制定员的范围，包括企业所有的员工。这些人员按照他们所在的岗位、工作性质、在生产过程中所起的作用，可以划分为管理人员、工程技术人员、工人、徒工、服务人员和其他人员等。其中工人既可分为直接生产工人和非直接生产工人，又可分为基本生产工人和辅助生产工人。

13.3.2　编制定员的方法

编制定员的方法。主要有以下五种：

1. 按劳动效率定员

按劳动效率定员即按照生产任务（或工作量）和劳动效率来制定所需定员的人数。计算式为

$$每班定员人数 = \frac{每班应完成的生产任务量}{每人的劳动定额 \times 劳动效率 \times 出勤率}$$

生产任务一般以产量或工时为单位。每人的实际劳动量一般以劳动定额与定额完成率的乘积进行计算。

这种方法适用于有劳动定额的工种。

2. 按设备定员

按设备定员即按设备的数量、工人看管定额、设备开动班次来编制定员人数。其计算式为

$$某类设备定员人数 = \frac{开工设备数 \times 每台设备开工班次}{工人看管设备定额 \times 出勤率}$$

这种方法适用于以机器设备操作为主的工种。工人看管设备定额取决于设备操作时的实际需要，常规为每班每人操作一台设备；较大型设备则数人操作一台设备；某些设备则要求一人看管多台。

3. 按比例定员

按比例定员即按职工总数或某一类人员总数的比例来计算某些非直接生产人员和部分辅助生产人员，如保健人员、后勤人员等。各种工种之间的人员比例，也可采用这种方法。

4. 按岗位定员

按岗位定员就是按岗位数、各岗位工作量、劳动效率、设备开动班次和出勤率等计算。这种方法适用于看管大型联动设备或装置的工种。例如铸造车间的熔化炉、锻压车间的锻压设备操作看管人员的定员。

5. 按业务分工定员

按业务分工定员就是根据组织机构、职责范围的工作量等条件确定人员。主要适用于管理人员和工程技术人员的定员。运用这种方法时，要在精简机构、节

约用人的前提下，按照企业规模、产品工艺技术特点、生产过程的复杂程度、管理人员的能力等因素，首先确定企业管理体制和机构，然后确定各科室的业务分工和职责范围，再根据每一部门的业务内容和工作量的大小，来制定定员的编制。

以上各种定员的方法，对工业企业都是适用的。具体确定编制定员时，应考虑不同的工作性质，灵活选择运用，亦可把上述五种方法结合起来应用。

13.3.3 职工需要量的编制

职工需要量，是根据每一计划期生产产品的品种、数量的变动，生产技术的进步，以及人员素质的提高，劳动组织的改善而制定的。基本生产工人需要量，其计算公式为

$$\text{基本生产工人需要量} = \frac{\text{全年生产任务总工时}}{\text{基本生产工人年人均完成工时}}$$

式中

$$\text{全年生产任务总工时} = \frac{\text{年总产量} \times \text{单位产品工时定额}}{\text{计划超额系数}} + \text{补偿废品消耗工时}$$

$$\text{基本生产工人年人均完成工时} = \text{人均出勤天数} \times \text{平均每天完成工时}$$

有了基本工人需要量，便可利用各种定员方法，算出计划期内其他各类人员需要量，再编制劳动力平衡表和职工需要量计划表。

13.4 多机床管理

多机床管理是指一个工人或一组工人同时看管若干台设备进行生产的劳动组织形式。

多机床管理的基本原理是：工人利用设备自动作业时间，从事其他设备上的手动工作及机手并动工作。组织多机床管理的前提条件是：每台设备自动作业时间，必须大于或等于工人从事其他设备手动时间之和。手动时间应包括：手动时间、机手并动时间、工人由一台设备到另一台设备的走路时间、工人巡视设备机动工作所消耗的时间。显然，设备机动时间越长、手动时间越短，工人可看管的设备台数就越多。顺便说明，劳动量大、多机床管理可能发生事故的设备是不宜进行多机床管理的。

根据设备和加工零件的条件不同，多机床管理一般可分为以下四种类型。

（1）工人看管同一种设备，完成的工序也相同，各台设备的机动时间和手动时间彼此又相等。如图 13-1 所示。此时，工人看管设备数可用以下公式计算，有

$$S \leqslant t_{机} / t_{手} + 1$$

式中，S 为工人看管设备台数；$t_机$ 为设备的自动时间；$t_手$ 为工人的手动时间。

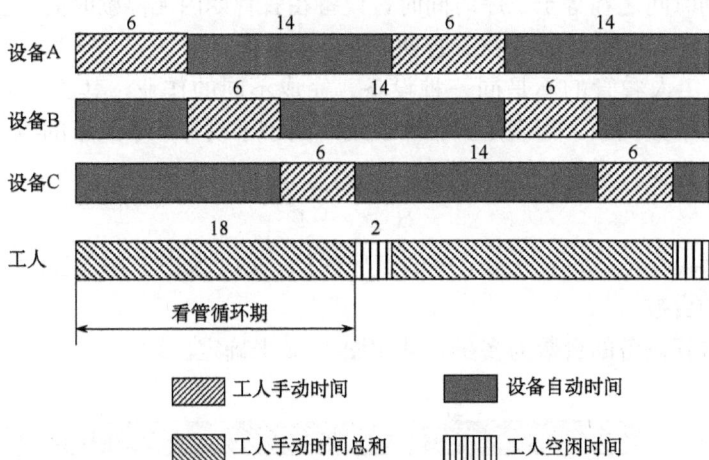

图 13-1　各台设备的机动时间和手动时间彼此相等

计算结果如为整数，设备不会发生停歇现象，工人在看管期内的工作时间也得到充分的利用。若不是整数，则舍去小数，工人在看管期内有空闲时间；若将小数进位，则多看管一台设备，设备将出现停歇时间。

（2）工人看管同一种设备，但完成不同的作业，其工序时间不相等。但各台设备的机动时间与手动时间彼此不相等，如图 13-2 所示。

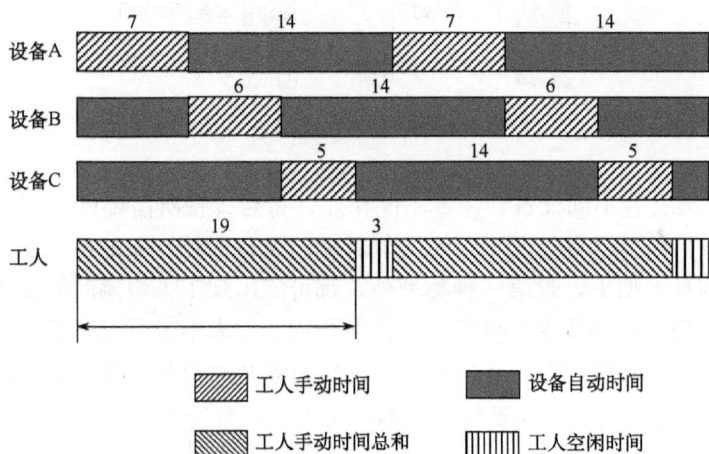

图 13-2　各台设备的机动时间相等而手动时间彼此不相等

在这种情况下，工人看管设备数可用以下公式计算：

$$\sum_{i=1}^{S} t_{手i} \leqslant t_{序}$$

式中，$t_{手i}$为第i台设备手动时间；$t_{序}$为工序时间；S为看管设备台数。

当手动时间之和等于工序时间时，设备在看管期内无停歇时间。当手动时间之和小于工序时间时，工人在看管期内有空闲时间。

（3）若工人看管的不是同一种设备，完成不同的作业，其工序时间虽不相等，但成整倍数关系。当满足大工序手动时间小于或等于小工序的机动时间的条件下，工人至少可看管$e+1$台设备。即：

$$S \geqslant e+1$$

式中，$e=t_{序大}/t_{序小}$；$t_{序大}$为大工序的工序时间；$t_{序小}$为小工序的工序时间；S为看管设备的台数。

究竟看管设备的台数为多少，常用图13-3来确定。

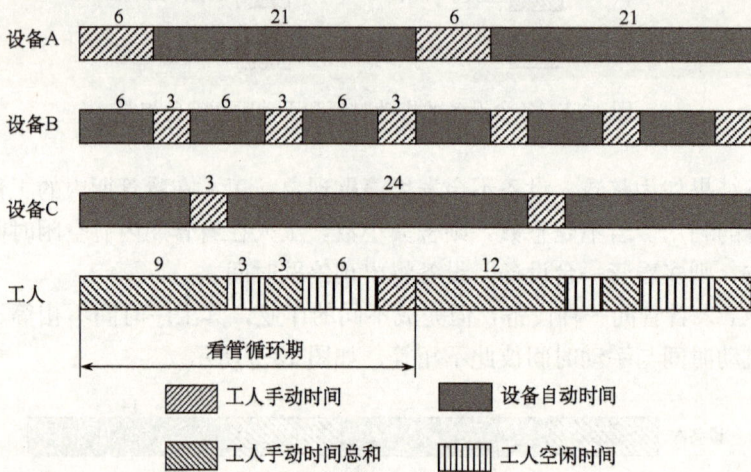

图 13-3　工序时间成倍数关系

（4）工人看管不同设备，完成不同作业，每台设备所需要的工序时间既不相等，也不成倍数。这种情况下，工人能看管的设备台数，只能由图13-4来确定。

以上四种类型中，除第一种类型外，都可能出现工人空闲时间或设备停歇的情况发生。为了达到技术上可能，经济上合理，工人不过分紧张的要求，在确定工人看管设备台数的同时，还要计算工人负荷系数和设备负荷系数。

$$工人负荷系数 = \frac{在看管循环期内工人在各台设备上手动时间之和}{看管循环期}$$

$$设备负荷系数 = \frac{在看管循环期内全部设备的机动时间和手动时间之和}{看管循环期 \times 设备台数}$$

为顺利组织多机床管理，应注意以下问题：

（1）提高设备的机械化、自动化水平，在设备上安装自动停车装置；

（2）设计合理的工序结构，使手动时间尽可能集中在工序的始末；

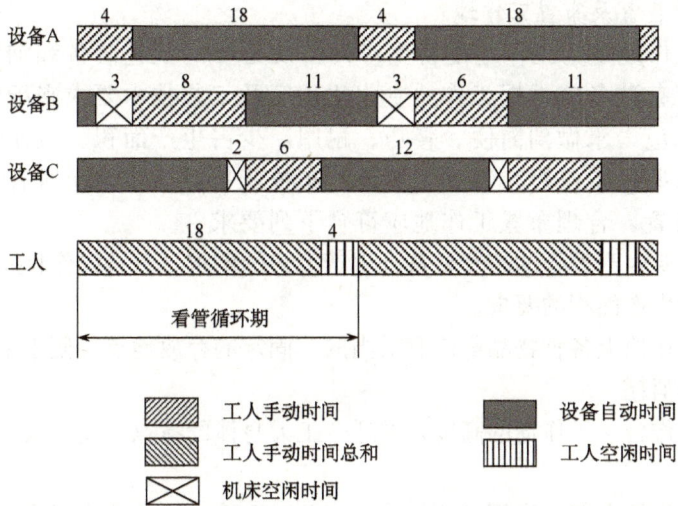

图 13-4 不同设备、不同作业、工序时间既不相等，也不成倍数

（3）合理排列设备，设计合理的巡回路线，达到巡回的路线最短，时间最省的目的；

（4）做好工作地的供应服务工作。

13.5 工作地组织

工作地是工人进行生产活动的场所。工作地包括生产设备、辅助装置、起重运输设备以及安全装置和工人工作所必需占用的生产面积。

13.5.1 合理组织工作的要求

工作地是企业最基层的生产环节，工作地组织工作，就是要在一个工作地上把劳动者、劳动工具和劳动对象这三者有机地、科学地组织起来。正确处理它们之间的关系，使人、机、物之间有合理的布局和安排，以促使劳动生产率的提高。合理组织工作地的要求是：

（1）应做到减轻工人的劳动强度，节省劳动时间；

（2）合理利用原材料、充分利用工作地的装备，节约生产面积等；

（3）有良好的工作环境和劳动条件，保证安全生产，避免事故出现。

13.5.2 工作地组织的基本内容

工作地组织的基本内容包括：合理装备及布置工作地；保持工作地的正常秩序和良好的工作环境；做好工作地的供应服务工作。

1. 合理装备及布置工作地

装备工作地是为工作地配备生产设备及必要的工艺装备和辅助装置。生产设备、工艺装备应根据工作地专业化程度及工艺技术要求来配置。辅助装置的结构，应力求做到简便、轻巧、耐用，少占生产面积。工作地合理装备后还要对这些装备进行布置。工作地的布置就是对工作地上所有装备进行平面及空间布置。合理布置工作地应符合下列要求：

（1）主要生产设备的布置要符合生产工艺的要求，符合操作程序，符合安全生产和节约生产面积的要求。

（2）工作地上各种物品都应有适当的、固定的存放地点，便于工人操作，减轻工人体力消耗。

（3）工作台、工作椅的高度，要适合工人身体的特点，使工人在工作时保持省力姿势。

（4）工作地上多余和不必要的物品应及时清除，以免造成工作地的拥挤，影响工人的正常生产活动。

2. 保持工作地的良好工作环境

良好的工作环境是指工作地保持清洁、有秩序和正常的劳动条件。良好的劳动条件是指在通风、照明、温度、湿度等方面符合国家工业卫生统一标准和规定，并在防尘、防震、防辐射、防噪声等方面采取相应措施，使之不超过国家规定的卫生标准。良好的劳动条件对于保证工人的身心健康，以及保证操作质量和提高劳动生产率都起着重要作用。

3. 做好工作地的供应和服务工作

工作地的供应和服务工作包括：原材料、半成品、图纸、技术文件和工具等供应以及设备维修、工具刃磨等工作。

做好工作地的供应和服务工作，可以使基本工人的工作时间得到充分利用，同时亦使设备利用率提高。

做好工作地的供应和服务工作，应以生产作业计划为依据，加强生产前的准备工作。有关部门要协同配合，为生产第一线服务。

➤ 思考题

1. 进行劳动分工有哪些方式？
2. 工作地组织包括哪些内容？
3. 什么样的机床适于进行多机床管理？
4. 合理的倒班有哪些优点？弊端是什么？
5. 工作地组织的核心思想是什么？

第 *14* 章

企业微观物流管理

■ 14.1 企业微观物流概述

14.1.1 企业微观物流管理的基本概念

物资是指用于物质生产过程中所耗费的各种生产资料。工业企业的微观物流管理，是对企业生产经营活动所需各种物资的供应、保管、合理使用、回收、清理等各项管理工作的总称。

物资消耗费用一般要占产品成本的 80% 左右，有的高达 90%；企业物资储备所占用的流动资金，一般要达到流动资金总额的 60% 以上；用于物资的储存费用消耗占物资金额的 18%～25%。因此，物资管理工作的好坏，会直接影响到企业生产、技术、财务、劳动和运输等多方面。企业合理的物流管理，对于促进企业生产发展，提高产品质量，降低产品成本，加速资金周转，增加赢利，最终提高企业的经济效益，都具有十分重要的意义。

生产所用的与生产直接有关的物资流动涉及采购、检测入库、库房放置、物资发放、生产过程物流、成品库管理、运输、中间商和（或）顾客等多个环节，这是主要的物流途径。

生产过程中的工具、夹具、量具、刀具、模具的借用、使用、归还、存储也属于企业微观物流。这一物流可结合库房管理规范和"5S"管理规范进行管理。

生产过程中的切屑、废物、废残次品的回收或处理也属于企业微观物流范围。废屑物流的管理应结合"5S"管理实施规范化管理；废物、废残次品的回收或处理也制定相应管理规则，根据相应管理规则有条不紊地进行管理。

本章主要讨论与生产直接有关的物流管理。

14.1.2　企业微观物流目前存在的主要问题

企业微观物流存在的主要问题可归结为物流途径因缺少良好的规划而流动不良或流动不合理。可能存在的问题包括以下多个方面：

(1) 外购原材料、零、组、部件的计划制定，采购数量，供应商选择，质量控制可能存在一定问题；

(2) 外购件、外协件的入库检测的严格把关可能存在问题；

(3) 库房微环境控制可能存在一定问题；

(4) 库房物资存放的位置、堆积方法不一定合理；

(5) 在大批、大量生产条件下，采用传统的领料方式存在窝工现象；

(6) 生产现场的在制品积压是目前普遍存在的和比较突出的问题；

(7) 物料在生产过程中的输送方式、输送工具、装载量不一定合理，运输通道不一定通畅；

(8) 中间制品库房设置可能存在一定问题；

(9) 成品库的规模是否较好地起到了调节社会需求波动的缓冲作用；

(10) 成品物资的包装能否起到确保保护制品的作用和宣传制品和企业形象的作用；

(11) 制品的运输是否存在装卸不规范、不合理的现象；

(12) 售后服务点是否存在供货不及时或库存过多的积压现象。

企业微观物流需要进行科学的规划，使物流合理，以达到提高生产效率、减少库存、节约流动资金、节约劳动力的目的，同时使工作现场宽敞、明亮、整洁。

14.1.3　企业微观物流管理的任务和内容

1. 企业微观物流管理的基本任务

企业微观物流管理的基本任务，总的来说，就是根据企业规定的生产经营任务，以提高经济效益为核心，做到物流通畅、高效、经济性好，保证企业的生产有效地、顺利地进行。具体来说，企业物资管理的任务是：

(1) 及时、齐备地按生产经营所需的品种、规格、数量、质量，保证各类物资的供应，使生产经营活动不间断地进行；

(2) 通过有效的组织形式和科学管理方法，选择合理的物料输送工具和方法、控制生产现场的在制品总量、合理的物资库存量，减少和消除积压物资，加速物资和资金周转；

(3) 创造合理利用物资的条件，监督和促进生产过程合理使用物资，降低物资消耗；

（4）节省采购、运输、仓储及其他物资管理费用的支出；

（5）使企业微观物流规范化；

（6）遵守国家政策和法令，严格企业的物资管理制度和手续。

2. 企业微观物流管理的内容

企业微观物流管理的主要内容包括：

（1）制定合理先进的物资消耗定额；

（2）确定正常的物资储备定额；

（3）编制物资采购计划并实施采购；

（4）搞好仓库管理和物资节约工作；

（5）使物流载体合理化；

（6）规划并实施配料和（或）物料发放工作；

（7）结合"5S"管理，规划并实施废残次品和废物的回收与处理工作；

（8）建立和健全各项规章制度。

3. 物资的节约

节约是社会主义经济的基本原则之一，物资的节约是用同样数量的物资生产出更多数量的产品。物资的节约是企业提高劳动生产率、降低成本和合理使用资金的主要手段。

企业物资节约的途径很多，主要有以下几个方面：

（1）改进产品结构设计。在不降低产品质量的前提下，改进产品结构设计，使其重量减轻或提高性能，增加其使用价值。前者是物资节约的直接方法，后者是物资节约的间接方法。

（2）采用先进的生产工艺。采用先进的工艺技术，如无屑或少屑加工、精密铸造和锻造、冷镦、冷挤压等工艺，都可达到节约的目的。

（3）采用新材料和代用材料。工程塑料具有重量轻和成本低以及耐磨、耐腐和易加工的优点，据统计，一吨工程塑料可代替七吨不锈钢材或九吨铜。此外，还有粉末冶金、玻璃钢，工业陶瓷等新兴材料。这些新材料的应用，对物资节约起着重要的作用。

（4）实行集中下料，合理套裁，充分利用边角余料。这是提高材料利用率的重要措施。

（5）充分挖掘物资潜力，做好废旧物资的回收和利用工作。

总之，企业微观物流管理是以供应各方面需要的物资为职责，以最少的占用资金、最合理的储存量、最低的成本为目标，有效地完成物资供应和管理的任务。

14.1.4 物资的分类

工业企业所需要的物资种类繁多。一般一个企业生产的产品品种可能有几种或几十种。但制造这些产品的物资就有成百上千种。为了便于加强物资管理，必须对企业的各种物资进行科学的分类。物资分类是物资管理的重要基础工作。它是制定物资消耗定额和储备定额、编制物资供应计划和采购计划、分析和核算物资消耗实际水平，以及进行日常物资供应工作的依据。

物资的分类方法有以下几种：

1. 按物资在生产中的作用分类

(1) 主要原材料，是指构成产品主要实体的物资。

(2) 辅助材料，是指用于生产过程，有助于产品的形成而不构成产品实体的物资。

(3) 燃料，是指产生热能、动能的可燃性物资。

(4) 动力，是指用于生产和管理等方面的电力、蒸气、压缩空气等。

(5) 配件，是指预先准备的用于更换设备中已磨损和老化的零件和部件的各种专用备件。既有内部备用的配件，也有作为商品向社会供应的配件。

(6) 工装，是指生产中消耗的各种工具、刀具、夹具、量具、模具等。

这种分类方法，便于企业制定物资消耗定额，计算各种物资需要量，计算产品成本和核定储备资金定额等。

2. 按物资的自然属性分类

(1) 金属材料，包括黑色金属，如钢、铁，有色金属，如铝、铜等。

(2) 非金属材料，包括塑料、陶瓷、化工产品、石油产品、纺织产品、建材产品等。

(3) 机电产品，包括电机、仪表、机械设备、仪器、液压配件和电线等。

这种分类的方法，便于企业编制物资供应目录，也便于物资采购和保管。

3. 按物资的使用范围分类

(1) 基本建设用的物资。

(2) 生产产品用的物资。

(3) 经营维修用的物资。

(4) 工艺装备用的物资。

(5) 科学研究用的物资。

(6) 技术措施用的物资。

这种分类方法，既便于编制物资供应计划，亦便于企业按使用方向进行物资核算和平衡。

14.2 物资消耗定额

14.2.1 物资消耗定额的作用

物资消耗定额，是指在一定的生产技术组织条件下，制造单位产品或完成单位劳务所必须消耗的物资数量的标准。先进合理的物资消耗定额，有着重要的作用。

(1) 物资消耗定额是编制物资供应计划的重要依据。企业编制物资供应计划，要根据物资消耗定额来计算物资需用量，并根据物资需用量来计算储备量和采购量。

(2) 物资消耗定额是科学地组织物资发放工作的重要基础。根据物资消耗定额和生产作业计划向生产部门发送物资，就能保证企业生产不间断地、有节奏地进行，并能科学地判断物资使用的节约和浪费。

(3) 物资消耗定额是控制企业合理使用和节约物资的有力工具。企业有了先进合理的物资消耗定额，并与必要的考核、奖励办法结合起来，就能动员全体职工更合理地使用物资，精打细算，千方百计地节约物资。

(4) 物资消耗定额是促进企业提高技术水平、管理水平、工人操作水平的重要手段。先进合理的物资消耗定额，建立在先进的技术水平和管理水平的基础上，随着定额的贯彻和不断修订，就能促使企业不断地改进设计和工艺，改善生产组织和劳动组织，提高工人的操作技术水平。

14.2.2 制定物资消耗定额的主要方法

企业的物资消耗定额，通常是按物资用途的类别，即主要原材料、辅助材料、燃料和动力、工具和维修用备件等分别制定。制定物资消耗定额的基本方法有以下三种。

1. 经验估计法

经验估计法是根据技术人员和生产工人的实际经验，并参考有关技术文件以及企业生产技术条件变化等因素制定物资消耗定额的方法。为了提高其准确度，可采用平均概率的方法进行计算，公式是

$$M = \frac{a + 4c + b}{6}$$

式中，M 为平均概率求出的物资消耗定额；a 为先进的消耗量，即最少消耗量；c 为一般消耗量；b 为落后的消耗量，即最多消耗量。

这种方法简便易行，一般适用于单件小批量产品，或者在技术资料和统计资料不全的情况下采用。

2. 统计分析法

统计分析法是根据物资消耗统计资料，结合对节约物资的各种经验的研究，并考虑到计划期内生产、技术、组织条件变化等因素制定物资消耗定额的方法。

这种方法简单，计算工作量不大，但必须以齐全可靠的统计资料为依据，否则定额的准确性和可靠性都会受到一定影响。应用此法时，应注意克服过去已存在的物资消耗的不合理因素的影响。

3. 技术分析法

技术分析法是以产品图纸和工艺规程等主要技术文件为依据，其最直接的依据是工艺规程中的毛坯图或原材料的规格和产品的产量，并以相应的技术措施为基础，通过科学分析和技术计算，确定最经济合理的物资消耗定额的方法。

这种方法是三种方法中最为可靠、准确地制定物资消耗定额的方法。为了保证定额的先进性，采用此法之前，必须对产品图纸、工艺文件和生产条件进行深入的分析，找出目前生产中存在的物资消耗不合理的原因和问题，再吸取先进技术经验和方法，结合本企业的条件和可能，制定出既先进又切实可行的物资消耗定额。

这种方法虽然准确、科学、可靠，但是，计算工作量较大，而且要求具备完整的技术文件和资料。它主要适用于产品已定型、产量较大、技术资料较全的产品。

以上三种方法各有优缺点，可根据不同的条件和情况以及物资消耗的特点和管理水平，分别加以选用。也可相互结合，综合运用。

14.2.3　主要原材料消耗定额的制定

1. 原材料的消耗构成

主要原材料，是指直接构成基本产品实体的材料，它的消耗定额是按单位产品和零件制定的。为正确制定原材料消耗定额，首先要分析原材料消耗的构成。也就是指从原材料投入生产开始，一直到制成成品的整个过程中，原材料消耗在哪些方面。以机器制造企业为例，原材料的消耗构成，一般包括以下三个部分。

（1）有效消耗，是指构成产品或零件净重所消耗的原材料，也是保证产品达到规定的功能和技术要求所必需的材料消耗。

（2）工艺性消耗，是指产品或零件在加工过程中，为改变它们的形状、尺寸和性能而产生的难以避免的损耗。如机械加工过程中产生的切屑，锻造过程中的氧化铁皮、飞边，冲压过程中的边角料等，材料在加工过程中产生的料头等。显然，这部分消耗是由采用不同工艺加工方法和材料规格型号以及毛坯的特点所决定的。这部分损耗，应随着技术进步和工艺的改善。尽可能降低到最少的程度。

（3）非工艺性损耗，是指由于技术上和非技术上的原因而造成的一部分原材料的损耗，如废品损失、运输损耗、保管损耗等。其中，一部分属于正常的、不可避免的损耗；另一部分则属于可以避免的损耗，它是由于管理不善，使用不当而造成的非正常的损耗。例如，在废品损失中，废品产生的原因有两种，一种是由于操作人员的工作责任心不强或未按规定的技术要求操作而产生的废品，这就是属于可以避免的损失；另一种是由于工艺本身还不可能完全保证所有产品的质量都达到规定的要求而产生的废品，如铸件的合格率通常比较低，其主要原因是铸造工艺在技术上目前还不能达到完全不产生废品的水平。

2. 物资消耗定额的制定

物资消耗定额主要是第一部分有效消耗和第二部分工艺性消耗的总和。至于非工艺消耗，不论正常的和非正常的损耗，一般都不应计算在物资消耗定额之内。因为有些损耗并不是直接与生产的损耗有关，还有些损耗虽然与生产有关，但是，为了减少非工艺损耗，促进物资管理水平的提高，这部分损耗通常都不计入物资消耗定额之内。考虑到物资管理水平和一部分非工艺性损耗难以避免的实际情况，为了补充这部分物资的损耗，应当在物资消耗定额的基础上，按一定比例计入到物资供应定额之内。这样就形成了两种材料定额，分别起着不同的作用：物资消耗定额是作为企业内物资管理部门根据生产任务向车间供应物资和进行核算的依据，其计算公式如下：

$$\frac{单位产品原材料}{工艺消耗定额} = \frac{单位产品}{的净重} + \frac{各种工艺性}{消耗的总和}$$

物资供应定额是企业计算物资总需要量，向厂外有关供应商进行采购的依据。其计算公式如下：

$$\frac{单位产品材}{料供应定额} = \frac{工艺消耗}{定额} \times \left(1 + \frac{材料供应}{系数}\right)$$

式中材料供应系数，是考虑到物资管理的实际水平以及一部分非工艺性损耗难以避免，为了补充这部分物资的消耗，在计算消耗定额的基础上，按一定的比例加入一部分损耗量，该比例系数即为材料供应系数。

14.2.4　辅助材料及其他材料消耗定额的制定

1. 辅助材料消耗定额的制定

辅助材料品种多，应用范围广。一般采用间接方法确定其消耗定额，即根据辅助材料的消耗量及相应的计量单位数来确定每个计量单位的消耗量。具体的计算单位有以下几种：

（1）单位产品。凡是消耗量与产品产量成比例的辅助材料，可按单位产品来计算。如包装箱、包装纸、包装袋、黄油、油蜡纸等。

（2）产品面积或重量。这适用于电镀、油漆、热处理等工艺过程中所使用的辅助材料。

（3）设备开动台时的辅助材料。这种方法适用于润滑油、磨料、冷却液等。

（4）工作人员。劳保用品（如工作服、手套等），可按每个工作人员确定其消耗量。

（5）原材料消耗定额。这种方法适用于那些与原材料消耗成比例的辅助材料。如型砂、填料、焊剂等。

（6）产品的产值。凡是难以找出与上述参数有直接联系的辅助材料，均可按与产品产值的合理比例进行计算。

2. 燃料消耗定额的制定

燃料消耗定额的制定，可根据燃料的使用情况，分为两类进行：

（1）工艺用燃料消耗定额。一般是按产品（或零件和毛坯）重量来计算消耗定额。如以生产一吨产品或一吨合格铸件等所需燃料为标准来制定。

（2）动力用燃料消耗定额。一般是以发一度电或生产一立方米压缩空气或生产一吨蒸汽所需燃料等为标准来制定。由于燃料的种类和质量的差异，它们的发热量各有不同。因此，为了定额计算的统一，消耗定额均以标准燃料来计算（每公斤标准燃料发热量为 7000Cal①）。具体燃料使用量折合成标准燃料时，可采用下式：

$$\frac{\text{标准燃料}}{\text{使 用 量}} = \frac{\text{某种燃料}}{\text{使 用 量}} \times \frac{\text{某种燃料每公斤发热量(Cal)}}{7000 \text{ 大卡}}$$

3. 动力消耗定额的制定

动力消耗定额通常是按其不同用途分别制定的。如用于电动机的电力，一般是先按实际开动马力计算电力消耗量，再按加工每种产品所占用的台时数，分摊到单位产品，而用于工艺过程的电力，如电炉炼钢，就直接按单位产品来制定。

4. 其他各类用途物资消耗定额的制定

其他各类用途物资消耗定额，如工具和修理用备件，亦可参照上述的方法。例如，工具消耗定额可根据工具的耐用期限和使用时间来制定。计算公式如下：

$$\frac{\text{某种工具}}{\text{消耗客额}} = \frac{\text{制定一定数量产品某种工具使用时间}}{\text{某种工具的耐用期限}}$$

14.3 物资储备定额

14.3.1 物资储备的形成

企业物资储备是指已由厂外供应单位进入厂内，但尚未投入到生产领域而在一定时间内需要在仓库内暂时存放和保存的物资。由于这种储备是在仓库内形成的，所以又称为库存储备。物资储备产生的原因是：

---

① Cal 为热量单位，1Cal＝1kcal＝4.1868J。

（1）供应部门和需要部门两者的供求在时间上和数量上的差异。供应部门从允许用的流动资金和采购的经济性考虑，通常以一定批量和时间间隔向外部订购物资，非购物资则可能存在提供给后续车间的制品的车间的生产率高于后续车间（如某车间的制品供几个后续车间用），而需要部门对物资的消耗往往是连续不断地进行，这就需要靠物资储备这个环节加以调节。

（2）供应部门和需要部门由于地理位置的差异，采用适当的交通工具进行运输，也需要考虑把物资按一定的经济合理的时间和数量进行存储。

（3）需要单位为了有效地组织本企业的生产，防止难以预料的意外情况的发生，也必须有一定的物资储备作为临时调节手段。

（4）市场需求的波动需要库存的缓冲。

14.3.2　物资储备定额的作用

物资储备定额是指工业企业在一定的生产技术组织条件下，为确保生产的正常进行所必需的最经济合理的物资储备数量标准。它的作用是：

（1）物资储备定额是确定物资订货量、采购量的依据。

（2）物资储备定额是编制供应计划、正确组织企业物资供应的基础。

（3）物资储备定额是掌握和监督企业物资库存动态，使库存经常保持合理水平的依据。

（4）物资储备定额是核定企业储备资金和定额的依据。

（5）物资储备定额是作为确定仓库面积、容积、装卸设备能力和人力的依据。

14.3.3　物资储备定额的制定方法

企业的物资储备按其储备形态可分为经常储备、保险储备和季节储备。

经常储备是企业为了保证日常供应而建立的储备，是指在两次订货时间间隔内为保证生产任务的完成而进行的储备。这种储备因生产对物资的不断耗用和进货对物资的不断补偿而不断变化，因而又叫周转储备。

保险储备，是指企业在厂外物资供应和厂内生产可能发生意外变化的情况下，为保证生产正常进行而需保持的储备。

季节储备是为了适应进料或用料的季节性要求，在一定时期内所建立的储备。

与储备形态相对应，企业一般有三种储备定额：经常储备定额、保险储备定额和季节储备定额。其储备定额制定的方法有以下三种。

1. 经常储备定额的制定

经常储备定额的计算公式是

某种物资经常储备定额 ＝ 平均每日需要量 × 合理储备天数

式中，平均每日需要量＝计划期物资需要量/计划期天数，平均每日需要量也可用市场平均需求量予以换算。

合理储备天数应根据允许的库存量和允许的流动资金而定，确定合理储备天数时，应同时考虑到物资的订购到发货的时间、运输时间、制品入库验收时间、放置时间及领料前的准备时间。

2. 保险储备定额的制定

保险储备定额的计算公式是

$$某种物资保险储备定额 = 保险储备时间 \times 平均单位时间需要量$$

式中，保险储备时间，单件、小批生产时，一般可按 5～7 天确定；中等批量生产时，可按 3 天以上确定；大批量生产时，按 1 天左右时间（先进水平：2～4 小时）

3. 季节储备定额的制定

季节储备定额的计算公式是

$$某种物资的季节储备定额 = 平均每日需要量 \times 季节性储备天数$$

式中，季节性储备天数一般是根据生产需要和供应中断天数决定。

在确定了经常储备定额和保险储备定额后，可求出该种物资的最高储备量、最低储备量和平均储备量，即

$$最高储备量 = 最高经常储备量 ＋ 保险储备量$$

$$最低储备量 = 保险储备量$$

$$平均储备量 = 保险储备量 ＋ 最高经常储备量 /2$$

上述关系可参考图 14-1。

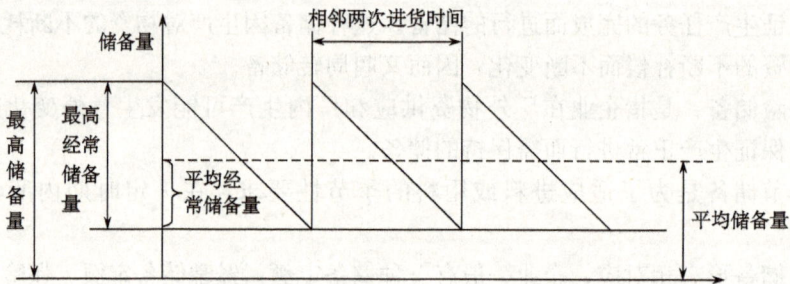

图 14-1　各种储备量之间的关系

14.4 物资供应计划

企业的物资供应计划是确定计划期内为保证生产正常进行所需各种物资的计划。它是企业经营计划的重要组成部分，是企业向市场采购物资的依据。正确地编制物资供应计划，对于加强物资管理，保证生产需要，促进物资节约，降低产品成本，加速资金周转，有着重要的作用。

企业编制物资供应计划的主要工作内容有：编制物资供应目录，确定各种物资的需要量，确定计划期初和期末的储备量，编制物资平衡表，确定物资采购量等。

14.4.1 编制物资供应目录

工业企业在生产经营活动中所需的物资品种是十分繁多。企业为完成某项生产任务或制造某种产品所需的材料，往往有许多品种、规格可供选用和代用。材料选择合理与否，不仅直接关系到物资的节约使用问题，而且对于保证产品质量、提高生产效率，促进技术进步，合理利用国家资源都有重要意义。

为了便于企业正确选择和确定需用的物资品种，企业的物资供应部门必须认真编好物资供应目录。在编制物资目录过程中，生产部门和设计部门把企业需用的千百种不同规格的物资，先按产品生产所需物资进行整理分类成表上报到物流管理部门，然后由物流管理部门进行汇总，并详细说明各种物资的类别、名称、规格、型号、技术标准、计量单位、价格以及物资的供应来源等，编制成物资供应目录。物资供应目录不仅是组织物资采购、领料或发放物料的重要依据，也是库房管理的重要依据。它对于加强物资统一管理，提高物资管理水平有着重要作用。

企业的物资供应目录，随生产任务、技术条件、供应条件的变化而变化。因此，企业的物流管理部门应当与生产、技术部门密切配合，通过有关部门和市场调查，及时搜集和掌握新材料、新产品的发展情况以及物资供应的变化情况，及时加以补充，可供有关部门参考。

编制或修订物资供应计划表，是一项细致和复杂的工作。企业需组织物资、技术、财务等部门协作进行。在保证和提高产品质量的前提下，从技术、经济和供应条件等方面考虑，选择最经济、最合理的物资品种。正确选择物资品种，应考虑以下几个主要因素：

(1) 选用的物资必须保证生产的产品质量，也就是要在符合国家规定的技术标准或合同中规定的技术条件的基础上，保证生产出用户满意的产品。

(2) 选用的物资品种规格，应尽量立足于国内，并且要充分考虑就地就近取材的可能性。

（3）尽量选用资源丰富、价格低廉的材料来代替稀缺、贵重的材料，用工业原料来代替农业原料。

（4）充分考虑物资的规格化、标准化，尽可能减少选用的物资品种规格。

（5）物资的规格、尺寸，要有利于减少下料时产生的余料、边角料，并能减少生产过程中产生的废料数量。

（6）选用的物资，应尽可能保证在生产中有较高的劳动生产率和设备利用率。

14.4.2　物资需要量的计算

物资需要量是指企业为了完成计划期内生产、维修、基建、技术措施、科研等项任务所必需的物资数量。计算物资需要量，是编制物资供应计划的重要环节，是企业物资供应的重要依据。

物资需要量是按每一类物资，每一种具体品种、规格分别计算的。不同用途、不同种类的物资，需要量的计算方法也不同，可归纳为直接计算法和间接计算法两种。

直接计算法是根据计划任务和物资的消耗定额来确定物资需要量的，又称定额计算法。这种方法具有准确可靠的优点，是计算物资需要量的主要方法。目前直接计算法多用于主要原材料、有消耗定额的辅助材料、燃料、电力等需要量的计算。

间接计算法又称为比例计算法，它是以某项技术经济指标（如产值、产量）与物资消耗的比例关系来确定物资需要量的一种方法。这种方法虽然比较简单，但准确性较差，并不能完全真实地反映物资需要量。这种方法适用于那些没有消耗定额或新产品试制中的物资需要量。为了简化计算，也可以采用此法。

以下具体说明各类物资的需要量的计算方法：

1. 主要原材料的需要量的计算

主要原材料的需要量，通常与产品数量有直接的联系，而且，大多数有消耗定额，一般应采用直接计算法确定。其计算公式为

$$\text{某种主要原材料需要量} = \left(\text{计划产量} + \text{不可避免的废品数量}\right) \times \text{工艺消耗定额} - \text{可回收用物资数量}$$

2. 辅助材料需要量的计算

辅助材料的需要量，一般是按照它的各种用途分别计算的。有的辅助材料有消耗定额，可采用直接计算法计算。其计算公式是

$$\text{某种辅助材料的需要量} = \left(\text{计划产量} + \text{不可避免的废品数量}\right) \times \text{某种辅助材料消耗定额}$$

有的辅助材料没有消耗定额，其需要量可用间接计算法计算，例如按千元产值所需辅助材料的百分比估算确定。其计算公式如下

$$\begin{array}{c}\text{某种辅助材} \\ \text{料的需要量}\end{array} = \frac{\text{上年实际消耗量}}{\text{上年产值(千元)}} \times \begin{array}{c}\text{计划年度} \\ \text{产值(千元)}\end{array} \times \left(1 - \begin{array}{c}\text{可能降低} \\ \text{的百分比}\end{array}\right)$$

3. 燃料需要量的计算

工业企业需要的燃料，主要用于工艺过程、生产动力、运输和取暖等方面。燃料需要量一般根据消耗定额直接计算。如工艺过程用燃料，其计算公式为

$$\begin{array}{c}\text{实际品种的} \\ \text{燃料需要量}\end{array} = \begin{array}{c}\text{计划} \\ \text{产量}\end{array} \times \begin{array}{c}\text{标准燃料消耗定额} \\ \text{发热量换算系数}\end{array}$$

又如，生产蒸汽用燃料，计算公式为

$$\begin{array}{c}\text{实际品种的} \\ \text{燃料需要量}\end{array} = \frac{\begin{array}{c}\text{所需} \\ \text{蒸气量}\end{array} \times \left(\begin{array}{c}\text{一定规格蒸} \\ \text{汽的含热量}\end{array} - \begin{array}{c}\text{锅炉进的水} \\ \text{原有含热量}\end{array}\right)}{7000\text{Cal} \times \begin{array}{c}\text{该种燃料的发} \\ \text{热量换算系数}\end{array} \times \begin{array}{c}\text{锅炉} \\ \text{效率}\end{array}}$$

4. 电力需要量的计算

企业用电主要有工艺过程和照明等方面，不同用途的电力其计算方法不同。制造过程用电需要量，通常是按计划产量和电力消耗定额直接计算的。照明用电需要量，一般是按灯头数、灯光强度、照明时间等因素来计算的。

5. 设备维修用料需要量的计算

设备维修用料需要量，一般是根据设备维修计划中规定的大、中、小修理单位总数，以及每一个修理单位的物资消耗定额来计算的，每个修理单位材料平均消耗量，可按下列公式计算

$$\begin{array}{c}\text{每个修理单位} \\ \text{材料平均消耗量}\end{array} = \frac{\text{修理某类设备用料的全年消耗总量}}{\text{某类设备的全年修理单位总数}}$$

6. 工具需要量的计算

在大批生产的条件下，工具需要量可按计划产品数量和工具消耗定额来计算。在成批生产条件下，可按设备的计划工作台时数和设备每一台时的工具消耗定额来计算。在单件小批量的生产条件下，一般采用间接计算法，如按每千元产值的工具消耗来计算。

企业把各类物资的需要量核定以后，下一步就确定物资供应量和编制物资平衡表。

14.4.3 确定物资供应量，编制物资平衡表

1. 确定物资供应量

物资供应量，是指计划期内企业需要外购的物资总量，它是按品种、规格分别确定的。其公式为

$$\begin{array}{c}\text{物资} \\ \text{供应量}\end{array} = \begin{array}{c}\text{按计划任务计算} \\ \text{的物资需要量}\end{array} + \begin{array}{c}\text{计划期末} \\ \text{物资储备量}\end{array} - \begin{array}{c}\text{计划期初} \\ \text{物资储备量}\end{array}$$

式中，计划期末物资储备量，如果企业需用某种物资的品种，规格很少，通常是按经常储备定额加上保险储备定额来计算；如果企业需用某种物资的品种、规格较多，由于经常储备量是经常处于变化中的，因而，实际工作中采用50％～75％的经常储备加保险储备，作为期末储备量。期初储备量，一般是根据编制计划时的实际盘点数，由于编制物资供应计划通常是在计划期前就开始，所以无法取得期末库存的实际数字，因此，只能采取概算的方法来确定计划期初物资储备量。其计算公式为

$$计划期初的物资储备量 = 编制计划时的实际库存量 + 到本期末预期进货量 - 到本期末预计消耗量$$

2. 编制物资平衡表

企业在确定各种物资需用量和期初、期末储备量的基础上，就可以编制物资平衡表，提出计划年度物资的采购量。其计算公式为

$$某种物资的采购量 = 该种物资的需要量 + 期末储备量 - 期初储备量 - 企业内部可利用的资源$$

企业内部可利用的资源，是指企业进行改制、代用和修旧利废等方面的物资。

编好物资平衡表后，凡是计划分配物资，必须编制物资申请计划，以此作为上级部门进行物资平衡和分配的依据，对于非计划分配物资，则编制物资采购计划，经企业领导审批后，可作为采购物资的依据。

14.5 物资的采购

14.5.1 物资采购的内容

物资采购是指为取得企业生产经营所需物资而进行的购买行为。

物资采购，它不仅关系着生产是否正常进行，资金周转的快慢，而且直接影响着产品质量的优劣，产品成本的高低和企业盈亏的状况。物资采购必须根据企业物资供应计划，考虑以适当的数量、质量、价格和时间，以最高效率完成任务。

从物流管理的趋势看，物资采购的首要环节是对供应商进行评价，这部分内容可参阅第7章中有关协作企业评价的有关内容。物资采购的内容如下：

（1）分析市场供应状况，扩大范围寻找物资来源。

（2）对供应商进行评价，在已有密切联系的供货商的基础上，建立战略合作伙伴，与厂家洽谈，签订供货合同，获取所需的物资。

（3）分析市场趋势，搜集市场价格、运输费用等有关资料，进行购价与成本分析。

（4）组织物资运输，验收入库及货款结算，办理验收和退货手续。

14.5.2 采购的决策行为

采购的决策行为有如下几个方面：

1. 生产前的购料分析

生产前的购料分析是指在购料前，在保证产品质量的前提下，为避免或尽量减少买原材料所造成的不必要的损失，由采购人员、工程技术人员及有关人员，共同对生产用料的质量、品种、价格、市场供应状况等进行价值分析，以谋求最佳的采购成本。分析的内容如下：

（1）采用了此物资，通过制造过程是否可以增值；

（2）此项物资的利用价值，抵偿其成本后的赢利状况；

（3）此物资是否在所有方面均认为有必要；

（4）此物资是否具有其他更有利的用途；

（5）对于必要部分，是否有较低成本的制造方法；

（6）对于必要部分，是否可以采用标准件；

（7）材料、加工费、制造费用及利润是否能补偿成本并有余额；

（8）是否尚有更低廉的购料场所。

进行生产前的购料分析，对于确保产品质量、减少材料费用、降低产品成本，有着重要的意义。近年来，美国许多企业采用生产前的购料分析后，都收到了较好的经济效果。美国某企业采用此法后，仅产品的某一特定配件的成本就减少了37%。

2. 决定适当的质量

原材料及其他物资的质量，直接关系到产品的质量。但在实际采购时，市场、厂家的情况经常有变，如何选择最适合使用的材质，采购人员在决策时必须考虑以下因素：

（1）购料的用途，是否可用代用品。

（2）物资本身的特性。

（3）物资的采购规格。采购规格是企业技术部门对购料质量的具体规定。采购人员可凭物资的名称、商标、说明书、物理或化学试验、物资的生产制造过程等了解所要采购物资的质量，据此作出决策。

3. 决定适当的采购数量

采购数量合适与否，直接影响企业的经济效益。一次购入的数量过多，会过多占用流动资金，增加存储费用和库存成本；一次购入的数量过少，会增加订购次数而增加订购费用，采购量以多少为宜，可用经济订购批量法来确定。从图14-2中可以看出，保管费用随着订购的批量增大而增大，而订购费用随着订购批量的增大而减少。两种费用之和，即总费用的曲线必定有一个最低点，该点所对应的批量为经济订购批量。

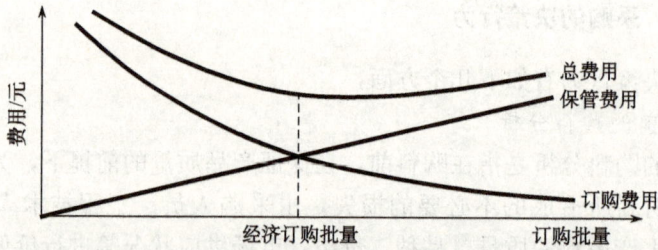

图 14-2　经济订购批量的确定方法

经济订购批量计算公式如下

$$EOQ = \sqrt{\frac{2AQ}{E}}$$

式中，EOQ 为经济订购批量；A 为每次订购费用（元/次）；Q 为年订购总量（件或吨）；E 为单位物资的年保管费用（元/件·年或元/吨·年）。

利用上述计算得到的经济批量，是一个理论值，在实际订货时，可按车辆装载量、容器容量进行调整，通常可取接近理论值的一定范围作为采购数量的依据。

4. 对供应商进行评价

就供应商的制品质量、交货期、价格、售后服务、社会责任、计划能力、执行力等进行综合评价，再根据本企业所需材料的具体要求，选择合适的供应商。

14.6　库存控制、仓库管理

14.6.1　库存数量控制

物资供应计划是以年度计划为依据而编制的，它反映了企业在一个比较长的期间内对物资的总需要量，而日常生产对物资的需求则依靠库存储备来保证。为了使物资供应不间断，物资供应部门要及时对库存储备进行补充。补充库存储备的方法有以下两种。

1. 定量法

这种方法是当物资储备下降到某一规定数量时，由仓库立即发出订货要求，物资供应部门及时组织订货，以保证库存量及后续的进货量能满足生产的需求。在定量法中，最有代表性的方法是订购点法。订购点法就是由预先制定一个订购点的库存量水平，当库存量降低到订购点的存量水平时，即自动发出某一固定的补充用订购单。订购点的库存量可用下式确定

$$订购点量 = 平均每日需用量 \times 订购时间 + 保险储备量$$

按定量法补充库存储备时，物资储备的变化如图 14-3 所示。该图只适用于物资需求率不变的情况下，即各次订购时间间隔相等的前提下。这对于稳定性的大批量生产是很合适的。

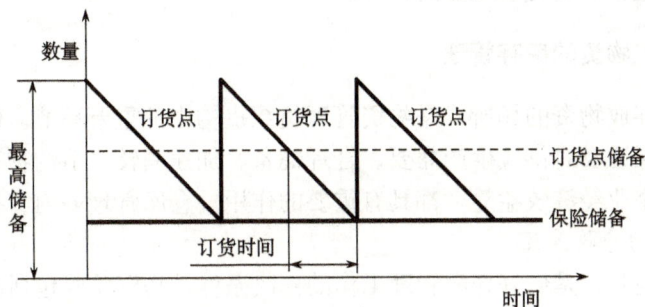

图 14-3　订货点确定原理

2. 定期法

在这种方法下订购时间固定不变，因此物资进入时间间隔相同（图 14-4），每次订货数量则以进货时能使物资储备恢复到最大储备量为原则来确定的。订购量的计算如下

$$订购量 = 平均每日需用量 \times (订购天数 + 供应间隔天数)$$
$$+ 保险储备定额 - (实际库存量 - 已订未到数量)$$

式中，订购天数是指从发出订购单至货物验收入库为止的时间；供应间隔天数是指两次到货之间的间隔时间；已订未到数量是指已经订货，但尚未到达而在供应间隔期中可以到货的数量。

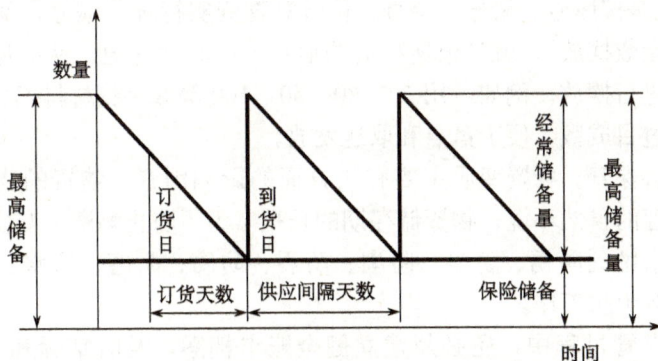

图 14-4　定期法订货原理

以上两种订购方法各有其优缺点，定量法优点是比较简便，可及时提出订购，不易出现缺货，保险储备量可减少。其缺点是，订购时间不定，难以做周密的采购计划，未能突出重点物资管理。定期法能对物资的库存量实行比较严格的控制，这种控制方式既能保证生产需要，又可以避免物资超储，节省了流动资金，但在管理上需要花费较多的精力。

14.6.2 物资的库存管理

仓库是存放物资的场所，是物资管理组织机构中的重要环节。做好仓库管理工作，对于保证及时供应生产需要、合理储备、加速周转、节约物资使用、降低成本、提高企业经济效益等，都具有重要的作用。仓库管理的内容有如下几项：

1. 物资的验收入库

物资的验收，是做好仓库管理工作的先决条件。物资验收包括两个方面的工作，一是数量、品种、规格的验收。一切进厂的物资都要与运单、发票及合同规定在数量、品种、规格等方面完全相符；二是质量的验收，按规定送交检验部门进行质量鉴定，合格后才能入库、登账、立卡，并将入库通知单连同发票、运货单等一起送交财会部门。应当指出，生产中的质量事故，其中一个主要原因是与物资验收入库制度不健全有关，因此，做好物资的验收入库工作，是保证生产正常运行、避免损失和浪费的一个不可忽视的环节。

2. 物资的储存

物资保管是仓库管理工作的主要业务。物资验收入库后，即需根据不同物资的物理性能、化学成分、体积大小、包装情况等不同要求妥善保管。

（1）合理存放。将物资按类别、按系列存放在库场的固定货区内，实行科学合理的摆放和堆垛，达到摆放整齐、标志鲜明，便于存放、取送和查验盘点。充分利用仓库空间。采用"四号定位"和"定数摆放"等先进保管方法。所谓"四号定位"，就是按库号、架号、层号、位号对物资实行统一编号，便于查找和发料。所谓"定数摆放"，就是根据物资的形状，以非常易记、易运算的整数为基本计数单位进行摆放。例如，用10、20、50、100等数字将材料摆放，使其堆放整齐，便于过目成数，便于盘点和取送发放。

（2）妥善保管。物资变质主要有三方面的影响因素，物资的物理、化学性能；物资储存的自然环境；物资储存期的长短。为了防止物资不变质和保证仓库的安全，要求做到防锈、防尘、防潮、防震、防腐、防磨、防水、防爆、防变质、防漏电等十防工作。

在物资保管过程中，还必须建立健全账卡档案，及时掌握和反映产、需、供、耗、存的情况，发挥仓库的耳目作用。

14.7 物流规划与管理

14.7.1 物资的配送与发放

物资的配送与发放，是物资部门为生产服务和节约使用物资的重要环节。物资配送与发放工作的好坏，对生产有直接的影响。配送与发放中应注意如下几点：

(1) 出库单据和手续必须符合要求，即根据供应部门开出的限额发料单、提货单，经核对无误方可发放，非正式凭证一律不予发放。

(2) 严格执行限额发料制度，即按照物资的消耗定额和计划任务，计算出物资需要量，制定发放物资数额，据此向车间发放物资。

(3) 实行物料配送制。这不但可节省生产人员的领料时间，还可使供应人员直接掌握现场物资消耗使用情况，以便及时调剂余缺。

物料配送应遵循以下原则：

a. 物料配送系统须确保各工序（位）所需零、组、部件不间断地投入生产过程。

b. 各工序（位）允许有少量保险在制品，以不妨碍操作与整洁、观瞻为限。在流水线生产条件下，工序（位）保险在制品所能起作用的时间原则上为配送间隔期的 20％ 以内。

c. 配送物料的盛装物外观应有明显标记（形状、颜色、标记、文字、号码等），每箱、盒、板、袋等的所容数量最好为特别易叠加、易记忆的数字。这样有利于避免发生混合流水线在转换生产制品时容易发生的差错。

d. 配送数量应根据操作是否方便、盛装物容积大小、班消耗量多少、工序（位）旁存放占有空间大小而定。

e. 确保配送质量，避免碰、磕、划、擦伤。

f. 须有物料配送计划表、物料配送路线图、物料配送人员安排表、物料配送规范，并严格按照物料配送规范实施配送。配送不及时或配送量不够会导致生产停顿，反之，则会使在制品产生过多积压，影响了流水线的正常运作和造成流动资金的过多积压。

(4) 贯彻"先进先出"的原则。配送与发放物资时，一定要做到先进先出，以免物资自然损耗和久存变质。

(5) 实行补料审核制度。凡是工废、料废、超定额等原因要求补料时，必须按规定的手续经过审核和批准后，才能允许补料。

(6) 实行退库和核销制度。发生多余的物料时，应及时办理退料手续。物资部门还应按月对领料部门所消耗的物资实行核销制度，以利于加强考核。

14.7.2 物流质量跟踪

在现代企业生产中，有些企业的部装或总装直接采用供应商和协作厂商送至生产现场的制品进行装配，在这一过程中，本企业并未对供应商和协作厂商的制品进行质量验收。若最终产品流入顾客手中后发现质量问题，而该问题确实出自供应商和协作厂商的制品，若要清查出该有质量问题的零部件的来源，势必要求所有零部件的来源要十分清晰，尽管在谈判中已明确是属于供应商和协作厂商的责任，但其结果会对本企业的形象产生负面影响。因此必须对物流全程进行质量监控。

在对供应商和协作厂商进行评价的基础上，对供应商和协作厂商提供的制品的质量应该在可把握的范围内，对偶尔出现的质量问题，要明确责任，并在谈判中强调责任方应承担的后果。

物流全程质量监控的基本思路是：采用计算机进行管理，对每批进料认真登记，对每批料用于哪一批产品装配也要认真记录，不同批次严禁混用。哪批产品销往何处要登记在案，同时也要求经销商记录某批商品分别卖给哪些顾客，要有据可查。

对于供货厂家而言，在生产过程中，如果有需要，应对零、部件的加工过程在严格控制的基础上认真做好记录，尤其是较重要工序和关键工序由谁加工要进行记录，一旦某零件或部件产生质量问题，可以查清原因和责任人。

在航空企业中，重要的零件上都刻有号码，每道工序由谁实施都有记录，因此，若出现质量问题，可以查清原因和责任人。这一思路可供借鉴。

➤ 思考题

1. 微观物流管理包括哪些环节？
2. 车间上报购买原材料等物资的依据是什么？
3. 怎样生成采购单？
4. 库房进料的质量控制有哪些环节可共同控制？
5. 库房管理中，对微环境可能有哪些要求？
6. 库房中的物资应当怎样排放？
7. 怎样控制物资的发放？
8. 流水线生产过程中的配料要规划好哪些事情？
9. 怎样合理利用流水线体、传送链、小推车和手工来输送物资？
10. 物资采购运输怎样才比较合理？
11. 如何规范返修品、废品、废物的物流？
12. 物流规划与在制品控制有何关系？

第15章

设备管理

15.1 概述

机器设备是工业企业进行生产的物质基础，是构成企业生产力的重要组成要素。机器设备状况的好坏，直接影响着企业生产的发展、生产效率的提高和经济效益的增加。因此，设备管理是企业生产管理的一个重要组成部分。

设备综合管理学科是为了提高设备管理的技术、经济和社会效益，适应商品经济的发展，针对使用现代化设备所带来的一系列新问题，继承了传统设备管理中的有益方面，吸取了现代管理的优秀理论（包括系统论、控制论、信息论、决策论等），综合了现代化科学技术的新成就（主要是故障物理学、可靠性工程、维修性工程、设备诊断技术等），从而逐步建立起来的一门新兴学科。

根据设备综合管理学科的基本原理建立一套适应现代化工厂的管理体制，以实现无事故、无公害、优质高产的工厂是现代工业发展的客观要求。

从设备综合管理问题的提出到现在，已引起了许多国家的重视。如同全面质量管理一样，设备综合管理也逐渐得到人们的重视和理解。这与设备综合管理学科在理论上与实践上的日趋丰富和完善以及设备综合管理已取得的明显的经济效益和社会效益是密切相关的。

15.1.1 设备综合管理的产生

设备管理随着工业生产的不断发展、设备现代化水平的不断提高，以及管理科学和技术的不断进步而逐步发展，它经历了传统设备管理和现代设备管理两个阶段。

1. 传统设备管理阶段

传统设备管理的工作中心是设备的经济管理。在这个阶段初期，由于企业规模较小，设备结构简单，占用资金有限，因此，设备维修不需要专门技术人员进行。而且修理费用和故障损失较低，一般实行坏了再修的事后修理制度。后期，随着企业规模扩大，科学技术的进步，设备结构的日益复杂，修理难度相应提高。同时，又由于生产的连续性加强，设备修理费用和故障损失的不断增加，导致了修理要由专门人员来承担。因而，从生产操作人员中逐步分离出专门从事设备维修和管理人员，企业相继建立起设备维修与管理机构，对设备使用过程进行管理，制定出对设备经济管理的科学制度。

传统的设备管理，由于只注重设备的维修管理，没有从系统的观点来研究设备管理问题，因此，它存在一定的局限性。例如不注意设备全过程的管理，把设计、制造过程的管理与使用过程的管理分开，忽视设备的经济管理与组织管理，没有组织全体人员参加管理等。所有这些都不能适应科学技术和社会经济发展的客观要求。

2. 现代设备管理阶段

现代设备管理阶段是对设备进行全面管理的阶段，即对设备实行综合管理。它是在设备维修管理的基础上，为了提高管理的技术，增加经济和社会效益，适应现代社会技术经济发展的要求而逐渐发展起来的设备管理的理论和方法。主要包括英国的设备综合工程学、美国的后勤学、日本的全员生产维修制和俄罗斯的计划预防修理制。

15.1.2　国外设备综合管理概念简介

1. 英国的设备综合工程学

英国的设备综合工程学是一门新兴的设备管理学科。1971 年，英国设备综合工程中心所长丹尼斯·巴克斯（Dennis Parkes）在美国洛杉矶市召开的国际设备工程年会上提出了这门学科。当时他发表了一篇题为《设备综合工程——设备工程的改革》的论文。向按照机械、电子、电气、化学等纵向划分各种专门技术进行管理的做法发出了挑战，旨在解决工厂设备的规划、设计、制造、运行、维修及改装等工作带来的许多难题。1974 年，英国工商部给设备综合工程下的定义是："为了追求经济的寿命周期费用，而对有形资产的有关工程技术、管理、财务及业务工作进行综合研究的学科"。具体地说，关于设备、机器、装备、建筑物、构筑物的规划和设计的可靠性和维修性，它们的安装、投产试车、维修、改造和更新，以及有关设计、性能和费用的信息反馈，都属于其研究范围。

设备工程学具有如下五个特点。

（1）设备综合工程学以寿命周期费用作为评价设备管理的重要经济指标，并追求最经济的寿命周期费用。寿命周期费用是设备一生的总费用，即从设备的规划、设计、制造、安装、运行到维修、改装、更新等整个过程所消耗的总费用，使之达到最经济的程度。迄今为止，在多数企业里尚未认真考虑设备一生的总费用。负责购买设备的部门，往往只考虑到价格便宜，从几个厂家中选购价格最便宜的设备，而不考虑购入以后所发生的一系列其他费用。事实上，尽管购入价格便宜，可是如果在使用阶段中的动力费、维修费和劳务费等费用增加，致使寿命周期费用加速升高，这种情况显然是不经济的。有时如果仅按购入价格便宜来选购设备，往往从开始时就引起事故和公害的发生，这样反而要花费较多的设备改造费用。因此，购置设备时，事前的技术经济分析和评价，真正按照设备一生的总费用来评定设备购置计划是非常必要的。

（2）综合工程学是对设备从工程技术、工程经济和工程管理三个方面进行综合管理和研究的。现代化工厂中高度机械化、自动化、精密化的设备，正是综合了机械、电子、化学、土木、建筑以及环境保护技术、安全技术等各种专门科学技术的成果。首先，要管好、用好、修理好这些设备，需要掌握多种科学技术，要求把工程技术从横向上综合起来，这是符合现代科学技术发展方向的。其次，还要掌握有关设备工程的经济规律，提高设备管理的经济效益，在设备管理的每一个环节中都会碰到经济问题，都要求提高经济效益，都应进行技术经济分析，包括投资决策、合理使用的经济标准、检查次数的经济标准、修理的经济界限、更新改造的技术经济分析等。由于人为因素将对工程技术问题、财务经济问题等起支配作用，因此还应研究组织、人员和管理体制等问题。最后，在设备管理中，还要运用工业管理学、统计学、运筹学、质量管理、价值工程等相关的管理方法。为保证设备无事故、无公害，同时使设备的寿命周期费用最经济，尽量把技术、经济、经营管理等综合起来进行研究是十分必要的。

（3）进行设备的可靠性和维修性设计研究。在设备工程中，可靠性指的是"无故障"，即设备在使用过程中无故障地发挥其规定性能；维修性是指"易修性"，即设备修理的难易程度的特性。可靠性和维修性都影响设备的利用率，以及故障损失和维修费用。可靠性、维修性的理想极限是"减免维修设计"，这是设备综合工程学所追求的目标。

（4）设备综合工程学把设备管理的范围扩展到设备的一生，即对设备进行全过程管理，并系统地改善每一环节的机能。设备综合工程学运用系统工程的观点和方法来研究和管理，把设备整个寿命周期作为研究和管理对象，整体地优化设备的机能。整个工厂把设备有机地组织起来，相对来说，形成了一个较大的系统。设备是工厂的构成要素，其本身又是由很多零部件组成的一个有机集合体，自成一个系统。把设备的一生成看系统，目的是使运行和维修保养等环节有机地结合起来，以提高工厂和设备的经济效益。从设备的研究、设计、制造、安装，直至运行、维修、改造、更新等，都可以与系统的概念对应起来，并且运用系统的观点和方法来进行管理，以改善全过程各个环节的机能。

（5）设备综合工程学还包括设备工作循环的反馈管理，它是关于设计、使用、费用信息反馈的管理。反馈的方式有两种，一是厂外反馈；二是厂内反馈。厂外反馈指设备使用厂与制造厂、设计所的反馈，使用厂在设备的使用、维修过程中，把关于设备的可靠性、维修性、资源消耗、费用、人机配合和公害等方面的信息，认真地向设计所和制造厂反馈；制造厂则积极开展全面质量管理、可靠性管理、用户访问、用户服务等活动。两者结合起来，这是制造厂提高产品质量，使用厂获得价廉物美的设备的重要措施。至于厂内反馈是指厂内设备使用单位向厂内设备设计、制造和维修单位反馈有关设备（包括自制专用设备）的各项信息。

为了推进设备综合工程学的发展，英国工商部下设"设备综合工程学委员会"，并于 1975 年成立"设备综合工程学全国中心"作为设备综合工程学的情报交流和业务指导的机构。在英国，设备综合工程学的推广已取得了不少成果，带来了明显的经济效益。据有关资料介绍，推行后，设备故障率降低了 90%，设备维修费用减少了 50%。由于效果显著，受到工业发达国家的重视和迅速推广。如今，设备综合工程学不仅在英国广为应用，且在西欧、日本、南亚、南美各国正在得到传播与普及，已有许多企业创造出了不少应用和发展设备综合工程学的先进经验。

2. 美国的后勤学

1）后勤学的创立

美国有关企业在 20 世纪 50 年代实行的是事后维修制。美国人从工业发展的机遇、设备事故的增加、停机损失与维修的仓促性中领悟到事后维修的不足，于是大多数企业实行了设备的预防维修制。随后，美国通用电气公司和杜邦公司又针对预防维修还存在着的过剩维修和维修不足等问题，发展成为生产维修制。

生产维修除了坚持日常保养外，还包含下列四种主要维修方式：事后维修、预防维修、改善维修和维修预防。针对不同设备及其使用情况，分别采取不同的维修方式。对重点设备实行预防维修，对一般设备则实行事后维修，其目的是提高设备维修的经济性。

实践证明，单纯的预防维修还不足以减少设备故障，要从根本上解决问题，必须提高设备的可靠性和维修性，就是要改进设备的设计和制造质量。这对于使用中的设备来说，是改善维修，对于新设计的设备，则是实行维修预防，以消除或减少维修需要的活动。

顺便指出，可靠性和寿命周期费用这两个设备综合管理中的基本概念并非起源于设备综合工程学的倡导者——英国，而是由美国首先创始的。美国国防部从 1966 年就着手对寿命周期费用课题进行研究。现在美国政府规定在供应武器和装备时，必须把寿命周期费用和可靠性指标订立在合同中。1966 年 7 月以美国为倡导国成立了后勤学学会的国际组织。后勤学学会每年 8 月份在美国召开国际学术会议，举办后勤学研讨班。

近代后勤学是在经典的后勤学（关于武器和装备的供应、储存、输送、修理、补给的机能及有关学问体系）的基础上，吸取了寿命周期费用和可靠性、维修性等现代理论而形成的。

后勤学者认为，一个系统应包括基本设备和相应的后勤支援两部分。而后勤支援的主要内容有：测试和辅助设备、备件和修理更换件、人员和培训、器材储运管理、辅助设施和技术资料等。基本设备和后勤支援的各个组成之间，都必须在综合基础上来发展，建立最优化的平衡，以生产出一项经济效果良好的优质产品。

美国后勤工程师学会所下的定义为：后勤学是研究资源的需求、设计、供应和维修，并以后勤保障、计划和作业为对象的管理艺术、管理科学和工程技术活动。因此，可以把后勤学看作是为了保证一个系统在规划的寿命周期内得到有效而经济的支持所需要考虑的全部问题的一门综合性学科。后勤学科研究的范围较之设备综合工程学要广泛深入些，因为后勤学的目标是从设备制造单位的立场出发，保证用户在使用中得到最优的后勤支援，以达到最经济的设备寿命周期费用目的。

2）后勤学的基本内容

如前所述，后勤学各阶段的主要工作内容如表 15-1 所示。

表 15-1　后勤学各阶段的主要工作内容

阶　段	主　要　内　容
1. 市场调研与决策	(1) 收集与该产品相关的市场信息，包括可能的市场容量、消费趋向替代产品情况等 (2) 整理有关数据与资料，从中找出事物发展的客观规律 (3) 在上述基础上进行产品决策，即确定待开发的产品
2. 概念设计	(1) 确定需要，提出装备的特定任务，进行可行性研究 (2) 确定装备的功能要求、主要参数、有效度和设备寿命周期费用 (3) 确定维修原则、可靠性、维修性、维修设措施人员配备件供位
3. 初步设计	(1) 完成各种功能要求的分析，几个方案的最佳化比较 (2) 完成可靠性、维修性、后勤保证分配到各主要组成部件 (3) 后勤保障方案的选定
4. 详细设计	(1) 完成装备的详细设计 (2) 后勤保障分析，研究维修用设备、备件供应、人员培训、技术资料等 (3) 通过对装备设计方案的全面评价和审定，并进行技术设计

阶　段	主　要　内　容
5. 制造或构筑	(1) 制造、安装、调试、验收主要设备和辅助设备 (2) 做好运行维修、人员培训和零备件准备、原材料准备 (3) 做好安装时的厂房、电、水、气等供应配套工程
6. 运行使用	(1) 正确运行各装备，以获得原定的生产能力指标 (2) 正确及时地完成装备的维修工作，使它们发挥应有的有效利用率 (3) 建立并收集使用阶段的实际各项指标资料，并进行反馈，以改进设计方案
7. 退役更新	(1) 分析装备的继续使用、大修、报废更新以及改造的方案比较并决策 (2) 处理报废装备，订购更新装备

3) 后勤学的维修原则

后勤学维修原则的制定，包括维修等级和维修方式的确定，它们都是作为保障设备正常运行要求的措施。

(1) 维修等级。后勤学把维修分为使用部门维修、中间维修和基地维修三个等级。使用部门维修是在运行现场进行，主要由使用人员进行的日常维护工作。中间维修是由流动的或固定的维修人员来进行，维修地点仍可在生产现场，解决使用部门解决不了的设备故障，修理时一般要拆卸和更换组件或零件。基地维修是对中间维修所解决不了的任务进行修复、改装和校试。它是专业化的修理部门，该部门配备有较高技术和经验丰富的维修人员、维修所采用设备，以及所需的主要备件等。待维修设备需撤离生产现场，移至维修基地或机修分厂（含机修车间）进行维修。

(2) 修理方式。修理方式是根据装备、部件或零件的修理采用哪一种方法最为经济来确定的。修理方式一般可分为如下三种：①更新。更换费用低于修复费用的设备、部件、组件或零件，采用此方式。②更换部分可修理的设备、部件、组件。当使用部门出现设备故障，为了尽量减少停机时间，采用更换部件、组件或零件的方式，使生产迅速得到恢复，然后把换下的旧件送至中间维修部门，待集中修复后备用。③修复设备、部件、组件或零件。对那些更换费用超过修复费用较多的设备、部件、组件或零件，一般均采用修复方式。

4) 后勤保障管理

后勤保障管理是指设备或系统所有功能和活动的计划、组织、指挥、协调及控制。从设备或系统出现起，管理的职能即随之开始，并延续到设备或系统的整个有效使用阶段和主要设备报废为止。其主要内容有：后勤计划、后勤保障组织、后勤保障工作的指挥和控制、承包者的管理等。

为了使设备和系统顺利地完成目标，必须做到以下几点：

(1) 在各个阶段内部有正确的后勤保障计划；

（2）在设备和系统的设计和研制中各项后勤保障能力特性应合理配置；

（3）保证主要设备运行和维修需要的鉴定、供应，并及时地取得保障物品；

（4）不断地评价设备和系统全寿命周期的总效果，并提出修改工作和改进产品的方案，即所谓后勤保障分析。

总之，设备或系统的良好运行是与后勤保障密不可分的，要把一线工作的设备看成战场上的"军队"或"士兵"，而后勤学的观念是为正在"战斗"的"士兵"配备全面的后勤保障系统。因此，各级规划管理人员应把后勤保障看成是系统由生成开始的各个阶段的主要组成部分。

3. 日本的全员生产维修制

日本在工业迅速发展的年代，在先后引进美国的预防修理和生产维修体制的基础上，吸取了英国设备综合工程学的原理，结合日本的国情，发展成为全员生产维修体制，并在国内推行，取得了较为明显的效果。

1）全员生产维修的含义

全员生产维修制，又叫全员设备维修制（total productive maintenance TPM），日本设备维修协会认为，全员生产维修是日本式的设备综合工程学，或者说是设备综合工程学在日本的实践。其要点是：

（1）全员设备维修制的基本特点是"三全"，即全效率、全系统和全员参加。

全效率是指设备的综合效率。即设备的总费用与总所得之比或投入与产出之比。总费用是设备的寿命周期费用；总所得包括产量（P）、质量（Q）、成本（C）、交货期（D）、安全（S）、劳动情绪（M）等方面。这些方面最后归结为：符合质量要求、低成本、按期交货、安全生产和高效率的产量。

全系统指对设备要进行从研究、设计、制造、安装、使用、维修、改造到报废为止的全过程管理。

全员参加是指从经理、管理人员到第一线生产工人都参加设备管理；企业基层组织生产维修（PM）小组，开展自主活动。PM小组活动的主要内容是减少设备故障和提高生产效率，小组成员分别承担相应的职责。

（2）设备维修方式包括日常维修、事后维修、预防维修、生产维修、改善维修、预知维修和维修预防等。

（3）划分重点设备，对重点设备实行预防修理。全员设备维修制的预防性修理，一般放在重点设备上，而对一般设备采取事后修理，即在设备发生故障后才进行修理，这样可节省维修费用。

（4）设备维修目标管理。通过推行设备维修目标管理，来确定设备维修工作的方向和具体奋斗目标，并以此作为评定维修工作成绩的依据。目标管理的程序包括目标制定、目标实施和总结三个阶段。

（5）工作作风。为了保证良好的工作作风，可开展"5S"活动（参见11章有关内容）。

由此可知，全员生产维修以设备综合效率为目标，它与设备综合工程学的目标——最经济的设备寿命周期费用，具有相似的概念。另外，全员生产维修和设备综合工程学在以设备一生为对象的总系统管理的问题上也有相同之处。这是具有日本特色的设备综合工程学。

全员生产维修，目前已成为具有代表性的、较为完备的一种现代设备管理制度。它有一整套实施办法，如重点设备的划分和管理、设备点检、设备的故障修理和计划修理、机床综合精度指数评定、维修记录、统计分析、全员培训工作、维修工作考核制度和方法，以及推进这些措施的程序和规程。

2）全员生产维修的最新发展

全员生产维修在日本推广以来，进展迅速，效果显著。在推行的十多年时间里，全员生产维修和生产维修的普及率已达到 65％左右，使不少企业的设备维修费用降低 30％左右，设备开动率提高 50％左右。全员生产维修在国际上的影响也逐渐得到扩大。中国、印度、泰国、韩国、美国、英国、法国、意大利、西班牙、荷兰、挪威、瑞典、芬兰、南斯拉夫、巴西等国正在研究、交流或引进全员生产维修管理制度。

日本维修协会专务理事中岛清一介绍了 20 世纪 80 年代以来全员生产维修的最新发展。可概括如下：

（1）操作者自由维修。由于机器人化、自动化及柔性制造系统（FMS）、计算机集成制造系统（CIMS）的发展。使日本企业自动化水平在世界上名列前茅。但在实施过程中发现，这些耗资巨大的自动化生产线往往不能像所要求或所预料的那样正常开动，其原因就是这些设备的调整、维修和保养工作没有跟上。要使这些自动线或自动化设备能够高效率地运行，仍需依靠人工来排除故障（尽管自动诊断程序已得到了长足的发展），或进行维修，或进行调整。要将设备尽可能有效地运行起来，必须发挥现场负责管理自动线的生产人员参与设备维修的积极作用。因此，在自动化生产企业中，推行自主维修的效果是十分显著的。为此，必须培训适应自动化时代要求的高素质人才：若为操作人员，则除了必须具备娴熟的操作技术外，还须学会自主维修的本领；若为维修人员，则应不断提高维修机械、电子等设备的本领；若为设计制造人员，应能使自动化设备不断接近"无维修设备"。这样，通过不断提高员工素质和设备质量来提高企业的素质，这就是全员生产维修的奋斗目标。

（2）推行品质维修。所谓品质维修，是指为了确保产品加工件完全合格，必须树立保持设备完好这一基本观念。规定不产生不良件的设备条件，据此进行定期点检和测定，将设备精度等控制在标准界限内，以预防品质不良。

为了达到无不良产品的要求，一方面要提高设备的工程能力、可靠性和维修性；另一方面必须改善人的素质，为设备配备合格的操作人才和管理人才。

（3）向预知维修过渡的诊断技术扩展。日本学者认为，20 世纪 80 年代可以称为"以状态为基础的全员生产维修的时代",亦即进一步开展应用设备诊断技术和状态检测的全员生产维修。为此,在寻求扩大设备诊断技术适用范围的同时,要做到努力开发价格便宜、应用方便、测量结果可靠的设备诊断仪器;确定设备劣化的预测模式;应用设备诊断专家系统(该系统以检测数据、设备维修专家的知识与经验、用计算机作为判断设备故障的工具)等。

(4) 开发自制专用设备,推行对设备一生进行管理。日本许多厂家具有自行设计并制造专用设备的能力。依靠自己开发出具有特色的专用设备,并不断改进和设计出高水平的专机和自动线。从设备综合工程学的观点来看,为了使设备的设计、制造和使用相结合,最好是本企业自己设计、自己制造、自己应用;若由其他厂设计制造,则最好本企业参与设计与制造,实行设计、制造和使用相结合,有利于推行设备的一生管理。

(5) 提高设备综合利用率。提高设备综合利用率指如何从时间、能力和质量三方面来掌握设备的开动状态,增加能够创造价值的工作时间,提高产品的产量和产品的质量。提高设备综合利用率的手段有两个方面:从时间上来说,是如何减少设备的停歇时间,增大开动时间的比率,从而增加产品的产量;从质量上来说,是如何通过增加单位产量和减少废、次品,以增加合格品的数量。提高设备综合利用率的最终目标,是充分发挥和保持设备的固有能力,也就是达到人-机的最佳状态——使故障和废、次品为零。要实现这一目标是非常困难的,但必须向这一目标挑战,努力靠近这个目标。

15.1.3 设备综合管理的内容和任务

1. 设备综合管理的含义

设备综合管理就是运用现代科学技术、管理理论和管理方法,对设备寿命周期(从规划、设计、制造、购置、安装、使用、维护、修理、改造、更新到报废)的全过程,从技术、经济和经营管理等方面进行综合研究和管理,以提高设备综合效率和追求寿命周期费用的经济性为目标,从而为提高企业的经济效益服务。

我国一些大中型企业在试行这一管理的过程中,以提高综合效率、追求寿命周期费用的经济性为目标,使企业的设备构成和技术状况有所改善,促进了企业的技术进步和产品的更新换代,从而获得了较好的经济效益。设备综合管理的优越性为越来越多的人所认识。

2. 设备综合管理的内容

(1) 实行设备全过程管理。就是将设备的整个寿命周期作为一个整体进行综合管理,求得设备整个寿命周期的最佳效益。对设备实行全过程管理,是从总体上保证和提高设备的可靠性、维修性、经济性,做到安全、节能、保护环境,避免设备积压和浪费的重要措施,是提高企业技术装备水平,实现技术装备现代化的重要保证。

（2）对设备从工程技术、经济和组织管理三方面进行综合管理。设备管理，本质上是对设备运动过程的管理。设备运动有两种形态：一是物质形态，表现为设备的研究、设计、制造、选购、安装调试、使用、维修、改造、更新、报废等；二是设备价值运动形态，表现为设备的最初投资、维修费用支出、折旧、改造更新资金的筹措、积累、支出等。前者形成设备的技术管理，后者形成设备的经济管理。它们分别受技术规律和经济规律支配。设备管理的目的，是要达到最佳的技术状态和经济效果。因此，需要同时加强技术管理与经济管理。此外，还要应用现代管理理论和方法进行组织管理。

（3）实行设备全员管理。现代企业中，设备数量众多，型号规格复杂，并分散在企业生产、科研、管理等各个领域，如果单靠专业管理的机构与人员是难以管好的。因此，要把与设备有关的人员组织起来参加设备管理，使设备管理建立在员工的群众基础之上。

3. 设备综合管理的任务

设备综合管理的主要任务是为企业的生产提供先进适用的技术装备，使企业生产经营活动建立在技术上先进、经济上合理的物质技术基础之上，以保证企业经营目标的实现。其具体任务有以下几点：

（1）根据技术先进、经济合理的原则，正确地选购设备，为企业提供优良的技术装备。

（2）保证企业设备经常处于最佳的技术状态。为此要认真研究设备物质运动的技术规律，如磨损规律，故障规律等，运用先进的检测、维修手段和方法，灵活采取各种维修方式和措施，维修保养现有设备，使之处于最佳状态。

（3）提高设备管理的经济效益。按照经济规律的要求加强设备的经济、组织管理，以降低设备管理各环节的费用。

（4）为了保证企业的技术进步，要有计划、有步骤地对设备进行改造和更新。

15.2 设备的选择和评价

15.2.1 设备的选择

1. 设备选择的重要性

设备选择是企业设备管理的第一个环节，无论对于新建企业选购设备、老企业购置设备或自行设计、制造专用设备以及国外引进技术装备，都是十分重要的课题。

传统的设备管理，往往从设备的使用开始，忽视了设备选择这一重要环节。

现行的厂内设备管理体制，对新设备的选择，经常被分割开来，由几个职能部门分别管理（工艺部门申请，财务部门审批，供应部门采购，基建部门安装，设备部门接管）。因而，容易产生一方面各职能部门都只能从各自的分工范围出发考虑，无法从技术经济等各方面进行综合研究，全面评价；另一方面，购入的设备一旦发生问题，容易互相推诿责任。

因此，设备的选择主要应由设备部门负责。从横向上把有关部门组织起来，对设备进行综合评价。

2. 设备选择的考虑因素

设备的选择（或叫设备选型）。目的是选择技术上先进，经济上合理，生产上可行的设备，保证企业生产发展，实现技术进步。设备选择时，应考虑以下因素：

（1）生产性。指的是设备的生产率。一般以设备在单位时间（小时、轮班、昼夜、年度）的产品产量来表示。目前，在提高设备生产率方面的主要途径有大型化、高速化、自动化等，在选择设备时，要根据企业的生产需要，对这些方面提出适当的要求。

（2）可靠性。从广义上讲，它是指精度、准确度的保持性，零件耐用性，安全可靠性等。可靠度是指在规定的时间内，在规定的使用条件下，无故障地发挥规定机能的概率。

（3）安全性。指的是设备对生产安全的保障性能。例如，是否安装有自动控制装置，以提高设备操作失误后防止事故的能力，如自动切断电源、自动停车装置等。

（4）节能性。指的是设备节约能源的可能性。还要考虑到设备对节约原材料资源的能力。例如，提高成材率等。

（5）耐用性。设备在使用过程中所经历的自然寿命要长。

（6）维修性。设备要便于检查、维护和修理。

（7）环保性。指的是设备对保护、改善环境的能力，包括噪声与"三废"。

（8）成套性。指设备的配套水平。设备配套包括：单机配套，是指一台机器中各种随机工具、附件、部件的配备成套；机组配套，是指一套机器设备的主机、辅机、控制设备以及其他设备的配套；项目配套，是指一个新建项目所需的各种机器设备的整体配套。如工艺设备、动力设备和其他辅助生产设备的配套。

（9）灵活性。指的是设备对不同工作条件、不同产品、不同零件的适应性。

以上是选择设备要考虑的一些主要因素，对这些因素要统筹兼顾，全面地权衡利弊。

15.2.2　设备的经济评价

在选择设备时，还要测算设备的寿命周期费用。寿命周期费用由两大部分费用组成：

（1）投资费。它的特点是一次性支出或集中在短时期内支出的费用。自制设备包括研究、设计、制造费用。外购设备包括设备价格、运输费、安装调试费等。

（2）使用费（或叫维持费）。指的是在设备的整个寿命周期（几年、十几年或几十年）内。为工厂保证设备正常运行而定期支付的费用。主要是能源消耗费、维修费以及固定资产折旧费、保险费、操作该设备的人员工资等。

进行设备经济评价时，首先要了解不同设备在购置时支付的投资费是多少，然后估算不同设备在投产使用后，平均每年必须支出的使用费。由于换算方法不同，设备经济评价可分为费用现值法和费用年值法两种。

1. 费用现值法

费用现值法即按复利计算，把每年使用费通过现值系数贴现到最初投资年限得到一现值，再与投资额相加，得到在寿命周期内全部支付的费用现值总和来比较和选择方案，主要用于寿命期相等的设备的选择。

例 15-1　有两台可供选择的机床，其各种费用支出分别为：最初投资费，设备 A 为 20 000 元，设备 B 为 30 000 元；每年使用费支出，设备 A 为 8000 元，设备 B 为 5000 元。利率为 10％，估计寿命周期为 10 年。试用费用现值法来选择其中一台机床。

首先把利用利率 10％，寿命周期 $n=10$ 年，代入等额分付现值系数公式，求得系数值为

（亦可直接查系数表得到）

$$\frac{(1+i)^n - 1}{i \times (1+i)^n} = 6.1446$$

计算如表 15-2 所示。

表 15-2　费用现值计算表　　　　　　　　　（单位：元）

方案	机床 A	机床 B
最初投资费	20 000	30 000
10 年内使用费换算的现值	8 000×6.166 4＝49 331	5 000×6.166 4＝33 320
10 年内全部支出的费用现值合计值	69 331	63 320

对计算结果进行比较，选择设备 B 比较好。因为使用设备 B 比使用设备 A，可节省费用支出现值 6011 元。

2. 费用年值法

当寿命期不等的设备的选择时运用这种方法，首先把购置设备一次性支出的投资费，依据设备的寿命周期，按复利计算换算成相当于每年费用的支出，再加上每年的维持费，得出不同设备总费用。据此对不同方案进行比较、分析，选择

最佳方案，即最优的设备。

例 15-2 有两台可供选择的机床，其各种费用支出分别为：设备 A 最初投资费为 3000 元，每年使用费支出为 2000 元，估计寿命周期为 3 年；设备 B 最初投资费为 5000 元，每年使用费支出为 1600 元，估计寿命周期为 5 年。利率为 10%，试用年费用法来选择其中一台机床。

首先利用利率 10%，寿命周期为 n 年的等额分付资本回收系数公式为

$$\frac{i \times (1+i)^n}{(1+i)^n - 1}$$

计算如表 15-3 所示。

表 15-3 费用年值计算表 （单位：元）

方案	机床 A（$n=3$）	机床 B（$n=5$）
等额分付资本回收系数值（带入计算或查表）	0.402 11	0.263 80
最初的投资换算的年费用值	3 000×0.402 11＝1 206	5 000×0.263 80＝1 319
年使用费	2 000	1 600
每年的年费用值	3 206	2 919

对计算结果比较，选择设备 B 比较好。因为使用设备 B 比使用设备 A，可节省年费用支出 287 元。

15.3 设备的使用、维护及修理

15.3.1 设备磨损的规律

设备在使用过程中，一方面生产出产品；另一方面自身也在运转中被消耗，即某些零部件被磨损，以至逐渐降低原有的性能。这就是设备的物质磨损，也叫有形磨损。

由于科学技术的进步，同样用途、性能的设备，购置价格将会不断下降，甚至同样用途，但性能和效率更好的设备也不断地被设计、制造出来。这就会使原有设备的价值受到影响，这种损失称为设备的技术磨损，也叫无形磨损。

设备的物质磨损又可分为两种：一种是指设备在运转中受到机械力的作用，零部件会发生摩擦、振动和疲劳等现象，致使设备及其零部件的实体产生磨损；第二种是指设备在闲置过程中，由于自然力的作用，加上保养、管理不善，自然锈蚀，丧失其精度和工作能力。在正常情况下，设备的物质磨损主要是在运转使用中产生的磨损。磨损规律见图 15-1。

机器设备在运转过程中，产生的物质磨损，大致经历下列三个阶段：

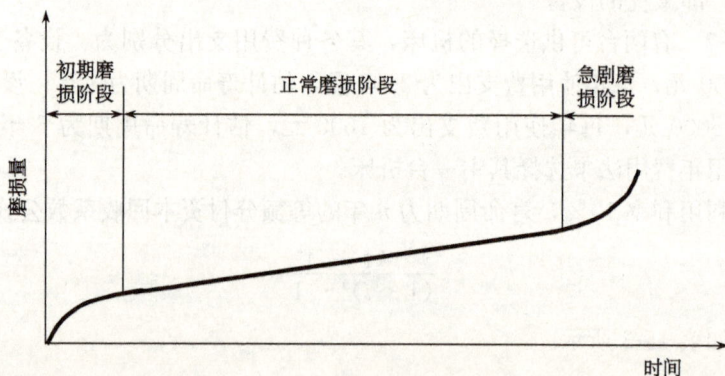

图 15-1　设备的物质磨损规律

初期磨损阶段。零件之间表面上的高低不平处以及氧化层、脱炭层，由于零件的运转，互相摩擦力的作用很快被磨平。这时，设备可以表现出较高的生产效率。这一段时间较短。

正常磨损阶段。此阶段内一般的零件的磨损随时间匀速增加且较缓慢。设备可以有很高的生产率及加工质量，此阶段时间较长。

急剧磨损阶段。此时正常磨损体系已被破坏，使得磨损剧烈增加，最后导致零件损坏，设备停车。而在此以前，设备的精度、性能和生产率都大为降低。所以，一般是不允许零件使用到剧烈磨损阶段的。在零件趋向于正常磨损阶段后期时就应加以修复或更换。此阶段时间也较短。

为了使设备经常处于良好状态，就必须做到合理使用，经常维护，以延长零件的正常磨损阶段；加强对设备的检查，在零件尚未到达剧烈磨损阶段前就进行修理，以防止设备故障，减少修理工作量；通过试验确定易损零件在正常条件下的磨损规律和使用期限，有计划地进行修理或更换。

15.3.2　设备的合理使用

合理地使用设备可以减轻磨损，保持良好的性能和应有的精度，从而充分发挥设备应有的生产效率。

合理使用机器设备，需要做到如下几点：

（1）根据设备特点恰当安排任务。各种设备的结构、性能、精度、使用都各不相同，根据每种机器设备的技术条件来安排工作任务，才能保证机器设备正常运转，保证生产安全。

（2）为设备配备相适应的操作工人，并要求操作者熟悉掌握设备的结构、性能、加工范围和维护保养技术。

（3）为机器设备创造良好的工作环境。不仅对高精度设备的温度、湿度、防尘、防震等工作条件应有严格的控制，对普通精度的设备也要创造适当的条件。

（4）制定有关规章制度。规章制度是指导工人操作维护和检修设备的技术法规。正确地制定和贯彻执行这些规章制度是合理使用设备的重要保证。

15.3.3 设备的维护

设备的维护也叫保养。目前较多的企业是实行"三级保养制"，即日常维护保养、一级保养和二级保养。三级保养的区别如表 15-4 所示。

表 15-4 三级保养关系表

保养级别	保养时间	保养内容	保养人员
日常维护保养	每天的例行保养	班前班后认真检查，擦拭设备各个部件和注油。发生故障及时予以排除，并做好交接班记录	操作工人进行
一级保养	设备累计运转 500 小时可进行一次，保养停机时间约 8 小时	对设备进行局部解体、清洗检查及定期维护	操作工人为主，维修工人辅助
二级保养（相当于小修）	设备累计运转 2500 小时可进行一次，停修时间约为 32 小时	对设备进行部分解体、检查和局部修理、全面清洗的一种计划检修工作	维修工人为主，操作工人参加

设备保养的主要目的是使设备经常保持整齐、清洁、润滑、安全，以保证设备的使用性能和延长修理间隔期，而不是恢复设备的精度。良好的设备保养对于保证设备的使用性能和延长修理间隔期具有非常明显的利用。

15.3.4 设备的修理

设备的修理，是修复由于正常的或不正常的原因而引起的设备的损坏。它的实质是物质磨损（包括腐蚀、老化）的补偿。修理的基本手段是修复和更换。通过修复和更换，使设备的效能得到恢复。

目前，我国工业企业比较普遍地实行的设备维修制度有：计划预防修理制度、保养修理制度和预防维修制度。

1. 计划预防修理制度

计划预防修理制度简称计划预修制，是我国工业企业从 20 世纪 50 年代开始普遍推行的一种设备维修制度，它的基础是设备的磨损理论和规律。它是有计划地进行维护、检查和修理，以保证设备经常处于完好状态的一种组织技术措施。

计划预修制主要包括日常维护、定期检查、计划修理。

计划修理，按照其对于设备性能恢复的程度和修理范围的大小，修理间隔期的长短，修理费用的多少等，可分为大修、中修和小修三类。

1）大修理

它是对机器设备进行全面的修理。大修理具有设备局部再生产的性质，它需将设备全部拆卸分解，对基准件进行磨削、刮研等修理，更换或修复所有磨损、腐蚀、老化等已丧失工作性能的主要部件或零件，恢复设备原有的精度、性能和生产效率。设备的大修理一般不改变设备的结构、性能和用途，不扩大设备的生产能力。大修理的特点是，修理次数较少，修理间隔期较长，工作量大，修理时间较长，修理费用较多，大修理费用由专项的大修理基金支付。

结合设备的大修理，可以同时进行设备的改装和技术改造，消除缺陷，改善设备的性能和结构，扩大工艺使用范围，提高设备的效率和先进性。

2）中修理

它是对设备进行部分解体，修理或更换部分主要零件与基准件，或修理使用期限等于或小于修理间隔期的零件，检查整个机械系统，紧固所有机件，消除扩大的间隙，校正设备的基准，以保证机器设备能恢复和达到应有标准和技术要求。中修理的特点是：发生次数较多，修理间隔期较短，工作量不是很大，每次修理时间较短，支付费用较少，且由生产费用开支。

3）小修理

它是对设备进行局部的修理。通常只需修复，更换部分磨损较快和使用期等于或小于修理间隔期的零件，调整设备的局部机构，以保证设备能正常运转到下一次计划修理时间。小修理的特点是：修理次数多，工作量小，一般在生产现场，由车间专职维修工执行，修理费用计入生产费用。

设备的中小修理也叫日常修理。由于发生突然事故或自然灾害而发生的设备的意外毁损，对其进行的中小修理，通常称为事故性修理。如果毁坏严重，需要对其进行大修理，通常称为恢复性修理。

计划预修制的基本特点是在于通过计划来实现修理的预防性，它采用两个基本手段。即计划修理方法和修理的定额标准。

计划预修制中的计划修理方法有：

（1）标准修理法（或叫强制修理法）。这种方法对设备的修理日期、类别和内容，都预先制定具体计划。不管设备运转中的技术状况如何，严格地按计划规定执行。

（2）定期修理法。这种方法是根据设备实际使用情况，参考有关检修周期，制定设备修理工作的计划日期和大致的修理工作量，确切的修理日期和修理内容。然后根据每次修理前的检查，再详细规定。

（3）检查后修理法。这种方法事先只规定设备的检查计划。根据检查的结果和以前的修理资料，确定修理的日期和内容。

计划预修制中的定额标准大致有：修理周期、修理间隔期、修理周期结构、修理复杂系数、修理劳动量定额和修理费用定额等。

(1) 修理周期，是指相邻两次大修理之间，机器设备的工作时间。

(2) 修理间隔期，是相邻两次修理之间设备的工作时间。

(3) 修理周期结构，是指在一个修理周期内。大修、中修、小修（有时也包括定期检查）的次数和排列的次序（图 15-2）。

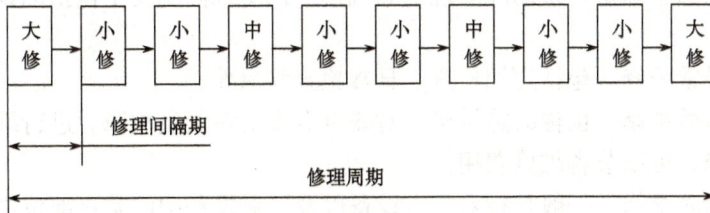

图 15-2　修理周期结构示意图

(4) 修理复杂系数，指的是用来表示不同机器设备的修理复杂程度，计算修理工作量的假定单位。机器越复杂，修理复杂系数就越高。通常选择中心高 200 毫米，顶尖距 1000 毫米的 C620（C6140）车床作为标准，将其修理复杂系数定为 10，其他机床的复杂系数，都应与标准机床进行比较而确定。

(5) 修理劳动量定额，是为完成机器设备的各种修理工作所规定的劳动量标准。通常完成一个修理复杂系数的大修钳工为 40 小时，机加工为 20 小时，其他工作为 4 小时，总时为 64 小时。

(6) 修理费用定额。例如，规定一个修理复杂系数的大修费用定额为 500 元。

(7) 设备修理停歇时间。它是分工种、工作项目，按照每一个修理复杂系数制定的。

设备修理停歇时间可按下式计算

$$T = \frac{tf}{\sum_{i=1}^{m} L_j g_j K} + T_0$$

式中，T 为修理一台设备的停歇时间；f 为一台设备的修理复杂系数；t 为一个修理复杂系数的工时定额；m 为轮班次数；L_j 为工作班内修理设备的工人数；g_j 为工作班长度；K 为修理定额完成系数；T_0 为其他停机时间（包括地基校正、浇灌、油漆、干燥时间）。

有了上述资料，就可以编制企业年度设备修理计划，在此基础上编制季度及月度设备修理计划。

2. 保养修理制度

保养修理制度是由一定类别的保养和一定类别的修理所组成的设备维修制度。这种制度首先是在交通运输业的汽车运输设备中推行的，以后扩展到金属切削机床等设备。设备保养修理制度的主要内容和措施是：日常保养、一级保养、二级保养和计划大修。由于这是一种有计划地进行三级保养和大修理的制度，所以叫做保养修理制度。

3. 预防维修制度

预防维修制度是我国从 20 世纪 80 年代开始，逐步研究、形成的一种设备维修制度。它的基础是设备的故障理论和规律。预防维修制度中包括的设备维修方式主要有：

（1）日常维修。包括定期检查、日常检查和保养。

（2）事后维修。也称故障维修，对非重点设备在发生故障后进行维修。发生故障后维修，可以节省维修费用。

（3）预防维修。一般是指对重点设备以及一般设备中的重点部位进行的预防性维修活动。

（4）生产维修。指事后维修与预防维修相结合的维修方式。对非重点设备采用事后维修，对重点设备采用预防维修。

（5）改善维修。指结合修理进行设备的改装、改造。

（6）预知维修。也称预报维修，在设备监测技术基础上产生的针对性很强的维修方式，如对重大精尖设备某处进行监测、预报和维修。

（7）维修预防。在进行设备设计、制造和选择阶段，就考虑设备的无故障和维修原则，即提高设备的可靠性、维修性。

各种维修活动、方法和性质区分可以用图解的形式来表示。如图 15-3

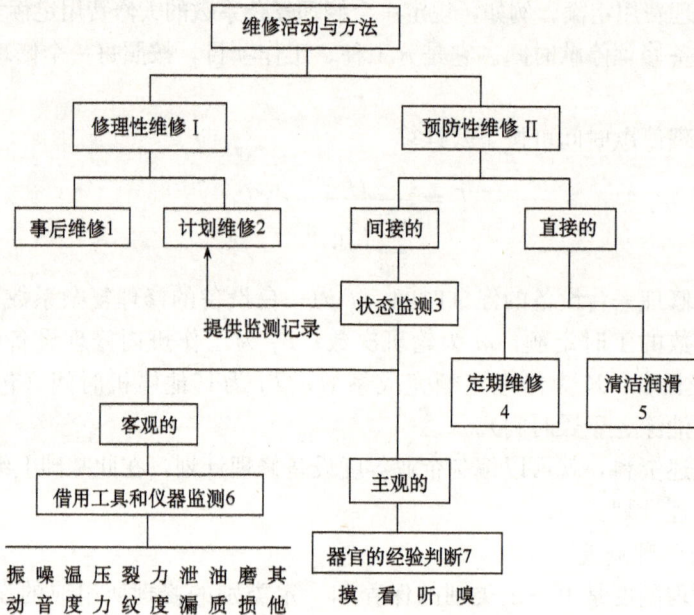

图 15-3　各种维修活动、方法和性质的区分

所示。

在图 15-3 中，Ⅰ 与 Ⅱ 说明维修活动和方式两大类别。Ⅰ 是被动状态，Ⅱ 是主动状态。

图中的 1～5 是通常的维修活动方式，3 是预防故障发生的最积极手段。4 是将故障排除在停机以前的一种办法，4 是使 5 的这种方式更为科学合理的有效手段、2、3、4 都属于预防性维修性质。1 缺乏预防措施，属修复性维修，但是 2 以客观的监测手段为主后就成了 1 和 2 的改进方式，这是一个很关键的环节。

15.4 设备的更新和改造

15.4.1 设备更新

设备更新有原型更新和技术更新两种形式。原型更新又称简单更新，是指用相同结构、性能、效率的同型号设备来代替原有设备。这种更新主要是用来更换已经损坏的或陈旧的设备。技术更新是以结构更先进、技术更完善、性能更好、效率更高的设备代替原有设备。这种更新主要用来更换遭到第二种无形磨损、经济上不宜继续使用的设备。在当前技术进步很快的条件下，简单更新不应占重要地位，占重要地位的应该是技术更新。只有这样才能使企业的技术装备水平不断提高，取得良好的经济效益。

企业在进行设备更新时，应进行技术经济论证和可行性研究，对设备经济使用年限更新方式及设备选择作出抉择。

1. 设备寿命与设备更新期

设备寿命是指设备从投入生产开始，至需要进行更新所经历的时间。设备寿命按其性质可分为物理寿命、技术寿命和经济寿命三种。

物理寿命。是指设备从全新状态投入生产开始，经过有形磨损直至技术上不能按原有用途继续使用为止所经历的时间。

技术寿命，是指设备从全新状态投入生产以后，由于新技术的出现，使原有设备丧失其使用价值而被淘汰所经历的时间。技术进步越快，技术寿命越短。

经济寿命，是指设备从全新状态投入生产开始，到经济上不宜继续使用所经历的时间。设备经济寿命是设备综合管理中的一个重要概念，是设备更新、改造决策的重要依据。

设备的经济寿命也叫做设备更新期。影响设备经济寿命或更新期的主要因素有：

（1）效能衰退。所谓效能衰退是指现有设备与其全新状态相比较，在工程效率上降低。设备在使用过程中由于物质磨损，致使其效率逐渐衰退。与此同时，设备的维持费逐年增加，从而导致对设备的更新。

（2）技术陈旧。技术陈旧是指由于新技术的出现和应用，产生了新型设备，而现存设备与新型设备相比较工程效率低，生产费用高，从而导致对设备的更新。

（3）资金成本。资金成本是指购置新设备所支出的资金或投资的成本。它的大小对设备的经济寿命有一定的影响。这种影响表现为：若资金成本高，则年费用高，当无形磨损小时，设备的经济寿命相对长些；当无形磨损大时，其经济寿命相对短些。若资金成本低，则年费用低，较年费用高者经济寿命相对长些。须说明的是，经济寿命长短还与设备的其他低劣化因素密切相关。

2. 设备更新期的确定

设备的原型更新的经济分析：有些设备在其整个使用期内并不过时，即在一定时期内还没有更先进的设备出现，不存在第二种无形磨损。但是设备在使用中，仍然存在着有形磨损，由于设备性能低劣化速度越来越快，大修理费用和设备运行费不断增加，达到一定程度后，用新的原型设备更换在经济上更合算。这就是设备原型更新的问题，其基本分析方法就是通过分析设备的经济寿命来进行更新决策。

1）低劣化数值法

设备投入使用之后，使用时间越长，设备的有形磨损越大，其维护修理费及燃料、动力消耗等运行费用越高，称为设备的低劣化。

在不考虑资金利率和残值的情况下，则每年的设备平均分摊费为 $\frac{K_0}{T}$，随着 T 的增长，按年平均的设备分摊费用不断减少。若设备的低劣化呈线性变化，例如运行费用按等差序列逐年递增，设备运行费用的低劣化程度用低劣化值 λ 来表示，即设初始运行费用为为 C_1，则第 2 年的运行费用为 $C_1 + \lambda$，第 3 年的运行费用为 $C_1 + 2\lambda$，第 T 年的运行费用为

$$\frac{C_1 + (C_1 + \lambda) + (C_1 + 2\lambda) + \cdots + [C_1 + (T-1)\lambda]}{T} = C_1 + \frac{(T-1)\lambda}{2}$$

则年平均运行费用为

$$C_1 + (T-1)\lambda$$

设备的平均年费用为

$$\overline{C}_T = C_1 + \frac{(T-1)\lambda}{2} + \frac{K_0}{T}$$

设备的平均年费用，在设备投入生产的最初阶段，一般呈下降趋势，但超过其经济使用年限后，又逐渐上升。根据上述原理，为求解使 $\overline{C}_T$ 最小的设备使用年数 T，令

$$d(\overline{C}_T) = 0$$

可以得设备的最佳更新期（即经济寿命）

$$T^* = \sqrt{\frac{2K_0}{\lambda}}$$

例 15-3 某设备的原始价值为 8000 元，初始运行费用为 400 元，每年低劣化增加值为 320 元，残值为零。求解最佳更新期。

解：直接利用公式计算，有

$$T^* = \sqrt{\frac{2K_0}{\lambda}} = \sqrt{\frac{2 \times 8000}{320}} \approx 7 \text{（年）}$$

即设备的最佳更新期为 7 年。

也可以列表逐年计算。如表 15-5 所示，首先算出逐年的设备费用，然后计算每年的平均低劣化值，最后算出年平均总费用。

表 15-5　低劣化数值法条件下的设备更新分析表

使用年限 T	(1) 年平均运行费用 $C_1 + (T-1)\,\lambda/T$	(2) 设备平均分摊费 K_0/T	设备的平均年费用
1	720	8 000	8 720
2	880	4 000	4 880
3	1 040	2 667	3 707
4	1 200	2 000	3 200
5	1 360	1 600	2 960
6	1 520	1 333	2 853
7	1 680	1 143	2 823*
8	1 840	1 000	2 840
9	2 000	889	2 889

由表中计算可知，使用到第 7 年，年平均总费用 2823 元为最低值，故设备的最佳更新期为 7 年，若继续使用，设备的年均总费用就会增加。

2）**经济寿命法**

通常，设备的低劣化并不是线性的，而且设备的残值也是随着使用年限的增加而减少的，低劣化数值法确定的经济寿命与实际更新期有较大出入。为了解决这一问题，我们可以通过计算在整个使用期内各年的平均费用，从中选出平均费用最小的一年，从而计算出设备的经济寿命。

A. 不考虑资金的时间价值，使用 T 年的年平均费用法的计算公式为

$$\overline{C_T} = \frac{\sum_{t=1}^{T} C_{pt} + (K_0 - L_T)}{T}$$

式中，$\overline{C_T}$ 为使用 T 年的年平均费用；C_{pt} 为第 t 年的年运行费用；L_T 为使用 T 年后的设备残值。

例 15-4   某设备的原始价值为 8000 元，其各年的运行费用和设备残值如表 15-6 所示，求解最佳更新期。

表 15-6   设备相关资料表

已使用年限	1	2	3	4	5	6	7
年运行费	1 000	1 250	1 750	2 250	2 750	3 500	4 500
设备残值	5 000	3 000	2 250	1 750	1 250	750	500

解：不考虑资金的时间价值，按公式计算结果如表 15-7 所示。

表 15-7   经济寿命法（静态）最优更新期计算表

已使用年限 T	累计运行费 $\sum_{t=1}^{T} C_{pt}$	设备费用 $(K_0 - L_T)$	总使用费用	年平均费用
1	1 000	3 000	4 000	4 000
2	2 250	5 000	7 250	3 625
3	4 000	5 750	9 750	3 250
4	6 250	6 250	12 500	3 125
5	9 000	6 750	15 750	3 150
6	12 500	7 250	19 750	3 291
7	17 000	7 500	24 500	3 500

计算示例由计算可知，该设备使用到第 4 年时年平均费用为 3125 元，是年平均费用的最小值，所以设备使用 4 年后若继续使用该设备，年平均费用会递增，则该设备的合理更新期为使用 4 年后更新。

B. 考虑资金的时间价值，使用 T 年的年平均费用法的计算公式为

$$AC_T = \left[K_0 - L_T \frac{1}{(1+i)^T} + \sum_{t=1}^{T} C_{pt} \frac{1}{(1+i)^i} \right] \left[\frac{i(1+i)^n - 1}{i(1+i)^n} \right]$$

式中，AC_T 为使用 T 年的年平均费用；C_{pt} 为第 t 年的年运行费用；L_T 为使用 T 年后的设备残值。考虑资金的时间价值（设基准收益率为 10%），根据公式计算结果如表 15-8 所示。

由表 15-8 可知，在考虑资金时间价值的情况下，该设备使用到第 5 年时年平均费用为 3623 元，是年平均费用的最小值，所以设备使用 5 年后若继续使用该设备，年平均费用会递增，则该设备的合理更新期为使用 5 年后更新。

表 15-8　经济寿命法（动态）最优更新期计算表

已使用年限 T	设备原值 K_0	设备残值折现值 $L_T \cdot \dfrac{1}{(1+i)^T}$	累计运行费折现值 $\sum_{t=1}^{T} C_{pt} \cdot \dfrac{1}{(1+i)^t}$	年平均费用 AC_T
1	8 000	4 545	909	4 800
2	8 000	2 478	1 941	4 299
3	8 000	1 690	3 256	3 845
4	8 000	1 195	4 793	3 653
5	8 000	776	6 501	3 623
6	8 000	414	8 478	3 692
7	8 000	156	10 787	3 799

3. 设备的技术更新的经济分析

在技术不断进步的条件下，多数情况是设备使用一段时间后由于第二种无形磨损的作用，原有的设备显得陈旧和过时，已经出现了生产效率更高和经济效益更好的新型设备。这种情况下需要比较继续使用旧设备和马上购置新设备哪一种方案在经济上更合理。下面介绍费用年值法。

费用年值法是指在考虑资金的时间价值条件下，通过分别计算原有旧设备和备选新设备对应于各自的经济寿命期内的不同时点发生的所有费用的等额支付序列的年"平均"费用，并进行比较。如果使用新型设备的费用年值小于继续使用旧设备的费用年值，则应当立即进行更换，否则将继续使用旧设备。

运用费用年值法对出现新型设备的更新决策，要解决两个问题：一是旧设备是否值得更新；另一个是如果旧设备需要更新，何时更新。分析的具体步骤如下：

（1）计算新设备在其经济寿命条件下的费用年值。新设备的费用年值的计算就是将其经济寿命期内所发生的投资和各年的运行费用换算成与其等值的等额支付序列的年值。当然要将设备的残值扣除。其计算公式同前面章节介绍的费用年值公式一样。

（2）计算旧设备在继续使用条件下的费用年值。这时考虑的时间是旧设备还剩余的经济寿命，将其在决策点的设备残值视为设备在那一时点的投资，计算时仍然要扣除无法再使用时的残值。一般情况下，其运行费用是逐年递增的。

（3）新旧设备费用年值的比较。如果旧设备的费用年值小于新设备的费用年值，就无需更新，继续使用旧设备直至其经济寿命；如果新设备的费用年值大于旧设备的费用年值，就需要进一步判断何时更新。

（4）假设旧设备继续使用 1 年，计算这时的费用年值并与新设备的费用年值比较，如果其值小，则保留并继续使用旧设备，否则淘汰并更新为新设备。

（5）当旧设备处于继续保留使用的情况下，计算保留 2 年的费用年值，并与新设备的费用年值进行比较，比较原则同第 4 步，如此循环直至旧设备被更新淘汰。

例 15-5 某设备目前的净残值为 8000 元，还能继续使用 4 年，保留使用的情况如表 15-9 所示。

表 15-9 继续使用 4 年的情况资料表

保留使用年限	0	1	2	3	4
年末设备净残值	4 000	3 250	2 500	1 750	1 000
年运行费用	—	1 500	2 000	2 500	3 000

新设备的原始费用为 17 500 元，经济寿命为 10 年，第 10 年年末的净残值为 2000 元，平均年使用费为 250 元，基准折现率是 12%，问旧设备是否需要更换，如需更换，何时更换为宜？

解：

1）先判断是否需要更换

继续使用旧设备的情况

$$AC_o = [4000 - 1000/(1+12\%)^4 + 1500/(1+12\%)$$
$$+ 2000/(1+12\%)^2 + 2500/(1+12\%)^3$$
$$+ 3000/(1+12\%)^4][12\% \times (1+12\%)^4]/[(1+12\%)^4 - 1]$$
$$= 3287(元)$$

更新设备的情况

$$AC_n = [17\,500 - 2000/(1+12\%)^{10}][12\% \times (1+12\%)^{10}]/[(1+12\%)^{10} - 1]$$
$$+ 250 = 3233(元)$$

由计算可知 $AC_n < AC_o$，所以应该更换旧设备，使用新设备，但什么时间更换更合理，还要通过下面的计算来判断。

2）判断何时更换为宜

$$AC_o = [4000 - 1000/(1+12\%)^4 + 1500/(1+12\%)$$
$$+ 2000/(1+12\%)^2 + 2500/(1+12\%)^3$$
$$+ 3000/(1+12\%)^4][12\% \times (1+12\%)^4]/[(1+12\%)^4 - 1]$$
$$= 3287(元)$$

（1）保留 1 年。

$$AC_o(1) = [4000 - 3250/(1+12\%) + 1500/(1+12\%)]$$
$$[12\% \times (1+12\%)^1]/[(1+12\%)^1 - 1]$$
$$= 2730(元)$$

$AC_n > AC_o$ (1)，则保留使用 1 年是合适的。

(2) 保留 2 年，即继续使用 2 年后更换。

$$AC_o(2) = [4000 - 2500/(1+12\%)^4 + 1500/(1+12\%)$$
$$+ 2000/(1+12\%)^2][12\% \times (1+12\%)^2]/[(1+12\%)^2-1]$$
$$= 2923(\text{元})$$

$AC_n > AC_o$ (2)，则保留使用 2 年是合适的。

(3) 保留 3 年，即继续使用 3 年后更换。

$$AC_o(3) = [4000 - 1750/(1+12\%)^4 + 1500/(1+12\%) + 2000/(1+12\%)^2$$
$$+ 2500/(1+12\%)^3][12\% \times (1+12\%)^3]/[(1+12\%)^3-1]$$
$$= 3109(\text{元})$$

$AC_n > AC_o$ (3)，则保留使用 3 年是合适的。

(4) 保留 4 年。

$$AC_o(4) = [4000 - 1000/(1+12\%)^4 + 1500/(1+12\%) + 2000/(1+12\%)^2$$
$$+ 2500/(1+12\%)^3 + 3000/(1+12\%)^4]$$
$$[12\% \times (1+12\%)^4]/[(1+12\%)^4-1]$$
$$= 3287(\text{元})$$

$AC_n < AC_o$ (4)，故保留使用 3 年后就应该更换，如果旧设备使用 4 年的话，其年均费用要比使用新设备高。

15.4.2 设备改造

设备改造是指应用现代技术成就和生产经验，改变现有设备的结构，给旧设备装上新装置、新附件，改善现有设备技术性能，使之适应生产需要。设备改造与更新，都是解决设备陈旧问题的一种经常性手段，但两者各有特点。设备改造对于解决设备陈旧问题来说，具有以下优点：

(1) 设备改造与更新相比，针对性强，对生产适应性好。

(2) 在多数情况下，改造旧设备可以比更新设备投资少、时间短、人工省、收效快，具有更好的经济效益。

设备改造的经济合理性，要与消除设备磨损的其他方式，如大修理、更新等对比进行研究。设备改造与更新相比，在经济上是否合算，在实际分析中可以用差额投资回收期法来判断购置新设备多出的投资是否值得。

差额投资回收期法的内容如下：

在一般情况下，设备大修理、技术改造（或现代化改装）与购置新设备的关系为

$$K_r < K_m < K_n$$
$$C_r < C_m < C_n$$
$$Q_r < Q_m < Q_n$$

式中，K_r，K_m，K_n 为设备大修理、技术改造和购置新设备所需投资；C_r，C_m，C_n 为设备大修理、技术改造和购置新设备后的年总生产成本；Q_r，Q_m，Q_n 为设备大修理、技术改造和购置新设备后的年总生产量。

因此，在考虑设备技术改造方案时，可能会出现以下一些情况。

（1）当 $K_r/Q_r > K_m/Q_m$，且 $C_r/Q_r > C_m/Q_m$ 时，即单位产量所需要的大修理费比单位产量所需要的技术改造费要多，且大修理后单位产品成本比技术改造后的单位产品成本也要高，毫无疑问，大修理是不可取的，应该进行技术改造。

（2）当 $K_r/Q_r < K_m/Q_m$，且 $C_r/Q_r > C_m/Q_m$ 时，即单位产量所需要的大修理费比单位产量所需要的技术改造费要少，但是大修理后单位产品成本比技术改造后的单位产品成本要高，则可以用差额投资回收期法进行决策。

$$P_a = \left(\frac{K_m}{Q_m} - \frac{K_r}{Q_r} \right) \Big/ \left(\frac{C_r}{Q_r} - \frac{C_m}{Q_m} \right)$$

结论 有基准投资回收期为 P_C，若 $P_a < P_C$，则选择技术改造；反之则选择大修理。

（3）当 $K_m/Q_m > K_n/Q_n$，且 $C_m/Q_m > C_n/Q_n$ 时，即单位产量所需要的技术改造费比单位产量所需要的新设备购置费要多，且技术改造后单位产品成本比使用新设备后的单位产品成本也要高，毫无疑问，技术改造是不可取的，应该更新设备。

（4）当 $K_m/Q_m < K_n/Q_n$，且 $C_m/Q_m > C_n/Q_n$ 时，即单位产量所需要的技术改造费比单位产量所需要的新设备购置费要少，但是技术改造后单位产品成本比使用新设备后的单位产品成本要高，同样用差额投资回收期法进行决策。

$$P_a = \left(\frac{K_n}{Q_n} - \frac{K_m}{Q_m} \right) \Big/ \left(\frac{C_m}{Q_m} - \frac{C_n}{Q_n} \right)$$

结论 有基准投资回收期为 P_C，若 $P_a < P_C$，则选择更新；反之则选择技术改造。

15.5　设备维修计划制订

15.5.1　设备维修计划的内容与目的

对企业的全部机械设备与装置，在点检、定期检查、技术功能检查的基础上和在统计的设备磨损规律和设备故障规律的指导下，制定综合维修计划。在科学技术持续高速发展、人类文明程度不断提高、市场竞争日趋激烈的今天，仅恢复设备的原有性能是不够的，有些设备希望通过修理达到更高的性能，所以制定设备维修计划时，应充分考虑到这一因素。计算机辅助维修计划制定可参考图15-4。

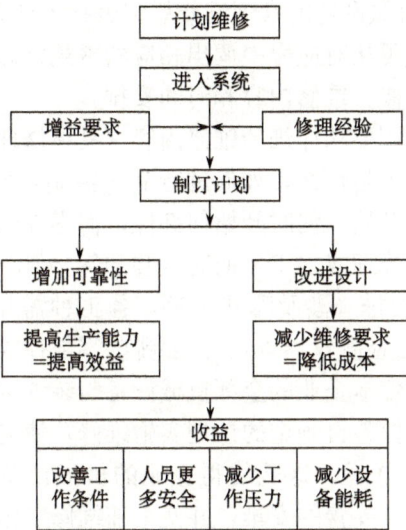

图 15-4 计算机辅助维修计划制定

15.5.2 计算机辅助维修计划管理

计算机辅助维修计划编制的运行过程与内容可参阅图 15-5。

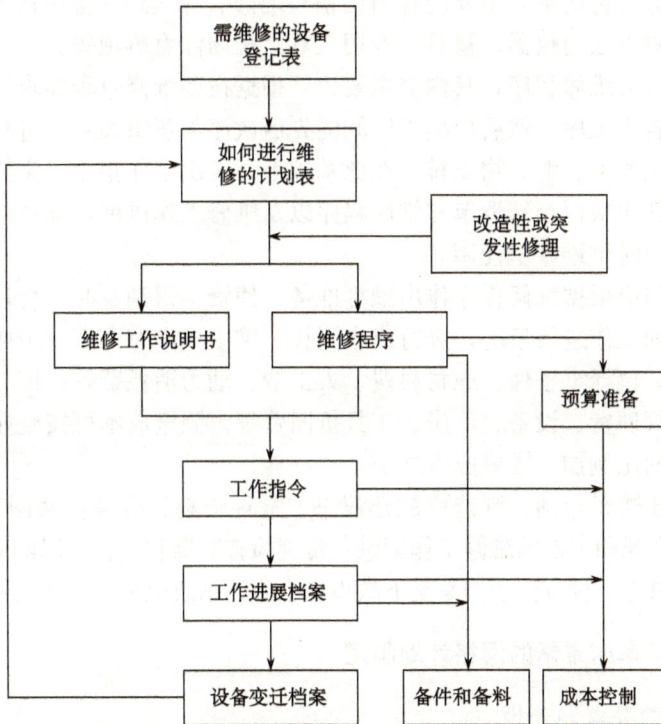

图 15-5 计算机辅助维修计划编制的运行过程与内容

图 15-5 中，各种机械设备的常规维修登记表存于计算机中相应的文档库中，准备维修某台设备时，可从对应库中调出相应的常规维修登记表，根据设备变迁档案资料，确定如何维修、维修内容和时间安排。

对各个单台设备，则要求详细的维修内容（具体修理哪些部位和表面，要否更换零、部件，具体要求是什么，如何进行品质控制，如何验收等）、修理进程时间安排（从拆卸设备开始，何时开始何部件、何零件的清洗、检测、修理或重新投料加工，何时完成修理或加工，何时组装部件，何时总装、何时试车，何时可交付使用等）、人力安排（涉及哪些工种，各工种需几天）、设备与工具安排（需要哪些设备和工具、检测仪器等）、需要哪些零部件或原材料、预计的修理费用等。有了维修计划可使本企业的全部机械设备与装置按预定的时间和要求进行维修；使各个单台设备按各自预定的计划实施维修；使突发性的故障也能按预定的修理程序实施排除或修理，这就使得企业的机械设备维修工作所涉及的人、财、物按计划得到合理、妥善的安排，并使全部维修工作有条不紊地进行。

设备维修计划的制订的基本立足点是通过维修使设备恢复或基本恢复"原有性能"，如属改造性维修，则需加进改造方案；若为突发性维修，则应加入突发性维修要求，在此基础上生成维修计划表。

维修计划表分为两部分：

第一部分为说明书，主要内容为设备经维修后应达到的各项技术要求，零备件清单，检测方法与仪器、量具、专用工具，维修注意事项等。

第二部分为维修程序，其内容主要为：根据设备维修过程要求，将整个维修过程划分为若干工序，然后根据工序间的先后次序与逻辑关系，进行合理的时间安排及相对应的人、财、物安排。在此基础上，发出工作指令，实施维修。零备件库和原材料库根据维修清单和维修程序以及维修工作进展，准备好相关零备件和原材料，及时供维修工使用。

财务部门应根据维修程序作出预算准备，使资金得到及时、合理的安排；结合工作指令和工作进展情况，进行成本测算。维修成本有两部分组成：第一部分为变动成本，包括零备件、原材料费、人工费、动力消耗费等；第二部分为固定成本，包括管理费、设备、厂房、工具折旧费等。固定成本可按企业成本核算惯例，按合理的比例加入维修成本之中。

设备变迁档案包括：制造商的建议书、常规资料、故障检修图和检修装置；每次进行的常规和突发的维修工作记录，常规检查数据和资料，以前应用过的零备件的详细记录等。设备变迁档案是下次拟定维修计划或拟报废的重要依据之一。

15.5.3 车床维修的网络计划制定

1. 任务的分解和分析

将车床大修（仅以大修为例）的任务分解成若干个既相互联系、又彼此独立的工序，然后分析各工序间组织上和工艺上的相互关系，即确定每项工序的紧前工序和紧后工序，同时也要确定平行工序；进一步需要确定每项工序所需的时间；最后列出任务明细表。一般情况下，任务明细表中可不列出紧后工序。车床大修的任务明细表如表 15-10 所示。

表 15-10　车床大修的任务明细表

工序（作业）名称	工序代号	紧前工序	作业时间	工序（作业）名称	工序代号	紧前工序	作业时间
拆卸机床	A	—	2	修理三箱零件	G	E	6
清　洗	B	A	1	加工三箱零件	H	E	10
磨床身	C	A	4	刀架、尾座部装	I	F	2
检修电器	D	A	5	三箱部装	J	H、G	6
检　测	E	B	2	总　装	K	I、J、C、D	4
刀架、尾座刮研	F	E	5	试　车	L	K	1

2. 作图

根据任务明细表，先画没有紧前工序的工序，再按工序的先后顺序，由左至右逐个画出，形成草图，然后根据作图规则，注意布局合理对草图进行调整，最后形成正式图。

车床大修任务的网络图如图 15-6 所示。

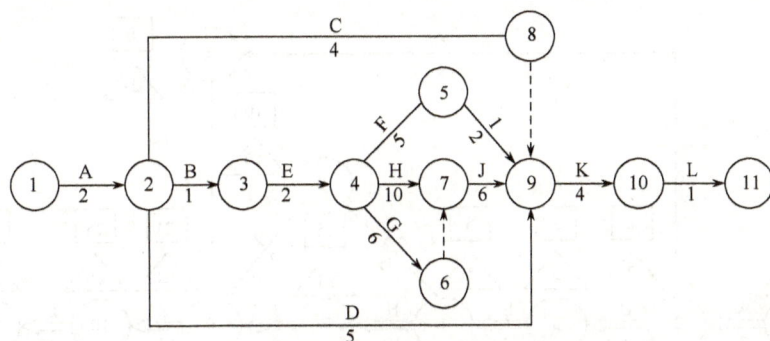

图 15-6　普通车床大修任务网络图

3. 网络图时间参数计算

通过时间参数计算，可借以确定关键路线和以此为据的整个任务的工期。网络图的时间参数有工序作业时间、事项时间（事项的最早时间和事项的最迟时间）、时差等。

工序作业时间可通过估计法、统计法或以工程标准为基础的计算法获得，这里不作详细介绍。

事项的最早时间是指从某事项出发的各工序最早可能的开始时间。

事项最早时间的计算方法：从开始事项始，逐个事项进行计算。某事项的最早时间是紧前事项的最早时间与紧前工序作业时间之和。如该事项的紧前事项和紧前工序有多个，则其中最大的"和"即为该事项的最早时间。每个事项都需计算最早时间（其中开始事项的最早时间为零），依次计算直至结束事项。将计算所得最早时间填于事项圆圈上方的"□"框中。

事项最迟时间是指所有紧前工序要达到某一结点所允许的最迟完成时间。

事项最迟时间的计算方法：从结束事项始，向前逐个事项进行计算。某事项的最迟时间是紧后事项的最迟时间减去紧后工序的作业时间之差。若该事项的紧后事项和紧后工序有多个，则其中最小的"差"即为该事项的最迟时间。

事项的时差是指在不影响任务完工期的条件下，事项能延迟发生的时间，此时间亦可称作松弛时间。事项的时差计算方法为：事项的最迟时间减去该事项的最早时间即为时差。

某事项的时差表示其紧前工序具有多少机动时间可被利用。网络图优化的依据之一就是利用时差来调整、规划整个任务，以求得最佳的资源配置。

每个事项都可计算出最迟时间（其中结束事项的最迟时间即为该事项的最早时间），依次计算直至开始事项（开始事项的最迟时间根据计算规则将仍为零）。将计算所得的最迟时间填于事项最早时间矩形框下方的"△"框中。含有时间参数的车床大修网络计划图如图 15-7 所示。

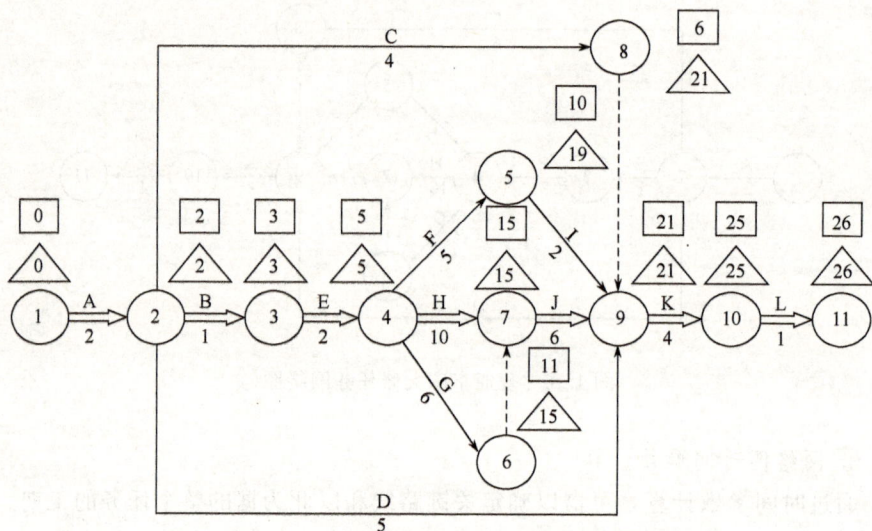

图 15-7　含有时间参数的普通车床大修网络计划图

4. 关键路线的确定

在某网络图中，所有路线各自的工序作业时间之和不一定相同，其中工序作业时间之和为最大值的路线即为关键路线，关键路线上的工序均为关键工序。需注意的是，同一网络图中可能同时存在几条关键路线，这在网络图优化过程中尤其要多加注意。

图 15-7 所示网络图中的①—②—③—④—⑦—⑨—⑩—⑪路线即为关键路线。关键路线上的工序作业时间之和即为该任务的完成周期，即该普通车床的大修周期为 26 天。

5. 网络计划的优化

网络计划的优化方法有：时间优化、时间-成本优化和时间-资源优化。

1）时间优化

时间优化就是在人力、财力、物力等基本条件有保证的前提下，寻求任务的最短完工期。时间优化的主要途径有：采取技术措施，如改进工艺方案、采用高效率的设备等方法以缩短工期；采取组织措施，如改变关键工序的衔接关系，尽可能组织平行工艺；利用时差，如向非关键路线抽调部分人力、物力集中于关键工序，以缩短关键工序的时间，从而达到缩短整个工期的目的。

例如，车床大修中的 H 工序（加工三箱件）需 10 天时间，而非关键路线上的 F 工序（修理三箱件）和 I 工序（刀架、尾座部装）路线段有 9 天的时差，则可抽调 F 和 I 工序的操作人员和设备参与三箱件的加工，同时三箱件应尽可能采用并行加工方式组织生产，这样就可使 H 工序的时间缩短（应注意：若 H 工序时间缩短，则 F 和 I 路线段的时差也会缩短），这样便可缩短整个大修工期。

2）时间-成本优化

时间-成本优化就是力求以最短的时间和因工期缩短而必须支出的那部分费用最少。

工期要缩短，必须缩短关键工序的作业时间。时间的缩短一般将涉及费用的增加，因此，在关键路线上缩短哪一个工序或哪几个工序的作业时间是值得研究的。其核心的问题是分析各个工序的作业时间每缩短一天（前提：有可能缩短），各应多支出多少费用。每缩短一天应多支出的费用中最少的工序，便是优化对象工序。这样，在相同的工序缩短时间的诸方案中，必可找到一个多支出费用最少的方案，则此方案成为网络图的最佳方案。

在优化过程中，每缩短一天工期，就应判断是否有新的关键路线出现，若无，则再优化一天，直至达到预期的工期目标；若有，则还要判别哪个工序缩短一天的优化方案的费用最少，取其费用最少者作为优化方案。必须注意：若有两条或多条关键路线存在于同一网络图中，在关键路线的重复段，单独缩短某一关键工序的作业时间是没有任何积极意义的。

3) 时间-资源优化

该问题有两类：一类是资源一定，在符合资源供应的前提下，使任务的完成获得最短工期；另一类是工期一定，怎样合理地利用各种资源，使资源消耗最少或不存在闲置资源。

时间-资源优化的要领是："向非关键工序要资源"。利用时差，对网络图进行调整。如避免资源应用峰值、可重复利用的资源降低其周转周期，可使资源的总量减少；避免资源闲置，可避免因资源闲置而引起的浪费。

预先的筹划（网络计划及其优化）使生产过程饱满而井井有条，也可减少"救火队"般的管理人员，由此也可以节省某些不必要的费用。应该说，这是应用网络计划技术在更深层次的意义。

➤ 思考题

1. 英国的设备综合工程学的基本内容是什么？
2. 美国的后勤学的基本内容是什么？
3. 日本的全员生产维修的基本内容和特点是什么？
4. 简述事后修理制、计划预防修理制、保养修理制的基本内容。
5. 试述设备综合管理的内容和任务。
6. 进行设备选择时考虑的因素有哪些？
7. 列举你所了解的设备经济评价方法。
8. 试述设备磨损的规律。
9. 试述三级保养的内容。
10. 设备修理的分类及其特点。
11. 浅谈你对预防维修制度的理解。
12. 什么是设备的经济寿命和技术寿命？
13. 设备原型更新的经济分析方法有哪些？
14. 设备技术更新的经济分析方法有哪些？

第16章

服务业的运作管理

16.1 服务业与制造业的异同

服务业是国民经济的重要组成部分，在经济发展过程中发挥着重要的作用，也是我国实现现代化必不可少的一部分。然而，在传统的生产与运作管理教材体系中，对制造业生产管理的内容介绍较为系统，而对服务业管理的内容涉及甚少。

随着第三产业的蓬勃兴起以及相应的服务业的迅速发展，提高服务质量、完善和规范服务过程已经迫在眉睫。为此，本章就服务业的运作管理进行讨论，介绍目前服务业运作理论发展的现状，对服务业企业的组织设计、战略制定、产品设计、作业控制等方面的内容进行讨论，并对服务业企业如何能够在竞争中取得优势地位介绍一些具体可行的方案，介绍服务业常见的三种典型的运作模式。

随着经济的迅速发展，服务业在整个经济活动中所占比重日益上升。如今服务业已成为一项十分重要的产业，无论是就业人数，还是生产总值，在社会经济活动总量中都占有很大的比重。服务业与制造业相比，制造业生产推出的是有形产品，如汽车、冰箱、洗衣机、电视机等。这些都是我们能看得到或能摸到的东西。它们可能出现在工厂，也可能出现在其流通或使用的地方；而服务通常是无形产品，如旅游观光、餐饮、医生诊疗等。两者之间的区别表现在以下几个方面：

（1）推出的产品相异性。制造企业与服务企业的本质区别在于各自推出的产品相异性，前者是产品导向型的，而后者则是活动导向型的；制造企业推出的是

· 305 ·

以有形产品为主导的产品，服务企业推出的是以无形产品为主导的产品。

（2）与顾客联系的密切程度不同。服务企业与顾客联系要多于制造企业，服务的生产与消费通常发生在同一地点。例如，旅宿须旅客在旅馆内进行，做外科手术需要医生与病人都在场……而有形产品生产与消费可以分别进行，因此制造可在消费者不在场的情况下完成。这样就给制造商在选择工作方法、分配工作、安排工作进度和运作实施控制方面提供了相当大的主动权。服务组织由于涉及与顾客的联系而使主动权受到较大限制。再者，在企业提供服务时，顾客有时是系统的一部分，比如，顾客在超市购物就是这样一种情形。此时，对顾客严加控制是不可能的。还有，产品导向型的制造业企业可通过建立成品库存，以避免和减轻需求变化带来的一些冲击。而服务运作组织不可能建立起一定期间的库存从而对需求变化作出敏感反应。我们经常可以看到银行和超市要么是顾客排长队等待服务，要么是出纳员或收银员坐等顾客。

（3）投入的不确定性差别大。服务运作的投入比制造运作的投入具有更大的不确定性，每一个病人、每一家旅馆和每一辆待修的汽车都代表一个特定的问题，需经仔细检查后方可采取措施。制造组织经常通过严格控制投入变化以使产出变化尽可能地小。结果，通常对制造过程的要求比对服务过程的要求更高。

（4）技术含量与范畴不同。服务的就地消费和投入的变化程度高，一般来说服务业的劳动含量较高，而制造业资本和技术密集程度较高。

（5）产出的一致性不同。机械化使得产品规格变动不大，所以制造企业的生产流程顺利，效率高；而服务企业产出过程与产出结果多变，效率低。

（6）生产效率的测定难度不同。制造业的大多数制品具有高度一致性，制造生产率的测量比较容易进行。在服务运作方面，需求强度和工作要求的多变性使得生产率测量相当困难。例如，比较两名医生的生产率，一名医生可能有很多常规病例，而另一名医生则面对的是一些非常规病例。要明确他们各自效率的高低是非常困难的。

（7）质量保证的时效性不同。由于服务的生产与消费同时进行，这就对质量保证工作提出了更高的要求。要保证质量管理工作得到有效开展，否则投入的多变性将导致产品质量更具不确定性。对服务组织而言，提供的产品质量更重要，因为它不像制造组织那样，出现的质量问题可在顾客收到产品前得到消除。表16-1对产品生产与服务运作的差异进行了概括。

表 16-1　产品与服务的明显差异

特征	产出	与顾客的直接联系	劳动含量	投入一致性	生产率测量	交付顾客前解决质量问题的机会
产品	看得见的	少	低	高	易	多
服务	看不见的	多	高	低	难	少

将系统视为纯粹从事产品生产或提供服务的组织比较容易，然而现实中大多数系统同时提供产品和服务。例如，制造业在向社会提供有形产品的同时应向顾客提供必要的售后服务，设备的维护与修理是每个制造类企业都要从事的服务；类似地，大多数服务组织在提供服务时要出售相应的有形产品，比如，医院在提供医疗服务的同时也出售药品，旅游业在提供旅游服务的同时也会出售有形产品，如旅游纪念品、食品、糖果和饮料等小商品。

服务业和制造业对国民经济都是至关重要的。现在美国服务业提供了占全国70％以上的就业机会。从发展趋势看，从事服务业的人数在逐步增加，而从事制造业的人数却在逐步减少，服务业扩大的部分提供的大多是技术要求不高、报酬较低的工作，它们的生产率通常也较低。

制造企业和服务企业就共同点来说，两者都须满足社会需求，两者都涉及设计和运行决策：制造商必须决定其工厂规模大小，服务组织（如医院）必须决定要建造多大的办公（如诊疗）大楼。两者都必须就选址、工作进度和控制运作过程以及分配相关资源做出决策。

■ 16.2 服务业的特征与分类

在介绍服务业的运作管理时，往往以服务型企业作为研究的对象，由于服务所具有的共同特征，其中的许多内容是可以融会贯通的。

1. 服务型企业的特征

服务是一种无形的产品，它的生产与消费是同时进行的，正因为服务有这样的特点，服务作业也与制造性作业有一定的区别，有自己的一些特殊性质。就目前的研究而言，一般认为服务业与制造作业的区别表现为以下几个方面。

（1）服务业并不具有制造业的技术性，可以说每一个人都是服务方面的专家，每个人都有过提供服务的经历，也知道一定的提供服务的方法。所以，相对于制造性产品而言，服务是发生在我们日常生活中的，对服务的生产并没有一定的技术性界限。

（2）服务与服务的提供者和接受者有密切的关系，服务具有个性化的特征。同样一项服务，对不同的人而言感受并不相同，由于受人的感受影响有时甚至会出现较大的反差，服务具有主观感受性特征决定了服务必须体现个性化要求。

（3）服务的提供往往是和有形的产品结合在一起的，比如，对家电的维修服务是以拥有家电为前提的。因此，大多数的服务都是既提供有形产品又提供无形服务的综合体，这种综合化的特征决定了服务从准备、设计到计划和实施都不同于一般的制造业生产管理。

（4）服务往往具有延续性，一种服务常常要经历比较长的时间，而制造业的生产随着产品的销售结束整个生产过程便结束。

（5）服务业的作业控制和管理过程更多地需要考虑人力资源管理和组织管理方面的因素，技术性因素则是次要的。

（6）服务过程具有多样化的特征，并没有一定的形式和规格，同样的服务也可以采取不同的形式，比如面对面的服务、电话服务、邮购服务、运输服务等。

2. 服务的分类

服务运作管理存在于两种形式：一种是以服务为获利手段的企业，在这些企业里，服务是整个生产过程的一部分，也为企业带来了利润和回报，赢利是其目标的一部分。另一种是组织内部部门与部门之间的服务，这种服务往往是为生产过程服务的，并不以赢利为目的，更重要的是提高整个生产过程的运作效率，从而使企业的利润最大化。

根据服务对象进行分类则分为以下几类。

（1）对外服务。服务业企业是指以通过为消费者提供服务，并通过服务使企业获利的组织，他们的主要业务是同顾客相联系，这样的服务型企业十分多见，比如银行、航空公司、超级市场等。在这样的企业中，有的服务是以产品为基础的，为产品的生产过程附带的服务，也有的是提供纯粹的服务。因此，前者被称为企业的服务部门，如电冰箱企业的售后服务部，而后者的公司就是建立在服务基础上的。当然，其中有一些非赢利的服务型企业，比如公安部门、福利医院等。又可以分为基于一定设施的服务和上门或随时服务，对于前者消费者必须到指定的设施或者场所才能够接受服务，而对于后者，服务人员可以到消费者的家中或者附近提供服务。

（2）企业内部服务，又称为对内服务。这一类服务是企业内部主要活动所需要的相关服务，它们已经成为企业活动不可分割的一部分。这部分服务并不能够直接产生价值，这些服务包括零件和产品检验、数据处理、财务会计、后勤管理等，他们的服务对象是企业内部要求这些服务的有关职能部门。当然，企业的内部服务组织也经常向公司以外的部门提供服务而成为一个服务的经营个体，在这个意义上，它与对外服务是一致的。

随着服务的普及，各种类型的企业都已经不可能离开服务而独立存在，所以对内和对外服务的分类就体现在这一点，这表明无论企业内部还是企业属于外部的市场都有服务的存在，对外部的顾客而言，服务使他们能够得到舒适的感受；对内部顾客而言，服务是为了完成整个企业的特定功能而提供服务的。

3. 根据服务提供的内容的分类

根据服务的具体内容不同，服务业提供的服务可分为四种类型：信息服务、解决问题的服务、营销服务和售后服务。

（1）提供信息的服务。这种服务对于外部顾客而言是有偿的，内部或者外部顾客可以根据获得的信息对自己的工作和选择进行纠正和改进，实现个人利益的优化。比如，企业的信息部门提供的有关整个行业的发展情况、企业的生产控制中心提供的有关企业运作信息的报告等。

（2）解决问题的服务。整个工厂的内部出现故障是属于正常的事情，对于外部顾客而言，有许多问题也要通过获得服务来解决，因此，解决问题的服务就成为一种服务需求了。比如，企业的检修人员对整个工厂生产系统的维护、保养、改造、更新，咨询公司的提供解决问题的方案或解决顾客提出的具体问题等均为解决问题的服务。

（3）营销服务。对于制造业企业而言，生产的产品最终要投向市场才能够获得利润，而产品能够转化为商品的最有效途径就是通过市场营销。市场营销也应该属于服务的范畴，因为营销过程中提出的服务承诺是必须要通过完善的服务得以体现的，而且营销过程本身就是营销人员和顾客接触并且说服顾客的过程，它并不属于那种规范的生产过程。

（4）企业的售后服务。对于企业而言，出售产品并不意味着结束，实际上，任务在出售的同时就由生产部门转向了服务部门，顾客对产品使用过程中出现的问题都要找服务部门解决，对于服务性企业更是如此。

16.3 服务业运作管理理论

1. 服务三角形

统计资料表明：随着经济的发展，发展水平越高的国家，服务业所占的比重也越来越高，因此，服务业的运作管理已经成为企业运作管理的重要部分，逐渐引起了人们的重视，研究服务业运作管理的人也越来越多。企业的高层决策人员也越来越重视对服务运作的管理，在企业经理看来，服务过程的质量同产品质量是同等重要的，顾客需求的满足是服务组织所有决策和行动的依据与归宿。

随着服务业管理理念的形成，"服务三角形"已经成为一种被普遍接受的观点，这种观点认为，顾客是服务业企业决策活动的中心，顾客也是制定企业战略、设计企业系统及其运行管理的核心。图 16-1 为"服务三角形"的基本形状。

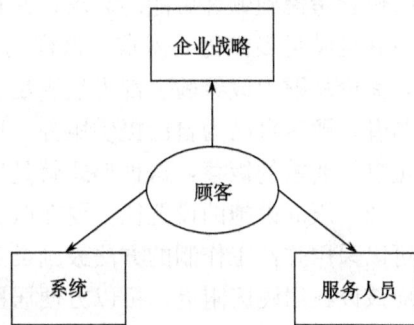

图 16-1　服务三角形

从图 16-1 中可以看出，企业制定服务战略、进行企业的服务系统设计以及企业的服务人员都要以顾客为中心。从服务业的战略来看，服务企业的生存与发展是以为顾客提供优质服务为前提的，而企业作业系统和服务人员是以实现对顾客的优质服务而存在的。当然，顾客能否得到优质的服务最终也取决于管理者。虽然服务是由服务人员提供的，但是，管理者如何对待工人，工人也就会同样地对待顾客。"服务三角形"的存在也离不开有效的运作管理，运作管理是实现为顾客服务的一个重要环节，在"服务三角形"中地位非常重要。运作管理主要涉及服务系统（设备、设施和工作程序等）的运行状态和对系统内的人力资源的调配，而服务人员的状态和人力资源的配置情况对服务的效果有非常大的影响。因此，服务业运作管理研究的核心就是研究服务型企业的高层管理层是如何对整个服务的运作系统发挥作用的。

2. 服务业生产能力的规划

服务企业所提供的服务和制造业所提供的产品一样，不可能没有限制，实际上，在设计服务业运作系统之前，就必须考虑服务业的生产能力。与制造业的生产能力相比，服务业的生产能力具有三个方面的特征。

（1）不可储存。在需要服务的同时必须立即提供，否则服务就不可能发生。

（2）服务的场所。服务的提供者与服务的接受者一般是在同一个场所进行服务的。

（3）规范的服务过程含有不规范的成分。一般而言，虽然要求提供规范化的服务，但服务过程不可能像产品一样保持固定的规格，对于不同的顾客，服务内容就不尽相同；对于不同的季节和不同的国家，同样的服务过程也会发生一定的变化。

根据服务的这些特点，服务生产能力的规划也要进行相应的规划，主要有这样几方面内容：

（1）对于顾客的多样化需求，有两种方法可以解决，一种是在服务企业建立的时候就考虑到顾客可能的需求，并且根据这些需求配置相应的设施、培训员工适应并且满足多样化的需求。这样的工作对于刚刚起步的服务企业而言比较困难，无论从财力或经验上都无法满足。另外一种方法是，让顾客成为服务的直接参与者，顾客自己为自己提供服务，比如饭店可以提供多种饭菜，顾客随意选择满足自己要求的饭菜，这种形式就是所谓的"自助餐"形式。

（2）服务设施的设置往往要在服务高峰的地点附近，而且，在服务高峰的时间可以采用弹性工作制的方法鼓励员工在高峰时间上班。比如，快餐店、洗衣店就应该设在居民区附近，可以方便居民获得服务，也可以避免服务过程的辅助时间和服务设施的浪费。

（3）在增加服务网点和提高服务能力之间进行权衡，如果服务设施附近的集中性需求增加，需要加大这一服务点的服务提供能力，比如增加员工和相应的服务设施，以满足集中性需求的服务；如果服务需求比较分散，则需要寻找新的需求高峰区，并且建立新的网点。由于新网点的成本一般比较高，所以企业更愿意较多地提高服务能力。

由于服务能力的大小与提供服务的质量有着密切的关系，一般而言，服务能力的利用率在80%左右时，可以保持最好的服务质量，如果服务能力利用率超过 80%，会造成企业满足服务的能力下降，服务质量也会随之下降。所以应强调服务型企业具有足够的服务能力。

3. 服务业运作管理的分类

我们可以根据提供服务的类型来分类，航空公司和金融机构提供的服务显然属于不同的类型，所得到的服务也各不相同。我们也可以按照前面的分类将服务分为对内的服务和对外的服务，表示服务是否具有赢利的特征。这些分类都是常见的，而且对于理解整个服务业有很大的帮助作用。但是在理论上设计服务业运作管理时，不能不提到顾客对服务业的影响，即顾客在整个服务运作系统中的核心作用，为了反映这种作用，我们引入了顾客接触程度的概念。

顾客接触程度被定义为接受服务的顾客是否出现在系统中以及在系统中停留的时间占服务过程总时间的比例。它表示顾客与整个服务过程联系的强度，可以了解接受服务的顾客是否出现在系统中。一般而言，如果顾客出现在服务系统中，顾客和服务运作系统的接触时间越长，两者在服务过程中的接触程度越高，两者之间的相互作用越强。基于这一理由可以推断出：与顾客接触程度高的服务系统比接触程度低的服务系统更难控制，其规范化与合理化的难度也就更大。在顾客接触程度高的服务过程中，顾客可以影响服务的需求性质，由于顾客对服务过程参与比较强，顾客也可能影响到服务的质量。

顾客接触程度高的服务系统与顾客接触程度低的服务系统的区别可以用表16-2 所列内容所示。

表 16-2 不同顾客接触程度的服务流程安排

服务运作过程	顾客接触程度高	顾客接触程度低
设施地点和布局	接近顾客群，满足顾客需求和愿望	可以远离顾客群，接近服务供应地
产品和过程设计	顾客对产品过程设计具有直接影响	大多数的顾客没有对设计介入
工作日程安排	工作日程充分考虑到顾客的需要	顾客更关心进展情况，而不是日程
生产计划安排	生产与服务统一，订单无法存储	可以通过一定的储备保证生产顺畅
服务质量控制	质量标准取决于顾客，由顾客决定	质量标准是客观固定并且可以测量的
服务的时间标准	服务时间也依赖于顾客的要求	工作的时间标准比较固定和紧张
生产能力要求	生产能力要能够适应最高峰的需求	一定的储备可以在高峰时输出

可以看出，一些与顾客接触程度比较低的工作往往与制造系统具有一定的相似性，产品可以存储，生产可按照单位时间最大产量连续、较均匀地进行；而与顾客接触程度比较高的工作与服务的不可存储性紧密联系在一起，生产必须即时消费，因此，顾客对服务系统的影响是非常显著的。

由于顾客的这种影响，致使整个服务运作过程也发生了相应的变化，如商场收银台的工作人员不可能要求顾客按照一定的时间安排来交款，她们的服务必须保证能够满足高峰时顾客的需要。

16.4 服务系统的设计

1. 服务系统设计与制造业系统设计的区别

服务系统最鲜明的特征是服务不能够存储，接受服务也是即时的。这就导致服务系统的设计和开发与制造系统的设计和开发存在这样的差别：

(1) 服务过程和服务输出是同时进行的，在服务系统中，服务的过程本身是作为产品出现的；而制造系统的产品是制造过程的结晶。

(2) 支持服务的设备和软件作为有形的物品，其存在的无形价值能够受到知识产权法保护，但服务却不能像产品的知识产权保护那样受到产权法保护。例如，某个超级市场的经营具有特色，服务受到了顾客的称赞，竞争对手完全可以仿效并且成为自己服务的形式和内容，这种做法是不受法律约束的。

(3) 服务业中直接面向顾客的服务人员所占比例很大，由于服务质量没有事后的可弥补性，因此，要求直接面向顾客的服务人员具有较强的业务能力与服务素质。岗位培训及相应的培训合格证书是获得提供某些服务的必要资格。例如会计师考试、律师考试等。

(4) 由于服务业组织的投入资金小，设施占用少，受顾客需求影响比较大，因此，服务的组织灵活性比较强，很多服务业组织可以在一夜之间改变服务内容，如理发店可以变成零售店等。而制造业企业由于设备的巨额固定资产性和较多的库存资金占用性以及厂房等的特殊性等，如果想改变经营方向，则难度很大，它的管理者要下很大的决心、投入较多的资金、花费较长的时间才行。

(5) 许多的服务业组织提供服务的时间很长，有些甚至是全天的，比如有24小时营业的便利店和一些社区服务组织等，当然也包括制造业中的服务系统，例如海尔的"24小时随叫随到"等。

2. 服务业运作系统设计的重点

由于服务业企业同制造业企业的这些区别，在设计服务业的系统时要充分考虑到这些区别，并且将服务业企业运作系统设计的重点放在以下几个方面：

(1) 为顾客提供热情周到的服务，友好地对待顾客；

(2) 提供服务的速度快和方便性；

(3) 服务价格的合理性；

(4) 服务内容的多样性；

(5) 在服务中占重要地位的有形产品的质量。

理想的服务系统是能够给予顾客满意服务的系统，然而，实际中存在两个问题：第一，如何保证能够给予顾客满意的服务，即如何对服务过程进行有效的监控；第二，如果顾客对服务过程不满意，提出了自己的意见，服务系统如何进行改正，使整个服务系统的运行不会受到影响。为了解决这样的两个问题，必须解决对服务信息的获取和服务质量的补救措施问题，图 16-2 表示了这样一个过程：

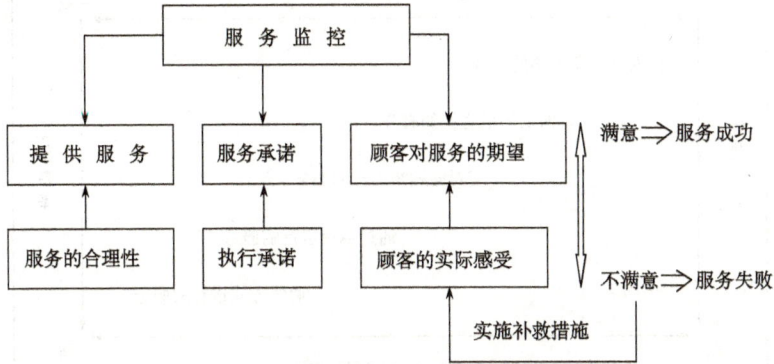

图 16-2　服务系统监控示意图

由图 16-2 可以看出，提供服务与服务承诺必须通过服务的实际运作来实现，在服务过程中顾客会产生实际的感受，因此，作为服务企业的管理者更重要的是在提供服务的过程中进行及时的和有效的监控，以保证使顾客能够享受到满意的服务，只有这样，整个服务系统才能算是成功的。

对顾客满意程度的衡量可以通过调查的方式来进行，通过顾客填写调查表，对企业提供的全部服务或部分服务进行评价。评价主要从两个方面进行：提供服务的内容和提供服务的满意程度。企业最应该关注的是顾客认为比较合理的服务内容但企业并没有提供满意服务的那部分，并立即实施必要的补救措施。

3. 服务系统设计的有效方式——服务设计矩阵

我们已经知道，不同的服务有着不同的特征，它们与顾客的接触程度也各不相同。那么，针对顾客接触程度不同的服务，应该如何设计服务实现的方式呢？针对这样的问题，产生了服务设计矩阵的概念，所谓服务设计矩阵就是根据顾客接触程度不同而确定的不同服务方式、对服务运作的不同要求构成的矩阵。矩阵的行向量是固定的，即顾客的接触程度，而列向量根据不同的研究对象来进行。图 16-3 为用矩阵的形式表示了随着顾客接触程度的变化对销售机会和生产效率造成的影响。

从图 16-3 可知，随着接触程度的提高，服务提供的方式由通信转化为面对面规范严格的服务，类型的变化使他们具备了各自的优点和缺点：通信方式与顾客接触比较少，工作效率比较高，服务对象和制造业的生产类似，即可转换速度高，但服务的销售机会却比较低；反之，虽然面对面顾客服务的工作效率低，但是工作成果比较好，销售机会比较高。

每种服务都有一定的特点，如医院和快餐店提供的服务一般是比较规范的，顾客在一定的设施基础上享受服务，属于面对面严格的服务；而对于饭店的服务

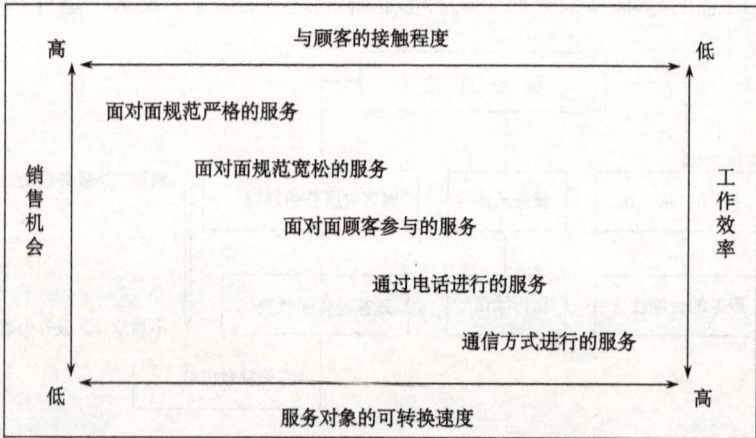

图 16-3　不同服务类型接触程度示意图

人员而言,不可能对顾客板着脸,在一定的情况下还要有一定的灵活性;再如,一些咨询类的机构的服务尽管面对面,但服务过程是比较宽松的;自助餐是顾客参与服务的典型代表等。

当然,作为服务型企业的管理者,应针对不同的顾客接触程度,选择一定的服务方式,同时,根据这种服务方式的需要,对整个服务系统进行设计,比如对员工的要求、对工作程序的要求、对企业的创新性的要求等。在与用户接触程度比较低的服务中,员工的工作与"机器"有类似之处,要求按时、准确、高效地完成固定的工作任务;而对于与用户接触程度比较高的工作,由于要直接面对消费者,对员工的沟通能力和公关能力要求就更高一些,员工不仅仅要知道应该做什么,而且还要根据顾客的需要灵活地调整自己的服务方式,需要比较高的应变能力。

根据这些方面的要求,形成了服务业运作中最终要求的服务设计矩阵(表16-3),根据这一矩阵,企业决策者可以确定对服务设计要素进行可选择性的合理安排。

表 16-3　服务设计矩阵表

衡量指标	接触程度低	接触程度一般	接触程度高
对员工的要求	手工艺方面的能力	文字和语言能力	好的沟通判断能力
服务运作的重点	文字处理清晰介绍	能够控制整个流程	侧重点在于顾客
服务业管理创新的重点	计算机办公自动化	计算机辅助作用	员工与顾客沟通

通过服务设计矩阵,我们可以知道,整个服务系统的设计实际包括了如下过程:

(1)确定企业服务类型,形成企业自身的核心服务。各个企业对于服务的选择是各不相同的，有的企业选择了规范化服务，比如著名的麦当劳快餐店；而有些则以个性化的服务作为企业的宗旨，尤其崇尚与顾客的直接沟通，例如著名的AVON化妆品。

（2）根据所选择服务类型的顾客接触程度，决定企业运作过程中的要素配置与组合。对于高规范性的企业而言，并不需要员工有太强的沟通能力，相对来说员工循规蹈矩能够按时、按质、按量完成任务更为重要；而对于高接触程度的企业而言，员工良好的沟通能力是不可或缺的。

（3）根据所选择的服务，与相关的竞争对手进行比较，确定企业与竞争对手的差别。如果面对的是同一市场，则要对本企业的服务要素进行更新和改进，保持一定的竞争力；如果对手非常强大，企业就要考虑选择差异性市场，避免和对手的正面竞争。

（4）在实际运作过程中，并非像矩阵一样是确定的，现在流行的"柔性管理"告诉我们，企业的竞争策略的制定需要有一定的灵活性，企业的内部管理也要以"柔性管理"为重要特征。

（5）对服务系统的设计也呈现一种动态化的趋势。企业在设计过程中应该保证所设计的系统能够根据外界的变化而能够作出适应性的调整。

16.5　服务流程的设计

1. 服务流程的设计步骤

服务流程设计是指服务型的企业在运作管理的过程中，要根据顾客的需要来提供相应的服务的内容、企业自身的财务目标等方面以确定整个服务流程，并对服务流程作出最优的设计。这种设计与制造业的产品设计有一定的相似之处。

服务的流程设计步骤如下：

（1）服务过程的细分。在进行服务流程设计之前，要首先把服务提供的整个过程划分为几个阶段，这样划分的原因在于服务尽管是无形的，但是整个服务的提供不可能仅仅靠某一个部门进行。必须要通过几个部门的协调运作来进行。因此，把服务提供的过程按照流程的顺序和工作的内容进行划分是十分必要的，这也是服务流程设计的前提。

（2）对服务流程的整个过程和各个步骤进行分析，对一些可能出现问题的环节进行预先的控制。有些环节是直接与客户接触的，这些环节往往最容易发生问题，作为流程设计者而言，就是制定一定的措施，防止使顾客产生不满意的情况发生，起到"防患于未然"的作用。设计者可以首先绘制整个服务的流程图，将容易出现问题的环节先划出来，引起决策者和实际运作人员的足够重视，当然，制定相应的措施是最为关键的。

（3）明确了服务流程的环节和可能出现问题的环节之后，需要制定一个详尽的、可操作性强的时间安排。由于服务的特殊性质,服务的成本和时间有密切的关系,提供整日的全天候服务和钟点工似的计时服务得到相同的报酬是不可想象的。因此,对整个服务流程要指定比较可行的时间计划,这样可以对员工的工作进行量化的考核,同时也方便企业进行管理。

(4) 对整个服务流程进行成本收益分析。设计的流程不仅要具有可操作性,更重要的是能够符合经济性的要求。作为赢利性的组织,服务企业要求整个服务的流程可以给企业带来最大的收益,只有满足这样的要求,这种服务流程才是可行的。对于服务流程的经济性分析主要从财务角度着手,进行成本收益分析,影响成本和收益的因素主要包括原材料的价格、各种管理费用和服务期间的费用支出以及员工工资支出等,企业的流程设计的目标是保证整个流程的成本最小。

2. 良好的服务流程所应当具有的特点

对于一个设计良好的服务流程,至少应该具备下面的特点:

(1) 服务系统中的每一个要素的目标和企业运作管理的目标是一致的,这样可以保证整个系统按照同一个目标前进,也可以保证整个系统运作的协调性。

(2) 系统对于每一个顾客都是友好的。系统具有明确、清晰和逻辑化的特征,可以让每一个顾客都很明白地成为服务的接受者。当然,对于服务人员而言,这个要求也是最起码的。

(3) 系统应该具有稳定性。系统设计完成之后,应该有相当的适应性,保证不因为某些偶然性的原因造成整个服务流程的中断。

(4) 系统是一个有机的结构整体,对于各个部门而言,要有相当灵活的衔接系统,保证整个流程在运转过程中能够进行连续运作。

(5) 系统和流程的时间和成本的浪费都应控制到最小,避免不必要的浪费发生,而且流程的设计本身应该有防止浪费的要求。

3. 典型的服务运作模式

经过研究和许多管理实践的检验,形成了一些已经被证明了的行之有效而且可以保证系统稳定性、灵活性的服务运作模式,当然,这些模式各有特点,适用于不同的服务类型,企业的管理者可以根据自身企业的特点进行选择。

1) 生产线模式

这是美国的麦当劳首创的一种服务业流水作业运作模式。Theodore Levitt曾经说过:"应该把快餐的传送过程看成是一个制造的过程,而不是简单的服务过程。"麦当劳把提供服务的过程等同于制造业的生产线,将其经营的快餐店按照流水作业的方式组织运营,这种运营与普通服务的区别在于:麦当劳为顾客营造一个清洁、秩序井然和令人愉快的环境,食品的提供过程按照非常规范的方式进行,用规范化的操作和设备技术代替了服务对服务人员过高的依赖性。

麦当劳之所以采用这种服务模式是由麦当劳的服务策略决定的。麦当劳在全球有上千家门店,为了在全球范围内推广麦当劳食品,必须要求实行整齐划一的服务，而整齐划一就不可避免地要求员工自主性的降低，要求员工提供的服务方式按照标准进行，于是产生了这种服务的提供模式。

在长期的服务过程中，麦当劳形成了具有自己特色的经营方式，同时有自己的经营特点，主要包括下面几个方面：

（1）麦当劳制作薯条是按照一定的数量制作的，这个数量是根据经验确定，并且是固定的，既不会多，也不会少。

（2）服务生服务时可以看到，盛装薯条都使用统一的宽口铲，而且每个服务生提供的薯条数量是一致的。

（3）为了保证整个环境的清洁，不仅在就餐区，即使在储藏间也有废料桶，清洁人员及时把废料清扫干净。

（4）麦当劳的汉堡包、奶昔、冰激凌都有统一的印有麦当劳标志的包装袋。

（5）麦当劳门店的整个生产系统的安排都是经过精心策划的，保证制作人员、服务人员之间可以自主地工作而且能够将生产和服务环节有效地衔接在一起。就餐区的整体设计也非常严谨，服务员的所有操作也是根据已经确定的系统设计来实现的。

麦当劳将制造业的生产线方式引入服务业，使汉堡包的生产就像工厂生产的零部件一样能够不间断地从生产线上生产出来。麦当劳的这种严格规范的服务使其走进了全球各地人们的生活，成为一种现代生活方式的代名词。

2）参与服务模式

在某些服务生产的过程中，允许有更多的顾客参与，把顾客看做服务过程中的一个组成部分。通过发挥顾客在提供服务过程中的作用来提高服务效率，从而使企业获利，使得整个服务过程得到改善。具体体现为各种自助方式的流行，使顾客能够最大程度的参与服务，如超市、自助售货机、自动取款机等。在服务设计矩阵中，这种方式更类似于有一定设施的服务提供系统。这种依赖于技术装备的服务系统的优点在于减少了员工的劳务付出，使得整个服务过程更加方便、高效、省时、省力。

若要使该类企业的运作获得成功，可以归纳为以下几个方面：

（1）获得顾客的信任，取得顾客的理解和接受，愿意积极参与。

（2）降低成本、提高服务速度和便利性，在效率高、费用低、简便等方面下工夫。如果顾客感到既不方便、费用又高，他们就不会接受这种服务方式而宁愿到柜台上接受服务。

（3）所提供的服务设施必须运行可靠、操作方便。在运行过程中，有一定的适应性，以保证整个系统的稳定；而且，即使一个对系统毫无所知的顾客，也应该能够很快地了解整个系统的操作规则，并且能迅速、正确地使用这种服务。

要使这种服务形式能得到顺利的推行，需要企业像培训自己的员工那样培训顾客，利用各种媒体（尤其是在本企业所提供的设备的旁边或内部）介绍所提供设备的使用方法，让消费者逐渐了解这种设备的性能，这样顾客使用起来就方便多了，而且还会减少机器的损坏率。目前我国有些服务企业也采取了顾客参与的经营方式，例如银行的自动取款系统、铁路运输的列车车次查询系统等。

可以认为，自助服务系统在客观上起到了替代原有的员工的作用，所以，现在要把原来培训员工所需要做的事情改为培训自己的顾客。

实践证明，同时提供完全的服务和自助的服务能够获得最大的收益，采取提高完全服务的价格、改变完全服务的销售方式、降低自助服务的售价等措施，可以使服务照顾到不同需求的消费者，同时对于服务的提供者而言，能够获得最大的利润。

另有一类自助服务对特定的技术设备的依赖性不强，这种服务的方式也是常见的，比如饭店和宾馆的"自助餐"、"自助火锅"等，这种参与模式不需要或基本不需要昂贵的技术装备，只需要一定的场所，并且为顾客提供已经制成的产品，给顾客提供一个方便、舒适的环境。服务人员并不需要对顾客的每一项要求提供服务，但须注重的是总的供货服务。例如当服务员看到为自助餐所供菜肴和其他食物的品种及其量不多时，就应该及时地为顾客补充新的产品。这样的服务，可以保证每个使用自助餐的顾客都能够按照自己的意愿选取自己喜欢的菜肴。采用这种服务模式的企业，必须在花色品种和成本上狠下功夫，让顾客感到吃得舒心、花钱少，这样才能吸引大批消费者。类似的例子还有自选商场、健身房等。

3）面对面的直接接触模式

目前服务业采用最普遍的是服务员与顾客面对面的直接接触服务模式，我们作为消费者接触最多的是面对面的服务，如商店里的售货员、储蓄所的储蓄代办员、饭店的服务员等，这种服务方式存在于整个经济的方方面面，与普通老百姓的生活息息相关。

在面对面直接接触模式服务的过程中，服务人员成为整个服务过程中最主要的要素，而不是像生产线模式和参与管理模式中那样，设备代替服务成为与顾客接触最多的部分。设备是一个固定的、规范的个体，它不受人的情绪影响，设备服务的介入导致服务人员与顾客的接触程度降低，顾客尽管能够得到一致的服务，但是所接受的服务中没有人性化的因素，因此，这些服务被称为"冰冷"的服务。

而面对面服务人员与顾客之间的服务最大的特点就在于能够有人与人之间的一种互动关系，通过服务人员的言行，顾客体会到的感受也是各不相同的。尽管消费的物品可能是一样的，但是由于服务人员态度和言谈举止的差异，给顾客留下了不同的印象，因此，下一次，顾客一定会到心理感受好的服务人员那里接受服务。所谓的"回头客"就恰如其分地说明了这一点。

正由于对这种互动作用的依赖，这种服务模式的最基本要求就是提高每一个服务人员的服务质量，让每个服务人员树立服务质量的意识，对待每一个顾客都要用自己真诚的微笑、热忱的服务、耐心的讲解来为顾客留下良好的印象。企业重视的是，如果服务不周，失去的可能不仅仅是一个消费者，而是使企业的形象和信誉受到严重的损害，不仅这个消费者不来了，可能会使企业失去某个社会消费的小群体，这种无形的损失是难以估价的。

总之，通过三种基本的服务运作模式的分析，我们可以看出，这三种基本的模式也是根据与顾客接触程度的高低设计的，根据接触程度高低，规定了某种模式的一些特点。但是，无论使用那种服务模式，服务设计的目的还是和我们前面所述的基本要求是一致的。

4. 注重承诺——服务设计的动力

商家往往通过服务的营销使自己的服务家喻户晓，从而促进自己服务的销售。然而，从另外一个角度讲，如果服务的承诺没有得到有效的兑现，对企业来说造成的损失可能比没有营销更为惨重。例如南京冠生园的陈馅月饼事件导致了这个70多年老店的破产；有些商家在淡季进行所谓的"打折"，而顾客大老远跑来却发现，商家已经把货品的价格预先提高了一定的百分比，这样，顾客对商家的信誉就会产生明显的不信任感，商家的这种承诺营销活动显然会产生副作用。

因此，承诺不仅是对顾客的承诺，而且会对企业自身形成一种内在的压力，使企业更好地进行服务系统的设计，建立优秀的服务系统。企业作出承诺时也应该注意承诺的可实现性，要考虑企业自身的能力。优秀的服务承诺应该包括这些内容：无条件的服务、服务人员和顾客之间的交流、对顾客提供的服务能够与顾客的需求相一致等。

5. 排队模型——服务设计的新方法

排队模型是新发展起来的进行服务设计的一种工具，根据影响服务系统运作效率的各种因素之间的关系，确定各种因素的相互地位，从而指导整个服务系统的设计。

举个例子来理解排队问题的重要性，我们都知道北京的石景山游乐园非常好玩，许多家长到了周末就领着孩子到那里游玩。但是最令人头疼的问题是，如果你买了通票（可以玩几乎所有的项目），你实际只能选取最喜欢的几种，因为排队的时间太长，根本不可能在一天内玩遍所有的项目。这时就涉及了排队的问题，如果能够对队列进行有效的设计，是否就能够提高整个排队的效率呢？

排队主要考虑的因素有下列几种：

（1）队长，一般设定为无限队列（即等待时间很长的队列，买月票的队列就属于这一种）。有限队列的讨论反而更为复杂。

（2）队列数，分为单列队和多列队，多列队会涉及顾客自动移动队列的问题，超级市场的收银台就属于多列队。

（3）排队规则，是事先设定的决定队列中顾客接受服务次序先后的一种规则，比如，医院的顾客诊断并不根据你在诊室门口排队的顺序，而要根据挂号的顺序。排队的规则包括先到先服务、后到先服务、预定优先、紧急优先、最短时间优先等。

（4）服务时间的分布。一些服务企业顾客接受服务是有一定的时间分布的，有的企业顾客接受服务时间呈现均等化，比如柜台销售的服务时间大多数是一致的，而有些就存在明显的差异，在医院，不同的病症接受服务的时间明显不同。一般地，如果是随机分布，往往采用指数分布来表示。

（5）队列结构，包括单通道单阶段、多通道单阶段、单通道多阶段、多通道多阶段以及交叉通道混合型等。单通道单阶段，比如一个服务员的小商店；多通道单阶段，比如银行的出纳窗口、铁路的售票窗口等；单通道多阶段，比如洗车的整个过程，从洗尘、打湿到晾干的全过程；多通道多阶段，比如医院的体检，被体检人员可以按照不同的顺序进行体检。

（6）顾客离开的类型，包括退出服务和重新开始接受服务两种，比如如果一个队列在当时无法全部满足顾客的要求，顾客可能还需要在另外一个时间再次接受服务。

不同的阶段结构可以用表 16-4 说明几种特殊队列的特征。

表 16-4　几种特殊队列的特征

通道数	阶段数	队列长度	服务时间分布	排队规则	人数到达分布	队列模型举例
单通道	单阶段	无限	指数分布	先到先服务	泊松分布	单通道收费站
单通道	多阶段	无限	常数分布	先到先服务	泊松分布	洗车
多通道	单阶段	无限	指数分布	先到先服务	泊松分布	大型超市收银台
多通道	多阶段	有限	指数分布	先到先服务	泊松分布	医院的诊疗

排队模型的解决现在一般通过计算机技术进行，我们不可能指望通过人工的计算得出排队的结果，即便再简单的排队问题的计算也是十分复杂的，通过对计算机进行模拟得出的计算结果进行运用，对于服务系统的设计有着非常重要的作用，通过这样的计算，要解决的问题是：

（1）确定一个顾客可以接受的等待时间；

（2）对整个系统的通道、阶段进行合理的设计；

（3）尽量使顾客感受不到排队的沉重负担感；

（4）对顾客进行有效分类，根据顾客的不同类型，安排不同的队列和排队规则；

（5）对服务人员进行培训，服务人员良好的服务态度可以减轻顾客对排队的烦躁心理。

服务运作案例

海尔空调：服务的八次飞跃

海尔的"真诚到永远"已经为大多数中国人所熟知，但是，在实现这样承诺的同时，海尔人付出了艰辛的努力，因为他们知道承诺是服务的核心，没有承诺的兑现，企业的服务就是失败的。在 21 世纪到来的时候，海尔人正用他们的真诚说服每一个海尔的用户乃至每一个中国人。

海尔的服务理念是"用户永远是对的"，服务宗旨为"您的难题，我们的课题"。这不是说着好看的，而是要一丝不苟地落实到行动上的。这个理念从海尔建立之初至今已经经历了八次飞跃的考验。

1994 年，海尔服务的第一次飞跃：搬运服务，拉开了中国家电服务革命的帷幕。其实，这仅仅始于一件意外的事情。

青岛的一位顾客买完空调后，在上楼找人帮忙搬运的时候，空调被出租车司机拉跑了。虽然这件事与海尔毫无关系，但海尔人认为，用户在购买空调的时候，还得自己找人来搬运，这就是服务的"盲区"。为此，海尔在免费赠送给那位老太太一台空调后，推出了"无搬动"国际星级服务，顾客在付款之后所有的事情都由海尔来做，消费者只等着享用就可以了。

1995 年，第二次飞跃"三免服务"，即"免费送货上门、免费安装，免材料费"，当时海尔空调推出这一服务理念的主旨是为了完善"无搬动服务"，使海尔的服务更加完美。没想到会引起全国范围内的空调服务大战，并波及整个家电业。一时间，"七免服务"、"十免服务"等等承诺纷纷亮相，将中国整个家电业的服务水平提高了一个大档次。因此，有人说：是海尔将中国家电业引入了"服务时代"。

1996 年，海尔空调"先设计，后安装"的服务承诺再一次走在了行业前列，实现了海尔空调服务的第三次飞跃。"先设计，后安装"更是紧紧秉承了海尔"您的难题，我们的课题"的服务宗旨。海尔在为用户的服务中发现：许多用户是刚装修了房子再安装空调，非常容易将新装修的房间破坏。如果能在用户装修房子的同时设计好空调安装的位置，或是提前设置预留管道，空调就会与整个房间协调起来。于是，"先设计，后安装"的服务理念成为海尔空调新的服务追求。它不但使海尔空调把服务推到了一个更高高度，而且，总结出了发掘市场潜在需求的方法。

1997 年，海尔空调率先推出了"24 小时安装到位"的服务承诺。没想到的是，1997 年的夏天，北京的天气异常炎热，各种品牌的空调纷纷脱销，24 小时安装到位的承诺几乎无法实现。但是海尔还是配备了比往年多两倍的安装队伍，保障了承诺的及时兑现，甚至紧急从全国各地抽调了 300 名安装人员进京。虽然安装的成本大大增加，但海尔空调的形象由此得到了普遍肯定，以至于有些消费者在搬家或装修过程中二次安装其他品牌的空调，也会首先想到海尔。

看到单一城市服务的弊端之后，1998 年，海尔空调就在全国首推"连锁星级服务"，实现了其第五次飞跃，这次飞跃中他们建起了一个庞大而规范的服务网络。海尔空调成立了 100 家专业服务中心，遍布全国各大城市；成立了 1000 多家海尔空调星级服务站，3000 多个特约安装单位，分布在全国二、三级市场，中心设三级服务网络。这层层的服务网络保证做到售出的空调 100％受控，即使在遭遇百年不遇洪水围困的武汉三镇，倾盆大雨和齐腰积水也没能阻挡海尔服务人员的脚步。

1999 年，海尔在星级服务的基础上提出了贴心服务的要求，在全国设立了统一的 4006999999 服务电话。同时在全国首推"整机保修 3 年，压缩机保修 6 年"的新举措，开始了海尔空调服务的第六次飞跃。空调压缩机正常的使用寿命在七年左右；国家有关对空调器的三包规定也只是整机保修一年，主要部件为三年，海尔能够做出这样的承诺可以看出它们对自己产品的信心。

2000 年，海尔空调将服务标准定位于"五化一满意"，实现了海尔空调服务的第七次飞跃。"五化一满意"，即通过专业化、网络化、规范化、精细化、国际化达到超出用户期望值的满意。具体要求是：

用专业化的服务提供强有力的保障。海尔空调是在全国精心组建的国内的首支星级服务兵，将秉承着"用户永远是对的"服务理念，赋予"三大纪律八项注意"以新的内涵，纪律严明、服务贴心，给消费者以全新感受。

用服务的网络化提供最快捷的支持。海尔空调目前在国内已拥有近万个星级服务连锁点，2000 年，海尔空调将利用这些遍布全国的星级服务点向二、三级市场拓展，新增服务点 5000 个，达到全国无空白地区，并且各级中心做到下设三级服务网络，依靠计算机控制，保证做到售出的空调 100％受控，为消费者及时、便捷享受 24 小时"海尔国际星级服务"到位提供了有力保障。

用规范化服务树立高素质的队伍形象，除目前已经在全国拥有的4006999999 统一服务电话外，海尔将更加严格自己的服务标准，即上门为用户服务必须从"一、二、三、三"做起，也就是"一副鞋套，两块垫布，三块毛巾，三块盖布"。同时，海尔空调推出的先设计、后安装为每一位用户提供出最满意的设计图纸和方案。全国万名服务人员也将在得到统一强化培训后，做到持证上岗，并且通过各种途径公布投诉电话，接受用户监督。

用精细化的服务满足顾客潜在的需求。海尔在全国率先推出的无尘服务将服务的精细化推向了深入，这种无尘服务彻底解决了因安装打孔带来的尘土飞扬的工作现象，保持了用户家中清洁干净，真正实现了文明作业。同时，他们决定在全国进行美化家居活动，对室内空调影响美观的管路进行隐蔽改装，采用专用扣板进行封闭，解决了过长空调管路长期暴露在外影响美观的难题。对有些居室电源不合规范，离空调过远等问题进行室内电源改造，真正给用户提供了意料之外的满足。

用服务的国际化创世界名牌。海尔空调的服务升级不仅体现在国内，也同样体现在国外，从出口初期的服务不完善，到现在世界各地建起了上万个海尔星级服务点，并要求这些服务点都要不折不扣地执行好海尔国际星级一条龙服务。如今，意大利、西班牙等国还建立了多个"绿色电话"。1999年海外5个国家的专业服务人员专程来到海尔进行培训，标志着海尔开始真正走向世界。

可以说，海尔的"五化一满意"服务标准是我国家电服务首次向服务深度极限发出挑战。据悉，海尔空调将动用全国1万个星级服务点，从2000年1月1日起实施大规模的服务满意工程推进，最终达到服务全球化的最高水准。

在新世纪即将来临之际，海尔实现了服务的第八次飞跃——"网上一条龙服务"，是全国第一家以e务形象出现的企业。在这个www.eHaier.com网站上，消费者可以通过网上得到任何形式的服务内容，并通过点击相应的服务模块得到最快最优质的服务。

新世纪将是服务的世纪。海尔空调的服务追求证实了这一点，同时也证实了这样一个不争的事实：新的千年，谁拥有了高质量的服务，才可能拥有用户的心，才可能拥有丰厚的市场资源，才可能在新千年的市场竞争中成功。

注：根据参考文献程控等（2003）和《市场报》（2000年12月27日第一版）电子版相关报道整理。

➤ 思考题

1. 企业的内服务包括哪些？
2. 顾客参与服务的典型形式有哪些？
3. 服务质量体现在哪些方面？
4. 请构思某旅馆接待客人的规范流程。
5. 请构思某移动通信营业厅服务优化方案。

主要参考文献

陈福军.2008.生产与运作管理.2版.北京：中国人民大学出版社

陈荣秋,周水根.2005.生产与运作管理.北京：高等教育出版社

程控等.2006.MRPII/ERP原理与应用.北京：清华大学出版社

程控等.2003.MRPII/ERP实施与管理.北京：清华大学出版社

傅武雄.2003.标准工时定额制定与工作改善.厦门：厦门大学出版社

高鹏举.2005.生产与运作管理.西安：东华大学出版社

何业才等.2006.新编现代工业企业管理.北京：经济管理出版社

蒋贵善等.2006.生产与运作管理.大连：大连理工大学出版社

蒋俊.2006.工业企业生产管理.天津：南开大学出版社

理查德.B.蔡斯等.2000.生产与运作管理：制造与服务.宋国防等译.北京：机械工业出版社

理查德.B.蔡斯等.2004.运营管理.任建标译.北京：机械工业出版社

刘丽文.1997.生产与运作管理案例.北京：清华大学出版社

刘丽文.2006.生产与运作管理.3版.北京：清华大学出版社

刘志学.2001.现代物流手册.北京：中国物资出版社

路宏达.2001.现代生产管理.北京：中国财政经济出版社

罗杰·G.施罗德.2000.运作管理.任建标译.北京：北京大学出版社

马士华.2008.生产与运作管理.北京：高等教育出版社

马士华等.2005.生产运作管理.北京：科学出版社

潘家轺.2003.现代生产管理学.北京：清华大学出版社

潘家轺等.2000.现代生产管理学.北京：清华大学出版社

齐二石.2006.生产与运作管理教程.北京：清华大学出版社

申元月.2005.生产运作管理.济南：山东人民出版社

宋华.2002.物流供应链管理机制与发展.北京：经济管理出版社

王成.2007.现代物流运作实务与案例.北京：对外经济贸易大学出版社

王丽亚.2007.生产计划与控制.北京：清华大学出版社

武振业,周国华,叶成炯,井润田.2001.生产与运作管理.成都：西南交通大学出版社

杨海荣.2002.生产运作管理.北京：人民邮电出版社

杨晓雁.2005.供应链管理.北京：复旦大学出版社

张群,张杰.2007.生产与运作管理.北京：机械工业出版社

周三多.2000.生产管理.2版.南京：南京大学出版社

周志文.2001.生产与运作管理.北京：石油工业出版社

William J. Stevenson. 2000. Production Operations Management. 6th Edition. 张群，张杰译，北京：机械工业出版社